우주비밀파일

우주 비밀 파일

UFO와 외계존재에 관한
33인의 극비 증언

스티븐 M. 그리어

박병오 옮김

갈음

일러두기

1. 이 책은 UNACKNOWLEDGED(A&M Publishing, 2017)를 옮긴 것입니다.
2. 본문 중 굵은 글씨, ( ), [ ] 등의 내용은 모두 지은이의 설명입니다.
3. 각주는 모두 옮긴이의 주석입니다.
4. 인명, 지명 등의 표기는 국립국어원의 외래어 표기용례를 따랐습니다.
5. 도서는 『 』으로, 신문·잡지·영화 등의 매체는 〈 〉으로 표기했습니다.
6. 원서의 구성을 일부 수정·편집했음을 밝혀둡니다.

우리 아이들

그리고 우리 아이들의 아이들의 아이들에게 이 책을 바친다.

불법적인 비밀 프로젝트를 종식시키고

거기 숨겨진 지구와 생명을 살리는 기술을 공포함으로써,

지구 위에 정의롭고 평화롭고 지속가능한 문명을 세우며

평화의 이름으로 우주를 탐험할 것이다.

오랜 친구이자 최고의 친구, 나의 영적 형제,

〈외계지적생명체연구센터〉 이사회의 선구자이자 창립멤버였던

린네 드루카(Lynne DeLuca, 1950-2017)를 기리며

우주 비밀 파일

한국의 독자들께

지난 한 세기 동안 은폐되어온 '인류사 최대의 비밀'을 한국의 독자들께 전하게 되어 기쁘고도 설렘니다. 가없이 펼쳐진 이 우주에는 헤아릴 수 없을 만큼 많은 문명이 존재합니다. 우리가 그들에게 환대받는 존재가 될 열쇠는 바로 평화입니다. 이는 우주에서 하나뿐인 우리의 지구 행성과 인류문명을 앞으로 나아가게 하는 길이기도 합니다. 그 첫걸음은 진실에 눈을 뜨고 마음을 여는 것입니다. 여기, 용기 있는 증언자들이 우리 인류를 이롭게 할 진실을 전해주었습니다. 이 진실이 더 널리 밝혀지도록 함께해 주시기를 바랍니다.

2020년 6월

스티븐 M. 그리어

감사의 글

이 책을 쓰고 편집하는 지난한 과정을 함께 해준 스티브 앨튼, 팀 슐츠, 바버라 베커와 에이앤엠 출판사 관계자들께 감사드립니다. 우리는 셀 수 없이 많은 인터뷰 자료와 기록, 정부 문서 가운데 '비밀특수인가 프로젝트'에 대해 가장 잘 보여주는 대표적 사례들을 가려 뽑아 여기에 담았습니다. 그 프로젝트들이 어떻게 돌아가는지, 무엇을 숨기고 있는지, 그리고 무엇보다 왜 그러는지 말이지요.

군대와 기업과 정부에서 경험한 일을 선뜻 나서서 공유해준 '디스클로저 프로젝트Disclosure Project'의 의로운 증인들께도 감사드립니다. 이 증인들은 UFO와 관련된 '비밀특수인가 프로젝트'라는 더없이 비밀스러운 세계에서 무슨 일이 벌어지고 있는지를 세상에 알리는 진정한 용기와 애국심을 보여주었습니다. 그분들이 인류에게 안겨준 선물에 깊은 감사의 마음을 전합니다.

또한 이 책과 다큐멘터리 영화 〈Unacknowledged〉가 나올 수 있도록 크라우드 펀딩으로 지원해주신 5,000분의 후원자들께 감사드립니다. 알렉산더 S. C. 로우어, 닥터 세카이 차이데야, 길럼 펠트리, 데이비드 G., J. Z. 나이트에게 특별히 감사드립니다.

끝으로, 아내 에밀리에게 감사합니다. 아내의 사랑과 지원이 없었다면 이 책은 물론이고 '디스클로저 프로젝트' 자체가 없었을 것입니다. 지난 27년 동안 우리가 기울인 노력의 숨은 영웅이자, 이 엄청난 일을 마음을 다해 사랑으로 뒷받침해주었습니다. 고마워요, 에밀리.

2017년 1월
스티븐 M. 그리어

들어가며

　이 책은 현직 미국 대통령, 의회 의원, 합참의장, 국가 수반들에게
조차 숨겨졌던 정보를 담고 있다. 이들에게 여러 자리에서 브리핑을
했던 사람으로서 나는 이 사실을 잘 안다.

　지난 30여 년 동안 내가 알게 된 것은 '두 개의 미국 정부'가 있다
는 사실이다. 하나는 선출된 관료들이 대표하는 '시민의 정부'이다.
다른 하나는 중간급 공무원들로 이루어진 '그림자정부'로, 1940년대
에 트루먼 대통령이 발족한 비밀공작조직에 뿌리를 두고 있다. 그 당
시 머제스틱-12$_{\text{MAJESTIC-12}}$[1]로 알려진 이 집단은 역사상 가장 경악할만
한 발견들에 대한 진실을 대중이 알지 못하도록 차단하는 임무를 맡

---

[1]　1947년 해리 트루먼 대통령의 행정명령으로 처음 결성된 조직으로 정부관료, 군 지도자, 과학자 등 12명으로
　　구성된 위원회의 암호명이다. 외계비행체를 수거하고 조사하기 위한 목적이었지만, 결국 여기서 발견한 진실
　　을 은폐하고 차단하는 임무를 맡은 핵심조직이 되었다.

왔다. 바로 UFO[2]와 외계생명체의 존재에 대한 진실이다.

뿐만 아니라, 이 비밀정권은 추락한 외계비행선[3] 20대 이상을 역설계reverse engineering[4]해 얻은 외계기술을 숨겨왔다. 우리가 흔히 UFO라 부르는 비행체 두 대가 1947년 7월 뉴멕시코주 로즈웰 공군기지Roswell Air Force Base 외곽에 처음으로 불시착했다.[5] 이 비행체를 추락시킨 것은 미군이 초기에 사용하던 전자파무기였다. 당시 외계존재들이 로즈웰 기지 같은 곳에 다가왔던 것은 핵무기 확산에 대한 우려 때문이었다.

대부분의 사람은 UFO와 외계존재가 있다는 생각을 진지하게 받아들이기 힘들다. 물론 논리적으로 따져보면, 우리의 이해범위를 넘어선 광대한 우주에 수없이 많은 종족이 분명 존재할 것이라고 받아들일 수 있다. 미국항공우주국NASA의 추산으로 우리 은하에만 1,000억 개에서 4,000억 개에 이르는 태양계가 있다고 하지 않는가. 그럼에도 정서적으로 받아들이기는 어렵다. 지금껏 우리는 UFO가 실재하지 않는다고, 외계존재 따위를 믿는 사람은 제정신이 아니라고 믿도록 세뇌되었다. 이런 점에서 UFO는 든든한 위장막을 보장받은 셈이다. 그 존재를 믿거나 혹은 실제로 무언가를 보고 그것에 대해 주변

---

2 '미확인비행물체Unidentified Flying Object'의 약칭이자 총칭. 1952년 미 공군의 블루북 프로젝트의 첫 책임자였던 에드워드 루펠트 대위가 처음 사용한 용어이다. 최근에는 '미확인공중현상Unidentified Aerial Phenomena'이라는 용어도 쓰이고 있지만, 일반적으로 UFO는 지구 밖에서 온 지적존재와 관련이 있는 비행체를 가리킨다.

3 저자는 우리가 목격하는 UFO를 두 가지로 분류한다. 하나는 실제로 외계존재가 타고 있는 '외계비행선Extraterrestrial Vehicle:ETV'이고, 다른 하나는 추락한 외계비행선을 역설계해 만들어낸 '복제비행선Alien Reproduction Vehicle:ARV'이다. 즉, 우리가 보는 UFO 중에는 인간이 타고 있는 복제비행선도 있다는 뜻이다.

4 어떤 기계 장치나 시스템의 구조를 분석해 그 기술적 원리를 알아내고 복제하는 과정. 주로 상업적, 군사적 목적으로 이루어진다. 리버스엔지니어링, 역공학, 분해공학이라고도 한다.

5 1947년 로즈웰 인근에서 한 농부가 UFO의 잔해를 발견하면서 시작된 사건. 육군항공대가 조사에 착수, 잔해를 수거했다. 항공대는 비행접시 잔해를 발견했다는 내용을 발표했다가 다음날 이를 번복해 기상관측용 기구였다는 보도자료를 냈다. 이 사건은 UFO를 둘러싼 의혹의 시발점이 되었고 대중문화에도 큰 영향을 미쳤다.

사람들과 이야기한다는 것만으로 충분히 비웃음을 살만한 일이니까.

그럼에도 많은 사람들이 이 비행체를 보았다. 게다가 이들은 침묵을 지키길 원치 않는다.

내가 처음으로 UFO를 본 것은 1960년대 초 어느 화창한 오후였다. 나는 노스캐롤라이나주 샬럿에서 동무 셋과 동네를 이리저리 쏘다니고 있었다. 바로 그때, 남서쪽 하늘에 난데없이 어떤 물체가 나타났다. 은빛으로 빛나는 타원형 비행체였는데 딱 봐도 비행기나 헬리콥터는 아니었다. 이음매 없는 몸통에 아무 소리도 나지 않는 것이 전에는 본 적 없던 물체였다. 잠시 떠 있던 이 물체는 한순간에 사라져 버렸다. 예상대로 가족들은 이 사건을 애들의 공상이라며 귀담아듣지 않았다. 그러나 동무들과 나는 뭔가 범상치 않은 것을 본 것이라 확신했다. 그날 이후로 이 경험은 내게 생생하게 남았다.

많은 이들이 '신세계질서New World Order'[6]라 부르는 것이나 비밀집단 '카발Cabal'[7]을 둘러싼, 독자들이 앞으로 읽게 될 거짓과 비밀과 음모를 대할 때면 나는 오히려 이렇게 반응했다. "그래, 맞아!"라고.

말해두지만, 나는 NASA의 과학자도 어떤 비밀조직의 일원도 아니다. 나는 노스캐롤라이나주에 있는 칼드웰메모리얼 병원의 응급의학과장이었다. 그런 내가 공공의 선을 위한답시고 수입이 탄탄한 경력을 저버려야 하나 하는 고민도 있었지만, 꼬리에 꼬리를 물고 이어지는 사실과 확증을 통해 내게 공유되는 정보들이 진짜임을 확신하면서 나는 이렇게 말하고 있었다. "세상에, 어떻게 이런……."

---

6 '프리메이슨' 또는 '일루미나티'로 지칭되는 소수의 비밀 엘리트 그룹의 목표로 통용되는 개념. 그 내용은, 각국의 정부가 통치하는 기존의 질서를 허물고 전 세계를 통치하는 전체주의적 정부를 수립한다는 것이다.
7 신세계질서를 실현시키려 하는 '비밀집단'을 통칭한다. 이후 본문에서는 모두 '비밀집단'으로 번역 표기했다.

이 책에는 비밀 파일과 문서들 그리고 UFO와 외계존재에 대한 핵심 목격자들의 수많은 경험담을 기록한, 한 번도 공개하지 않은 대화가 실렸다. 이들 다수는 정보기관과 군대의 여러 부서에 근무하면서 최상위 등급의 극비기밀 취급을 인가받았던 분들이다. 그 밖의 분들은 미국 국방부와 계약을 맺은 방위산업체에서 일했다. 인류의 생존을 판가름할 기로에 직면한 시점에 이들은 용기를 내어 나서주었다.

믿기 어렵겠지만, 여러분이 이 책에서 읽을 내용은 우리가 인터뷰한 800명 이상의 정부, 군대, 기업과 관련된 목격자 및 내부고발자에게 입수한 증언의 1퍼센트도 되지 않는다. 이들 가운데 100명 이상이 영상기록에 담겼고, 수백 시간의 증언과 수천 쪽에 이르는 구술기록을 남겼다.

여기에 미처 싣지 못한 자료와 영상증언과 문서는 www.Sirius Disclosure.com에서 볼 수 있다. 60년 이상에 걸친 사건들을 다루고 있는 곳으로, 이 주제의 중요성은 물론 불법적인 비밀유지가 어떻게 그리고 왜 지속되었는지 파악할 수 있을 것이다. 앞으로도 UFO와 외계존재 관련 분야의 분들이 더 많이 나서서 증언과 증거들을 더해주기를 부탁드린다. [필자의 저서 『현대사 최대의 비밀』에 보다 많은 증거가 있으니 참고하기 바란다.]

우리가 대중에게 이러한 정보를 알리는 데는 세 가지 구체적인 목표가 있다.

첫째, 인류문명의 역사상 최대의 은폐공작으로 꼽히는 미공개사건들을 시간대별로 뒷받침하는 증거를 제시하는 것이다. 이는 많은 외계지적생명체 종족들이 지구를 찾고 있다고 독자들을 설득하려는 게 아니다. 그것은 수백만 명은 아니더라도 수많은 사람이 증언할 수 있는 사실이다. 보다 중요한 목적은, '벌거벗은 임금님의 새 옷'에 대한 진실을 숨겨왔고 지금도 숨기고 있는 정보기관들이 '사실 임금님이 벌거벗고 있다'는 걸 까발리려는 사람은 누구든 망신거리로 만들면서까지 UFO와 외계존재라는 주제에 덮어씌운 금기를 깨부수는 것이다. 곧 알게 되겠지만, 외계존재는 아주 오랫동안 지구를 찾아오고 있다. 이들은 우리에게 위험하지 않다. 우리가 위험한 존재이다. 이들에게나 우리 자신, 바로 우리의 생존가능성에 말이다. 지구를 파괴하는 것은 우리의 행위니까……

둘째, 냉전이 절정에 이르렀던 시절, 대중의 눈에 감춰진 과학적 성과를 군산복합체가 어떤 식으로 거머쥐게 되었는지 우리 증인들이 보여줄 것이다. 아이젠하워 대통령 집권기에 힘을 얻은 이 조직은 미국 정부 내의 은밀한 정부로 자리 잡았고, 매년 800억에서 1,000억 달러 이상의 세금을 불법적인 비밀특수인가 프로젝트Unacknowledged Special Access Projects:USAPs[8]에 빼돌리고 있다. 우리는 이 비밀집단을 드러내고 그들이 고의로 사장시킨 기술을 대중의 손에 넘겨 세상에 공짜 청정에너지를 공급해야 한다. 여기에 논쟁의 여지는 없다. 화석연료를 청정에너지로 대체하지 않는 한, 우리는 결국 멸종을 피할 수 없을 것이다.

가장 중요한 세 번째는, 사장된 공짜 청정에너지 기술, 특히 영점에너지zero-point Energy[9]와 반反중력 추진시스템anti-gravity propulsion systems[10]을 이용하

---

8 국가 기관과 군대, 방위산업체들이 독자적으로 혹은 서로 협업하여 진행하는 최고 수준의 비밀 프로젝트를 통칭하는 용어. 특수한 인가를 얻은 내부자가 아니면 그 존재를 알 수 없다.
9 공간이 텅 비어 있는 것처럼 보이지만 실제로는 엄청난 에너지로 요동치고 있다 하여 양자론의 개념에서는 이를 영점장zero-point field 또는 진공眞空이라 하고, 여기에서 얻는 에너지를 영점에너지라 한다. 어디에나 있어서 무료로 이용할 수 있으므로 프리에너지라고도 한다. 영점에너지에 대해서는 274쪽을 참고하기 바란다.
10 로켓엔진 같은 재래식 장치를 사용하지 않고 중력을 상쇄해 비행할 수 있는 추진장치.

는 기술을 공개하도록 압박하는 대중의 영향력이 결집되기를 바란다는 점이다. 니콜라 테슬라Nikola Tesla[11]와 토머스 타운센드 브라운T. Townsend Brown[12]을 비롯한 여러 과학자들이 처음 발견한 이 프리에너지시스템Free Energy System은 한 세기가 지나도록 특허를 거부당해왔다. 과학자들의 성과는 몰수당했고 그들의 삶은 파괴되었다. 이러한 에너지시스템이 화석연료와 경합을 벌이거나 이를 대체하지 못하도록 심지어 죽임을 당한 개발자들도 여럿 있었다.

영점에너지는 세상에 혁명을 일으킬 '게임체인저'이다. 굶주림도, 가난도, 오염도, 기후변화도 더는 없을 것이다. 게다가 교통, 의학, 여행, 오락과 과학 분야의 진전이 급물살을 탈 것이고 이는 세계 경제에 날개를 달아줄 것이다.

우리가 UFO와 외계존재에 대한 가려진 역사를 알리는 것은 바로 이런 이유에서다. 추락한 외계비행체를 역설계해 얻은 영점에너지와 반중력 기술의 역사는 1947년 6월과 7월, 로즈웰에서 일어난 불시착 사건까지 거슬러 올라간다.

이렇게 생각하는 사람도 있을 것이다. "아, 잠깐만. 설마 그럴 리가. 어쨌거나 그렇게 좋은 에너지원을 누가 왜 부정하겠어? 오염도 안 시키고 공짜라는데 말이야!"

한마디로 답하겠다. 권력이다. 돈은 그저 상징일 뿐이다.

---

11 크로아티아 출신의 미국 전기공학자로 19세기 후반 토머스 에디슨과 쌍벽을 이루던 발명가였다. 최초의 교류 유도전동기와 테슬라변압기를 만들었고 프리에너지 실용화를 위해 연구하는 등 전기기술 발전에 큰 공헌을 했다. 그러나 기존 전기산업계의 기득권층에게 큰 위협이 된 테슬라의 연구기록은 모조리 정부에 압수당했다. 철저히 상업성을 추구했던 에디슨과 달리 발명 자체에 몰두했던 테슬라는 많은 어려움을 겪다 세상을 떠났다.

12 반중력 발생장치를 만든 최초의 과학자. 테슬라의 작업에 기초해 전기중력학을 발전시켰다. 1956년 영국 항공우주연구소는 그가 1923년에 발견한 비펠드-브라운 효과를 미래의 가장 유망한 항공우주기술로 평가했다.

1901년, 니콜라 테슬라는 영점에너지장을 이용하는 방법을 알아냈다. 발전소를 퇴물로 만들어버릴 발견이었다. 하지만 당시 전깃줄에 들어가는 구리선에 막대한 투자를 한 J.P.모건은 공짜에너지라는 개념이 못마땅했다. 모건은 워싱턴에 우군을 심어 테슬라를 제지하고 그의 연구를 모두 몰수했다. 그 이후로 현 상황을 대체할 위험이 있는 발명이나 에너지시스템에 대해 단 한 건의 특허도 허락되지 않았다. (전기자동차는 과연 누가 죽였을까?)[13]

100여 년이 지난 지금, 우리의 성장은 정체되었고 자동차는 아직도 화석연료를 태우며 돌아다닌다. 극지의 얼음은 녹고 있고 날마다 늘어나며 쏟아지는 독성물질에 불필요하게 노출되면서 암이 만연하고 있다. 그리고 세계 인구의 80퍼센트는 처참한 가난 속에 살아간다.

결코 그리될 이유는 없었다.

우리 시민이 청정한 공짜 영점에너지를 요구하기만 해도 이 세상을 더 나은 곳으로 영구히 바꿀 수 있다. 워드프로세서가 타자기를 대체하고 휴대전화가 유선전화를 대체했듯, 모든 배를 물 위로 띄워 올릴 이 밀물은 조금씩 차오를 수 있다.

정치 지도자들이 해주기만을 기다린다면 그런 일은 절대로 일어나지 않는다. 월스트리트의 손에 넘긴다면 그 일은 방해받을 것이다. 오로지 민중의 의지로 베를린장벽을 무너뜨렸듯, 오로지 민중의 의지만이 우리를 앞으로 나아가게 한다.

미래는 여기에 있다. 우리가 요구하기만 하면 된다. 록히드 스컹

---

13 1830년대에 최초로 개발된 전기자동차는 가솔린엔진 자동차보다 5년 앞선 1886년에 영국에서 처음으로 상용화되었다. 내연기관에 비해 장점이 많아 인기를 끌며 1900년대 초까지 가장 많이 팔린 자동차로 기록되었으나, 1908년 포드의 모델 T가 양산되고 원유가 대량으로 발견되면서 1930년에는 시장에서 사라져갔다.

크웍스_{Lockheed Skunk Works}[14]의 책임자였던 벤 리치의 말마따나 "이제 우리에게는 ET를 집에 데려다줄 능력이 있다." 영점에너지와 반중력 추진 시스템은 **이미** 존재한다.

이 책에서는 그것들이 정확히 어디에 있는지, 우리가 어떻게 얻을 수 있는지를 말해주려 한다.

외계존재들은 우리가 성공하기를 **바란다.** 앞으로 제시할 증거가 보여주겠지만, 그들은 적이 아닌 동지로서 여기에 있다. 하지만 그들은 이 점을 아주 분명히 해두었다. 인류문명이 우주문명으로 거듭날 자격은 다른 무엇보다도 개화되고, 서로 평화롭게 살고, 대량파괴 무기들을 단념하며, 우주평화라는 의식으로 무기 없이 우주로 나아가는 데 있음을.

그런데 바로 여기에 문제가 있다. 인류의 끊임없는 전쟁상태를 목표로 삼은 군산업체의 수중에 이 첨단기술들이 남아있는 것이다.

전쟁은 수지맞는 장사다. 전쟁은 1퍼센트의 사람들이 나머지 99퍼센트를 휘두르게 한다. 전쟁은 지금의 상황을 유지시킨다. 하나의 종_種으로서 우리 자신의 진화를 가로막아 가면서까지⋯⋯.

이 말이 행여 전체주의적 악몽처럼 들릴지도 모르지만, 사실 상황은 더 좋지 않다. 그들 비밀집단이 만지작거리는 마지막 카드는 9·11 사건조차 무색하게 할 위장술책_{false flag}사건이기 때문이다. 이 책은 그 음흉한 술책들을 낱낱이 드러낼 것이다.

---

14 록히드마틴연구소의 공식별칭으로, 제2차 세계대전 중인 1943년 미 국방부의 요청으로 록히드가 비밀리에 긴급 구성한 개발팀으로 시작했다. 이후로 70년이 넘도록 세계 전투기 시장을 장악해왔다. 그 뒤로 '스컹크웍스'는 조직 안에서 첨단 또는 비밀 프로젝트를 수행하는 집단을 일컫는 대명사가 되었다.

이러한 정보들을 다음과 같이 5부로 나누어 엮었다.

1부 UFO와 외계존재에 관한 비밀 파일
2부 하나의 우주, 하나의 마음 : 제5종 근접조우
3부 비밀 공개로 가는 길 : 디스클로저 프로젝트
4부 우주적 속임수 : 마지막 사건, 날조된 우주전쟁
5부 행동을 위한 초대

아이를 가르치는 데 온 마을이 필요하다면, 세상을 바꾸는 데는 모두의 행동이 필요하다. 맨 먼저 필요한 단계는 장막을 들추고 현실을 있는 그대로 보는 것이다.

차례

1부

UFO와 외계존재에 관한
비밀 파일

나는 비행접시가 실재하며 다른 태양계에서 온
우주선이라는 생각에 변함이 없다.
수세기 동안 지구를 조사하고 있는지도 모를,
지성을 가진 어느 종족의 관찰자들이
이 비행체를 조종할 가능성이 있다고 생각한다.
그들은 아마 처음에는 인간과 동물과 식생에 대해,
그리고 보다 최근에는 원자력 시설이며
군사 시설 및 장비와 그 생산 시설에 대해
체계적이고 광범위한 조사를 수행하도록
보내졌을 수도 있다고 본다.

헤르만 오베르트 (Hermann Oberth, 1894-1989)
독일 로켓 과학자·우주시대의 창시자
1954년 10월 24일자 <아메리칸위클리The American Weekly>에 기고한 글
'머나먼 세계에서 오는 비행접시들'에서

지구를 찾아온 방문자들

제2차 세계대전 이전의 조우

인류가 UFO를 목격했다는 증거는 아주 오래전으로 거슬러 올라 간다. 동굴벽화와 이집트 상형문자로 기록된 글, 성서와 고대 인도의 베다Veda 문헌에 기록된 사건들, 접시 모양의 비행물체를 묘사한 16세 기 회화 등이 그것이다.

현대에 이르러 외계존재와의 첫 번째 조우는 1942년 중국의 어느 북적이는 거리에서 일어났다고 한다. 여행자들의 기념사진을 찍어주 던 한 사진사의 시선이 하늘에 조용히 떠 있는 커다랗고 검은 원반형 물체에 가 꽂혔다. 사진사는 재빨리 카메라의 초점을 맞춰 원반 모형 이 선명하게 담긴 사진을 찍었다. 때마침 거기에는 제2차 세계대전이 일어나기 전 중국에서 복무하던 한 장교가 있었는데, 그는 이 사진을 사서 자신의 스크랩북에 끼워 두었다. 어느 일본인 남성이 그의 낡은 스크랩북을 발견할 때까지 이 사진은 오랫동안 알려지지 않았다.

1942년 8월, 솔로몬제도에 배치되었던 미국 해병대 스티븐 브리크너 하사는 큰 소리를 내며 날지만 여느 것과는 다른 다수의 비행물체를 목격했다. 브리크너는 150개가 넘는 물체들이 한 줄에 10~12대씩 일직선 대형을 이루며 "흔들흔들" 날아갔다고 기술했다.

UFO와의 실제적인 조우가 이루어진 것은 제2차 세계대전이 절정에 이르던 무렵, 미국과 영국, 독일의 전투기 및 폭격기들이 듣도 보도 못한 물체들과 마주치면서부터였다. 이 물체들은 "푸파이터Foo Fighters"로 알려지기 시작했다.

당연히 비행접시는 실재한다.
그리고 그들은 지구 밖에서 온다.

휴 다우딩 경 (Lord Hugh Dowding, 1882-1970)
제2차 세계대전 기간 중 영국 왕립공군 사령관·대장
1954년 8월, <로이터Reuters> 기사에서

가공할 속도의 빛나는 물체

1941-1945 '푸파이터' 목격 사례

제2차 세계대전 당시 유럽과 태평양의 전장들 그리고 인도에서 전투 중인 폭격기 양쪽 주위로 빛을 내는 특이한 구형球形 물체들이 나타나기 시작했다.

독일 상공, 특히 라인강 계곡을 비행하던 미국 공군 조종사와 정보 장교들이 '3차원 시공간에 나타났다 사라졌다 하며 비행기 주위를 맴도는 빨간색 또는 오렌지색 빛을 보았지만 레이더 화면에는 아무것도 나타나지 않았다'고 보고했다. 이 물체들은 편대를 이루어 군용기와 나란히 나는가 하면, 가공할 속도로 하늘을 가로질러 날기도 했다. '에너지 드론'이라 묘사되던 이 물체들은 중력에 영향을 미치며 항공기에 탑재된 전자장치를 교란하기 일쑤였다. 때로는 초超차원적으로 폭격기를 **관통하고** 지나는 일도 있어 승무원들을 기겁하게 했다.

이 물체들은 '푸파이터'라 알려지게 되었는데, 어원이 확실치는 않지만 '푸foo'는 '불fire'을 뜻하는 프랑스어 feu와 독일어 feuer와 유사하다. 어느 보고서에서는 또 다른 근거를 제시한다. 그 당시 연재되던 만화에서 주인공인 소방관이 입버릇처럼 말하는 "푸가 있으면 불fire이 난다"라는 대사를 어느 미국 조종사가 "푸가 있으면 포격fire을 당한다"라고 한 데서 유래했다는 것이다. 이 물체들로 인해 폭격기 위치가 노출되어 포 사격을 받았기 때문이다. 어쨌든 '푸파이터'라는 용어는 그렇게 굳어졌다. 그리고 50년 뒤, 미국의 한 록밴드는 이를 밴드 이름으로 삼기도 했다.

이 에너지 구체의 출현은 단발성이 아니었다. 1943년에서 1944년 사이에 갈수록 자주 나타났다. 1944년에는 독일 노이슈타트 인근을 비행하던 P-47 전투기 조종사 두 명이 각각 환한 대낮에 푸파이터를 목격했다. 한 조종사는 "금속 마감을 한 금빛 공"을 보았다고 보고했고, 또 다른 조종사는 직경이 1~1.5미터 정도의 "인광을 내는 금빛 구체"라고 묘사했다.

1945년 5월, 미국 공군의 린 모모는 독일 오르도르프 상공에서 목격한 "꽤 놀라운 특징을 가진 불덩어리"를 이렇게 설명했다. "그 어떤 별이나 금성보다도 밝았다. 지평선 끝에서 반대쪽 끝까지 가는데 2초 남짓 걸렸을까. 천정天頂 부근을 지났으니, 고도야 어쨌든 간에 속도가 어마어마했을 것이다." 그는 그 물체가 불가능한 속도로 소리도 없이 하늘을 횡단하면서 마치 물결을 타듯 "울렁울렁" 움직이며 날아갔다고 덧붙였다.

혹시 나치가 신무기를 개발한 것이 아닐까 두려웠던 루즈벨트 대통령은 유럽의 연합군 작전지역에 지미 둘리틀 장군을 파견했다. 둘리틀 장군은 그 물체들이 "특성상 외계에서 온 것"이라고 보고했다.

더글러스 맥아더 장군은 이를 조사하기 위해 1943년 '외계현상연구부대Interplanetary Phenomena Research Unit'라는 조직을 만들었는데, 이 집단은 지금도 활동하고 있다. 이들의 목적은 기원 미상의 물체, 특히 지구 밖에서 온 물체를 수거하는 것이며 현장에서 정보를 수집해 '정보의 관리자들'에게 전달한다.

댄 모리스의 증언

댄 모리스Dan Morris는 공군 중사로 오랫동안 외계존재에 관한 여러 프로젝트에 관여했다. 공군에서 전역한 이후에는 초극비 조직인 국가정찰국National Reconnaissance Office:NRO[1]에 들어가 특히 외계존재 관련 작전분야에서 일했다. 모리스는 중대 극비기밀 취급인가자로, 자신이 알기로는 그 어느 미국 대통령도 받은 적이 없는 것이었다고 한다.

저는 극비보다 38단계 높은 등급인 '중대 극비기밀 취급인가'를 받았습니다. 이는 가장 높은 등급의 기밀, 즉 UFO와 외계인에 관한 극비를 취급할 수 있는 것입니다. 그 단계까지 올라간 대통령은 없었습니다. 아이젠하워가 그래도 가장 가까웠지요.

육군·해군·공군의 정보기관 및 여러 개의 비밀정보기관이 있습니다만, 너무도 비밀스러워서 바깥으로는 존재하지 않는 기관이 하

---

1 미 공군과 CIA의 정찰활동을 조정하기 위해 조직된 국방부 소속 기관으로, 미국의 5대 정보기관 중 하나로 꼽힌다. 공식적인 임무는 정찰위성을 설계·제작·발사·운용하여 전 세계에서 얻은 정보를 정부기관에 제공하는 것이지만, 대부분의 활동은 극비로 분류되어 있다.

나 있습니다. 바로 제가 일했던 국가정찰국입니다. 그 이름은 입에 담아서도 안 됩니다. 그 단계까지 가면 '외계접촉정보기구Alien Contact Intelligence Organization:ACIO'라는 범세계적 조직과 이어집니다. 만약 당신이 돈을 꼬박꼬박 내고 규칙을 잘 따르면, 정부는 이 조직의 정보로 이득을 보게 됩니다. 어떤 사람들은 그걸 '우주전선high frontier'이라고 부릅니다. 해군정보국도 가끔 자기들을 그런 식으로 부르죠. 해군정보국, 공군정보국, 국가정찰국 등은 함께 일하는데, 한때 버지니아주 랭글리 공군기지Langley Air Force Base[2]의 특정부서에 같이 있기도 했습니다. 육군·해군·공군의 정보판독 전문가와 위성판독 전문가 대부분이 거기 있었고요.

1931년인가 1932년인가, 나치는 두 대의 UFO를 수거해 독일로 가져가 역설계를 시작했습니다. 우리보다 앞서갔죠. 전쟁이 시작되기도 전에 작동 가능한 UFO를 갖게 되었는데, 제가 알기로 "훈디두Hun-dee-doo" 1호와 2호로 불렸습니다. 2호는 너비가 9~12미터쯤 되었고 이착륙시 올라갔다 내려갔다 하는 공이 세 개 붙어 있었습니다.

'푸파이터'는 무인비행선이었습니다. 정지마찰력 기능으로 전투기 날개 바로 옆쪽에 붙어 있을 수 있었고요. 따돌릴 방법이 없었습니다. 계속 그대로 있었거든요. 중요한 것은 푸파이터가 우리 비행편대 한가운데를 가로지르면서 전투기와 폭격기 엔진을 망가뜨릴 수 있었다는 점입니다. 꼭 오늘날처럼 말이지요. 만일 UFO가 우리 위에 있다면, 자동차 엔진이 망가지거나 발전소며 핵미사일 사일로silo[3]조차 꺼져버릴 겁니다. 우리는 폭격기 편대에서 그것을 경험했습니다. 그

---

2   가장 오래된 공군시설 가운데 하나로 항공전투사령부가 있다. 전 세계에 구축한 통신·정보 감시시스템으로부터 수집되는 정보를 처리한다.
3   발사준비상태의 미사일 격납고 또는 발사대.

러나 푸파이터를 제거할 도리는 없었습니다. 반중력 전자기추진으로 날아다녔으니까요.

이런 일을 기록한 다큐멘터리 필름이 기록보관소에 많이 있습니다. 제2차 세계대전이 끝난 이후 독일에서 대량의 필름을 가져왔고요. 또한 베르너 폰 브라운Wernher von Braun[4]과 빅터 샤우버거Viktor Schauberger[5] 등 UFO 분야에서 일하던 전자기 기술자들도 미국으로 데려왔습니다. 소련도 일부 데려가긴 했지만 핵심 인물들은 미국으로 왔지요. 이들 덕에 미국은 기술적인 도약을 이루었습니다.

샤우버거는 여기 뉴멕시코주에 있었는데, 화이트샌즈[6]와 뉴멕시코의 여러 곳에서 우리를 도왔습니다. 그러다 자신이 잘못된 일을 하고 있다는 걸 느끼고는 고향인 오스트리아로 돌아갔습니다. 그리고 2주일 만에 살해당하고 말았습니다.

클리포드 스톤의 증언

클리포드 스톤Clifford Stone은 미국 육군 하사로 추락한 외계비행체를 수거하는 팀에서 임무를 수행하며, 살아있거나 죽은 외계존재를 두 눈으로 목격했다. 비밀작전기지와 비밀인가 프로젝트에 접근할 수 있는 권한을 갖고 있었다.

---

4 제2차 세계대전 당시 독일의 로켓 개발을 이끌었으나 독일 패전 이후 미국으로 갔다. 1958년에 창설된 NASA의 마셜우주비행센터 책임자로 임명되었고 '미국 우주선 공학의 아버지'라 불릴 만큼 주요한 역할을 했다.
5 오스트리아 출신의 과학자이자 발명가. 생체모방이론 등 시대를 앞선 기술을 주창했지만 인정을 받지 못했다.
6 뉴멕시코주 남부에 있는 사막지역으로, 최초의 핵실험이 있었던 앨라마고도와 가깝다. 미국 내 최대 규모의 군사시설이자 미사일시험장인 화이트샌즈 미사일레인지가 있다.

1942년 2월 25일 흔히 '로스앤젤레스 전투'[7]라 부르는 사건 당일, 우리 팀은 로스앤젤레스 상공을 나는 15~20대의 미확인 비행체를 발견했습니다. 그 즉시 우리는 이것을 격추하기 위해 대응했고 37해 안포병단은 대공포로 1,430발을 쏟아 부었습니다. 그리고 이 비행체들이 왔을 적대국의 숨은 기지가 있는지, 이것을 보관했을 상업용 공항이 있는지 샅샅이 뒤졌지만 어디에서도 증거를 찾지 못했습니다. 다 헛수고였지요. 그 무렵 태평양에서는 공군 조종사들이 똑같은 현상을 겪고 있었습니다. '푸파이터'라는 것들 말입니다.

맥아더 장군은 진상을 파악하기 위해 정보요원을 파견했습니다. 그런데 맥아더가 그것이 지구의 것이 아니라는 사실을 1943년에 이미 알고 있었다는 믿을 만한 근거가 있습니다. 제2차 세계대전이라는 사건이 벌어지고 있는 지구에 방문한 다른 행성의 것이라는 걸 말입니다. 당시 맥아더가 걱정했던 문제 가운데 하나는 만일 그것이 사실이고 또 그들이 적대적인 것으로 증명된다면, 우리는 그들에 대해 아는 것이 거의 없고 스스로 방어할 수단도 거의 없다는 점이었습니다.

맥아더는 '외계현상연구부대'라는 조직을 만들었습니다. 이후에 마셜 장군이 넘겨받았고, 이름은 바뀌었지만 오늘날까지 이어져왔습니다. 그러나 기록들은 아직 드러나지 않았습니다. 육군에서는 이 조직이 UFO를 조사하는 공식적인 조직이 아니었다고 둘러대고 있습니다. 그러면서도 미합중국 장군이 만들었고 성과도 있었을 뿐더러,

---

7   1942년 2월 25일 새벽, 로스앤젤레스 상공에 나타난 미확인비행체를 일본의 공습으로 오인하고 대공포를 집중포격한 사건. "로스앤젤레스 전투", "로스앤젤레스 대공습"이라 부른다. 포격으로 인한 민간인 사상자가 있음에도 군은 사건을 덮어버렸다. 1976년 10월 14일 밤, 서울 청와대 상공에서도 비슷한 사건이 있었다. 당시 12개의 빛나는 비행체가 대열을 이루어 떠 있었지만 국방부는 노스웨스트 항공사의 화물기였다고 해명했다.

조사한 현상의 실체가 외계에서 온 우주선이라는 결론을 냈습니다.

그들은 지금 하고 있는 일과 정확히 같은 일을 해왔습니다. 다수의 정보기관이 가담해 기원 미상의 물체, 특히 지구 밖에서 온 것들을 수거하는 활동의 일환으로 말입니다. 그들의 목적은 정보를 평가하고 현장에서 1차 첩보자료를 수집한 뒤, 유용한 형태의 결과물로 가공해서 이를 알 필요가 있는 현장 요원과 정보 관리자에게 전파하는 것이었습니다.

맥아더 휘하의 어느 공군 장성은 맥아더에게 우리가 가진 것이 "지구 밖에서 온" 것이라고 말했습니다. 맥아더에게는 틀림없이 물리적 증거가 있었습니다. 그 시기에 심지어 독일마저도, 이 방문자들에 대한 분명한 증거는 물론 어떤 형태의 물리적 증거도 갖고 있었다고 봅니다.

우리는 UFO에 대해 연구할 것입니다.
하지만 그보다 먼저 우리는 수거한 비행접시들을
숨김없이 보여 달라고 요구해야 합니다.
'로스앤젤레스 사건'의 경우, 육군이 그것을 움켜쥐고는
형식적인 검사조차 허락하지 않습니다.

존 에드거 후버 (J. Edgar Hoover. 1895-1972)
FBI 초대국장이자 종신국장
1947년 7월 15일, FBI 부국장 클라이드 톨슨에게 보낸 서한에서

현대사 최대의 UFO 사건

1947 로즈웰 추락사건 (FBI 문서)

UFO 목격 사례는 히로시마와 나가사키에 원자폭탄을 떨어뜨린 이후에 급증했는데, 많은 UFO가 뉴멕시코주에 집중적으로 날아들었다. 왜 하필 뉴멕시코일까? 원자탄을 처음 만든 곳이 로스앨러모스였고, 최초의 핵실험을 한 곳은 앨라마고도와 화이트샌즈였다. 모두 뉴멕시코에 있다. 그리고 거기에는 로즈웰이 있다.

로즈웰은 앞으로도 1947년 6월 하순경에 일어났다고 주장되는 여러 UFO 추락사건과 관련된 곳으로 남을 것이다. 이 사건들이 일어난 당시 로즈웰 육군항공대기지에는 509폭격편대가 주둔해 있었다. 세계에서 유일하게 원자폭탄으로 무장한 부대였다.

핵무기라는 '마법의 요정'이 램프에서 풀려나왔다. 당시 핵처리시설과 원자탄 제조공장, 비행장, 시험장 등에서 일하던 군인과 민간인 사이에 '외계의 방문자들이 우리가 하는 일을 무척 우려하고 있다'는 인식이 빠르게 확산되었다. 영국정보부의 한 관료는 이렇게 말했다. "원자폭탄과 수소폭탄을 터트리기 시작한 것은 마치 말벌집을 걷어찬 것과도 같았다. 이제 우리는 지구를 몽땅 파괴해버릴 힘을 가졌고 이웃 행성의 어른들은 이를 걱정하고 있었다."

정부와 군대의 은폐공작에도 불구하고, 로즈웰의 사건이 실제로 일어났다는 사실을 뒷받침하는 목격 증언과 증거 기록이 많이 남아 있다. 그중에는 뉴멕시코에서 수거한 "세 대의 '비행접시'"에 대해 현장요원이 FBI 국장에게 보낸 보고서도 있다. 뒤에 나오는 이 문서에는 이렇게 적혀 있다. "레이더가 비행접시의 제어장치를 방해하는 것으로 보임." 그러나 나는 우주를 여행할 능력을 갖춘 문명이라면 레이더 신호쯤은 문제가 되지 않는다고 장담한다.

로즈웰 공군기지에서 가동된 무기는 스칼라파scalar wave[1] 혹은 종파縱波·longitudinal wave[2]일 가능성이 아주 높다. 종파는 광속(초속 30만 킬로미터)에 구애받지 않는다. 아니, 실제로는 광속보다도 몇 배나 빠르다. 이 기술은 지난 수십 년간 여러 비밀 프로젝트를 통해 실험되었다. 이로부터 우리는 1947년에 이미 효과적인 전자기무기를 만들어내는 수준을 넘어서 있었다. 이 사실을 들으면 대부분의 사람이 놀란다.

1947년 6월 24일, UFO 목격 사건 하나가 세계적인 뉴스가 되었다. 그로부터 8일 뒤에 외계비행선 세 대가 로즈웰 기지 주위를 돌아다니기 시작했고, 이에 자극받은 군대는 스칼라파 장치임에 틀림없는 무기를 가동했다. UFO들은 추락했다. 두 대는 바로 발견되었지만 나머지 하나는 몇 년이 지나서야 발견되었다.

---

1 벡터파의 상대어로, 방향과 물리량이 없어 고전물리학으로는 설명할 수 없는 비선형적 파동을 말한다.
2 파동과 진동의 방향이 같아 고체, 액체, 기체를 모두 통과할 수 있다. 음파, 초음파, 지진파의 P파 등이 해당된다.

Office Memorandum • UNITED STATES GOVERNMENT

TO : DIRECTOR, FBI   DATE: March 22, 1950

FROM : GUY HOTTEL, SAC, WASHINGTON

SUBJECT: FLYING SAUCERS
INFORMATION CONCERNING

Glowing Rumors or Flying Saucers

The following information was furnished to SA

An investigator for the Air Force stated that three so-called flying saucers had been recovered in New Mexico. They were described as being circular in shape with raised centers, approximately 50 feet in diameter. Each one was occupied by three bodies of human shape but only 3 feet tall, dressed in metallic cloth of a very fine texture. Each body was bandaged in a manner similar to the blackout suits used by speed flyers and test pilots.

According to Mr. _____ informant, the saucers were found in New Mexico due to the fact that the Government has a very high-powered radar set-up in that area and it is believed the radar interferes with the controlling mechanism of the saucers.

No further evaluation was attempted by SA _____ concerning the above.

162-83894-209

MAR 28 1950

57 MAR 29 1950

FBI 문서 (원본의 내용을 옮겨 씀)

업무 간략보고서·미합중국 정부

수신: FBI 국장

날짜: 1950년 3월 22일

발신: 가이 호텔Guy Hottel (워싱턴 전략공군사령부Strategic Air Command:SAC)

제목: 비행접시 관련 정보

다음 정보는 전략공군사령부에 제공된 것임.

공군의 한 조사관이 뉴멕시코주에서 '비행접시' 세 대가 수거되었다고 언급함. 그것들의 형태는 중앙부가 솟아있는 원형으로 직경은 약 15미터임. 각각의 비행접시에는 인간의 모습을 한 승무원 세 명이 타고 있었음. 단, 키는 1미터에 불과하고 매우 섬세한 질감의 금속성 의류를 입었음. 전투기 조종사와 시험비행 조종사가 입는 검정색 수트와 유사했음.

정보제공자 ███████ 에 의하면, 정부가 뉴멕시코 지역에 설치한 고출력 레이더로 인해 그곳에서 비행접시들이 발견됨. 이 레이더가 비행접시의 제어장치를 방해하는 것으로 보임.

댄 모리스[3]의 증언

로즈웰에서 일어난 추락사건으로 우리는 고출력 레이더가 UFO 의 안정성을 방해한다는 사실을 알아냈습니다. UFO가 저속으로 저공비행을 할 때 증폭기와 안정기가 작동을 멈추는 것을 봤으니까요. 우리는 이 사실을 이미 알고 있었습니다. 1947년에 그들이 불시착하기 이전부터요.

레이더가 대부분 어디에 있었을까요? 화이트샌즈와 로즈웰입니다. 그럼 로즈웰에는 누가 주둔했을까요? 세계 유일의 원자탄 폭격편대입니다. 그래서 외계존재가 그 지역에 관심을 가진 것이고, 그들로부터 최대한 방어하기 위해 그 지역에 레이더가 많았던 겁니다.

자, 우리는 강력한 대형 레이더를 그들에게 겨냥했고, 그중 두 대가 균형을 잃었습니다. 하나는 목장에 불시착했고 다른 하나는 강기슭에 떨어졌습니다. 떨어진 UFO 밖에는 두 명의 외계인이 쓰러져 있었습니다. 한 명은 부상을 당했고 또 한 명은 다른 곳으로 이송하는 동안 죽고 말았습니다.

불시착한 UFO에 있던 외계인을 로스앨러모스 시설에서 3년 남짓 데리고 있었는데, 점차 아프기 시작했습니다. 우리는 할 수 있는 모든 수단을 동원해 모든 주파수로 신호를 보냈습니다. 그가 아프다고, 우리가 그런 게 아니라고, 원한다면 와서 데려가라고요. 하지만 그는 그전에 죽고 말았습니다. 그리고 신호를 받은 이들은 정말로 우

---

3 미국 공군 중사·국가정찰국 정보원·중대 극비기밀 취급자. 상세 이력은 32쪽 참조.

리를 찾아와 사체를 수습해갔습니다. 이들이 워싱턴 상공에 대형을 이루어 나타났던 때가 바로 그때입니다.

≡

리처드 도티의 증언

리처드 도티Richard Doty는 공군특수수사대Air Force Office of Special Investigations:AFOSI 의 방첩특수요원이었다. 8년 넘게 뉴멕시코주 커트랜드 공군기지Kirtland Air Force Base와 넬리스 공군기지Nellis Air Force Base(이른바 51구역[4]) 등에서 UFO와 외계존재 관련 임무를 수행했다.

로즈웰 추락사건은 실은 로즈웰에서 일어난 게 아닙니다. 첫 번째 추락은 뉴멕시코주 코로나 남부에서 일어났습니다. 두 번째 추락은 뉴멕시코주 마그달레나 서쪽에 위치한 호스메사에서 일어났는데, 1949년 무렵까지 추락 장소를 찾아내지 못했습니다. 1947년에 로즈웰 추락 장소가 먼저 발견된 것이지요.

저는 로즈웰 사건 보고 자리에 참석해 수거 장면을 기록한 16밀리 영상을 보았습니다. 그건 비밀자료가 분명했습니다. 그 영상에는 추락한 비행체와 외계존재의 사체를 수거하는 군 관계자들의 모습이 담겨 있었습니다. 당시에 살아남은 외계존재가 한 명 있었는데, 그

---

4 네바다주에 있는 군사작전지역. 공식명칭은 '호미공항Homey Airport' 또는 '그룸레이크 공군기지Groom Lake Air Force Base'이다. 1955년 설치된 이후 신무기 개발 및 시험을 위한 철저한 비밀기지로 건설되었다. 미 정부는 이 기지의 존재에 대해 긍정도 부정도 하지 않다가 2013년 CIA 극비문서의 기밀이 해제되고서야 그 실체를 인정했다. UFO 사건과 관련해 많은 의혹을 받는 군사시설이다.

는 커트랜드 공군기지로 옮겨졌다가 한동안 로스앨러모스에 있었다고 했어요. 영상에서는 그가 어떻게 되었는지 정확한 설명 없이 그냥 죽었다고만 나오더군요. 아마 1952년에 사망했을 겁니다. 냉동보관된 사체들은 이후 오하이오주 데이턴에 있는 라이트패터슨 공군기지 Wright-Patterson Air Force Base[5]로 옮겨졌습니다.

생명체들의 키는 1.2미터 남짓했습니다. 사체 부검 여부에 대한 내용은 없었습니다만, 일부는 치명적인 부상으로 몸이 찢겨 나가 심하게 훼손된 상태였고 두 구는 온전했습니다. 외계존재들은 거의 발가벗은 것처럼 보일 정도로 착 달라붙는 수트를 입고 있었습니다. 귀는 없는 듯 보였고 코 비슷한 건 있었고 눈이 아주 컸습니다. 손가락은 엄지가 없이 네 개였고 끝에는 흡입 장치가 있었고요. 한 명은 머리에 어떤 장치가 있었는데, 헬멧이거나 일종의 이어폰 아니면 통신 장치인 듯했습니다.

비행체 모양은 접시 모양이 아닌 약간의 타원형 또는 달걀형이었습니다. 비행체 안에는 처음 보는 물건이 많았지요. 그 가운데 직사각형 물체가 있었는데, 처음에는 플렉시 유리인줄로만 알았다가 몇 년간 보관한 뒤에야 비행체의 에너지장치라는 걸 알게 되었습니다.

추락사건들이 일어난 시간과 위치에 대해서는 누구도 정확히 아는 사람이 없습니다. 사람들이 혼란스러워하는 것 중 하나는, 그런 내용 중에 사실이 그리 많지 않다는 점입니다. UFO 관련 조직에서조차 거짓 정보에 노출됩니다. 로즈웰 사건에 대해 책을 쓰는 사람들 가운

---

5 공군자재사령부, 항공시스템센터, 공군연구실험실, 공군보안지원센터가 있다. 1947년부터 1969년까지 미 공군이 UFO를 공식 조사했던 사인 프로젝트, 그루지 프로젝트, 블루북 프로젝트가 이곳을 중심으로 이뤄졌다.

데 90퍼센트는 군대나 정보기관에 있던 적도, 기밀취급인가를 받은 적도 없는 이들입니다. 단지 2차, 3차, 4차 정보에 의지하는 것이죠. 그러니 거짓 정보를 제공하는 역할을 할 뿐입니다. 일례로, 7월에 추락했다고 알려진 비행체는 사실 6월 말에 추락했습니다. 7월에 수거를 한 것이죠. 몇몇 분들이 정확한 사실을 전하려 했지만 사람들은 이들을 조롱하면서 믿지 않았습니다.

영상에는 1949년 호스메사에서 비행체를 수거하는 장면도 담겨 있었습니다. 이 비행체는 1947년에 같이 추락했지만, 워낙 외진 곳이라 2년 뒤에 어느 목장 주인이 자신의 소유지에서 발견하기 전까진 찾지 못했습니다. 발견 당시에 사체들은 이미 부패해 있었어요. 비행체가 1949년에 발견되었으니 사람들은 완전히 다른 것이라 생각합니다. 그런데 실은 1947년 코로나 인근에서 찾은 비행체와 정확히 같은 유형이었습니다. 생존한 외계생명체 '에벤Extraterrestrial Biological Entity:EBEN'[6] 이 어떻게 설명했는지 정확히 듣지 못했지만, 영상에 나온 비행체의 스케치로 볼 때 그 두 대는 분명히 같이 추락한 것 같았습니다.

비행체들의 크기는 대략 가로 10미터에 세로 13미터쯤이었습니다. 비행제어시스템이라고 할 만한 조종간이나 기기는 없었습니다만, 시간이 흐른 뒤 결국 작동방식을 알아냈지요. 생명체들이 제어장치에 손을 얹고 헤드셋을 끼면 이 헤드셋이 비행선을 조종하거나 조종을 돕는 식이었습니다. 이것들을 라이트패터슨 공군기지로 가져갔고 최고의 과학자들을 동원해 분해하면서 작동방식을 연구했습니다.

---

6 외계 행성에 존재하는 '생물학적 개체'를 말한다. 대개 인간처럼 혹은 인간보다 우월한 지성을 지니고 지구를 찾아오는 존재를 가리킨다.

1981년, 우리는 한 공군 소속 과학자가 유품으로 남긴 물건을 회수하러 갔습니다. 낡은 군용 짐가방에 외계존재들의 부검사진이 잔뜩 들어있더군요. 사진 한 장 한 장마다 하단에 사건번호와 날짜가 적혀 있었습니다. 그런데 1947년 9월 날짜에 적힌 것은 제가 알던 사건번호가 아니었습니다. 저는 워싱턴 소재의 군병리학연구소 의사를 통해 확인했습니다. 그는 외계존재를 부검해 얻은 해부학적 지식을 상세히 설명해주면서, 이 사진들이 코로나 추락사건 때 죽은 외계존재의 부검사진이 맞다고 확인해주었습니다.

　　저는 사진 속의 장기들을 보면서 "이건 심장 같지가 않아…… 이건 폐 같지가 않아"라고 말했는데 이 에벤들에게는 심장과 폐 역할을 하는 장기가 하나라는 사실을 알게 됐습니다. 서로 다르게 생긴 여러 개의 위가 있었고 각각 역할도 다 달랐습니다. 또한 음식에서 단 한 방울의 수분까지 깡그리 흡수해 몸에 영양을 공급하는 장기가 있었습니다. 수분을 많이 섭취할 필요가 전혀 없는 거죠.

　　생식기관으로 보아 그들은 모두 남성이었습니다. 에벤이 자기들에게도 여성이 있다고 했던 것 같은데, 아무튼 그 비행체들에 여성은 없었습니다. 남성 생식기는 몸 안에 있었고 적절한 시기에 밖으로 나오는 것 같더군요. 근육은 섬유질이 매우 많았는데 특히 다리 근육이 그랬습니다. 그들은 체구가 크지는 않지만 강했어요. 섬유질 근육이라 우리보다 힘이 세지 않을까 싶었습니다.

　　뇌는 11개의 엽$_{lobe}$으로 나뉘어 있었습니다. 척수가 뇌와 만나는 곳 양쪽에는 작은 망울이 하나씩 있었는데, 어떤 기능을 하는지 끝내 알아내지 못했어요. 눈은 아주 정교했고 시신경들은 인간과는 다른 곳으로 이어져 있었습니다. 귀는 없지만 어느 기관 또는 샘, 즉 소리를 들을 수 있는 작은 망울과 이어진 관이 있었고요. 우리와 같은 성대는 없었습니다.

그때 읽은 브리핑 자료는 무척 흥미로웠습니다. 이 생명체가 발견되었을 때 손짓 말고는 대화할 방법이 없었다고 적혀 있었지요. 그를 로스앨러모스의 의료시설에 데려가 검사했는데 의사들은 자기들이 무얼 검사하는지 몰랐답니다. 결국 우리는 수신호로 소통할 수 있게 되었습니다. 나중에는 성대를 수술하거나 거기에 무언가를 끼워 넣는 방법을 알아내서 소리를 내고 말할 수 있게 되었죠. 저는 몇 년이 지나서야 그들이 텔레파시로 대화했다는 사실을 알게 되었습니다.

생존한 에벤의 소통자로 배정된 공군 대위는 정보장교이자 언어학자였습니다. 그는 에벤이 죽기 전 3~4년 동안을 사실상 함께 살았습니다. 에벤과 아주 친밀한 관계를 맺고 누구보다 많은 대화를 나누었다고 했지요. 저는 이 에벤이 여러 시설을 전전했다고 들었습니다. 메릴랜드주 포트데트릭Fort Detrick[7] 기지로, 라이트패터슨 공군기지로, 헌츠빌 레드스톤 아스널Redstone Arsenal[8]기지 등으로 말입니다.

우리는 외계존재의 부검이 담긴 고도의 기밀정보를 집에 보관한 어느 죽은 과학자에 대해 현장조사를 벌였습니다. 왠지 수수께끼 같은 인물인 그는 원래 육군 군의관이었습니다. 그는 부검보고서며 사진, 부검의들의 상세한 구술기록까지 갖고 있었지요. 이런 자료를 안전한 장소에 보관했어야 했는데, 어쨌든 저는 그것을 다 보았습니다.

---

7   메릴랜드주에 있는 육군의무사령부 시설. 1943년부터 1969년까지 이루어진 생물학무기 프로그램의 본거지였다. 이 프로그램이 중단된 뒤로는 미국의 생물학적 방어프로그램 전반을 주관했다.
8   앨라배마주에 있는 미국 육군 주둔지로 육군물자지원사령부, 항공미사일사령부, 미사일방어국과 NASA 마셜 우주비행센터 등의 중요 시설이 자리 잡고 있다.

고든 쿠퍼의 증언

고든 쿠퍼Gordon Cooper는 머큐리-아틀라스 9호 우주비행사로, 단독으로 우주
비행을 완수한 최후의 인물이다.

그 UFO들은 접시형태와 이중접시형태로, 우리가 이전에 독일에
서 봤던 것과 아주 유사한 형태였습니다. 금속성을 띠었고 날개나 그
비슷한 것은 없었습니다.

그것들은 우리의 F-86 전투기가 독일에서 하던 편대비행과 같은
형태로 계속해서 날아왔습니다. 때때로 다른 경우도 있었는데 획 하
고 날면서 기존의 전투기로는 어림도 없는 비행을 했지요. 우리는 따
라잡을 수조차 없었습니다. 그들은 더 높이, 더 빨리 날았거든요. 그
것도 제멋대로가 아니라 아주 분명한 통제에 따라 편대비행을 했습
니다. 저마다 조종사가 타고 있었는데, 조직적으로 방향을 바꾸거나
움직이는 것으로 보아 틀림없이 서로 교신을 하고 있었습니다.

에드워드 공군기지Edwards Air Force Base에서 사진사들과 전투기 착륙 장
면을 찍던 날, UFO 하나가 바로 우리 위로 날아왔습니다. 세 개의 착
륙장치를 내리고는 말라붙은 호수 바닥에 내려앉았지요. 사진사들이
카메라를 들고 다가가자 착륙장치를 접고 아주 빠른 속도로 날아가
사라졌습니다.

그 무렵에 연구개발 핵심부서에서 고도의 비밀 프로젝트를 수행
하던 저는 우리에게 그런 비행선이 없다는 걸 알고 있었습니다. 물론
러시아에도 없었을 거라고 99.9퍼센트 확신하고요. 이 비행체가 지구

가 아닌 다른 곳에서 만들어졌다는 것을 조금도 의심치 않았습니다.
[이 인터뷰 자료를 공유해준 제임스 폭스James Fox[9]에게 감사드린다.]

A.H.의 증언

A.H.(익명)는 정부, 군대, 민간기업 내의 UFO 및 외계존재 관련 조직에서
중요 정보를 수집한 인물이다. 국가안보국, 국가정찰국, 중앙정보국Central
Intelligence Agency:CIA[10], 해군정보국Office of Naval Intelligence:ONI, NASA, 제트추진연
구소Jet Propulsion Laboratory:JPL, 공군, 51구역, 노스롭그루먼, 보잉 등에 친구들
이 있다. 한때 보잉에서 익형翼型[11] 기술자로 일했다.

저는 4성장군이자 공군 참모총장인 커티스 르메이 장군을 소개받
고 뉴포트비치에 있는 자택으로 찾아갔습니다. 우리는 서재에 마주
앉아 이야기를 나누었습니다. 제가 UFO 목격 사례 중 몇 퍼센트가
미확인으로 남아있느냐고 묻자, 장군은 35퍼센트 정도라고 답하더군
요. 왜냐고 되물으니 이렇게 말했습니다. "그 비행체들이 너무나 빠
르니까요. 따라잡을 수가 없어요."
다음으로 로즈웰 추락사건이 정말로 있었느냐고 물었습니다. 장

---

9 미국의 UFO 연구가이자 영화제작자.
10 1947년 대통령 직속 국가안보회의 산하에 발족된 미국의 대표적 정보기관. 제2차 세계대전 이후 미국의 국익
   을 지키고자 국가 차원의 해외 정보수집 및 특수공작 수행 등을 목적으로 트루먼 대통령이 설립을 주도했다.
   주요 임무는 외국 정부와 기업, 주요 인물에 대한 정보를 수집·분석하여 미국 정부의 각 부처에 보고하는 것이
   다. 냉전시대에 최고의 명성을 누렸으나 해외에서 벌인 불법적인 정치공작 등으로 비난받기도 했다.
11 항공기 날개나 프로펠러의 단면 모양을 말함.

군은 저를 바라보더니 고개를 끄덕이며 말했습니다. "맞아요. 사실이에요. 그건 군용물체가 아니었습니다." 비행체 안에서 발견된 기묘한 글자들에 특히 관심이 많았던 저는 그것이 해독되었느냐고 물었고, 장군은 자신이 복무하는 동안은 해독되지 않았다고 했습니다.

≡⋮

멀 쉐인 맥도우의 증언

멀 쉐인 맥도우Merle Shane McDow는 미국 해군 대서양사령부Navy Atlantic Command 에 있었다. 극비인 특수정보 취급인가와 함께 제브라 스트라이프 배지Zebra Stripe badge를 받았다.

제 아내의 외삼촌인 잭 부스는 로즈웰 사건 당시 육군으로 복무하며 추락현장에 있었습니다. 삼촌께서 말씀하시길, 군에서 트럭 가득 사람들을 싣고 갔다고 했습니다. 어깨가 닿을 만큼 빈틈없이 한 줄로 세우고는 무릎으로 기다시피 이 잡듯 현장을 뒤지도록 했지요. 그렇게 며칠 동안 작은 파편 하나도 남기지 않고 모두 줍게 했답니다.

사체를 수습하는 동안 보초를 섰던 삼촌은 제게 이런 말씀을 했습니다. "잘 듣게나. 나는 사람들이 조그만 친구들을 시체자루에 넣는 걸 보았지. 그런데 전혀 사람처럼 생기지가 않았어. 작고 이상하게 생긴 친구들이었어." 그리고는 살아남은 존재도 있었다고 말했습니다.

당시 현장에 있던 모두가 겁박을 당했는데 어떤 사람이 나서서 이렇게 말하더랍니다. "이 일에 대해 한마디라도 발설하는 사람은 다음 날 사라져서 보이지 않을 거다."

필립 코르소 시니어의 증언

필립 코르소 시니어Philip J. Corso, Sr.는 미국 육군정보국Army Intelligence 대령으로 아이젠하워 대통령의 국가안전보장회의NSC에 참여했다. 그는 어느 공군기지에서 1947년 로즈웰에서 수거한 외계존재의 사체와 UFO 비행체를 직접 보았다. 연구개발 분야에 종사하면서는 추락한 비행체들에서 얻은 외계기술의 잔해를 전달받아 산업계에 전파하는 일을 했다.

1947년 사건 당시 로즈웰에 있지는 않았습니다. 이탈리아 로마에서 MI-19[12]의 정보안전부장으로 있다가 막 돌아와 캔자스주 포트라일리Fort Riley에 배속되었지요.

어느 날 밤 제1사령으로 근무할 때의 일입니다. 제1사령을 맡은 사람은 그날의 지휘권을 갖고 모든 경계병, 모든 보안구역, 모든 초소를 빠짐없이 점검합니다. 한 위병하사관이 뉴멕시코에서 온 다섯 대의 트럭이 라이트패터슨 공군기지로 가는 길에 우리 구역으로 들어왔다고 보고했는데, 왠지 확인하고 싶다는 생각이 들더군요.

발길을 돌려 가보니 대여섯 개의 상자가 있었습니다. 하나를 열자 웬 사체가 액체에 둥둥 떠 있지 뭡니까. 처음에는 어린아이인 줄 알았습니다. 아주 작았으니까요. 하지만 머리 생김도 다르고, 팔도 가늘고, 몸뚱이는 회색이었습니다. 그 순간 대체 이게 무엇인지 모르겠다고 생각할 밖에요. 10초, 15초쯤 들여다보다 도로 뚜껑을 닫고 말했

---

12 영국 군사정보부의 한 부서이다.

습니다. "병장, 당장 여길 나가라. 나는 좀 더 둘러보겠다. 이곳에 다시 오면 일 날 줄 알라!"

그 외계존재……, 그는 조금 달랐습니다. 우리 세계로 들어올 때, 피부에 꼭 달라붙는 수트를 입은 채였습니다. 피부도 수트도 미세하게 조절되어 있었죠. 방사능이며 해로운 영향들, 우주방사선까지 차단하기 위한 것으로 보입니다. 이 존재들은 공기로 호흡하지 않으니 지구에 올 때 어떤 헬멧 같은 걸 쓸 겁니다. 말을 하지 않아 성대도 없고, 대신 소통을 위해 전파를 증폭하는 무언가를 쓸 거고요. 제가 어느 공군기지에서 본 비행체는 외계존재와 마치 한 몸처럼, 정말이지 생물학적 유형에 가까운 구조를 지니고 있었습니다.

10년 후, 저는 뉴멕시코 코만도산맥 인근의 화이트샌즈 육군 미사일 발사장에 있었습니다. 최초의 핵실험이 있던 트리니트와 아주 가까운 곳입니다. 우리는 목표물을 조준하는 펜슬빔 레이더를 보유하고 있었는데, 부하들이 제게 시속 5,000~6,000킬로미터로 날아다니는 물체가 있다고 하더군요.

그 무렵 4년간 백악관에 있으면서 이런 보고들을 계속 받았습니다. 저는 모든 기밀을 취급할 권한을 갖고 있었기에 암호화된 보고서까지 직접 받아보았습니다. 한번은, 국가안보국National Security Agency:NSA[13]이 우주에서 들어오는 신호를 수신하고 있다는 보고를 받았습니다. 단순한 우주잡음이 아니라 또렷하지만 해독할 수 없는 신호라고, 정말이지 아주 완벽한, 무언가 진짜 메시지를 전하고 있다고 말입니다. 하

---

13 미 국방부 소속 정보기관으로 통신 감청을 통한 정보수집, 암호해독을 전문적으로 수행하며 세계를 무대로 벌이는 전자첩보활동은 CIA보다 더 중요한 기밀로 보호받는다.

지만 우리는 결국 해독하지 못했습니다. 아주 조직화된 메시지였어요. 우주잡음이나 무의미한 지직거림 혹은 단순한 잡음이 아니었습니다. 패턴이 있었거든요.

이후 아서 트뤼도Arthur Trudeau 장군이 연구개발 프로젝트를 시작하면서 저를 참여시켰습니다. 처음 직함은 특별보좌관이었지요. 일주일쯤 뒤 장군은 대외기술처Foreign Technology Division를 창설하고 저를 책임자로 앉혔습니다. 우리는 월터리드 육군병원 실험실에서 외계존재 부검보고서와 비행체 추락보고서, 거기서 나온 물건 등을 받았습니다. 그렇게 비행체가 실제로 추락하고 있다는 증거를 모으기 시작했습니다. 관련 사본은 하나도 남기지 않고 회수했지요. 실험실은 우리 것이었고 지금도 우리가 대고 있었으니까요. 물론 저는 트뤼도 장군과 서약한 대로 누구의 이름도 발설하지 않고 35년간 침묵을 지켰습니다.

[이 인터뷰 자료를 공유해준 제임스 폭스에게 깊이 감사드린다.]

드와인 아네슨의 증언

드와인 아네슨Dwynne Arneson은 미국 공군 중령으로, 초극비기밀인 '특수정보 탱고킬로Sensitive Compartmented Information-Tango Kilo:SCI-TK'[14] 취급인가를 갖고 있었다. 라이트패터슨 공군기지의 군수국장이었고 1986년에 은퇴한 뒤 보잉에서 컴퓨터시스템 분석가로 일했다.

---

14 나토군이 무선통신과정에 의미를 정확히 전달하기 위해 알파(A), 브라보(B), 찰리(C), 델타(D)처럼 알파벳 26자를 각각 단어로 표시해 사용하는 문자조합. 여기서 탱고와 킬로는 각각 T와 K를 나타내는 부호이다.

라이트패터슨 공군기지에서 복무하던 때, 아돌프 라움Adolph Raum 박사를 만났습니다. 그는 스위스 출신으로 미국의 첫 번째 원자탄 실험 팀에 있으면서 로버트 오펜하이머J. Robert Oppenheimer 박사와 잘 알고 있었습니다. 당시 83세였던 박사와 저는 서로 마음이 잘 통했습니다.

어느 날 밤, 함께 저녁식사를 하고 마티니를 몇 잔씩 나누면서 제가 농담 삼아 물었습니다. "박사님, 여기 라이트패터슨에 냉동보관된 작은 회색인간에 대해 아는 바가 있으세요?"

그러자 사색이 되어 심각한 목소리로 말하던 박사의 모습이 생생히 기억납니다. "자네, 내가 말할 수 있는 건 로즈웰에 떨어진 것이 기상풍선은 아니었다는 것뿐이네. 이 이야기는 다시 하지 마세. 알겠나?" 우리는 그에 대해 다시는 말하지 않았습니다.

나는 비행접시가 존재한다는 전제 하에,
그것은 지구상의 어떤 강대국에 의해
만들어진 것이 아님을 감히 장담합니다.

해리 S. 트루먼 (Harry S. Truman, 1884-1972)
전 미국 대통령
1950년 4월 4일, 백악관 기자회견에서

냉전의 장막 뒤에서

1945-1953 트루먼 대통령 재임기

로즈웰에서 외계우주선을 격추하고 수거한 일은 단지 시작일 뿐이었다. 1947년 7월부터 1952년 12월 사이, 군은 전자기 스칼라 무기로 13대의 외계우주선을 떨어뜨렸다. 그 가운데 11대는 뉴멕시코주에, 나머지는 각각 네바다주와 애리조나주에 추락했다. 멕시코와 노르웨이에서도 추락사건이 한 건씩 더 있었다. 1947년 첫 번째 추락사건 당시 발견되어 3년 동안 살아있었던 외계존재 한 명을 포함해 총 65구의 사체가 수거되었다.

냉전 속에 미국과 소련, 두 초강대국은 수소폭탄 실험을 완결짓는 경쟁에 몰두했던 것으로는 충분치가 않았다. 당시 트루먼 대통령은 비행접시 문제와도 씨름해야 했다. 그는 원자탄프로그램을 이끌었던 바네바 부시 박사는 물론 에드워드 텔러, 로버트 오펜하이머를 비롯한 뛰어난 과학자들을 신속히 끌어모아 연구하게 했다.

외계현상을 조사하는 첫 비밀전담반이 '사인 프로젝트Project Sign'라는 이름으로 조직되었고, 이는 1년 뒤 '그루지 프로젝트Project Grudge'로 발전했다. 그리고 낮은 등급의 허위정보를 유포해 대중을 속이려는 '블루북 프로젝트Project Blue Book'[1]가 만들어졌다. 한편 '블루팀'은 추락한 외계비행선을 수거하는 훈련을 받았는데, 이는 나중에 '파운스 프로젝트Project Pounce' 소속의 '알파팀'으로 발전했다.

이들 외계비행선은 어떤 추진시스템으로 작동했을까? 그것들은 무기를 탑재하고 있었을까? 제2차 세계대전에 이어 냉전이 격화될 무렵, 미국이 소련에 뒤처질지도 모른다는 심각한 우려가 있었다. 그런데 행여나 이 신기술들이 유출된다면 어찌될까? 미국은 기술력에 있어서 비약적인 도약을 앞두고 있다고 말하는 것을 삼갔다. 물론 스스로가 원해서 말이다. 국가안보국은 무슨 수를 쓰든 이 모든 것을 비밀에 부치고 싶었다. 비용이 아무리 많이 든다 한들 마다하지 않았다.

그러나 아주 큰 허점이 있었다. 외계존재들이 미국 상공을 날아다니고 있던 것이다. 때로는 편대규모로 수많은 사람들에게 목격되기도 했다. 이를 어떻게 감출 것인가?

해답은 이것이다. 생각이 눈을 가리게 하라! 과거 전체주의적 광기 속에 이루어졌던 심리전처럼, 어떤 거짓말을 계속해서 이야기하고 또 그것을 "존경받는" 저명인사들이 되풀이하다 보면, 대중은 그렇게 믿는다는 것이다. 제2차 세계대전 당시 활동했던 심리전의 달인 중 한 명인 월터 베델 스미스Walter Bedell Smith 장군이 이 교란전술을 맡았

---

1 1952년부터 1969년까지 미 공군이 진행한 공식 UFO 조사 프로젝트. 12,618건의 보고를 조사하고 분석한 공군은 대부분이 자연현상이나 항공기를 오인한 것이라고 결론지었다. 그러나 이 프로젝트의 실상은 UFO 목격 보고들을 묵살하고 허위정보를 유포하기 위한 것이었다.

다. 1940년대 말 그는 이 외계존재 문제에 대한 심리전술을 기획하고 UFO가 존재하지 않는다는 새빨간 거짓말을 퍼뜨리기 시작했다. 수많은 목격담이 보고되고 있는데도 말이다.

대중의 눈에 목격된 모든 사례가 공식적으로 부인되었고, 목격자들에 대한 비웃음까지 뒤따랐다. 하버드대학교의 천문학자인 도널드 멘젤은 그것이 모두 히스테리라고, UFO는 실재하지 않는다고, 죄다 말도 안 되는 황당무계한 것이라는 말을 내놓았다.

이렇게 모든 것이 부인되는 동안 극비에 부쳐진 지하벙커에서는 한 외계종족이 '심문'을 받고 있었다. 첫 번째 로즈웰 추락사고에서 생존한 외계존재로, '외계생명체'를 줄여 에벤이라 불렸다. 그의 몸은 엽록소를 기반으로 하고 있어 마치 식물과 같은 방식으로 음식물을 처리해 에너지와 배설물로 바꾸었다. 우리는 에벤에게서 많은 것을 배웠고 그 모든 것을 '옐로우북Yellow Book'으로 엮었다.

불행하게도 이 에벤은 1951년 말에 병에 걸렸다. 치료를 위해 여러 의료전문가가 왔는데 그중 한 식물학자가 의료진을 이끌었다. 미국 정부는 이 우월한 존재에 대한 우리의 선의를 알리려는 노력으로 우주를 향해 전파신호를 보내기 시작했다. '시그마SIGMA'라는 암호명이 붙은 이 프로젝트의 감독 임무를 맡은 집단이 바로 1952년 11월 4일 트루먼 대통령의 비밀 행정명령에 따라 만들어진 국가안보국이었다. 국가안보국은 인간과 외계존재의 통신을 빠짐없이 감시하는 한편 UFO에 대한 비밀유지 임무를 맡았다. CIA와 국가안보국 모두 일련의 국가안전보장회의 결의와 행정명령을 통해 권한을 부여받았다.

1952년 6월 2일, 에벤이 죽었다. 스티븐 스필버그 감독의 영화 〈E. T.〉는 대략 이 사건에 근거를 두고 있다.

트루먼 대통령은 동맹국들과 접촉해 당시 일어난 일에 대해 경고했다. 그는 소련과도 접촉했는데, 놀랍게도 소련의 극비 무기기지에도 외계비행선들이 날아들고 있었다는 사실이 밝혀졌다. 트루먼 대통령과 그의 경고를 받은 지도자들은 각국의 정부 부처와 정보를 공유했다가 유출되는 위험을 떠안느니, 차라리 비밀을 유지하는 것이 더 중요하다고 결정했다. 이로써 새로운 세계질서가 필요했다. 감독을 받지 않고 움직이는 질서가……

필립 코르소 주니어의 증언

필립 코르소 주니어Philip Corso, Jr.는 아이젠하워 대통령의 국가안전보장회의에 참여했던 미국 육군정보국 대령 필립 코르소 시니어[2]의 아들이다.

아버지는 로즈웰의 외계존재가 세상을 떠났다는 사실을 보고받아 알고 있었습니다. 간단히 전하자면, 그 존재는 물을 떠난 물고기처럼 생기를 잃고 죽어갔다고 했습니다. 네, 틀림없이 아버지는 다른 추락사건들에 대해서도 알고 있었습니다. 뉴멕시코주 코로나에도 아주 비슷한 유형의 우주선이 떨어졌었다고 말씀하셨죠. 아버지와 매일 한 팀에서 일하던 독일인들은 자기 나라에도 추락한 물체가 있었다고 말했습니다. 자신들의 첨단 기술과 재료, 연구의 대부분이 거기서

2　미국 육군정보국 대령. 상세 이력은 51쪽 참조.

나온 것이라고 말이지요.

아버지는 국방부에 있는 어떤 방에 대해 자주 이야기했습니다. 마치 감방 문처럼 옆으로 밀고 들어가는 방인데, 필기구나 종이, 녹음기를 소지할 수 없었죠. 문서들을 단지 눈으로만 보고 머릿속에 저장해서 나올 수밖에요. 아버지는 정보를 얻던 그 방들에 뭔가 다른 것이 보관되어 있었다고 한두 번 강조했습니다. 외계존재의 옷에서 나온 실오라기도 가지고 계셨는데, 그의 은빛 수트와 우주선의 표면이 비슷한 재료였다고 하셨어요.

⸬

찰스 브라운의 증언

찰스 브라운Charles Brown 중령은 제2차 세계대전에서 공군 영웅이 되어 돌아온 뒤 공군특수수사대에서 일했다. 브라운은 '그루지 프로젝트'에서 UFO를 조사하는 임무를 맡았다.

저는 퇴역한 미국 공군 중령입니다. 어림잡아 23년을 군에 있었는데 마지막 7년은 해외에서 고위 장교로 복무했습니다. 1942년 7월에 조종사 훈련을 받기 시작해서 1943년 4월에 소위로 임관했고 이어 B-17 폭격기 기장으로 훈련을 받았습니다. 1943년 11월 초에 유럽으로 파견을 가서 12월 13일부터 B-17 조종사로 전투를 시작했습니다. 마지막으로 29번째 임무를 완수한 때가 이듬해 4월 11일이었어요. 이 기간 동안의 전투는 그야말로 치열했습니다. 비행 때마다 사상자가 생겼는데, 운이 좋게도 저는 모든 임무를 무사히 완수했습니다.

공군특수수사대에서 방첩교육과 경찰업무 그리고 조종사 훈련을 받은 몇 안 되는 수사관이라는 이유로, 저는 항공기와 관련된 많은 조사를 맡았습니다. 특히 사보타주로 의심되는 흔치 않은 항공기 사고들을 조사했습니다. 그러는 동안 여러 걸출한 과학자들과 친해졌고 항공기술정보센터 및 '그루지 프로젝트'에서 일하게 되었습니다. 우리는 미확인비행물체라고 알려진 것을 조사하는 책임을 맡았습니다.

저의 임무는 라이트패터슨 공군기지의 D-05 구역에서 전 세계로부터 들어오는 보고서를 받는 것이었습니다. 그것을 기술센터에 전달하고 담당 장교와 정보를 정리한 다음, 수사관의 관점에서 질문에 답을 해주었습니다. 1951년 가을까지 약 2년 동안 그 일을 했습니다. 조사 분야에서는 통상 어떤 사건에 대한 진술을 다루는 데, UFO의 경우에는 목격담이었지요. 우리는 그것을 캐고 들어가 결론을 도출하고 결과를 얻었습니다.

정보장교로서 또 다른 임무 가운데 하나는 적의 능력과 장비에 대해 최소한이라도 파악하는 것이었습니다. 시속 6,000~8,000킬로미터로 날아가던 물체가 기억납니다만, 미국이나 적대국이 가진 그 어떤 항공기보다 훨씬 빨랐습니다. 어떤 물체가 시속 수천 킬로미터로 움직일 때 12~14분이라는 시간은 어마어마하게 긴 시간입니다.

한번은, 조종사와 함께 일명 '구니버드'라 불리는 C-47A 군용기를 타고 넬리스 공군기지로 비행을 했습니다. 하늘은 구름 한 점 없이 맑았지요. 그때 어떤 물체가 남서쪽에서 북동쪽으로 하늘을 가로질러 날아갔습니다. 제가 오른쪽에서 본 지 15초도 안 돼 왼쪽 시야로 사라지더군요. 계산할 수 없을 만큼 빠른 속도로요. 분명히 위성은 아니었어요. 누군가 비행을 조종하는 것이었습니다.

보고된 물체 중에는 레이더로 추적된 것도 있었습니다. 우리는 지상관측, 지상레이더, 공중관측, 공중레이더의 네 가지 방식으로 그것을 확인했습니다. 제가 아는 한 그보다 더 확실할 수는 없었습니다. 단지 공상이라고 말할 수 없는 거죠. 이 무렵 공군에서 데려다 놓은 이른바 전문가라는 사람들이 늪지대 가스라느니 뭐라느니 이야기를 꾸며대는 걸 들었습니다. 만약 그것이 날개 달린 항공기라면, 공기역학의 법칙을 적용받아 갑자기 멈춰서 한순간에 반대로 방향을 틀 수 없어요. 그런데 실제로 그런 일이 있었습니다.

영국에서 북해지역의 나토군NATO 훈련을 할 때는 두 개의 작은 광구光球가 나타났습니다. 위협적이진 않더군요. 그런데 그것들이 착륙하지 않고 갑판 위를 날아다니자 무슨 소동이 벌어졌는지, 말하지 않아도 짐작이 갈 겁니다. 해군은 아주 질겁했지요. 이 사건을 언론에서도 알게 되었습니다. 당시는 언론이 관련된 승무원과 비행사를 취재할 수 있던 시절로, 하나같이 사건을 조사해달라고 아우성이었지요.

저는 백악관 상공에 떠 있는 광구, 즉 미확인물체들의 빛이 정렬해있는 레이더 사진을 봤습니다. 그런데 희한하게도 공중관측을 위해 두 대의 전투기가 도착하자 이 물체들은 사라졌습니다. 마치 원하면 언제든 사라져버리는 것 같았어요.

트루먼 대통령은 이 물체들에 대해 알고 있었습니다. 신문의 머리기사를 다 읽은 대통령이 "이것들의 조사를 맡은 사람이 누군가?"라고 묻자 참모들은 "샌포드 장군이 공군정보국 국장입니다"라고 말했습니다. "그럼 장군이 조사를 맡고 있나?"하고 되묻자 그들이 답했습니다. "아닙니다. 라이트패터슨 공군기지에 있는 사람일 겁니다." 그래서 그들은 저를 워싱턴으로 데려갔습니다.

우리는 범죄를 목격한 사람의 진술로 누군가를 감옥에 보내고 사형까지 시킵니다. 우리의 법률체계는 많은 부분 거기에 바탕을 두고 있어요. 그런데 지난 50년 동안 제가 겪은 바에 의하면, 아주 멀쩡하고 평판 좋은 목격자들이 미확인물체의 특이한 공중현상에 대해 말하면 어떤 이유로든 망신을 줘버리고 맙니다. 그렇다면, 하늘의 모든 것을 확인해줄 사람을 데려온다면 저는 예수 재림을 보여주겠습니다. 그곳에 있어 보지도 않은 사람들이 목소리를 높여가며 '목격자들이 이런저런 것들을 보았다는 것은 말도 안 된다'라는 소리를 하는데, 그가 얼마나 충분한 기술적 자격을 가졌는지는 제게 중요치 않습니다. 제가 묻고 싶은 건 이것입니다. 누가 그들에게 전문가 자격을 주었을까? 이것이 진짜 문제입니다. 진실로, 저는 이 현상들이 그루지 프로젝트보다 훨씬 앞서 지구에 나타났다고 믿습니다. 타당한 증거가 있습니다.

우주에 대해 더 많이 배울수록, 우리는 우리가 정말로 아는 것이 얼마나 보잘것없는지 더 많이 깨닫게 됩니다. 그러므로 과학은 끊임없이 발전해야 하고 우리는 끊임없이 배워가야 합니다.

클리포드 스톤[3]의 증언

1950년대에 미국 공군에는 블루북 프로젝트와는 별개로 UFO를

---

3 미국 육군 수거부대 하사. 상세 이력은 34쪽 참조.

조사하는 엘리트 부대가 있었습니다. 처음에 '4602항공정보근무대'라는 이름으로 조직되었지요. 블루북 관련자들은 이 부대가 자신들과 함께 일한다고 생각했습니다만 실은 그렇지 않았습니다. 이들의 일상 임무 가운데 '블루플라이 작전Operation Blue Fly'이 있었는데 이 작전의 목표는 지구에 떨어지는 기원 미상의 물체를 수거하는 것이었습니다. 명심할 점은, 당시에는 우리가 쏘아 올린 우주선이 없었으며 이것들은 매우 특별한 물체였다는 것입니다. 그래서 UFO 관련 보고가 들어오면 라이트패터슨 공군기지에 있는 감시요원들이 수거팀을 보내 추락한 잔해를 수거할 필요가 있는지 아주 면밀하게 검토했습니다.

공군은 그런 부대를 운용한 적이 없다고 말합니다. 하지만 분명히 말하건대 저는 그렇게 했다는 것을 압니다. 평시에 블루플라이 작전의 의도는 지구에 떨어진 기원 미상의 물체를 수거해오는 것이었지만, 1957년에는 기원 미상인 모든 물체를 수거하는 쪽으로 임무가 확대되었습니다. 우주선도 포함된다는 이야기입니다. 같은 해 10월, 이것은 '문더스트 프로젝트Project Moon Dust'[4]의 일부가 되었습니다. [102쪽의 '마릴린 먼로 문서'를 참고하기 바란다.]

문더스트 프로젝트는 오직 두 가지를 수거하기 위해 시작되었습니다. 하나는 미국의 것이 아닌 물체로, 대기권 진입과 지상의 충돌을 견뎌낸 것입니다. 다른 하나는 기원 미상의 물체입니다. 소련이 우주선을 발사하던 그 당시, 잠재적 적국의 기술력을 확인하기 위해 기술적·과학적 정보라는 관점에서 관심을 갖는 건 당연한 일이었습니다.

---

4 냉전기간 동안 미국 영토에 불시착하거나 떨어지는 소련의 우주 자산을 획득해 활용하고자 미 공군 미사일개발센터가 추진한 비밀 프로젝트.

오늘날 우리는 지구로 다시 떨어지는 우주선의 잔재와 같이 우리가 이미 알고 있는 것과 관련이 없는 기원 미상의 물체들이 꽤 있다는 사실을 압니다. 다시 말해, 문더스트 프로젝트와 블루플라이 작전에서 지구의 것이 아닌 외계의 잔해를 수거했다는 것이지요.

현재 우리가 나누고 있는 기밀등급은 세월에 따라 변했습니다. 제2차 세계대전 때부터 1969년까지는 무려 11등급의 기밀이 있었습니다. 지금은 1급기밀Top Secret, 2급기밀Secret, 3급기밀Confidential의 세 가지가 있습니다. 그런데 최우선으로 보호해야 할 만큼 매우 민감하고 기존의 등급으로 분류하기에는 매우 특수한 정보가 있다면, 그건 바로 '특수인가 프로그램'에서 다루어집니다. 이런 종류의 정보는 공식적 승인이 없는 한 공공영역에서 결코 얻을 수 없습니다.

UFO에 관해 이야기를 하다 보면 결국 이런 물음이 생깁니다. '미국 정부는 말할 것도 없고 그 어떤 정부가 과연 비밀을 지킬 수 있을까?' 대답은, 분명히 그럴 수 있다는 겁니다. 정보기관들이 마음껏 써먹을 수 있는 가장 강력한 무기 가운데 하나는 바로 미국 국민과 정치인 그리고 UFO 정보를 깔아뭉개려는 비판론자들의 성향입니다. 이들은 냉큼 나서서 말합니다. "아, 그런 비밀은 지킬 수 없어요." 글쎄요. 진실은, 우리가 비밀을 유지할 수 있다는 것입니다.

국가정찰국은 아주 오랫동안 비밀에 싸여 있었습니다. 국가안보국의 존재도 비밀이었습니다. 원자탄 또한 폭발실험으로 마침내 사실을 말할 수밖에 없는 상황이 되기 전까지는 비밀이었고요.

우리는 고도로 진보한 지적문명이 지구를 찾고 있을 가능성 또는 개연성을 받아들이지 말라는 스스로의 패러다임에 세뇌당했습니다. 그러나 우리에게는 증거가 있습니다. 목격된 물체들과 존재들에 대한 매우 신빙성 높은 보고서 형태로 말입니다. 그럼에도 케케묵은 해명을 찾는가 하면, 우리의 패러다임에 맞아 떨어지지 않는 증거는 다 팽개쳐버립니다. 결국 우리 스스로가 유지해온 비밀입니다. 공공연하게 숨길 수 있고요. 정보를 공개하라고 정보기관을 닦달해봐야 정치적 자살행위일 뿐입니다. 그러니 대부분의 의원들, 그 계통에서 저와 함께 일한 많은 의원들도 머뭇거리며 나서려고 하질 않았습니다. 로즈웰 사건을 의회 차원에서 조사해달라고 대놓고 요청했던 의원도 세 명은 댈 수 있습니다.

제가 들은 말 가운데 가장 우스운 건, 그런 일을 하려면 국회의장 정도는 되어야 한다는 말이었습니다. 그래서 미시시피주 출신 상원의원에게 그렇게 하겠느냐고 물었더니 주저 없이 아니라고 말하더군요. 저는 그 답변을 써달라고 했고 결국 문서로 받았습니다. 그리어 선생께는 보여드리겠지만 공개할지는 망설여집니다. 그러지 않기로 약속했거든요.

우리는 정부파일에 있는 문서기록을 그대로 입수해야 합니다. 그것들이 끝내 폐기되기 전에 공개해야 해요. 블루플라이 작전과 문더스트 프로젝트 파일이 좋은 예입니다. 저는 공군이 공인한 기밀문서들을 가지고 있었는데, 더 많은 파일을 공개할 수 있도록 의원들에게 도움을 요청하자 그것들은 즉각 폐기되었습니다. 저는 이 사실을 증명할 수 있습니다.

정보 계통을 따라 어디선가 이 문서들을 본 의원들은, 만에 하나 누설될 경우 미국의 국가안보에 악영향을 미칠 수 있는 아주 민감한 정보들이 있다는 걸 알아챘을 겁니다. 그러니 소수의 사람만 제한적으로 접근하도록 더더욱 굳게 지킬 필요가 있는 겁니다. 그들의 이름은 종이 한 장에 다 적을 수 있을 만큼 소수입니다. 그래서 특수인가 프로그램들이 존재하며 마땅히 있을 법한 통제자들조차 실상 거기에 포함되어 있지 않습니다. 의회는 이렇게 비밀유지프로그램의 운영 방식을 검토하면서, 특수인가 프로그램 안에 또 특수인가 프로그램이 있는 것을 발견했습니다. 의회가 그것들을 모두 통제한다는 건 근본적으로 불가능했지요. 다시 말합니다만, 그것들을 모두 통제하기란 근본적으로 불가능합니다.

UFO 문제에도 같은 기준이 적용됩니다. 의회의 검토나 감독을 일체 받지 않는 주제입니다. 정보기관 내에서도 100명 아니 50명도 안 될 소수의 핵심 인사만이 그 정보를 통제합니다. 그러므로, 의회가 나서서 청문회를 개최하고 날카로운 질문을 던져야만 합니다.

⸬

댄 모리스[5]의 증언

플로리다주 공군성능시험 사령부에 복무할 무렵, 저는 팀과 함께 워너로빈스 공군기지Warner Robins Air Force Base로 배치됐습니다. 당시 우리가 보유한 가장 강력한 레이더 두 대도 가지고 갔습니다. 그 무렵 상시 경계태세에 있던 전략공군사령부는 아군 내부로 우리를 침투시키는 임무를 준비하고 있었습니다. 기지 사령관은 우리 부대가 거기 있는지도, 누가 있는지도 몰랐습니다. 그들이 아는 것이라고는 우리가 기

5　미국 공군 중사·국가정찰국 정보원·중대 극비기밀 취급자. 상세 이력은 32쪽 참조.

상대대의 표식을 붙이고 있다는 것뿐이었어요. 사실 기상과는 아무 상관이 없었지만요.

아무튼 우리는 워너로빈스 기지에 장비를 설치하고 작동하며 한 달 남짓 있었습니다. 그러던 어느 날 대형 레이더 타워에서 작업하던 때의 일입니다. 유지 보수를 하느라 작동이 꺼진 타워 위에 다섯 명이 있었고, 아래 통제실에 부하 둘이 있었습니다. 문득 누군가 "저기 봐, UFO야!"라고 외쳤습니다. 그런데 그쪽을 본 친구가 아무도 없었던지 다들 "그래, 그래" 건성으로 반응했죠.

그때는 블루북 프로젝트가 진행되던 시기로, 행여나 UFO를 보았다고 하면 의무대에 끌려가 정신과 의사에게 검사를 받아야 했습니다. 공군을 나가고 싶어서 그러느냐고 말이지요. 아니면 다른 어딘가로 보내져 입막음을 당했습니다. 그 무렵, 스티븐 스필버그 감독의 영화 〈미지와의 조우〉[6]에 기술자문을 한 앨런 하이넥J. Allen Hynek[7]은 입막음을 위한 블루북 프로젝트에 공식적으로 고용된 상태였습니다. 그런 하이넥이 UFO를 두고 내놓은 해석이 있었는데, 자기암시나 집단최면 또는 늪지대 가스라는 것입니다. 이 세 가지는 하이넥이 즐겨 내놓는 설명이었습니다.

그날의 이야기로 다시 돌아가죠. 그 친구가 다시 외쳤습니다. "저기 뒤를 좀 보라고!" 그제야 우리는 모두 일손을 놓고 돌아봤습니다. 타워에서 800미터쯤 떨어진 900미터쯤 상공에 은빛 UFO 세 대가 있

---

6   원제는 〈제3종 근접조우Close Encounters of the Third Kind〉(1977).

7   오하이오주립대학교의 물리학 교수이자 천문학자, UFO 전문가. UFO 사례를 조사하기 위한 미 공군의 '사인 프로젝트', '그루지 프로젝트'에 이어 '블루북 프로젝트'에서 과학자문을 했다. 만년에는 독자적인 연구를 이어 가면서 UFO 목격 및 조우 사례를 1~3종 근접조우를 비롯한 여섯 가지 체계로 분류했다.

더군요. 난간 쪽으로 걸어간 우리는 "맞아, 진짜 UFO야"라고 말했습니다. 곧이어 제가 물었습니다. "좋아, 만약에 하이넥이 여기 오거나 팀을 이리로 보낸다면 우린 어떤 말을 해야 하나?" 누군가 대답했습니다. "이 기지에는 2만여 명의 민간인과 1만여 명의 군인이 있습니다. 다른 사람들도 이걸 봤다면 과연 집단최면이니 자기암시니 늪지대 가스라고 할까요? 일단 내려가서 레이더를 켭시다."

우리는 함께 내려갔고 저는 아래에 있던 두 명에게 물었습니다. "카메라를 가지고 있나? 공군 카메라? 나가서 사진을 찍어. 가서 본 걸 이야기해줘." 그들은 돌아와서 "UFO들이 대형을 이루고 아직 거기 있습니다!"라고 말했습니다. 저는 "좋아, 카메라를 가져와 사진을 찍자"고 한 뒤, 다른 두 사람에게 "촬영용 레이더 카메라도 켜자"고 했습니다.

그때 우리에겐 모든 것이 갖춰져 있었습니다. 우리가 있던 건물은 한 면 전체가 양쪽으로 열리는 유리문으로, 레이더 조준경을 설치하면 UFO를 볼 수 있었습니다. 그 UFO들이 움직이기 시작하고 레이더 안테나가 돌자 조준경의 소인선sweep은 분당 4회전의 속도로 돌았습니다. 그런데 레이더가 '표시'한 시점에 그것들은 눈앞에서 사라졌습니다. 수직으로 상승하더니 획, 하고 가버렸습니다. 조준경에서도 사라졌고요. 우리가 가진 스코프의 탐색범위는 420킬로미터인데, 한 번 계산해보세요. 엄청나게 빠른 거죠. 1940년대 당시에 우리는 그렇게 빠른 물체를 가진 적이 없습니다.

저는 본부에 전화를 걸었습니다. "여기 접촉이 있습니다." 상대가 그러더군요. "전략공군사령부가 자네들을 상대로 임무를 수행한다는 말인가?" "사령부가 아닙니다. 사령부가 아닙니다." "그럼 뭔가?"

"우주 말입니다." "잠깐만…… 이제 설명해보게." 도청을 막기 위해 신호를 변환하는 스위치를 작동한 겁니다. "제 전화는 변환되었습니다. 그 전화는 어떻습니까?" "변환되었네. 우주 접촉을 했다니, 무슨 말인가?" "UFO 세 대가 저기 있다는 뜻입니다." "사진은 찍고 있나?" "네, 찍고 있습니다." "레이더 사진은 찍고 있나?" "네, 찍고 있습니다. 생생한 사진을 찍고 있습니다." "좋아, 다른 말은 하지 말고. 사람을 그리로 보낼 거야. 여섯 시간이면 도착할 거네. 그 친구에게 다 인계하도록." "알겠습니다."

여섯 시간쯤 지나 그 사람이 도착했고 모든 자료를 밀봉해서 전달했습니다. 그는 공군성능시험 사령부로 돌아갔지만, 그 뒤로도 사진을 받았다는 공식 통지는 없었습니다. 그건 비밀에 붙여졌습니다. 숨겨진 것이지요. 마치 일어나지 않은 일이라는 듯이 말입니다. 하지만 우리는 사진의 사본을 남겨뒀습니다. 저는 다섯 명의 부하에게 이렇게 말했습니다. "좋아, 친구들, 자네들에게 줄 사본이 있어. 잘 간직했다가 손자들에게 주도록."

현재 제가 아는 바로 그 임무는 종료되었습니다. 하지만 그 사건은 우리 모두의 관심을 불러일으켰습니다. 레이더 조준경이나 비밀에 붙여진 물건들을 통해서가 아니라 그 자리에 있었던 우리가 사실을 목격했으니까요.

미국이 핵무기를 터뜨리는 일을 왜 그만두었는지 아십니까? 오리온에서 온 외계존재들의 명령 때문이었습니다. 오리온자리요. 그들이 내려와서 말했습니다. "여러분은 스스로를 파괴할 수 있습니다. 하지만 우리는 그냥 보고만 있지는 않을 겁니다. 여러분이 이 행성을 폭파한다면 말입니다. 지금 여러분에게는 그럴 능력이 있으니까요."

우리가 정말로 그들의 관심을 끌게 된 것이 바로 그때입니다. 그들은 실제로 우리가 핵무기를 사용하지 못하도록 막았고 "이제 핵실험은 안 됩니다"라고 말했습니다. 그 무렵에 러시아와 미국은 그들이 말한 그대로 할 수 있다는 것을 굳게 믿었습니다.

우리는 그들이 워싱턴 상공에 나타나는 모습을 보았습니다. 우리가 전투기를 보내자 UFO들은 휙, 하고 사라졌습니다. 아니면 다른 차원으로 갔거나요. 전투기가 기지로 돌아가면 UFO들은 다시 워싱턴에 나타났습니다. 워싱턴에 있던 사람들은 무서워 죽을 지경이었지요. '저들이 뭘 하려는 걸까?' 하고 말입니다.

돈 필립스의 증언

돈 필립스Don Phillips는 미국 공군 출신으로, CIA의 계약업체인 록히드 스컹크웍스에서 켈리 존슨[8]과 함께 U-2와 SR-71 블랙버드 정찰기 설계 및 제작 분야에서 일했다. 중요한 UFO 사건이 일어나던 시기에 라스베이거스 공군기지Las Vegas Air Force Base에 있었다.

저는 고등학교를 마치고 대학을 다니던 중에 록히드항공사에서 일했습니다. 제가 공부한 분야는 설계, 공학, 기계학, 전기학, 그리고 항공학입니다. 그 당시도 지금도 경비행기 조종사이고요. 1961년에

---

8 록히드 스컹크웍스의 책임자로서 미국 항공산업에 지대한 공헌을 한 항공 기술자이다.

는 록히드 스컹크웍스에서 일을 시작했습니다. 이후 군대에 들어가고자 그곳을 떠나면서 조국에 봉사한 뒤에 다시 돌아오고 싶은 일터라고 생각했지요.

1965년에 입대한 저는 네바다주 라스베이거스 인근에 배속되었습니다. 우리가 "드림랜드Dreamland", "호그팜Hog Farm", "레이크Lake"라고 부르던, 바로 '51구역'이라 알려진 지역과 아주 가까운 곳이었습니다. 사람들은 누구나 그곳에서 일어나는 일을 알고 싶어합니다. 그곳에서 우리는 항공기를 시험합니다. 블랙버드와 같은 특별한 항공기를요. 블랙버드는 지금까지도 세계적인 기록들을 가지고 있는데 그것이 제 손에서 나왔다는 사실이 자랑스럽습니다.

자, 그 지역에서 군복무를 했다는 것이 중요한 이유가 있습니다. 미군의 비행시험과 조종사 훈련을 하는 넬리스 공군기지에 딸린 레이더 기지들이 있었기 때문입니다. 라스베이거스 북쪽, 포사격장 북동쪽 끝에는 우리가 아는 51구역이 있습니다. 라스베이거스에서 북쪽으로 가는 고속도로를 가로질러 '앤젤스피크Angels Peak'[9]라는 기지가 있고요. 앤젤스피크는 51구역은 물론 서쪽과 북쪽의 원자력위원회 시험장 같은 많은 지구를 관할합니다. 즉, 앤젤스피크는 비밀 레이더 시설이었습니다. 우리는 라스베이거스에서 51구역 쪽으로 오는 항공기나 그곳을 지나는 것은 무엇이든 감시했습니다.

1966년 어느 날 밤, 그야말로 흥미진진한 무언가가 지나갔습니다. 새벽 한 시쯤 저는 한바탕 소란스러운 소리를 들었습니다. 우리

---

9 미 공군의 감시 레이더기지가 있던 라스베이거스 공군기지를 말한다. 1969년 기지가 폐쇄되고 연방항공청으로 이관되었으나 현재는 공군과 연방항공청의 합동감시시스템에 편입되어 있다.

가 있던 곳은 해발 2,400미터였고 레이더 돔은 대략 3,200미터 높이에 있었지요. 저는 자리를 털고 일어나 사무실 근처의 주 도로를 걸어 소동이 일어난 곳으로 갔습니다. 다섯 명 정도가 하늘을 올려다보고 있더군요. 저도 찰스턴 산의 북북서쪽을 바라보니 빛나는 물체들이 어마어마한 속도로 날고 있었습니다. 바로 그때 어림잡아 시속 5,000~6,000킬로미터로 날던 물체들이 순간적으로 날카롭게 방향을 꺾었습니다. 스컹크웍스, 즉 록히드항공사의 첨단개발부서에서 일했던 특별한 이력을 가진 저는 그 비행체들이 우리 것이 아니라는 걸 알았습니다. 게다가 비행기를 조종해보았던지라, 이렇게 생각했지요. '저 비행체에 사람이 타고 있다면, 과연 그 몸은 어찌되는 걸까?'

90초쯤 더 날던 비행체들은 느닷없이 서쪽으로 수백 킬로미터 떨어진 곳에서 모이는 듯하다가 원을 이루어 회전하고는 사라져버렸습니다. '와, 환상적인 공중 쇼야'라고 생각한 저는 당직이던 위병하사관과 서로 쳐다보며 말했습니다. "야, 정말 대단해." 이어서 그 친구가 말했습니다. "우리가 본 것에 대해 한마디도 꺼내면 안 되겠어."

버스 문이 열리고, 일등 전파탐지사이던 앤소니 카사르라는 제 친구가 가장 먼저 내렸습니다. 그가 하얗게 질린 얼굴에 더할 수 없이 심각한 표정으로 묻더군요. "너도 봤어?" 제가 대답했죠. "그래, 우리도 보고 있었어. 몇 명은 마지막 4~5분 동안, 나는 90초 조금 넘게 보았지." 앤소니가 말했습니다. "우린 레이더 스크린으로 보고 기록도 했어. 허깨비가 아니야. 유령도 아니고. 진짜로 단단한 물체들이야." 레이더에 포착될 정도면 당연히 실제로 있었던 물체인 겁니다.

앤소니는 6~7대의 비행체들을 기록했습니다. 전파탐지사들이 레이더 조준경으로 속도를 계산했는데 시속 6,100~6,800킬로미터로 나오더군요. 이 물체들은 하늘을 쏜살같이 날다가 느닷없이 그냥 멈추더니 60도나 45도, 또는 10도 각도로 꺾었습니다. 그러고는 곧장 반대로 날았지요.

저는 반중력 추진시스템이 존재한다고 들었습니다. 그리고 일부 기술들이 외계비행체에서 나왔다는 사실도 알고 있습니다. 더욱 확실한 것은 라이트시티테크놀로지사Light City Technologies, Inc.에 있는 한 과학자가 미국의 정보기관과 함께 이 기술들을 갖고 일했다는 사실입니다.

하지만 우리는 오른손이 하는 일을 왼손은 결코 모르게 했습니다. 그럴듯한 이유로요. 스컹크웍스에서 일할 때 우리는 국가안보국, 국가안전보장회의, CIA의 동의서에 서명을 했고 우리가 본 것들에 대해 입을 꾹 다물었습니다. 그들은 우리가 어디서 무엇을 하는지 항상 알고 있었습니다. 그리고 우리가 질문하기를 원치 않았습니다. 우리는 그저 프로젝트에 집중하고자 했습니다.

그레이엄 베툰의 증언

그레이엄 베툰Graham Bethune은 '극비기밀 취급인가'를 가진 해군 중령 조종사로 퇴역했다. 워싱턴의 수많은 고위 관료와 민간인을 태운 VIP 전용기 기장이었다.

해군 조종사는 모두 숙련된 항법사입니다. 모든 별자리를 숙지해야 하는 아주 중요한 일이지요. 1943년 펜사콜라Pensacola에서 졸업한 뒤,

저는 독일 잠수함을 추적하기 위해 남대서양으로 밤을 새워 날아갔습니다.

1950년에는 항공수송1대대로 전속되어 아이슬란드 케플라비크로 파견되었습니다. 워싱턴에서 회의에 참석하고 온 두 명의 장교와 함께 말이죠. 그 무렵 아이슬란드에서는 UFO 목격사례가 여러 차례 보고되어 군대를 요청하고 있었습니다. [미국 국방부는 그것들이 러시아의 시험용 폭격기라고 설득했다.]

보통 열 시간쯤 걸리는 비행이지만 그땐 초속 8미터로 맞바람을 받고 있었습니다. 새벽 한 시쯤 뉴펀들랜드 아젠셔에서 500~600킬로미터 가량 떨어진 곳을 날고 있는데, 수평선 아래 수면 위로 뭔가가 보였습니다. 마치 밤중에 어느 도시로 접근하듯 은은한 불빛을 내는 그것은 뭐라 단정지을 수 없는 것이었습니다. 저는 항로를 점검하던 부기장에게 알렸지만 그걸 본 부기장도 정체를 알지 못했습니다.

아이슬란드와 뉴펀들랜드를 항해하는 경비함도 이미 지나친 상태였고요. 날씨는 맑았고 북극광 활동도 없었으며 우리가 가진 항로도에 표시된 배도 없었습니다. 우리는 관제소에 위치를 알려주고 제대로 비행하고 있는지 알려달라고 했습니다. 우리가 표류하고 있을 수도 있다고 생각했고, 래브라도나 그린란드의 끝부분을 보고 있으려니 했던 것이지요. 하지만 관제소는 제대로 가고 있다고 하더군요.

우리는 그것의 오른쪽으로 이동하면서 잠시 바라보았습니다. 우리의 기수는 222도나 225도 방향, 고도는 3,000미터였어요. 40~48킬로미터 정도까지 다가가자 뚜렷한 형태의 빛들을 볼 수 있었습니다. 물 위로 어떤 패턴, 원형의 패턴이 지어져 있었습니다. 그것은 아주 거대했습니다. 저는 이런 생각을 했습니다. '어쩌면 해군이 아주 비밀스러운 작전을 하고 있던 것일까? 이런 특성을 가진 무언가나 바다 밑에 가라앉은 무언가를 수거하는 것일까?'

저는 승무원 조장을 보내 아젠서에 착륙 예정인 앨 존스 기장을 불러왔습니다. 그 수송기에는 승객 31명과 VIP 두 명, 조종사들과 초계기 조종사들이 타고 있었습니다. 제 뒤로는 항법사와 통신사 그리고 앨 존스 기장이 서 있었고 조종실은 발 디딜 틈이 없었지요. 이들이 나서려는 무렵, 물 위에 있던 빛들이 꺼졌고…… 우리는 다시 칠흑 같은 어둠에 에워싸였습니다.

그러다가 25킬로미터쯤 떨어진 곳에 아주 작고 노란 원광圓光이 나타났다 싶더니, 갑자기 눈 깜짝할 사이에 3킬로미터 앞까지 달려들었습니다. 저는 그것이 곧장 우리를 통과하려는 줄 알았어요! 저는 그것이 다가오는 각도보다 아래로 지나치려고 재빨리 자동조종장치를 해제하고 기수를 낮췄습니다.

그 순간 이 비행체 말고는 아무것도 볼 수 없었습니다. 어느 쪽으로 가야 할지도 몰랐고요. 그러고는 요란한 소리가 들렸습니다. 제가 "프레드, 대체 저게 뭐였나!"라고 외치자 주위를 둘러보던 프레드가 모두들 뒤편에 몸을 납작 수그리고 바닥에 엉켜 있다고 하더군요. 제가 뒤쪽을 돌아보자 프레드가 외쳤습니다. "저기 오른쪽에 있어요!"

1킬로미터 거리에 있던 물체가 8킬로미터쯤 떨어진 곳까지 둥둥 떠가는 듯하더니 한동안 우리를 따라 그곳에 머물렀습니다. 아직 수평선 위에 있어 그 측면과 둥근 형태 그리고 주위를 둘러싼 색깔을 볼 수 있었지요.

우리가 본 UFO의 색깔은 처음에는 노란색이었습니다. 그러다 우리에게 다가올 때는 가장자리 색깔이 노란색에서 오렌지색으로, 다시 거의 새빨간 색으로, 그리고 자줏빛 붉은색으로 바뀌었습니다. 그 이유에 대해서는 나중에 '저 위에 있는' 친구들에게 들어 알게 되었습니다. 색깔은 이 물체가 사용하는 혹은 방출하는 에너지양, 말하자면 출력과 관계가 있다고요. 그래서 이 UFO가 순식간에 날아와 속도를 늦추고 다가올 때 다시 노란빛으로 돌아온 거지요. 그 주위는 마치 플라즈마 안개나 그런 성질의 무엇처럼 뿌옇게 보였습니다.

제가 자동조종장치를 원래대로 설정하자 계기판 한가운데 있는 자기장 나침반이 앞뒤로 마구 흔들렸습니다. "저거 봤어?"라고 묻자 프레드가 말했습니다. "비행체가 가까워졌을 때 보셨어야 했어요. 아예 빙글빙글 돌고 있었다니까요."

비행체가 약 8킬로미터쯤 떨어진 곳에 머물렀을 때 우리는 다른 나침반들을 들여다봤습니다. 우리 비행기에는 주파수를 맞춘 관제소 쪽을 가리키는 '버드 독스'라는 저주파 무선장치가 있었는데, 두 개 다 그 비행체를 가리키고 있었습니다. 또 다른 두 개의 나침반도, 날개에 달린 원격 나침반도 반응하고 있었고요. 또한 서로 다른 방향의 평형측정기구 다섯 개 가운데 세 개가 제멋대로 움직이더군요.

그즈음에 우리는 이 물체가 우호적이라는 걸 알았습니다. 그 물체도 우리가 있다는 걸 알고 있으며 우리를 보려고 다가왔다는 것도 알았지요. 당시에는 우리가 생각지도 못했던 점이 있는데, 그들이 이렇게 하는 이유가 아이슬란드 사람들이 말하려는 바가 무엇인지를 보여주고 싶었기 때문이라는 것입니다.

우리가 잠시 그것을 바라보는 동안 앨이 교대해 조종석에 앉았습니다. 앨은 곧장 자동조종장치를 풀고 그것을 쫓기 시작했습니다. 초속 30미터의 맞바람을 받았으니, 비행기의 대지속도는 기껏해야 시속 220이나 240킬로미터에 불과했습니다. 앨은 이 물체를 너무 멀리까지 쫓을 생각은 없었습니다.

그러는 사이 저는 뒤로 가서 승객들을 살폈습니다. 먼저 한 의사에게 말을 걸며 조금 전 본 것에 대해 물었습니다. 그러자 그가 제 눈을 똑바로 쳐다보며 말하더군요. "비행접시였어요. 그러나 나는 그런 것을 믿지 않아서 보지 않았습니다." 저는 잠깐이 지나서야 그 말의 의미를 깨달았습니다. 정신과 의사인 그에게는 이런 것을 믿는다는 게 금기시된 것이죠.

저는 조종실로 돌아가 말했습니다. "앨, 자네가 무얼 하든 우리가 본 걸 누구에게도 말하지 말게. 우리가 땅에 내리자마자 그들은 우리를 가둘 거야." 앨이 말하더군요. "너무 늦었어. 방금 갠더 관제소에 이걸 레이더로 추적할 수 있는지 물어봤거든."

아젠셔에 착륙하자 우리를 심문하기 위해 공군에서 사람이 나와 있었습니다. 심문을 진행한 대위는 이런 유형의 조우에 관해 한두 번 심문해본 게 아닌 듯했어요. 대위가 잘 작성한 보고서는 워싱턴에 있는 공군본부로 보내졌습니다.

저는 비행체의 크기가 90미터 정도였다고 생각했습니다. 몇 년 뒤 기록보관소에서 나온 보고서를 입수해 보니 다들 직경이 75~100미터였다고 말했더군요.

그 비행체가 우리를 떠날 때의 속도는 시속 1,600~3,200킬로미터로 추정됩니다. 보고서를 보니 앨 존스는 시속 2,900킬로미터, 저는 1,600킬로미터, 또 다른 사람은 2,400킬로미터라고 진술해, 다 추정 범위 안이었습니다. 레이더 보고서에는 2,900킬로미터로 되어 있었고요.

이 비행체는 1~2초 만에 24킬로미터를 날았습니다. 그것이 우리 쪽으로 얼마나 빨리 날아왔다가 느닷없이 우리 앞에 멈춰섰는지 한 번 헤아려보십시오. 직경이 90미터나 되는, 조종석 창문으로는 다 보이지도 않는 크기의 물체가요. 그 시절 우리에게는 그렇게 빠른 물체가 없었습니다. 시험비행 조종사 훈련학교가 있으며, 극비리에 온갖 항공기를 시험하는 해군 비행성능시험센터에 있었던 제가 아는 한, 우리에게 그 정도 속도에 가깝거나 둥근 모양의 물체는 없었습니다.

저는 이 UFO가 레이더로 추적되었고 레이더 보고서가 워싱턴의 공군본부로 보내졌다고 들었습니다. 그곳에 간 보고서는 통상 라이트패터슨 공군기지로 보내집니다. 제 상관은 왓슨 대령을 만난 후 라이트패터슨 기록보관소에서 그 보고서를 발견했습니다. 블루북 프로젝트가 진행되는 동안이었죠. UFO의 속도가 시속 2,900킬로미터였다는 걸 확인해준 상관에게 "그걸 어떻게 아신 겁니까?"라고 묻자 그가 말했습니다. "뭐, 레이더 보고서였지. 그렇게 쓰여 있더라고." 이 말인즉, 레이더 보고서가 마이크로필름에 담기기 전에 어떤 일이 일어났다는 것입니다. 제가 기록보관소에서 찾아낸 것은 마이크로필름뿐 보고서 원본은 사라지고 없었기 때문입니다.

라이트패터슨 공군기지에 있던 제 오랜 친구가 말하길, 영화 〈미지와의 조우〉를 제작한 스티븐 스필버그 감독이 그 마이크로필름과 블루북 프로젝트 기록들을 보도록 허락받았다고 했습니다. 스필버그에게는 아주 높은 등급의 기밀취급인가가 있었던 겁니다. 스필버그는 어떤 사람들과…… 물론 누군지 아시잖아요? 통제집단까지 닿아 있던 것입니다.

제가 기록보고서에서 찾아낸 18쪽의 문서는 공군에서 취합한 해군항공기지의 공식문서입니다. [관련 문서는 393쪽의 부록3-1을 참고하기 바란다.] 원래 '그루지 프로젝트'에서 작성한 문서인데, 첫 장에는 '트윙클 프로젝트Project Twinkle'라고 적혀 있습니다. 그들이 어떻게든 없애야 하는 많은 보고서를 보관한 프로젝트말입니다.

그 무렵 나토군의 최고사령관은 전쟁에서 아이젠하워를 구해준 맥코믹Lynde D. McCormick 제독이었습니다. 그의 보좌관들이 저를 찾아왔는데 모두들 그 사건을 아는 듯했습니다. 합참의장이 된 아서 래드포드Arthur W. Radford 제독의 보좌관들 또한 제게 말한 것으로 보아 알고 있었고요. 그 사건에 대해 아는 사람들이 꽤 많았던 겁니다.

이후 5월에 어느 정보장교가 저의 집으로 찾아와 추락한 UFO 사진들을 보여주었습니다. 저도 처음 보는 사진이었습니다. 우리가 본 것과 닮아 보이는 것이라곤 단 하나도 없었습니다. 직경이 30미터 정도 되는 것이 있었는데, 아주 심하게 부서진 것 같지는 않았어요. 이 보고서들은 어찌 되느냐고 묻자 장교는 "합동정보위원회가 결정할 것입니다"라고 하더군요. 그들은 자주 저를 찾아와 사진들을 보여주었습니다. 그중 다수는 둥글고 밝은 원반 모양으로, 우리가 '푸파이터'라 부르던 것과 같았습니다.

저는 '깃발사단Flag Division'의 VIP 전용기 기장이었습니다. 워싱턴의 고위급 장교와 고위층 민간인이라면 대부분 타본 적이 있는 비행기였습니다. 우리 사무실은 라이트패터슨 공군기지 본부 하의 중심부에 있었습니다. 거기서 열리는 조종사 회의에 한 달에 한두 번 정도 참석했습니다. 1년에 두세 번 정도는 일주일가량 열리는 세미나에 참석했고요. 몇몇 관료는 자신들이 본 것을 제게 이야기했습니다. 비행기 두 대가 태평양 상공을 날고 있는데, 밝은 원반 하나가 비행기 곁

80
우주 비밀 파일

으로 다가오더니 잠시 머물다가 그 주위를 돌았다는 이야기들요.

우리가 비행기를 세워두는 곳에서 그리 멀지 않은 곳에 골함석으로 된 격납고 같은 게 있었습니다. 거의 항상 열려 있었습니다. 제 상관과 함께 그곳을 지날 때면 그는 도무지 저를 이해할 수 없다고 했지요. 호기심이 발동해서 그 속에 뭐가 있는지 들여다볼 만도 한데 왜 그러지 않느냐고요. 그분이 말하길, 바로 그 안에 UFO 비행체와 외계존재의 사체들이 있다고 했습니다.

이런 말을 한 건 그가 처음은 아니었습니다. 그는 화이트샌즈 기지에 복무했던 미사일 사령관 포니 제독과 여러 차례 대화를 나누며, 다른 행성들에서 온 비행체가 우리를 찾고 있다는 걸 확신하게 되었다고 했습니다. 또한 왓슨 대령이 라이트패터슨 공군기지에 있는 것 [외계비행체와 사체들]에 대해 말해주었으며 많은 비밀 파일을 보게 해주었다더군요. 그래서 제 상관은 제가 왜 관심을 보이지 않는지 이해할 수 없었던 것이죠. 저는 "그것에 대해 절대로 말을 해서는 안 되니 아예 관심을 끄는 겁니다"라고 말했습니다.

제 눈으로 직접 본 저는 압니다. 라이트패터슨 공군기지에 있던 비행체는 어딘가에 추락한 것이었고, 제 상관이 말한 사체들은 외계존재였다는 것을요.

우리가 추구했든 추구하지 않았든,

군산복합체가 정부협의회 내에서

부당한 영향력을 얻지 못하도록 경계해야 합니다.

잘못 주어진 권력이 파멸적으로 치달을 가능성은

존재하며 또 앞으로도 지속될 것입니다.

이러한 결탁의 힘이 결코 우리의 자유나

민주적 절차를 위태롭게 해서는 안 됩니다.

우리는 그 무엇도 당연시해서는 안 됩니다.

오직 깨어있고 현명하게 판단하는 시민들만이

이 거대한 군사적·산업적 방위조직을

우리의 평화적인 방법과 목표에 부합시킬 수 있으며,

그로써 안보와 자유가 함께 번영할 수 있을 것입니다.

드와이트 D. 아이젠하워 (Dwight D. Eisenhower, 1890-1969)

전 미국 대통령

1961년 1월 17일, 고별연설에서

대통령조차 모르는 일들

1953-1961 아이젠하워 대통령 재임기

로즈웰 사건의 결과, 지적인 외계종족의 생존자 한 명과 사체들 그리고 여러 대의 비행체를 획득했다. 이 비행체에는 우리가 역설계를 통해 활용한 다양한 첨단기술이 담겨있었다. 대대적인 변화도 뒤따랐다. 로즈웰 사건 이후 몇 주 만에 CIA가 조직되었고 미국 공군이 육군항공대에서 분리되어 새로 창설되었다.

나는 1950년 11월 21일자로 작성된 캐나다의 극비문서 사본을 입수했다. W. B. 스미스[1]라는 무선엔지니어가 작성한 이 문서는 캐나다 교통부에 제출되었다. 스미스는 문서에서 이렇게 말했다.

"나는 워싱턴 주재 캐나다 대사관 직원을 통해 조심스럽게 질의

---

1 캐나다 교통부의 UFO 연구 프로젝트 '마그넷 프로젝트Project Magnet'의 책임자로, UFO가 외계에서 기원했으며 자기Magnet 조작으로 작동할 것이라는 결론을 내렸다.

했다. 그 사람은 다음과 같은 정보를 입수해주었다. [a] UFO 문제는 미국 정부에서 최상등급의 기밀주제이다. 심지어 수소폭탄보다도 등급이 높다. [b] 비행접시는 존재한다." [관련 문서는 394쪽의 부록 3-2를 참고하기 바란다.]

드와이트 D. 아이젠하워 대통령은 1953년에 집권했다. 의회가 개입하기 전에 일을 주도해야 한다는 걸 알았던 아이젠하워는, 국가안보분야를 재조직하기 위해 자신의 친구이자 외교협의회Council on Foreign Relations 회원인 넬슨 록펠러Nelson Rockefeller[2]의 힘을 빌었다. 냉전의 절정과 쿠바혁명, CIA에 의한 이란 팔레비 국왕의 옹립을 지켜본 록펠러는 새로운 조직이 필요하다고 결정했다. UFO와의 조우를 전담하고 외계우주선의 역설계로 얻고 있던 놀라운 기술을 감독할 조직 말이다.

그로부터 1년 뒤, 검은 예산black budget으로 운영되는 '머제스틱-12'가 발족되었다. 여러 출처를 통해 확인한 바로는 록펠러와 국방장관 찰스 윌슨Charles E. Wilson, CIA 국장 앨런 덜레스Allen Dulles, 국무장관 존 포스터 덜레스John Foster Dulles, 합참의장 아서 래드포드, FBI 국장 존 에드거 후버가 창립멤버였던 것으로 보인다. 머제스틱-12는 외교협의회에서 선별된 여섯 명과 맨해튼 프로젝트Manhattan Project[3] 시기에 결성된 과학단체 제이슨 소사이어티JASON Society 출신 여섯 명으로 구성되었다. 그 이름처럼 열두 명이 투표해 과반수를 얻어야만 정책이 결정되었다.

아이젠하워 대통령의 임기가 끝나갈 무렵, UFO와 외계존재 관련 프로젝트들은 법률상·헌법상 지휘체계의 감독과 통제를 벗어나 갈

---

2 록펠러 가문 출신의 미국 정치가. 뉴욕주의 주지사를 4번 역임했고 세 차례에 걸쳐 공화당의 유력한 대통령 후보였다. 제럴드 포드 대통령의 지명으로 부통령을 지냈다.
3 제2차 세계대전 기간에 이루어진 미국의 원자탄 제조계획을 말한다.

수록 분획되고 있었다. 곁에서 지켜본 목격자들에 따르면 아이젠하워 대통령은 몹시 분노했다고 한다. 외계우주선과 사체들을 직접 본 5성장군인 자신이 느닷없이 배제되었다니!

아이젠하워 대통령은 이내 깨달았다. 프랑켄슈타인의 괴물이 자신의 손에서 벗어났음을…….

A.H.[4]의 증언

기본적으로 이 프로젝트들은 '머제스틱-12'의 통제를 받습니다. 이 집단은 이제 MJ-12로 불리지 않기 때문에, 저는 이들의 새 이름을 알아내려 하고 있습니다. 51구역에서 일했던 저의 정보원이 그 이름을 알지만 말을 하지 않네요. [참고로 MJ-12는 SECOR, PI-40 등의 이름을 사용했지만 지금은 MAJIC Majority Intelligence Committee, 중점정보위원회라는 이름을 쓴다.] 본래 MJ-12는 워싱턴의 국가안전보장회의, 국가안보기획단과 뒤섞인 감독집단으로 그 인물들과 겹쳐 있습니다.

바로 이들이 모든 걸 통제합니다. 대통령은 더 이상 이들 집단에 대한 통제권이 없습니다. 하나의 분리된 독립체와 같습니다. 이들은 의회의 감독도 받지 않고 그 누구에게도 대답하지 않습니다. 그들이 어떤 식으로 자금을 받는지 알 수 없습니다. 회계감사원조차 일이 어떻게 돌아가는지, 예산이 어디로 들어가는지 모릅니다. 모두 검은 프

---

4   미국 보잉항공사 기술자. 상세 이력은 49쪽 참조.

로젝트의 활동 속에 숨겨져 있기 때문입니다.

　이 집단은 외계존재들이 어디서 오는지에 대한 정보를 공개하지 않으려 합니다. 외계존재의 일부는 분명 지구에 있습니다. 또한 지구에는 오래전에, 콜럼버스가 아메리카 대륙을 발견하기도 전에 이들이 건설한 지하기지들이 있습니다. 엄청난 충격을 불러올 내용이죠.

　국가안보국은 이런 정보가 공개될까 봐 우려하고 있습니다. 국가안보국은 국가정찰국과 전후로 협력하며 UFO를 추적하고 격추하는 일을 합니다. 북미항공우주방위사령부North American Aerospace Defense Command:NORAD, 공군, 육군과도 마찬가지고요. 그들 모두 이 일에 관여하고 있으며, 모든 것이 극비집단인 'MAJI 컨트롤MAJI-Control'과 이어져있습니다.

　MAJI 컨트롤은 해군정보국의 감독을 받습니다. 해군정보국은 해군 내의 극비조직으로 CIA나 국가안보국, 육군범죄수사사령부와 유사한 조직입니다. 이 조직에는 CIA처럼 현장에서 정보를 수집하는 요원들이 있습니다. 모든 게 철저히 극비에 부쳐져 있고요.

돈 필립스[5]의 증언

　우리는 1954년에 미국의 지도자들과 외계존재들이 여기 캘리포니아에서 만났다는 기록을 갖고 있습니다. 그 문서에 의하면, 그들이 여기서 연구를 하도록 허락해달라고 요청했다고 합니다. 이에 대해

5　미국 공군 조종사·록히드 스컹크웍스 및 CIA 계약업체 기술자. 상세 이력은 71쪽 참조.

우리는 다음과 같이 대답했다고 쓰여 있었습니다. "글쎄요, 우리가 무슨 수로 막겠습니까? 여러분은 아주 진보했는데요."

지금 이 인터뷰에서 밝힙니다만, 그 만남에 참석했던 사람이 바로 아이젠하워 대통령입니다. 지금 우리가 하고 있는 것처럼 그 장면은 녹화되었고요.

나토의 보고서에 따르면 열두 종족의 외계존재가 있다고 했습니다. 미국 정부는 그들이 누구인지, 무엇을 하고 있는지, 또 그들이 무엇을 할 수 있는지를 알기 위해 이 종족들과 접촉해야 했던 것입니다.

이 보고서에서는 다루지 않았지만, 그들은 근래에 들어 지구에 온 것이 아니라 수백 년 어쩌면 수천 년 전부터 여기 와있었다는 걸 분명히 확인해주었습니다. 이 내용 또한 문서에 남겨져 있습니다.

필립 코르소 주니어[6]의 증언

저희 아버지 필립 코르소 대령은 1957년에 552미사일대대의 지휘를 맡았습니다. 아버지가 외계존재들과 여러 번 조우한 곳이 바로 그곳입니다.

첫 번째 조우는 뉴멕시코주 화이트샌즈 인근 레드 캐니언의 어느 동굴에서 일어났습니다. 부하들이 아버지께 땀을 식힐 동굴을 찾아주었지요. 이 예사롭지 않은 날, 아버지는 동굴 벽에 기대 깜빡 잠이

---

6 미국 육군정보국 대령 필립 코르소 시니어의 아들. 상세 이력은 59쪽 참조.

들었습니다. 그러다 별안간 깨어나 총을 뽑아들고 정체를 알 수 없는 생명체를 겨누었습니다. 아버지가 "친구인가 적인가?"라고 물었더니, 그 생명체가 텔레파시로 답했습니다. "둘 다 아닙니다." 그 존재는 머리 한가운데 어떤 돌 같은 것이 붙은 헬멧을 쓰고 있었습니다.

그는 아버지에게 15분간 기지의 레이더들을 꺼줄 것을 부탁했습니다. 아버지는 잠시 생각했습니다. '레이더를 끄라는 명령을 내릴 수 있는 사람이 나뿐이라는 걸 어떻게 알았을까?' 그리고는 물었습니다. "내가 왜 그렇게 해야 하나? 그게 나랑 무슨 상관인가?" 그 존재는 이번에도 텔레파시로 대답했습니다. "새로운 세상……. 여러분이 받을 수만 있다면……."

당시만 해도 이 대답은 아버지에게 별로 와닿지 않았다고 합니다. 그래도 아버지는 동굴을 나가 렉스 하사를 불러 레이더들을 끄라고 지시했습니다. 아버지는 그곳을 떠나면서 동굴 끝에 선 외계존재를 보았습니다. 아버지에게 경례도 아니고 손을 흔드는 것도 아닌 어떤 몸짓을 했다고 합니다. 아버지는 그 존재에게 경례를 했고요. 그렇게 첫 번째 만남이 끝이 났습니다.

그리고 같은 해, 552미사일대대의 레이더에 시속 4,800킬로미터가 넘는 속도로 하늘을 나는 우주선이 포착되었습니다. 그것은 레드 캐니언 근처에 내려앉았지요. 아버지는 조종사를 불러 기지에 있던 경비행기를 타고 날아가, 땅에 내려앉은 어떤 빛나는 물체를 보았습니다. 그것을 직접 조사하는 게 최선이라 생각한 아버지는 조종사에게 기지로 되돌아가자고 했습니다. 그리고는 낡은 군용차를 몰고 사막으로 나가 직접 그 비행체를 찾았습니다.

그것은 완벽할 정도로 매끄러운 타원형으로, 접시 모양이라기보다는 시가담배와 더 비슷한 형태였습니다. 측면으로 바위에 붙어 있던 그것은 차차 희미해지면서 완전히 사라졌다가 다시 돌아왔습니다. 헛것을 보고 있다고 생각한 아버지는 그것이 사라졌다가 다시 돌아오기 전에 밑으로 덤불 뭉텅이를 던져 넣었습니다. 곧이어 덤불이 부서지는 것을 본 아버지는 그것이 실체라는 걸 아셨대요. 비행체 주위로는 발자국들도 있었다고 하셨지요.

저는 늘 이 이야기에 아버지가 혼자만 간직해온 뭔가가 더 있다고 느꼈습니다. 제 개인적인 생각입니다만, 비행체 주위에 발자국이 있었다는 건 아버지가 두 번째 조우를 했다는 게 아닐까요?

어쨌든 그 비행체가 갑자기 진동하기 시작하더랍니다. 겁이 난 아버지는 차에 뛰어올라 후진기어를 넣고 부리나케 뒤로 내뺐는데 그만 시동이 꺼져버렸습니다. 그러는 사이, 외계비행체는 공중으로 떠올라 서서히 돌더니 마치 접힌 듯이 순식간에 사라져버렸습니다.

아버지는 이후 베르너 폰 브라운과 헤르만 오베르트[7]에게 이 일을 전했습니다. 두 분은 아버지가 담당하던 '페이퍼클립 작전Operation Paper Clip' 과학연구팀에 속해있었습니다. [이 작전은 제2차 세계대전이 끝난 뒤 미국이 엄선한 나치 과학자를 데려오는 비밀 프로그램이었다.]

이 주제에 대해 아버지는 제한된 사람들과 의논했습니다. FBI 국장 존 에드거 후버[8], 상원의원 스트롬 서먼, CIA 간부들, 각계의 공공분야 및 정보기관 인사, 참모총장 몇몇이 그런 사람이었습니다.

아시다시피, 이후에도 미국 대통령들에게는 알리지 않았습니다.

---

7 독일의 로켓과학자로 우주여행의 기초이론을 확립했다. 제2차 세계대전 중 V-2 로켓개발에 참여했고, 전후 미국에서 달 표면을 이동하는 자동차를 연구했으며 제자인 베르너 폰 브라운과 함께 로켓 및 미사일을 연구했다.
8 29세에 FBI 초대국장이 된 후 8명의 대통령이 바뀌는 동안에도 48년간 자리를 지킨 FBI의 상징과도 같은 인물.

UFO와 외계존재 관련 비밀을 공유한 사람은 아버지 자신과 책임을 맡은 30명의 장성이었습니다. 트뤼도 장군도 그중 한 사람입니다. 이들은 모두 스탈린의 최우선 목표가 로즈웰에서 얻은 기술을 빼돌리는 것이라는 걸 알고 있었고, 그런 일이 일어나게 해서는 안 된다고 결심했습니다. 그리고 그 기술을 숨기는 작전을 시작했습니다.

이들은 CIA 내부에도 첩자가 있다고 느꼈습니다. 게다가 증거가 되는 문서를 하나라도 남겼다가는 언젠가 자신들의 자금이 삭감되고 이 기술로 아무것도 하지 못할까 봐 우려했습니다. 전쟁터에서 단련된 이 장교들 사이에는 오로지 서약만이 있을 뿐, 명문화된 위임장도 없었습니다. 생사고락을 함께 한 사람들 사이에 맺은 서약은 어찌 보면 하느님과의 서약에 견줄 수 있지 않을까요?

이에 대해 아버지가 누구에게도 말한 적이 없다는 걸 저는 확신합니다. 1992년까지 단 한마디도 꺼내지 않으셨지요. 트뤼도 장군이 세상을 떠난 뒤에야 아버지는 많은 내용을 담아 책을 쓰셨습니다.[9] 최후에 남은 사람은 말할 수 있다, 이것이 그들의 약속이었기 때문입니다.

B박사의 증언

B박사(익명)는 반중력, 화학전쟁, 보안 원격측정 및 통신, 초고에너지 우주 레이저시스템, 전자기펄스Electromagnetic Pulse 기술을 포함하는 여러 극비 프로젝트에서 일한 과학자이자 기술자이다.

---

9 1997년에『로즈웰, 그날 이후The Day After Roswell』라는 제목으로 출판되었다.

저는 1943년에 태어났습니다. 제 아버지는 세계적으로 명성을 얻은 과학자로 헨리 포드와 하워드 휴즈와도 일하셨습니다. 운 좋게 과학적 소질이 뛰어난 집안에서 태어난 저는 아홉 살에 미시건대학교에서 과학 프로젝트를 수행했습니다. 미시간을 떠날 때는 열다섯 살이었습니다. 정부 관계자들이 찾아와 공군에서 저를 원한다고 하더군요. 그들은 열여섯 살에 저를 데려가 화학전과 세균전을 책임졌던 리틀록Little Rock 기지 바로 밖에서 지내게 했습니다.

열일곱 살에 입대해 래클랜드 공군기지Lackland Air Force Base에서 훈련을 받은 다음, 키슬러 공군기지Keesler Air Force Base로 갔다가 미국군사연구소United States Armed Forces Institute를 거쳐 포인트 아레나Point Arena의 조기경보 레이더기지로 갔습니다. 그곳에 ANF PS35라는 레이더가 있었는데 안테나만 9층 높이에 142미터나 되는 크기였습니다. 탐지 범위는 730킬로미터였고 출력은 5메가와트로 하프High-frequency Active Auroral Research Program:HAARP[10] 안테나보다는 낮았습니다. 당시에는 모두 기밀정보였던 내용입니다.

'서치셋search set'이라 불린 이 레이더로 우리는 밤마다 캘리포니아 북부지역을 살폈습니다. 포인트 아레나에서 32킬로미터 남짓 떨어진 곳에 수많은 미식별비행체bogies가 내려오곤 했어요. 무려 시속 32,000킬로미터였습니다. 그것들은 캘리포니아 반도에 내릴 듯 날아오다가 왼쪽으로 틀어서 멕시코를 가로질렀습니다. 멕시코에서는 거의 매일 밤마다 시속 8,000킬로미터로 날아가는 모습이 목격되었습니다.

우리 기지에는 '평면위치표시경'을 운용하는 방이 있었는데, 문제가 생길 때면 제가 가서 그것을 고치고 문제를 해결했습니다. 이 장

---

10 고주파 오로라활동 연구프로그램.

비를 다루는 사람들은 정부양식 332호를 작성해야 했습니다. 이곳은 이중경비구역이었으므로 기록지는 위병하사관에게 전달되었습니다. 하지만 그들은 UFO 보고서의 절반가량을 파기해버렸습니다. 우리는 전략공군사령부 소속 대대였는데도 이런 일이 사시사철 계속되었습니다. 그때가 1960년 무렵입니다.

이후에 저는 여러 회사의 자문을 맡았습니다. 방위산업체 이지앤지EG&G[11]가 51구역에 갈 때면 저도 라스베이거스로 가곤 했습니다. 텍사스주 애머릴로에 있는 원자력위원회에도 가고, 위장한 CIA 인사들과 머리 힐에 있는 벨통신사Bell Telephone에도 갔습니다. CIA 일로 랭글리에도 자주 갔고 FBI 일로 콴티코에도 갔습니다. 록히드 스컹크웍스와 마틴마리에타Martin Marietta에서도 일했고요. 이름만 대면, 어디든 제가 있었습니다. 아주 유능한 기기 전문가였으니까요.

1950년대에는 캐나다 오대호 인근에서 자기磁氣' Magnetic 프로젝트를 진행했습니다. NASA에서 로크웰Rockwell과 계약을 맺고 일하기 전까지는 오토네틱스Autonetics에서 '아이글라스Eyeglass'라는 프로젝트를 진행했고요. 우주공간에서 발진시켜 외계인들을 격추하는 10억 와트짜리 레이저시스템으로 '전자 플라즈마 광선빔'이라 불렸습니다. 이것들은 우주 플랫폼들에 장착되어 있는데 이제는 보잉747기에도 있습니다. 〈파퓰러사이언스Popular Science〉지의 표지에도 다뤄진 신기술 장치였어요.

이에이치리서치EH Research에서는 봉급을 두둑이 받다가 1971년에 퇴임했습니다. 이에이치리서치에서 단발테스트라 불리는 작업을 할 때

---

11 미국 정부의 방위산업체로 제2차 세계대전 때부터 무기개발에 참여했다. 특히 정부가 추진하는 극도로 민감한 기술개발에 관여해 국방부의 검은 프로젝트들과 밀접한 관련이 있다.

는 라스베이거스에 있는 이지앤지 생산공장에 자주 갔습니다. 이후 전자기펄스에 대해 많은 연구를 했는데 이 기술도 그곳에 있었지요. 저는 측정장비를 만드는 선구자들 가운데 하나였습니다.

로크웰, 록히드마틴, 노스롭그루먼, 더글러스, 티알더블유TRW 등 여러 항공우주업체에도 있었습니다. 주로 유리제품을 만드는 볼브라더스Ball Brothers는 정말 뛰어난 항공우주용품도 만드는 회사로, 그 공장에도 많이 갔고요.

특히 휴즈항공사Hughes Aircraft에는 대규모로 관여했습니다. 로스앤젤레스와 플러턴에 있는 휴즈사의 시설에서 저는 당시에는 쉬쉬하던 많은 프로젝트들을 진행했습니다. 말리부에 있는 휴즈사에는 이 회사의 거대한 두뇌집단이 있었는데 그곳에서 대규모 반중력 프로젝트를 진행하는 이들과 많은 이야기를 나눴습니다. 저는 아이디어를 주었고, 그들은 저의 장비를 모두 구매했지요.

항공우주산업계에도 종종 만나는 친구들이 있습니다. 한 친구는 비행원반을 타고 날아다녔습니다. 아마 본 적이 있을 텐데 51구역에서 나온 것이었습니다. 이 비행원반에는 전기를 생산하는 작은 플루토늄 원자로가 있는데, 그것으로 반중력 원반이 가동되었습니다.

우리에게는 '유체파流體波·hydrodynamic waves'라 부르는 다음 수준의 추진방식도 있었습니다. 가상 영역의 아이디어를 실험실로 가져가, 플라즈마 시스템에서 열두 개의 다른 레이저를 이용해 유체파를 만들었습니다. 이렇게 창조한 삼각형 비행체가 사진에 찍혔죠. 이것들은 영국 벤트워터스Bentwaters 인근에서 만들어졌고, 거기서 날아다닙니다.

제가 NASA를 떠나게 된 경위가 있습니다. 우주선에 대해 말하기 시작했기 때문입니다. 캘리포니아 실비치에서 저와 친구들은 제2기로켓인 새턴2 ^{Saturn II} 발사체를 만들고 있었습니다. 그곳에는 베르너 폰 브라운 박사와 그의 특공대원들도 있었는데, 그들은 항상 검정색 비행복이며 스키바지를 입고 금색 헬멧을 쓰고 있었습니다. 꼭 나치처럼 입었다는 말이에요. 정말 그랬어요.

어느 날 저는 문득 '대체 여기서 뭘 하고 있는 거지?'라고 깨달았습니다. 로켓추진이라니, 우스운 일이었어요. 우리는 전기중력[반중력] 추진방식을 어떻게 사용해야 하는지 NASA의 최고위층 사람들과 진지한 대화를 나누기 시작했습니다. 그러다 꽤 심각한 곤경에 처했습니다. 그 수준에 만족하라는 경고를 받았거든요.

1966년 4월, 우리가 처음으로 격납고에서 새턴 로켓을 꺼내오던 날의 일입니다. 저는 컴퓨터 제어대 앞에 앉아 곤히 자고 있었습니다. 새벽 4시였지요. 그때 기술자가 와서 저를 흔들어 깨웠습니다. "박사님, 밖에 나와 보세요. 큰일이 벌어지고 있어요. 박사님이 말씀하신 일이요." 그들은 커다란 원반이 실비치에 내려오는 모습을 사진으로 찍고 있었습니다. 그 사진은 제게 없습니다만, 400명의 직원이 그 우주선을 목격했습니다.

그러나 미국 국민은 앞으로도 이런 이야기를 결코 듣지 못할 겁니다. 이런 일들이 어떻게 다 비밀로 지켜지냐고요? 저와 함께 일하던 직원 가운데 몇몇은 하루아침에 사라졌고 다시는 소식을 듣지 못했습니다. 록히드 스컹크웍스에서 오로라 정찰기 등 제게 여러 정보를 준 친구는 많은 말을 하기 시작하면서 어느 날 사라졌습니다. 어디서도 볼 수 없었고, 어디로 갔는지 아무도 모릅니다. 그가 일하던 곳은 폐쇄되었고요. 그는 하룻밤 사이에 사라져버렸습니다.

우리는 지금 침략이 아니라 침투하고,
선거를 통해서가 아니라 전복하고,
정당한 군대가 아니라 어둠의 세력에 의존하는
은밀한 수단을 통해 영향력을 확대하고 있는
획일적이고 무자비한 세계적 음모에 맞서고 있습니다.
'비밀'이라는 단어는 자유롭고 개방된 사회에서는
매우 불쾌한 단어입니다. 우리는 역사적으로, 본능적으로
비밀사회, 비밀서약, 비밀절차에 반대해왔습니다.
이미 오래전에 우리는 과도하고 불필요한 은폐의 위험이
그것을 정당화하려는 위험보다 훨씬 크다고 판단했습니다.

존 F. 케네디 (John F. Kennedy, 1917-1963)
전 미국 대통령
1961년 4월 27일, '대통령과 언론'에 대한 연설에서

마릴린 먼로가 알고 있던 것

1962 '마릴린 먼로 문서' (CIA 문서)

존 F. 케네디 대통령은 짧은 재임 기간 동안 해야 할 일이 산더미였다. 피그스만 침공[1]과 쿠바 미사일 위기[2]가 있었다. 케네디는 군산복합체의 힘을 빼서 냉전을 끝내고 소련과 평화로운 관계를 맺으려고 했으며, 베트남에서도 손을 떼고자 했다.

또한 그는 미국 정보조직들의 고삐를 당겨야 한다는 것을 알고 있었다. UFO와 외계존재 문제를 장악한 검은 공작집단을 포함해서 말이다. 케네디는 CIA를 사실상 해체할 계획을 세웠다. 당시 CIA는 마약판매를 비롯한 사악한 음모에 관여하고 있었다.

1　피델 카스트로의 혁명 성공으로 미국으로 망명한 쿠바 난민들이, 1961년 신임 대통령인 케네디의 승인과 지원으로 쿠바 침공을 시도했으나 실패로 돌아간 사건이다.
2　1962년 쿠바에 미사일을 배치하려는 소련과 해상봉쇄로 이를 저지한 미국이 핵전쟁의 문턱까지 다가갔던 사건이다.

그리고, 케네디는 UFO 문제가 공개되기를 바랐다.

미국의 어둠 속에 도사리고 있던 파시스트 제국은 그런 일이 일어나도록 놔두지 않을 참이었다. 그들의 첫 번째 표적은 대통령의 내연녀-마릴린 먼로-가 될 것이었다.

나는 이 일을 해오는 동안, 정보기관과 국가안보 관련 조직에 깊숙이 관여한 정보제공자들을 확보했다. 국가안보국의 고위직 몇몇이 안전하게 지켜달라며 내게 건넨 문서 중에는 1962년의 도청기록 사본이 있다. 이는 마릴린 먼로의 도청기록을 요약 정리한 문서로, 작성일자는 먼로가 사망한 채로 발견되기 바로 전날이다. '문더스트 프로젝트'라는 암호명이 여기에 나온다. 극비로 분류된 원본은 아직 기밀에서 해제되지 않았다.

뒤에서 보겠지만 이 문서에는 CIA의 전설적인 인물, 광적인 첩자 사냥꾼이자 입막음 전문가인 제임스 앵글턴James Angleton의 서명이 있다. 나는 세계 최고의 문서감정가를 통해 이것이 명백한 진짜임을 감정받았다.

이 문서에는 케네디 형제에게 버림받아 상처 입고 화가 난 먼로가 존 F. 케네디의 동생인 로버트 케네디와 뉴욕의 유명인사, 미술상 친구와 통화한 내용이 담겨있다. 먼로는 케네디 대통령이 1940년대에 뉴멕시코주에 추락한 외계비행체에 대해 이야기해주었다며 기자회견을 열어 이를 발표하겠다고 말했다. 외계비행체와 UFO의 잔해를 직접 본 케네디 대통령이 이 정보를 먼로에게 털어놓은 것이 분명해 보인다.

이 도청기록은 마릴린 먼로의 '사형집행 승인서' 역할을 했다. 로즈웰 추락사건에 관한 신빙성 있는 정보를 즉각 공개하겠다는 먼로의 의지가 드러났기 때문이다. 어쩌면 먼로는 오뉴월 서리를 내리게 할 만큼 모욕을 당해 대통령을 곤란에 빠뜨리려던 것만이 아니라, 이 주제가 세상에 공표될 만큼 이롭다고 느꼈을지도 모른다. 어쨌든 그 시점에 그녀는 개의치 않았을 것이다.

그리고 36시간 뒤에 먼로는 "약물과다복용"으로 숨진 채 발견되었다.

나는 이 문서를 받고 나서, 마릴린 먼로 사망 당시까지 도청과 감시를 지원한 로스앤젤레스경찰서 정보과 인사를 찾아냈다. 그는 이 여배우가 실제로 어떻게 죽임을 당했는지 알고 있었다. 먼로가 미국 정보기관의 제거요원들에게 살해당했음은 의심의 여지가 없다.

이런 정보를 내 친구이자 아카데미상 수상자인 배우 벌 아이브스 Burl Ives에게 들려주었을 때 그는 놀라지도 않았다. "마릴린 먼로와 나는 서로 잘 아는 사이였네. 그래서 이 말은 할 수 있지. 마릴린을 아는 사람은 모두 그가 살해당했다는 걸 알고 있었네만, 그 이유를 이제야 알겠네."

TOP SECRET   NOT FOR PUBLICATI

COUNTRY New York, US	REPORT NO.	
SUBJECT Marilyn Monroe	DATE DISTR	3 August 1962
	NO PAGES	
	REFERENCES	PROJ. DUET Project

3 August 1962   64

EVALUATED information SOURCE

Wiretap of telephone conversation between reporter Dorothy Kilgallen and be close friend, Howard Rothberg (A); from wiretap of telephone conversation of Marilyn Monroe and Attorney General Robert Kennedy (B). Appraisal of Contents:

1. Rothberg discussed the apparent comeback of subject with Kilgallen and the break up with the Kennedys. Rothberg told Kilgallen that she was attending Hollywood parties hosted by the "inner circle" among Hollywood's elite and was becoming the talk of the town again. Rothberg indicated in so many words, that she had secrets to tell, no doubt arising from her trists with the President and the Attorney General. One such "secret" mentions the visit by the President at a secret air base for the purpose of inspecting things from outer space. Kilgallen replied that she knew what might be the source of visit. In the mid-fifties Kilgallen learned of secret effort by US and UK governments to identify the origins of crashed spacecraft and dead bodies, from a British government official. Kilgallen believed the story may have come from the New in the late forties. Kilgallen said that if the story is true, it would cause terrible embarrassment Jack and his plans to have NASA put men on the moon.

2. Subject repeatedly called the Attorney General and complained about the way she was being ignored by the President and his brother.

3. Subject threatened to hold a press conference and would <u>tell all</u>.

4. Subject made reference to "bases" in Cuba and knew of the President's plan to kill Castro.

5. Subject made reference to her "diary of secrets" and what the newspapers would do with such disclosures.

TOP SECRET

CIA의 마릴린 먼로 도청 문서 (원본의 내용을 옮겨 씀)

극비·공개 금지

국가: 미국, 뉴욕
대상: 마릴린 먼로

보고서 번호: ███████
날짜: 1962년 8월 3일
페이지 수: ████
참조: 문더스트 프로젝트46

기자 도로시 킬갤런Dorothy Kilgallen과 그 친한 친구 하워드 로스버그Howard Rothberg 사이의 통화 도청. (A)마릴린 먼로와 로버트 케네디 법무장관의 통화 도청. (B)통화 내용 평가: ██████████████

1. 로스버그는 대상의 재기 및 케네디 형제들과의 결별에 대해 킬갤런과 이야기함. 로스버그는 대상이 할리우드의 엘리트 "핵심층"이 주최하는 파티에 참석하고 있으며 다시 장안의 화제가 되고 있다고 말함. 로스버그가 한 많은 말들로 보아 대상이 비밀들을 알고 있으며 이는 틀림없이 대통령 및 법무장관과의 친밀한 관계로부터 나온 것으로 보임. 여기서 언급된 한 가지 비밀은, 대통령이 외계에서 온 것들을 살펴볼 목적으로 공군 비밀기지를 방문했다는 것임. 킬갤런은 그것들이 어디서 왔는지 알고 있다고 답함. 킬갤런은 미국과 영국 정부가 추락한 우주선과 사체들의 기원을 밝히려고 비밀리에 노력하고 있다는 사실을 50대 중반에 영국 정부의 관료에게 들었음. 킬갤런은 그 이야기가 1940년대 말에 일어난 뉴멕시코주의 추락사건에서 나왔을 수도 있다고 믿었음. 킬갤런은 이 이야기가 사실이라면, 대통령 본인은 물론 NASA로 하여금 달에 인류를 보내려는 계획이 끔찍한 곤란에 빠질 것이라고 말함.

2. 대상은 법무장관에게 거듭 전화해 장관과 그의 형인 대통령에게 무시당하고 있다며 불평함.

3. 대상은 기자회견을 열어 모두 밝히겠다고 겁박함.

4. 대상은 쿠바에 있는 "기지들"을 언급했고, 대통령의 카스트로 암살 계획을 알고 있었음.

5. 대상은 자신의 "비밀일기"를 거론하며 비밀을 공개 시 언론이 어떻게 나올 것인지 언급함.

극비
제임스 앵글턴James Angleton

외계존재들은 정말로 우리와 접촉했다.
그리고 아마도 지구를 방문했을 것이다.
미국 정부는 세계의 다른 국가권력과 공모하여
대중에게 이 정보를 감추기로 했다.

빅터 마체티 (Victor Marchetti, 1929-2018)
전 CIA 부국장 특별보좌관
1979년, <세컨드룩Second Look> 매거진 기사
'CIA는 UFO 현상을 어떻게 보는가'에서

비밀 중의 비밀

비밀특수인가 프로젝트

아이젠하워의 임기가 끝날 무렵, UFO와 외계존재 관련 비밀 프로젝트는 갈수록 분획화되면서 국방부 내부자들 사이에 형성된 군산결탁의 복잡한 미로 속으로 사라져버렸다. 이어서 그들은 수십억 달러의 검은 공작자금(세금)을 세계 최대의 방위산업체 몇 곳의 금고로 빼돌렸다.

이제 의회의 감독에서 벗어난 특수인가 프로젝트는 '비밀특수인가 프로젝트'라는 이름으로 알려지게 되었다.

비밀특수인가 프로젝트란 과연 무엇일까? 그것은 극비기밀 취급인가를 가진 사람조차 특수인가를 받아야 하는 분획화된 극비 프로젝트다. 더구나 드러나 있지도 않다. 이 말인즉슨, 아무리 상급자나 심지어 대통령이라 한들 누군가 그것에 대해 물으면 존재하지 않는다고 대답한다는 뜻이다. 달리 말해 거짓말을 하는 것이다. 비밀특수인가 프로젝트에 속한 사람들은 비밀을 유지하는 일에 엄청나게 진지하며 무슨 짓이라도 벌일 태세가 되어 있다.

그 정점은 단연 UFO와 외계존재 문제다. 대다수의 사람들은 이 불법적인 공작에 대해 알지 못한다. 많은 단계에서 그럴듯한 '부인권否認權'이 내세워진다. 자신의 임무가 UFO 및 외계존재와 관련이 있음을 알 수조차 없게 만드는 많은 공작이 특수화·분획화에 기인한다.

어쩌다 알아버린 사람들에게 입막음용으로 주는 격려금도, 비밀유지를 어겼을 때 내려지는 처벌도 실로 엄청나다. 그곳에서 일하는 어느 고위급 정보제공자에 따르면 최소 10,000명이 각각 1,000만 달러가 넘는 뇌물을 받았다. 한편, 침묵규정을 깰 위험이 있다고 간주되는 사람과 그 가족들에게는 '극단적 침해로 인한 처단Terminate With Extreme Prejudice:TWEP' 명령이 집행되었다.

이 주제에서 배제된 대통령들에게는 물러나 있으라는 경고가 주어졌다. 1963년 6월, 케네디 대통령은 "저는 베를린 사람입니다"라는 말로 유명했던 연설을 하러 베를린으로 날아가고 있었다. 대통령 전용기에 함께 탑승했던 어느 군 관계자가 다음과 같은 말을 들려주었다. "장시간 비행을 하던 케네디 대통령은 문득 UFO 문제를 이야기하기 시작했습니다. 그는 UFO가 진짜라는 것을 알고 있고 그 증거도 보았다며 털어놓다가 '이 문제가 다 내 손 밖에 있는데 그 이유를 모르겠다'고 하더군요. 미합중국 대통령이자 군통수권자가 이런 말을 하다니요. 케네디 대통령은 진실이 밝혀지기를 바라지만 자신이 그리 할 수는 없다고 했습니다."

그해 케네디는 살해당했다. 나는 그가 이유를 알아냈는지 의문스럽다.

살면서 나 자신도 여러 번 위협을 받았고 소중한 친구와 동료들이 살해당했다. 어떻게 일이 이 지경으로 되어버렸을까?

이 대답의 맨 앞에 나오는 것은 분명 탐욕이다. 매년 비밀특수인가 프로젝트에 들어가는 검은 예산은 줄잡아도 800~1,000억 달러에 달한다. 70년이 넘는 세월 동안 납세자들이 낸 수조 달러가 다방면으로 은밀히 흘러 들어갔다. 그 돈은 외계기술 역설계, 비선형적 추진 및 통신 시스템 실험, 복제비행선 제작, 대대적인 허위정보 유포, 대중을 속이기 위한 가짜 외계인 사건의 날조와 연출, 우리가 선출한 관료들의 감독이나 허가 또는 인지 없이 이뤄지는 비밀 지하기지 건설과 유지, 우주공간의 무장화, 수십억 달러의 급여 등에 쓰였다.

이와 같은 군산업계의 충격적인 계약의 세계를 정리해본 것은, 특수인가 프로젝트가 어떻게 가짜 프로젝트로 돈을 숨기는지, 의회와 대통령 또는 국민에게 공개되지 않는 극비 성과로 어떻게 현금이 전용되는지를 대강이나마 보여주려는 것이다.

1994년, 바이어드 의원이 의장으로 있던 상원세출위원회의 수석 변호사 딕 다마토Dick D'Amato는 의회에서 간파할 수 없는 프로젝트들에 400~800억 달러가 들어가고 있다고 말해주었다. 그는 이에 대해 확신했지만 극비기밀 취급인가와 상원의 소환장을 가지고도 파고들 수 없었다고 했다. 나는 그가 해준 경고를 기억한다. "스티븐, 자네는 모든 검은 프로젝트의 대표팀을 상대하고 있네. 행운을 비네."

내가 만나본 증인은 다마토 뿐만이 아니다. 1995년 7월에 영국 국방부 수장이었던 힐 노튼 경Lord Hill-Norton과 이 문제를 의논하다가, 그도 비슷하게 배제되었다는 사실을 알게 되었다. 영국 비밀정보부와 국방부 수장이었던 인물이 말이다.

미국 정부가 직접 제작하는 것은 거의 없다. B-2 스텔스 전폭기는 군을 위해 민간방위산업체가 제작한다. 민간산업체는 정부보다 훨씬 더 철저하게 비밀을 지켜 특수인가 프로젝트가 들통나지 않게 한다. 민간부문에서 파고들려 하면 전매특권으로 보호받고, 국방부에서 파고들려 해도 비밀유지라는 미로에 감춰져 있다.

이 집단들은 어떤 식으로 나랏돈을 빼돌려 이런 프로젝트를 운영하는가?

하나의 사례를 보자. 우리 증인 가운데 한 분은 캘리포니아주 라호야에 있는 과학응용국제법인Science Applications International, Inc.:SAIC에서 일했다. 방위산업계의 핵심조직 중 하나로, 회사 안에 회사들이 있고 그 안에 또 회사들이 있는 식의 형태였다. 이 회사에 채용된 증인은 서류 캐비닛이 다닥다닥 들어선 사무실에서 일했다. 그가 맡은 일은 연구제안서나 보조금을 바탕으로 수백만 달러를 처리하는 것이었다. 회사에 들어온 자금은 뒷문을 통해 고스란히 검은 프로젝트로 들어갔다. 정부 감사관에게 제출한 보고서는 모두 새빨간 거짓이었다. 분명한 사기행위였다. 이는 시스템이 어떻게 돌아가는지를 보여주는 작은 사례일 뿐이다.

또 다른 예로, B-2 스텔스 전폭기 한 대를 만드는 데 실제로 7억 달러가 든다고 하자. 그들은 의회에 대당 20억 달러가 든다고 말한다. 그리고 빼돌린 13억 달러를 전자기중력기술이나 다른 비밀특수인가 프로젝트로 돌린다. 이런 식으로 일이 이뤄지는데, 극비특수비밀정보Top-Secret Special Compartmented Information:TS-SCI의 속성상 해당 프로젝트의 외부자에게는 그 무엇도 보고하지 않는다. 분명 의회 예산처든 감사관이든 그들은 누구에게도 이를 보고하지 않는다.

럼스펠드가 "우리가 추적할 수 없는 2조 3천억 달러에 이르는 거래가 있다"라고 말한 이유가 여기에 있다. 조지 W. 부시와 딕 체니 아래서 일했던 보수 공화당 출신의 국방장관이 한 말이다. 내 말을 믿기 어렵다면 럼스펠드의 말은 믿을 수 있을 것이다. 이 또한 하나의 소소한 예일 뿐이다.

상당부분을 차지하는 것은 부당한 과잉청구다. 우리는 500퍼센트라는 엄청난 비용초과에 대해 듣는다. 물론, 그 자체로 초과된 게 아니라 검은 프로젝트로 전용된 것이다. 국방부와 CIA에서만 일어나는 일이 아니다. 조지 부시 시니어 정부에서 일했던 사람들은 주택도시개발청과 여러 부처에서도 돈이 빼돌려지고 있다고 했다. 터무니없이 가격을 부풀린 다음 검은 프로젝트들로 빼돌리는 일이 일상적으로 일어난다.

이보다 더 어둡고 사악한 방법들이 있다.

1997년 국방부에서 의회 의원들과 합동참모본부 정보부장 윌슨 제독을 만난 직후, 나는 과학응용국제법인의 고위 간부와 한 전직 의원을 만났다. 국제공항 인근 크리스탈시티에 있는 전직 의원의 콘도에서였다. 전직 의원은 조지 부시 시니어에게 비공식적으로 자문을 했던 분으로, 내게 이 집단이 얼마나 위험한지 정말로 알고 있느냐고 물었다. 그리고 두 분은 이런 말을 했다. "우리는 반중력 장치를 이미 쓰고 있습니다. 다양한 장소에서 한밤중에 발진시키죠. 이 장치로 수천억 달러의 약물과 군비를 비밀리에 전 세계로 나르고 있습니다."

이분들은 또한 8,000명으로 이루어진 작은 육군과 같은 집단에 대해 말했다. 그 집단은 전 세계로 밀수품을 나르는 일을 하는데 모두 현금이라 추적할 수가 없다고, 그리고 이들 가운데 2,000명이 사소한 보안규정 위반으로 죽임을 당했다고 말이다. 이는 음모론이 아니다. 두 분은 자신의 이름을 공개하지 말아 달라고 부탁했으나 이 이야기는 모두 진실이다. 내게 펜토탈소디움^Sodium Pentothal[1]을 주사해도 좋다. 두 분은 위의 내용에 대해 직접적으로 알고 있으며, 이들이 실로 어떤 집단인지를 경고해준 지조 있는 분들이다.

누가 실제로 정부를 운영하는가? 이 집단은 국가를 넘어 활동하는 유사 정부이자 유사 민간조직이다. 이들의 활동은 "공익을 위해" 진보한 외계기술의 이해 및 응용에 관한 프로젝트를 민간산업체와 계약하고 수행하는 데 집중된다. 역시나 비밀특수인가 프로젝트로, 분획된 부서들이 이른바 외계인에 의한 납치와 가축도살, 정찰과 UFO 추적, 우주무기시스템, 특수화된 연락조직, 허위정보 유포와 대중 기만 등에 관여한다.

중간등급의 비밀특수인가 프로젝트와 관련해 군과 정보기관의 공작원들로 이루어진 이 독립적인 비밀집단에 대해 생각해보자. 몇 가지 예를 들자면, 우선 최첨단기술에 관한 특정 법인체 안에 '검은 부서들'이 있다. 그리고 국제정책 분석집단, 소수의 특정 종교집단, 거대 석유회사, 개인 은행, 과학계와 언론매체 등에 잠입한 연락책들이 있다. 이 조직들과 내부자들의 일부 정체는 알려져 있지만 대부분은 아직 알려지지 않았다.

의사결정체 구성원 중 약 3분의 2는 이 주제가 어떤 형태로든 대중에 공개되기를 지지한다. 대개는 과거의 악행에 덜 연루된 젊은 층이다. 나머지는 강경파로, 가까운 미래에 정보를 공개하는 데 반대하

---

1 수면유도, 진정, 마취 용도로 사용하는 약물로, 정신질환의 진단이나 자백유도에 사용하기도 한다.

거나 양면적인 태도를 지니고 있다. 불행하게도 통제권은 후자의 손에 있다. 일부 정보에 따르면 특정영역에서 상대적으로 자율성이 두드러지는데, 공작활동과 비밀 공개의 타당성을 놓고 갈수록 논쟁이 격화되고 있다고 우리는 평가한다.

실제 대부분의 정책과 의사결정은 군과 정보기관이 아닌 사적 민간부문에서 이루어지는 것으로 보인다. 백악관 관료, 군과 의회 지도자, 유엔 구성원, 그 밖의 세계 지도자들은 이 주제에 대해 정례적인 보고를 받지 않는다. 비밀집단의 속성상, 이 지도자들은 누구에게 질의를 해야 하는지조차 알지 못한다. 간혹 질의가 이루어진다 해도 이러한 공작의 존재 여부마저 확인받지 못한다.

몇몇 증인에 의하면, 국제적인 공조가 광범위하게 이루어지는 가운데 특정 국가, 특히 중국이 꽤 독자적인 계획을 공격적으로 추진했다고 한다.

과학적이고 기술적인 첨단기술 공작은 대부분 민간산업체와 연구기관에 집중되어 있다. 바로 이들이 철저하고도 필사적으로 보안을 유지한다. 광범위하게 다각화된 민간시설 외에 공작의 근거지인 주요 기지를 들자면, 캘리포니아주 에드워드 공군기지, 네바다주 넬리스 공군기지(특히 S4 구역과 인접 시설), 뉴멕시코주 로스앨러모스, 육군정보국 본부가 있는 애리조나주 포트후아추카, 앨라배마주 레드스톤 아스널이 있다. 그리고 유타주의 오지에는 오직 항공기로만 접근 가능한 비교적 새롭고 계속 확장되고 있는 지하시설이 있다. 이 밖에 영국, 호주, 러시아를 비롯한 많은 나라에도 관련 시설과 공작 본부가 있다. 또한 국가정찰국, 국가안보국, 국방정보국, 공군특수수사대, 해군정보국, 육군정보국, 공군정보국, CIA, FBI 그리고 'MAJI 컨트롤'을 비롯한 다수의 정부기관에 공작에 관여하는 위장부서가 있다. [UFO 및 외계존재 관련 시설과 조직 목록은 388쪽 부록2를 참고하기 바란다.]

1994년에 상원의원 배리 골드워터Barry Goldwater는 외계존재를 둘러싼 비밀유지를 이렇게 표현했다. "그때도 지금도 빌어먹을 실수라네." 그의 말에 당장이라도 맞장구치고 싶은 심정이지만, 그때나 지금이나 비밀유지를 위한 광기가 단지 어리석음에 뿌리를 둔 것만은 아니다. 오히려 두려움과 믿음의 부족에 뿌리를 두고 있다고 본다.

나는 어려운 심리용어를 갖다 붙이는 걸 싫어하지만 이 모든 일의 근저에 깔려있는 심리가 중요하다고 생각한다. 비밀유지, 특히 이 정도로 극단적인 비밀유지는 언제나 질병의 증상이라는 것이 내 믿음이다. 만일 여러분의 가족에 비밀이 있다면 그것은 두려움과 불안, 불신에서 생기는 병이다. 그리고 이는 공동체와 직장, 사회로 확대될 수 있다고 생각한다. 결국 비밀유지를 위한 광기란, 근본적으로 믿음이 부족하고 두려움과 불안은 넘치는 데서 생기는 보다 뿌리 깊은 문제의 증상인 것이다.

UFO와 외계존재의 경우에 있어, 1940년대와 1950년대의 초기시절은 두려움과 불확실성의 시기였다. 소련은 세력을 확장하며 더 크고 치명적인 핵무기로 철저히 무장하는 한편, 이미 스푸트니크Sputnik 인공위성을 발사해 우주경쟁에서 미국을 앞서고 있었다. 설상가상으로 외계의 우주선이 등장했고 그것을 격추해 죽거나 생존한 생명체를 수거했다. 공포. 두려움. 혼란 그리고 답하지 못할 수많은 의문이 한데 얽혀 올라왔다.

그들이 왜 여기 있는 걸까? 대중은 어찌 반응할까? 어떻게 하면 그들의 기술을 확보해서 무시무시한 적으로부터 지킬 수 있을까? 세상에서 가장 막강한 공군이 제 영공도 장악하지 못한다고 어찌 말할까? 종교적 믿음에는 무슨 일이 생길까? 경제 질서에는? 정치적 안정에는? 지금의 기술을 고집하는 사람들에게는?

내가 보기에 비밀을 유지했던 초기에는 그것이 예측가능하고 납득할 만했으며 어쩌면 타당하기까지 했다. 그러나 수십 년이 흐르고 특히 냉전이 끝난 이후에는, 두려움 하나로 비밀유지의 이유를 다 설명하지 못한다. 2017년은 1947년이 아니다. 그동안 우리는 우주로 나가 달에 착륙했고, 다른 항성계에서 행성들을 찾아냈고, 머나먼 우주에서 생명의 질료를 발견했으며, 인구의 절반가량은 UFO가 실재한다고 믿는다. 게다가 소련제국도 몰락하지 않았던가.

나는 지금 세 가지 중요한 요인이 맞물려 돌아가고 있다고 본다. 탐욕, 지배 그리고 수십 년을 이어온 비밀유지의 타성이다. 탐욕과 지배는 쉽게 이해된다. 그러나 대규모 비밀공작의 관료적 타성은 다른 문제다. 공작과 거짓말, 속임수로 수십 년을 보낸 집단이 자신들이 짠 그물을 어찌 모두 풀어헤칠 수 있겠는가?

또한 어떤 유형의 사람들은 비밀스러운 권력에 모종의 중독성 강한 매력을 느낀다. 그들은 비밀을 지니고 아는 것으로 짜릿해한다. 그리고 거기에는 온갖 종류의 사람들이 너도나도 한 자리씩 요구하는 일종의 '우주적 워터게이트'라는 망령이 있다. 이로써 현 상황을 유지하기는 더 쉬워진다. 관료사회에서 이는 식은 죽 먹기나 다름없다.

지금도 두려움은 존재한다. 소셜미디어 시대에 진실이 드러나는 두려움뿐 아니라, 미지의 것들에 대한 이종異種 혐오적이고 원시적인 두려움이다. 이 외계존재들은 대체 누구이며 왜 여기에 있는가, 어찌

감히 허락도 없이 우리의 영공으로 들어오는가! 인류에게는 다른 곳에서 온, 나와 다른, 미지의 것을 두려워하고 혐오하는 해묵은 관습이 있다. 인류사회를 피폐하게 하는 인종적, 민족적, 종교적, 국수적 편견과 혐오가 만연한 모습을 보라. 알지 못하는 것과 나와 다른 것에 드러내는 뿌리 깊은 이종 혐오적 반응을 보라. 물론 외계존재와 우리는, 이를테면 아일랜드의 개신교도와 가톨릭교도보다 더 많이 다르기는 하다.

언젠가 나는 군과 정보기관의 UFO 관련 공작에 관여했던 물리학자에게 이렇게 물었다. "왜 우리는 첨단무기로 이 우주선들을 파괴하려 들까요?" 머뭇거리던 그가 말했다. "저 카우보이들이 하는 일은 너무나 건방지고 너무나 제멋대로라, UFO가 우리 영공으로 들어오면 공격받아도 싼 적대행위로 보는 겁니다. 우리가 조심하지 않으면 그들은 행성간 대립으로 우리를 몰고 갈 겁니다."

일은 이렇게 돌아간다. 미지에 대한 두려움. 탐욕과 지배. 제도적 타성. 그러나 이것들은 내가 생각하는 비밀유지의 원동력 중 일부에 불과하다. 그렇다면 우리가 나아가야 할 곳은 어디일까? 어떻게 하면 극단적인 비밀유지에서 비밀 공개로 상황을 변화시킬 수 있을까?

중국에는 이런 격언이 전해 내려온다. "방향을 바꾸지 않으면 그 길에서 끝을 맞으리." 딱 들어맞는 말이다. 우리가 향하는 곳은 대단히 위험하다. 우리에게 지대한 영향을 미칠 중요한 무언가에 대한 극단적 비밀유지는 민주주의를 무너뜨리고, 헌법을 뒤엎으며, 선출되지 않은 극소수의 손에 어마어마한 기술력을 집중시켜 지구 전체를 위험으로 몰아넣는다.

비밀은 끝나야 한다. 속속들이 공개하도록 대중이 요구해야 한다.

존 메이너드의 증언

존 메이너드John Maynard는 국방정보국Defense Intelligence Agency:DIA의 군사정보 분석관으로, 비밀유지의 분획화 과정에 능숙했던 인물이다.

국가정찰국은 기본적으로 공군이 운영합니다. 제가 은퇴한 뒤에 만났던 이들에게서 들은 내용을 정리해보면, 국가정찰국은 다른 많은 임무를 맡아왔습니다. 특히 UFO와 외계존재 관련 활동을요. 블루북 프로젝트가 빠져나간 곳에 그들이 올라탔다고 볼 수 있습니다. 블루북은 본래 공군의 독자적인 프로젝트였지만 결국 국가정찰국 관할로 들어갔습니다. 이제는 기본적으로 합동업무로, 운영은 공군과 합동참모본부가 운영합니다.

국가정찰국은 아주 다양한 임무를 하는데 정확히 무슨 일을 하는지 제대로 아는 사람은 많지 않습니다. 그들은 SR-71 전략정찰기의 후속기종을 운용합니다. 로스앤젤레스에서 런던까지 약 18분 만에 날아가는 초고속 델타형 항공기로 우주공간 근처까지 갈 수 있습니다. 위성영상은 거의 한물갔지요. 우리에겐 '텔런트 키홀Talent Keyhole'과 '옴니Omni'[2]도 있습니다. 그들은 이제 제가 암호명도 모르는 정찰기 두어 개를 더 갖고 있지만 대부분의 정찰은 항공기로 이루어집니다.

국가정찰국이 아주 아주 오랫동안 반중력을 연구해왔다는 걸 저는 압니다. 제가 본 것은 기본적으로 마그네틱 펄스엔진입니다. 여기

2　유인 항공기와 정찰위성을 이용한 미국의 비밀정찰활동을 가리키는 암호명들이다.

에는 아주 독특한 비행 특징이 있는데 끈 달린 비누 같은 비행운을 남긴다는 것입니다.

다들 알다시피 정부는 널리 퍼져 있습니다. 모든 사람의 호주머니에도, 모든 사람의 인생에도, 어디에나 존재합니다. UFO와 외계존재 관련 주제에 있어서도 마찬가지입니다. 그러나 실상을 정말로 속속들이 아는 사람은 극소수에 불과합니다. 어두운 비밀공작 속에 꼭꼭 숨겨져 있으니까요.

국가안보국 간부급 수준에서 정보에 정통한 국가안보보좌관은 최고위층의 대접을 받는다고 할 수 있습니다. 그럼에도 그가 아는 것은 한정되어 있습니다. 임명된 사람일 뿐이니까요. 그 점에 있어서는 CIA 임명자도 마찬가지입니다. 아주 제한된 것만 압니다. 어두운 비밀세계에 있는 몇 사람만이 실상에 대한 구체적인 정보를 갖게 됩니다. 그 배경을 자세히 들여다보고 싶다면 드라이돈인더스트리Drydon Industries 같은 국가안보국 외부의 민간계약업체에 가면 됩니다. 그들은 왜 SR-71에 해군 조종사를 태워 정찰을 보낼까요? 국가안보국은 왜 그런 일을 할까요? 그들이 보는 것은 무엇일까요? 한 가지 확실한 것은 그들이 훈련을 위해 정찰기를 사용하는 것이 아니라는 점입니다.

국가정찰국에 대해 아는 사람은 별로 없습니다. 세부사항이 거의 드러나지 않는 조직 중 하나입니다. 의문이 제기될 때는, 엄밀히 공군의 정찰기관에 한합니다. 그걸로 끝입니다. 의문만 무성해지죠. UFO와 그에 관한 정보, 외계존재에 대한 문제의 맨 꼭대기에 국가정찰국이 있습니다. 대통령도 제한된 부분만 알 거예요. 저는 카터 대통령이 아무것도 몰랐다는 걸 압니다. 바로 카터 대통령의 조직에서 일했거든요. 그런 정보는 철저한 비밀로 묻혀 있었습니다.

저는 그들이 로즈웰에서 실수를 했다고 생각합니다. 인정하기보다는 덮어버렸지요. 그럴 수밖에 없었던 건 UFO와 외계존재의 활동이 정부가 인정해야 할 부분보다 훨씬 오랫동안 이루어졌기 때문입니다. 조지 W. 부시가 이 문제에 대해 누구보다도 많이 알 사람은 딕 체니일 거라며 공을 넘겨버린 방식이 우스웠지요. 부시는 아주 흥미로운 것들을 알고 있으니까요.

이런 일에 관여한 핵심기업 가운데 애틀랜틱리서치Atlantic Research Corporation가 있습니다. 그리 잘 알려지지는 않았습니다. 세부사항이 드러난 게 거의 없으니 그냥 정부 일을 많이 하는 내부자로 봐도 될 텐데, 주로 정보 분야의 일을 합니다. 티알더블유, 존슨 콘트롤즈Johnson Controls, 하니웰Honeywell도 이런저런 시점에 정보 분야에 관여했고요. 애틀랜틱리서치도 그런 하청 기업 중 하나입니다. 오래전부터요. 국방부 출신 인사들로 만들어진 이 기업들은 프로젝트와 보조금을 받고, 그 돈으로 네댓 명만이 실상을 아는 분획화된 극비 프로젝트를 수행합니다. 철저한 통제 하에서요.

군에서 은퇴한 사람들이 설립한 기업을 눈여겨볼 필요가 있습니다. 예컨대 바비 레이 인먼Bobby Ray Inman 제독과 그의 소수 감시집단이 캘리포니아주 과학응용국제법인에 있습니다. 그런 까닭에 우리는 이런 질문을 던져야 했습니다. 'NASA의 제트추진연구소를 실제로 누가 통제하지? 그걸 왜 만든 거야? 또 애임스연구소Ames Laboratory[3]와 포트데트릭 기지는?' 아주 흥미로운 것들이 포트데트릭에서 나옵니다. 해리다

---

3 국가안보와 자원관리 분야의 다양한 영역에서 최고의 연구수준을 자랑하는 미국 에너지부 산하 국립연구소. 아이오와주립대학교에 있다. 신물질, 에너지자원, 고속컴퓨터 설계, 환경정화 및 복원 등 국가적 관심분야의 연구를 수행한다.

이아몬드연구소Harry Diamond Laboratories[4]도 아주 아주 오랫동안 이 일에 가담했고요. 그런데 이들에 대해 별로 들은 바가 없을 겁니다. 모두가 기본적으로 군의 계약자들이고 특정한 전문성을 가졌으니까요.

역설계 과정에서 작성된 기록을 본 적이 있는지 모르겠습니다. 그들이 어떻게 그렇게 하는지 등이 적혀있는데 아주 독특합니다. 어느 기술자가 그 방법을 말해주거나 혹은 그리어 선생께서 구체적으로 기록한다면, 그걸 발전시켜 해당 물건을 만들 수 있습니다. 역설계 기록만으로 말입니다. 작동방식을 알려면 분해를 해야 하니까요. 우리가 로즈웰 추락사건에서 얻어낸 몇 가지 것들이 생각납니다. 1950년대 중반에 캐나다에서도 추락사건이 있었고요. 아주 아주 비밀스럽게 숨겼지만 그런 것을 다루는 공학 프로젝트가 분명히 있었습니다.

우주공간의 무기들은 여전히 커다란 수수께끼입니다. 어두운 비밀공작은 항상 이와 같은 일들을 시도해왔습니다. 그러나 '스타워즈 방어망Star Wars Defense Shield'[5]은 순 헛짓이었고, 대부분은 존재하지도 않았습니다. 모든 게 서류에만 있었어요. 레이저무기…… 그건 전혀 다른 이야기입니다. 레이저 부문에서는 완전히 새롭고도 비약적인 성과가 있었습니다. 절단 정도가 아니라 펄스레이저[6]를 맞으면 뭐든지 파괴

---

4 미국 국립표준연구소 군수개발부와 미 육군의 연구시설. 1940년에 설립되어 제2차 세계대전 기간에 포탄 신관 개발로 명성을 얻었다. 1992년 육군의 다른 연구소들과 함께 육군연구소Army Research Laboratory로 합병되었다.

5 1983년 레이건 대통령이 발표한 '전략방위구상SDI'으로, 레이저 무기가 탑재된 공격용 위성으로 대륙간탄도미사일을 파괴한다는 개념. 당시 소련은 이 계획이 우주공간의 군사화를 초래한다며 반발했고 미국에서도 SDI가 우주 군비확장을 초래할 "스타워즈 계획"이라는 거센 비판이 일었다. 1993년 클린턴 정부는 이 계획을 폐기하고 새로운 탄도미사일 방위계획BMD를 발표했다. 그러나 러시아(2015)와 미국(2019)이 이미 우주군을 창설했고 중국, 프랑스, 일본 등의 국가도 창설을 선언한 만큼 "스타워즈"는 새로운 국면으로 접어들고 있다.

6 일정한 출력으로 발진을 계속할 수 있는 연속파 레이저와는 달리, 발진과 정지를 반복할 수 있는 레이저. 이 때문에 에너지의 집속성이 크게 높아진다.

되거든요.

저는 우주공간에 우리의 무기가 있다고 한 치의 의심 없이 확신합니다. 스타워즈가 대두되기 훨씬 전인 1960년대 말에서 1970년대 초에 이미 개발되고 있었습니다. 닉슨 대통령은 이에 맞춰 우주공간에 배치할 무기를 생산하고자 했고, 이 프로젝트는 닉슨 행정부에서 시작되었습니다. 사람들도 그렇게 되길 바랐고요. 이런 비밀에 있어 영국과 미국과 캐나다는 가장 중요한 국가입니다. 나중에는 호주도 끌어들였고요.

이는 정부 일을 받아서 하는 기업들에도 똑같이 적용됩니다. 그들의 입을 열게 할 수 있겠어요? 아니요. 이윤이 걸린 일이니까요. 정부의 비위를 건드려가며 제 발등을 찍지는 않을 겁니다. 진실은, 그들이 UFO와 외계존재 관련 정보 등을 오랫동안 우리에게 숨겨왔다는 겁니다. 현대에만 그런 것이 아니라 1900년대 이전부터요. 그들이 비밀을 가지고 있습니다. 이제 그들이 나서서 "자, 이거예요"라고 밝혀야 할 때입니다.

W.H.의 증언

W.H.(가명)는 1963년부터 1977년까지 미국 공군 하사로 복무했다. 1963년 6월 19일, 독일의 비스바덴 공군기지Wiesbaden Air Force Base로 가는 비행기에 존 F. 케네디 대통령과 함께 있었다.

1966년 여름, 콜로라도 스프링스에 있던 저는 공군 고위급 장교와 과학자로 구성된 수행단을 태우러 워싱턴에 불려갔습니다. 워싱턴의 앤드류 공군기지Andrews Air Force Base에서 오하이오주 데이턴의 라이트 패터슨 공군기지로 날아갔지요. 그곳에서 우리는 '블루행거Blue Hangar'라 부르는 격납고로 안내받았습니다. 벨연구소Bell Labs[7], 제너럴일렉트릭GE[8]이 관여한 곳이자 많은 첨단기술기업이 관련 지식을 얻은 곳이었습니다. 그중 하나가 전자기추진시스템[9]인데, 이 기술이 처음 사용된 곳을 아시나요? 바로 디즈니랜드의 모노레일이었습니다.

격납고 안에는 그들이 실험하고 있던 여러 UFO의 잔해가 있더군요. 저는 어림잡아 직경이 9~10미터에 높이가 3.5~4미터 정도 되는 원반모양의 비행체를 보았습니다. 이음매가 없는 알루미늄 색깔의 동체로, 창문은 없었고 문이 아래쪽으로 향한 입구가 하나 있었습니다. 그것은 뉴멕시코에 추락한 외계비행체 가운데 하나였습니다. 한 장교가 알려주기를, 뉴멕시코주 포코너스Four Corners[10] 지역에서 100건이 넘는 추락사건이 있었다고 하더군요. 추락의 원인은 포코너스 지역에 있는 대형 레이더돔으로, 레이더시스템이 가동되는 시간에 비행체가 지나가면 제어력을 잃고 추락한다고 했습니다.

우리는 이곳에서 로스앤젤레스를 거쳐 다음 날 아침 하와이의 히컴 공군기지Hickam Air Force Base로 날아갔습니다. 나중에야 알게 된 사실입니

---

7 1925년 설립되어 9개국에 글로벌 조직을 갖춘 세계 최고 수준의 정보통신분야 민간연구개발 기관. 설립 이래 33,000개가 넘는 특허와 14명의 노벨과학상 수상자를 배출했다.

8 토머스 에디슨이 설립한 전기조명회사를 모태로 하는 세계적인 디지털산업 기업. 사업분야는 에너지, 항공, 운송, 헬스케어, 금융서비스, 지능플랫폼, 의료장비, 조명가전 등으로 다각화되어 있다.

9 엔진과 같은 별도의 추진장치 없이 전자기로 발생하는 힘을 추진력으로 사용하는 장치. 일례로 자기부상열차와 초전도 전자기 선박을 들 수 있다.

10 미국 콜로라도주, 유타주, 애리조나주, 뉴멕시코주의 4개 주가 만나는 지역을 가리킨다.

다만, 우리가 실제로 착륙한 곳은 카우아이 섬의 철통같은 극비시설인 '바킹샌즈 해군기지Barking Sands Navy Base'였습니다. 서쪽을 내다보는 관측소로 안내받아 갔는데 등 뒤로 태양이 떠오르던 무렵 누군가 외쳤습니다. "비행체다!"

우리 왼편의 물속에서 나온 비행체가 오른쪽으로 200미터쯤 이동하더니 수면 위 100미터쯤 높이에 멈춰 섰습니다. 이 비행체도 원반 모양이었고 현창이나 창문 같은 건 없었습니다. 가운데 부분에는 왔다갔다 흔들리는 불빛이 있었고요. 그것은 나타날 때처럼 빠르게 사라졌습니다. 다들 웅성대는 사이 누군가 소리쳤습니다. "다시 왔어!"

이번에는 더 가까이, 약 100미터 거리에 60미터 높이쯤 앞뒤로 흔들거리며 있었습니다. 그 자리에서 올라갔다 내려갔다, 멀어졌다 돌아왔다 하던 비행체는 비스듬한 각도로 다시 물속으로 들어가 버렸습니다. 놀라운 건 그것이 물에서 나올 때나 다시 들어갈 때나 수면에 물이 튀어 오르지 않았다는 점입니다. 제가 "어떻게 저럴 수 있죠?"라고 묻자 이런 대답이 돌아왔습니다. "전자기추진을 사용하는 것은 기본적으로 어떤 껍질에 싸여 있는 셈입니다. 그래서 이 힘이 먼저 들어가고 비행체가 뒤를 따르는 것이죠. 나올 때도 마찬가지고요."

그때가 1966년 가을이었습니다. 그들이 왜 승무원들을 데려다가 비행체를 보게 했는지 지금도 모르겠습니다만, 목적은 비행체를 소개하는 것 이상이었다고 생각합니다. 물에서 나왔다는 사실에 비춰 볼 때 그 비행체는 물속을 돌아다닐 수 있었습니다. 공군특수임무비행 승무원이자 탑재물 책임자였던 제가 그것을 볼 수 있었던 것은, 대통령 인가 전 단계의 극비기밀 취급인가가 있었기 때문입니다. 제가 거기에 있었던 유일한 이유 같아요.

1966년 여름에는 우연히도 해군 고위급 장교와 민간기술자, 과학자들과 함께 비행하고 있었습니다. 그것을 '머큐리 프로젝트Project Mercury'[11]라 부르더군요. 화이트샌즈에 도착한 우리는 창문이 모두 가려진 버스에 탑승했습니다. 일행은 빠짐없이 신분증을 보여줘야 했고, 그들은 명단에 적힌 이름과 일일이 대조했습니다. 45분에서 한 시간쯤 달려 깊은 협곡으로 들어가자 다른 경비원이 와서 신분증을 재확인했지요.

우리가 들어간 곳에는 블루행거에서 본 것과 무척 유사한 비행체가 하나 있었습니다. 형태도, 세 개의 착륙기어도, 밑으로 내려오는 문도 비슷했어요. 그리고, 살아있는 외계존재 두 명이 있었습니다! 우리가 '그레이Graylings'[12]라고 부르는 외계인이었습니다. 100미터 남짓 떨어져 있었는데 운 좋게도 버스기사가 가지고 있던 쌍안경으로 자세히 볼 수 있었습니다.

1.5미터가 채 안 되는 마른 몸에, 커다란 눈과 작은 입, 가늘고 긴 팔과 손이 있었습니다. 알루미늄 색깔의 일체형 비행복을 입고 있었고요. 두 명의 외계존재를 만나고 비행체를 들여다보며 구경하는 사이 두 시간 가량이 지났습니다. 버스로 돌아온 우리 일행은 아무 말도 하지 않았습니다. 제가 이해하기로, 그 외계존재와의 대화는 모두 텔레파시로 이루어졌습니다.

비행기를 타고 오면서 화이트샌즈의 머큐리 프로젝트와 카우아

---

11 1957년 소련의 스푸트니크 인공위성 발사에 자극받은 미국이 우주경쟁의 일환으로 시작한 최초의 유인 유주선 프로그램. 이로써 미국항공우주국NASA이 창설되었다.

12 로즈웰 추락사건 이후 대중매체를 통해 일반화된 이미지로, 휴머노이드형 외계종족을 말한다. 작은 키에 큰 머리와 큰 눈, 회색 피부를 가진 것으로 묘사되는데, 오리온자리나 제타 레티큘리에서 기원했다는 주장이 있다.

이의 엑스 프로젝트Project X[13]에 대해 이야기가 오갔지만, 글로 남겨진 건 아무것도 없습니다. 승객명단에도 임무일지에도 이름은 남지 않았습니다.

CIA에서 일한 저의 친구 웰슬리 본드는 새로 취임한 대통령들에게 UFO와 외계현상을 보고해왔습니다. 레이건 대통령은 그에게 아주 자세한 보고를 받았지요. 그 친구가 이런 말을 했습니다. "지금까지 알려진 외계종족은 37종인데, 어쩌면 39종이었는지도 모르겠어." 그는 카터 대통령의 사례도 들려주었습니다. 애리조나주 시에라비스타의 포트후아추카에 찾아가 두 눈으로 외계존재의 사체를 본 카터 대통령이 눈물을 글썽이며 이렇게 말했다고 합니다. "오, 세상에. 그들이 살고 있어."

2014년 2월, 웰슬리는 제게 전화를 걸어 "나는 이 정보를 모두 공개할 준비가 되어 있어"라며 많은 것을 이야기했습니다. 그는 여러 대의 컴퓨터와 노트북을 가지고 모든 정보를 담은 DVD를 만들었습니다. 100장이 넘을 정도였지요. 웰슬리는 애리조나주 피닉스의 어느 싸구려 모텔에 묵고 있었는데, 바로 다음 날 제가 갔을 때 그는 사라지고 없었습니다. 그 물건들도 없었고요. 어느 것도 남아있지 않았어요. 저는 웰슬리가 정보를 저장장치에 담아 어딘가에 두었다는 걸압니다. 그들이 실토하게 했을지도 모르지만, 제가 아는 한 그 친구는 절대로 말하지 않았을 거예요. 그래서 누군가 그를 살해하고 정보를 모두 가져간 겁니다.

---

13 미국이 1945년부터 연구용 항공기를 제작한 엑스플레인 프로그램X Plane Program을 말하는 것으로 보인다. 1946년에 이미 최초의 초음속 로켓추진항공기 '벨 X1'을 탄생시켰다.

비밀특수인가 프로젝트 배후의 비밀과 UFO 및 외계현상이 존재한다는 사실이 왜 공개되지 않았을까요? 저는 무엇보다 산업계의 탐욕과 관계가 있다고 믿습니다. 많은 기업들이 그 기술로 이례적인 수익을 올렸습니다. 통신업계에서는 벨연구소가, 추진시스템에서는 제너럴일렉트릭이, 그밖에 〈포춘Fortune〉지 선정 100대기업 가운데 기술을 공유한 모두가요.

또 하나 중요한 것이 있습니다. 저는 이제 세상이 준비되었다고 생각합니다. 사람들은 UFO와 외계현상이 정말로 존재한다고 믿습니다. 세상은 이런 이야기를 들을 준비가 되었고, 우리는 이제 이 게임에 지쳤거든요.

리처드 도티[14]의 증언

저는 1979년부터 1986년까지 커트랜드 공군기지 공군특수수사대에서 특수요원으로 복무했습니다. 방첩장교로서 미국 정부가 외계존재를 조사하고 접촉했던 일을 비롯해, 외계존재의 지구 방문과 그에 대한 공군의 개입 등이 포함된 특수인가 프로젝트에 대해 보고를 받았습니다. 이 무렵 저의 주된 임무는 이 문제를 다루는 것이었습니다. 제 시간의 60퍼센트를 쏟을 만큼 말입니다. 우리가 특수수사대 본부에 보낸 모든 것이 프로젝트 관리자였던 톰 맥을 통해 국방정보국

---

14 미국 공군특수수사대 특수요원. 상세 이력은 43쪽 참조.

으로 들어갔습니다.

1979년 여름, 저는 그 프로젝트에 등록되었습니다. 접근을 위해 특수보안인가를 받아야 했지요. 암호명은 '양키블랙Yankee Black'으로 하나의 프로그램에 접근하는 하나의 암호였습니다. '양키화이트Yankee White'는 백악관에 접근할 수 있는 암호였던 것처럼 말이죠.

프로젝트에 대한 브리핑을 위해 워싱턴에서 한 공군 대령이 왔습니다. 브리핑은 미국이 외계존재 문제에 개입한 역사로 시작했습니다. 이어 네 가지 유형의 외계존재와 네 가지 유형의 비행체가 있다고 했습니다. 사진 출처를 밝히진 않았습니다만, 한 종족은 꼭 곤충처럼 생겼었죠. 커다란 눈과 아주 큰 머리에 비해 몸통은 작았습니다. 팔에는 다르게 생긴 두 개의 손이 있었고 다리에는 여러 개의 관절이 있었고요. 몸통 앞에는 거품처럼 생긴 부속물이 붙어있고 등에는 덩어리 같은 것이 하나 있었습니다. 키는 1.5~1.8미터로 성인의 평균 키 정도였습니다.

두 번째 존재는 아주 크고 길쭉한, 인간의 모습과 비슷한 생명체였습니다. 손은 우리와 비슷했고, 긴 팔이 무릎 또는 엉덩이와 발의 중간 정도까지 내려왔어요. 머리털은 없었지만 깡마른 얼굴은 거의 사람의 생김새였죠. 눈의 홍채가 고양이처럼 생겼다는 점만 아니면, 바짝 다가가야만 인간이 아니라는 걸 알 만큼 말이죠.

세 번째 생명체는 마치 에벤처럼 생겼는데 몸통은 더 컸습니다. 이것이 에벤의 유전공학으로 만든 생명체라는 걸 1985년에 브리핑을 듣고 알게 되었지요.

비행체의 경우, 하나는 시가cigar형으로 길이가 대략 18~20미터에 너비는 6~9미터였습니다.

다음으로 원반형 비행체가 있었습니다. 정말로 넓다는 점만 빼면 아이들이 가지고 노는 장난감 모형과 거의 비슷했습니다. 브리핑을 하던 대령이 자신들도 아직 그것이 어떻게 나는지 알아내지 못했다고 말한 기억이 납니다. 그들이 관찰하고 사진을 찍었지만 실제로 격추한 것인지는 모르겠습니다.

세 번째 유형은 타원형으로 크기는 폭스바겐 자동차 정도였습니다. 훨씬 작다는 점만 빼면 에벤의 비행체와 거의 비슷했습니다. 좌석이 하나뿐인 걸로 봐서 관측용 내지는 정찰용 비행체인 듯했어요.

마지막 우주선은 정확히 맥민빌McMinnville[15]의 비행체처럼 보였습니다.

이 생명체와 비행체들을 찍은 필름을 보았지만 날짜는 없었습니다. 브리핑은 1940년대나 1950년대 것부터 시작해서 더 현대의 것으로 이어졌습니다.

언젠가 우리 정보기관에서 몇 년간 비밀요원으로 있다가 CIA로 간 친구가 들려준 이야기가 있습니다. 레이건 대통령에 대해 가장 흥미로웠던 점으로, 1981년 1월 20일 그가 대통령에 취임하자마자 곧장 브리핑을 요구했다는 겁니다. "UFO에 대해 우리가 가진 모든 것을 보고해주게"라고 말하면서요.

1984년에 레이건 대통령은 샌디아국립연구소Sandia National Laboratories[16]를

---

15 1950년 5월 11일 오후 7시경 미국 오리건주 맥민빌에서 출몰한 UFO를 가리킨다. 당시 농장에서 토끼에게 먹이를 주던 에블린 트렌트가 UFO를 발견하고 소리를 쳤고, 이에 남편 폴 트렌트가 카메라를 들고 뛰쳐나와 2장의 흑백사진을 촬영했다. 이 사진이 지역 신문에 실리면서 소식은 전 세계로 퍼졌다. 사진은 1950년 6월 26일 〈라이프〉지에도 게재되었으며 지금도 UFO의 증거로 제시되고 있다.
16 원자탄에 들어갈 전자회로, 기폭장치 등을 개발하기 위해 1948년 설립된 연구기관으로 1979년 미국의회가 국립연구소로 지정했다. 1993년부터 2017년까지 록히드마틴 산하에 있었다. 국가 무기시스템에서부터 우

찾아가 특별브리핑을 받았습니다. 샌디아국립연구소는 외계기술과 관련된 많은 연구개발을 하는 곳입니다. 에벤의 비행체에서 나온 실린더가 여러 곳에서 분석되었는데 현재 샌디아국립연구소가 가지고 있습니다. [샌디아국립연구소는 록히드마틴의 부속기관이다.] 저는 보안에 관련된 일로 그 브리핑 자리에 있게 되었습니다. 관계자들은 프로젝터를 이용해 대통령에게 다목적 항공전자·항법장치 부품에 대해 설명하고 있었지요.

대통령을 다시 만난 것은 워싱턴에서였습니다. 아직까지 기밀인 어떤 업무를 잘 수행해 상을 받으러 갔을 때였죠. 저는 이에 대해 한 마디도 말하지 않았지만, 대통령이 이렇게 말한 걸 보면 무언가 알고 있는 게 분명했습니다. "자네가 그곳에서 아주 흥미로운 일을 한다고 들었네." 그리고 대통령이 주는 커프스단추를 받았습니다. 그가 아무런 말을 하지 않아도 저는 무슨 뜻인지 알았습니다. 제가 하는 일이 대통령에게 내내 보고되고 있다는 사실은 저에게 큰 의미였습니다.

이 주제에 대해 알고 있는 사람 중에 제가 만나본 또 다른 정치인은 클레이본 펠Claiborne Pell입니다. 로드아일랜드주 출신의 상원의원으로 1987년부터 1995년까지 상원 외교위원회 의장이었지요. 펠 의원과 그의 보좌관은 이런 프로젝트에 대해 개별적인 브리핑을 들었습니다. 어느 모임에서 그분과 이 주제를 놓고 가볍게 대화를 나누었는데, 자신도 아는 바가 있다고 하더군요.

그밖에도 UFO 비밀 프로젝트에 가담한 사람들 가운데 이제는 털어놓고 싶어 할만한 사람을 들자면, 할 푸소프Hal Puthoff, 키트 그린Kit

---

주, 항공, 컴퓨팅, 에너지 등 다양한 분야를 연구하며, 미국의 3대 핵무기 개발 연구소로 꼽힌다.

Greene, 폴 맥거번Paul McGovern, 칼 데일Carl Dale이 있습니다.

칼 데일은 국방정보국에서 UFO관련 업무와 조사를 하면서 여러 사례를 검토했던 분입니다. 예전에 우리 정보기관의 간부모임에 와서 1970년대 초에 버지니아와 워싱턴에서 외계존재를 쫓아 생포하려던 일화를 전했습니다. 그때 일어난 일을 들어보니 정말 흥미진진하더군요.

저는 이 이야기를 전 CIA 국장인 리처드 헬름Richard Helms에게 들어 알고 있었습니다. 헬름 국장은 정말로 매 같은, 참으로 훌륭한 분이었습니다. 얼마 전부터 그에 관한 내용이 인터넷에 돌고 있는데, 제 아버지와 오랫동안 알고 지냈고 저와도 늘 친밀했지요. 그분이 왜 저를 감싸며 보호했는지는 모르겠어요. 몇 년 전에 돌아가시기 전까지 제게 많은 것들을 들려주었습니다. 그분은 머리털이 곤두서게 할 만한 내용을 알고 있었습니다. 그분이 보았고 또 했던 일들이요.

제가 독일에 배치되었던 시절에는 독일인들과 함께 이 주제에 관여했습니다. 독일에서 CIA에 해당하는 기관은 연방정보부 Bundesnachrichtendienst:BND입니다. 당시 핵무기 저장지역에서 일어난 사건이 있었는데, 무언가가 울타리를 자르고 그 안에 들어갔습니다. 실제로 벙커까지 들어가지는 않았지만요.

다음은 샌디아국립연구소의 한 보안장교가 목격한 일입니다. 새벽 두 시가 지날 무렵 야간근무 중에 차를 몰고 가던 그는 벙커에 내려앉는 외계비행체를 보았습니다. 비행체가 착륙하자 자동차 엔진이며 휴대용 무전기, 라디오 등 모든 전자장치가 꺼져버렸습니다. 내내 꺼져있다가 비행체가 이륙하자 모두 다시 정상으로 돌아왔고요.

저는 정말로 뭔가가 착륙했는지를 조사해달라는 호출을 받았습니다. 기지의 레이더에는 잡히지 않았던 터라 맨 먼저 연방항공청 쪽에 확인을 했습니다. 그 무렵 우리에게는 기지의 안팎에서 나오는 모든 무전 주파수를 하나하나 살피는 아주 비밀스러운 부서가 있었습니다. 저는 거기서 출력물을 받아보고 그 시간대에 감지된 수상한 주파수가 있었는지 물었지만 이번에도 찾아낸 것은 없었습니다. 만자노Manzano 기지의 보안경찰들을 따로따로 면담했는데 그들도 같은 이야기만 되풀이하더군요.

곧이어 만자노 기지를 지키는 1608보안경찰중대의 지휘관 어니 에드워즈 소령이 와서 말했습니다. "폴 베네비츠Paul Bennewitz[17]라는 사람에게 전화를 받았습니다. 기지 바로 바깥에 있는 포힐스 주택단지 거주자인데, 만자노에서 온갖 종류의 이상한 빛들이 나오는 모습을 봤다고 합니다." [관련 문서는 397쪽의 부록3-3을 참고하기 바란다.] 저는 폴 베네비츠가 커트랜드 공군기지 정문 바로 앞에 있는 '썬더과학연구소Thunder Scientific Laboratories'의 소유주라는 사실을 알아냈습니다. 거기서 잠수함에 들어가는 습도센서를 만든 것으로 보아, 베네비츠는 정부계약 및 보안인가를 갖고 있었습니다.

저는 베네비츠를 찾아갔습니다. 그의 집은 정말로 기지 경계 코앞에 있더군요. 뒤뜰은 기지 울타리와 맞닿아 있었고 그의 방과 위층 침실 앞뜰은 기지 쪽을 향해 있었습니다. 물리학자인 베네비츠는 온갖 복잡한 장비들을 갖고 있었습니다. 목격한 것에 대해 묻자 그는 여러

---

17 미국의 사업가이자 UFO 연구가로 1980년대에 UFO 음모이론을 처음으로 제기했다. 외계인들이 전자기장치로 인류를 조종한다는 증거가 있다고 주장한 베네비츠는 뉴멕시코주 둘세에 외계인의 비밀시설이 있다고 확신하고 이 정보를 퍼뜨리기 시작했다. 이로써 정부기관의 허위정보 유포활동의 희생자가 되어 심각한 신경쇠약에 시달렸다.

UFO 이야기들을 늘어놓기 시작했습니다. 우리는 그를 더 조사해보기로 했습니다. 국가안보국도 그랬습니다. 기지에서 진행되던 국가안보국 프로젝트에 대해 그가 아는 듯했거든요. 그가 알아낼 수 없는 프로젝트였는데 말입니다. 어쨌거나 아주 똑똑한 친구였어요.

그후 어느 날, 저는 베네비츠로부터 저녁식사 초대를 받았습니다. 커트랜드 공군기지의 정보참모부 소속 과학자인 제리 밀러와 또 다른 정보요원인 스티브 애트자와 그의 집으로 갔습니다. 함께 커피를 마시고 있는데 난데없이 방 한구석에 어떤 구체가 나타났습니다. 그것이 방안을 날아다니기 시작하자 저는 팔꿈치로 제리를 꾹 찔렀습니다. 그 모습을 본 베네비츠가 건성으로 말하더군요. "자, 여기 왔네."

빛나는 광구 주위로 작은 불꽃들이 반짝였습니다. 베네비츠가 만든 거라고 생각한 제리가 그의 허락을 받고 샅샅이 살펴보았습니다. 그러나 어떻게 그런 것을 만들 수 있는지 알아내지 못했습니다. 베네비츠가 그러더군요. "그건 외계인들이에요. 정찰을 하는 겁니다. 그들이 저를 지켜보는 방법이지요." [〈외계지적생명체연구센터Center for the Study of Extraterrestrial Intelligence:CSETI〉[18]는 이와 비슷한 광구가 나타난 사례를 많이 가지고 있다.]

몇 주 후 베네비츠의 집에 우리끼리만 있었습니다. 무단침입은 아니었고 폴이 열쇠를 주었지요. 우리는 작은 광구 하나가 한쪽 벽을 태우며 구멍을 내서 다른 방으로 들어가는 모습을 보았습니다. 다시 몇 주 뒤에 가보니 불탄 구멍이 그대로 있었습니다.

---

18 대중이 외계지적생명체를 더 잘 이해하고 그들과 평화롭게 접촉하도록 도울 목적으로 1990년 저자인 스티븐 그리어가 설립한 국제적인 연구·교육 조직. 의도적으로 UFO를 불러들여 상호작용하는 '제5종 근접조우CE-5'를 위한 프로토콜을 개발해 전 세계에 보급하고 있다.

베네비츠는 그동안 외계존재의 사진을 찍어 왔습니다. 정확히 기억나지는 않지만 꽤 많은 양의 사진을 가지고 있었습니다. 그는 35밀리 캐논 카메라를 썼는데 제가 이렇게 말했지요. "다시 UFO 사진을 찍게 되면 현상은 하지 말고 우리에게 맡기면 좋겠어요."

하루는 베네비츠가 전화를 걸어 기지 위에 있는 UFO들을 찍은 필름이 있다고 했습니다. 저는 냉큼 필름을 받아 보안현상실로 가져가 기술자에게 건넸습니다. 한 시간이 지나 그 친구가 사진을 들고 나와 그러더군요. "대체 이것들은 뭐래요?"

앨버커키 국제공항은 커트랜드 공군기지와 착륙장 하나를 같이 쓰고 있었는데, 그 사진들에는 착륙하는 민간항공기 위로 타원형 비행체들이 날고 있었습니다. 항공기들은 외계비행체들이 바로 위에서 획 방향을 틀어 날아갈 때 들어온 것이었습니다. 우리는 사진에 나타난 비행체를 확대해보았습니다. 뚜렷한 구조에 이음매 없이 매끈한 모양에 코로나 비행선만큼 컸어요. 아마도 비행선 바닥의 에너지장치에서 나오는 듯한 푸른색 비행운이 있었고요. 우리는 사진을 본부로 보냈는데 그 뒤로 어떻게 되었는지는 모르겠습니다.

저와 베네비츠는 친구가 되었습니다. 그리고 몇 년 뒤, 결국 정신이 나간 그는 세상을 떠났습니다.

한번은 조종사였던 걸로 기억되는 퇴역공군이 제가 있는 기지로 비디오테이프를 가져왔습니다. 그가 살던 플라시타스는 앨버커키 북쪽의 산속 오지 마을이었죠. 아마추어 야생 사진작가이기도 한 그는 사슴이 내려오곤 하던 뒤뜰에 카메라를 설치해두었습니다. 어느 날 밤에 웬 소음이 들려 나가보니, 뒤뜰 바로 위로 비행체가 떠 있더랍니다. 비행체는 그렇게 28초가량 머물다가 떠났습니다. 그는 이 장면을 카메라로 녹화했습니다. 우리는 카메라와 테이프를 건네받아 볼링 공군기지Bolling Air Force Base에 있는 공군특수수사대 본부로 보냈습니다. 그곳에서는 통상 국가안보국으로 보내고요. 그는 국가안보국으로부터 카메라에 대한 보상으로 수표를 받았지만, 테이프는 기밀이 되어 다시는 돌려받지 못했습니다.

제가 관여했던 가장 확실한 사례는 유타주에서의 일로, 아예 공개된 적이 없는 사건입니다.

오래전 생화학병기시험소Dugway Proving Grounds 외곽에서 외딴 트레일러에 살던 남자가 있었습니다. 그는 육군에 있다가 생화학병기시험소에서 사진사로 일했습니다. 고아였고 결혼도 하지 않았죠. 96제곱미터 크기의 트레일러 주위로 헛간이며 창고를 짓고 홀로 살았습니다.

1984년 말에서 1985년 초쯤 힐 공군기지Hill Air Force Base의 특수수사대에서 제게 전화를 걸어왔습니다. "시험소 인근 오지에 사는 사람이 UFO 사진을 잔뜩 보내왔는데, 여기에는 그 양반과 말이 통할 9Q가 정말 한 명도 없습니다." 9Q란 특수수사대에서 UFO를 조사하는 사람을 부르는 호칭입니다.

그렇게 제가 그를 찾아갔습니다. 상식은 풍부했지만 일찌감치 학교를 그만두어 교육을 잘 받은 사람은 아니었어요. 그래도 카메라나 사진에 관한 것이라면 뭐든 막힘이 없더군요. 그는 시험소에서 꽤 오랫동안 그런 사진을 찍어왔습니다. 우리에게 수많은 사진들, 생명체들을 보여주었습니다. 어디서 찍은 사진인지 묻자 이렇게 답했습니다. "그들이 이곳에 내려와요." 아주 오래전에 떠났던 그들이 근 몇 년간 이곳에 와서 착륙했다고 말했지요.

그 일이 시작된 건 1968년 가을로, 퇴근해서 식사를 준비하던 그는 느닷없는 소리를 들었습니다. 집고양이가 놀라 이리저리 뛰더랍니다. 밖을 내다보니 비행체 하나가 집 뒤뜰에 내려앉아 있었지요. 그는 얼른 카메라를 가지고 나와 사진을 찍었습니다. 비행체에서 나오는 외계존재들도요. 그것은 에벤들이었습니다. 그는 당시의 기억을 말해주었습니다. "그들이 언어로 말하지 않았지만 내 머릿속에 [텔레파시로] 말을 했어요. 나는 그들의 뜻을 이해했지만 그들은 나를 이해하는 데 어려움이 있더라고요."

이런 접촉은 1960년대 말부터 대략 1975~1976년까지 이어졌습니다. 그들은 자신들이 이제 떠날 거라며 그에게 선물을 주었답니다. 어떤 것은 별 모양이고 어떤 것은 동상 같았고 또 작은 모델 같은 것도 있었습니다. 처음에 저는 이것들이 진짜일 리가 없다고 생각했습니다. 정말 그랬어요. 제가 힐 기지에서 온 특수수사대 요원에게 "이거 가짜죠? 다 영화소품이죠?"라고 물었죠.

사진사의 이름은 제임스 소다위스키였나 사도르스키였나 그 비슷했습니다. 저는 제임스에게 왜 이제 와서 우리에게 연락을 했느냐고 물었습니다. 이유인즉, 자신이 살날이 얼마 남지 않았다고, 이것들로 뭔가를 해야겠다 싶었다고, 그러면 공군이 가지는 게 좋을 것 같았다는 것이었습니다.

우리가 이 사실을 급히 보고하자 물건들을 살펴보려고 국가안보국과 CIA에서 사람들이 무더기로 왔습니다. 우리는 물건들을 옮기기 위해 밴을 가진 회사와 계약했고 특별한 방법으로 포장까지 했습니다. 이 물건들이 혹시 어떤 신호를 내보내고 있는지 몰랐거든요. 워싱턴 본부에 있는 기술자들이 이렇게 말하기 전까지는 저도 그런 생각을 못 했습니다. "그거 아세요? 이것들에 도청장치가 있거나 방사선

134
우주 비밀 파일

이 나올 수도 있어요."

그곳에 있던 물건은 24가지쯤 되었을 겁니다. 에벤들에게 분명 어떤 의미를 지닌 것들이었어요. 그러니 제임스에게 남겨주었겠지요. 안쪽에 글씨가 새겨진 청동으로 된 심장이 있었고, 신이나 그런 걸 상징하는 세라믹 조각상도 있었죠. 화환처럼 생긴 것도 있었는데 테두리엔 여러 상징들이 있었고 뒤편에는 부속물이 붙어 있었습니다. 아마 세우는 용도 같았지만 알 수가 없더군요. 저는 이 물건들을 두 번밖에 보지 못했습니다. 한 번은 제임스가 우리에게 보여주었을 때였고, 또 한 번은 그것들을 포장할 때였습니다.

비행체 사진들 중에는 낮에 찍은 것도 있었습니다. 그 어떤 사진보다 선명했어요. 제임스는 비행체의 내부도 찍었습니다. 그들은 제임스에게 계기판이며 우주나 별자리 혹은 항법 지도가 있는 커다란 스크린을 보여주었지요. 이 지도를 제임스가 갖고 있었습니다. 우리가 처음 만난 날 헤어지기 전에 제임스가 "아, 이걸 깜빡했네요"라며 투명지에 싸인 종이 한 장을 상자에서 꺼내왔습니다. 이리저리 선이 그어져 있던 종이를 펼치면서 말했죠. "그들이 온 곳이 여기예요." 하지만 거기에는 아무런 부호가 없었습니다.

제임스가 준 물건들은 CIA나 국방정보국, 아니면 다른 어딘가에 있을 겁니다. 그들이 무엇을 알아냈는지는 모르겠습니다만 분명히 분석했을 겁니다. 저는 나중에야 그 에벤들이 제타 레티큘리$^{Zeta\ Reticuli}$[19]에서 왔다는 공식 출처 자료를 읽었습니다.

세월이 지나 은퇴한 저는 예전에 일하던 정보기관 간부들의 연례

---

19 지구에서 약 39광년 거리에 있는 쌍성계. 남반구에서는 밤에 맨 눈으로도 보인다고 한다.

모임에 참석했습니다. 거기 모인 정보분야 인사들 중 몇몇은 국방정보국 소속이었고 상당수는 CIA 출신이었습니다. 이들은 현장연구를 하지 않았어요. 소속상 그럴 수 없기도 했고요. 대신에 우리가 제공하는 많은 정보에 의존했습니다. 또 자신들이 가진 것을 분석적으로 연구해왔고요. 물론 FBI도 연관되어 있었습니다.

대니얼 쉬한의 증언

대니얼 쉬한Daniel Sheehan은 미국의 변호사다. 수정헌법 제1조[20] 분과에서 플로이드 에이브람스Floyd Abrams[21]와 함께 한 동료로서 <NBC>와 <뉴욕타임스>를 변호했다. 펜타곤 문서Pentagon Papers 사건[22]에서 <뉴욕타임스>측 변호인이었고, 워터게이트 사건에서 제임스 맥코드를 변호한 리 베일리 사무실의 법정변호사였으며, 카렌 실크우드Karen Silkwood 사건[23]의 대표변호사를 맡았다.

저는 1975년부터 1985년까지 워싱턴에 있는 미국 예수회본부 전국사회선교 사무국의 대표변호사로 있었습니다. 로마에서 온 예수회

---

20 종교, 언론, 집회 등 표현의 자유를 포괄적으로 규정한 미국의 헌법조항이다.
21 표현의 자유를 옹호한 미국의 유명 변호사이다.
22 미국의 베트남전쟁 개입의 역사를 담은 국방부의 1급 기밀문서. 미국이 확전을 위해 통킹만 사건을 조작했다는 내용이 유출되어 <뉴욕타임스>, <워싱턴포스트>가 이를 폭로했다. 닉슨 정부가 두 신문사를 국가기밀 누설 혐의로 제소, 1심에서 보도정지 판결이 내려졌으나 2심의 연방대법원은 언론 자유를 옹호하는 판결을 내렸다.
23 카렌 실크우드는 미국 기업 커맥지의 플루토늄 가공공장에서 일한 여성기술자이자 노조활동가로, 핵물질의 안전성 문제를 파헤쳐 사회적 관심을 이끌어냈다. 1974년 <뉴욕타임스> 기자를 만나러 가던 도중 의문의 교통사고로 세상을 떠났다. 유족은 실크우드가 플루토늄에 피폭되었다며 커맥지를 고소했고, 회사는 법적책임을 인정하지 않으면서 거액의 돈으로 합의했다.

총장 페드로 아루페 신부 밑에서 일하던 그 시기에 그 특별한 사건들이 일어났습니다.

1977년 1월, 미국 의회도서관 산하의 의회조사국 과학기술부장 마샤 스미스가 제게 전화를 걸었습니다. 그는 지미 카터 대통령이 의회 주도의 대규모 조사를 하도록 의원들과 접촉했다는 소식을 하원 과학기술위원회로부터 들었다고 했지요.

취임선서를 마친 신임 대통령 카터가 당시 CIA 국장이던 조지 부시 시니어에게 UFO와 외계지적생명체의 존재 가능성과 관련된 기밀문서를 보여 달라고 하자, 부시는 이렇게 말하면서 정보공개를 거절했다고 합니다. "제가 있는 한은 이 정보를 보여드리지 않겠습니다. 이 자리에 원하는 사람을 앉혀놓기 전에 그래도 알고 싶다면, 하원의 과학기술위원회에 가서 특정 문서의 기밀을 해제하는 절차를 취해 달라고 요청하십시오." 카터 대통령은 공화당 소속인 CIA 국장과 대립하느니 차라리 그 절차를 따르기로 했습니다.

카터는 두 가지 질문에 대한 답을 원했습니다.

첫째, 외계지적생명체가 정말로 존재하는가에 답해줄 기밀영역과 비기밀영역의 정보를 미국 정부가 가지고 있는가. 둘째, 정부로 들어오는 UFO 목격 사례 및 보고 가운데 몇 퍼센트가 조사되었으며, 그것이 지구를 찾는 외계문명의 우주선이라는 증거가 있는가.

이 질문은 1월에 미국 하원에 접수되었고 하원은 곧바로 의회도서관 의회조사국에 넘겼습니다.

저는 예수회 오리건지회의 전국사회선교 사무국장인 윌리엄 데이비스 수사에게 이렇게 요청했습니다. 미국 예수회 전국본부 명의로 바티칸 도서관에 관련 문서를 요청하는 서한을 보내려 하는데 함께 서명해주겠느냐고요. 알고 보니 바티칸 도서관은 어느 예수회 회원이 맡고 있었고, 데이비스 수사가 그분의 이름과 주소 등을 알아냈습니다. 우리는 UFO와 외계지적생명체에 대한 정보가 있는 바티칸 도서관의 서가를 열람하길 원한다는 공식 서한을 보냈습니다. 그리고 2주쯤 뒤에 허락할 수 없다는 답장을 받았습니다. 충격이었지요. 이곳은 예수회 미국본부입니다. 미국에는 예수회 지회가 열 곳이나 있어요. 다른 어느 나라보다 많고 그만큼 영향력이 크다는 겁니다. 더구나 미국 가톨릭주교회의는 가톨릭계를 주도하고 있었고요.

우리는 더 자세한 내용의 두 번째 서한을 준비했습니다. 제가 로마에 가서 직접 문서를 검토하겠다고, 어떤 조건을 제시하더라도 감수하겠다고 했습니다. 그러나 다시 돌아온 답도 거절이었습니다. 바티칸 도서관의 그 서가는 우리가 접근할 수 없는 곳이었습니다.

그로부터 6주쯤 뒤에 마샤로부터 연락이 왔습니다. 캘리포니아주 제트추진연구소에서 이루어지는 외계지적생명체탐사 프로젝트the Search for Extraterrestrial Intelligence:SETI Project의 다음 연도 예산이 반토막 났다고요. 제트추진연구소 사람들은 제게 대책회의에 함께 해달라고 부탁했고 결국 예산은 원상 복구되었습니다. 연구소에서 50위권에 드는 과학자들은 제 도움에 감사하는 의미로, 외계지적생명체의 탐구작업이 갖는 신학적 의미에 대해 비공개세미나를 해달라며 저를 초청했습니다.

저는 마샤에게 전화를 걸었습니다. "제가 이 과학자들을 만나려면 말이에요, 마샤가 대통령을 위해 준비하는 자료에 접근하고 싶은데 가능하겠어요?" 마샤는 의회조사국 특별보조연구원 자격을 주겠다고 제안하며 어떤 자료를 보고 싶은지 물었습니다. 저는 '블루북 프로젝트'의 기밀로 분류된 내용을 알고 싶다고 했습니다. 1주일쯤 뒤

마샤는 의회조사국이 동의했다며 그 주 토요일에 의회도서관으로 사람들을 보내겠다고 알려왔습니다. 다만 자료를 검토할 시간은 그리 많이 주어지지 않을 거라고 덧붙였지요.

저는 의회도서관에서 인디펜던스 애비뉴 건너편에 있는 매디슨 빌딩으로 갔습니다. 막 지어진 새 건물에는 사무실 하나 없고 사람이라곤 보이지 않았습니다. 5월 중순의 토요일 아침이라 직원도 없었고요. 출입구 경비원에게 신분을 밝히자 어디론가 전화를 하더니 저를 지하로 안내했습니다. 제가 어느 어느 방으로 가게 되어 있다고 말하고는 가버렸지요. 홀 끝에서 왼쪽으로 돌자 평상복 차림으로 귀에 이어폰을 꽂고 소매에 마이크를 단 두 사내가 보였습니다. 갖출 건 다 갖췄더군요. 보아하니 저를 기다렸다는 내색이었어요. 책상에 앉은 사람에게 신분증을 보여주자 이렇게 말했습니다. "서류가방을 가지고 들어갈 수 없습니다. 필기도 안 돼요. 시간은 한 시간뿐입니다."

저는 이따위 제약들이 어디서 나왔는지 의문스러웠지만 불평을 늘어놓을 생각은 없었습니다. 서류가방을 내려놓은 뒤 노란 메모판을 겨드랑이에 끼고 다른 방으로 들어갔습니다. 탁자 위에 연녹색 직사각 상자가 16~20개쯤 쌓여 있었습니다. 어디서부터 시작할지 난감했지요. 고작 한 시간 안에 마냥 문서를 읽어서는 별 성과 없이 끝나고 말 테니까요. 그보다는 사진을 찾아보기로 하고 필름과 작은 영사기가 든 상자부터 열어보았습니다. 필름을 영사기에 끼우고 스위치를 켰더니 UFO 영상이 나오더군요. 하지만 다른 곳에서 보았던 것뿐이라, 기밀이 아니라는 걸 알아채고는 다른 상자들을 뒤졌습니다.

그리고 '극비'라고 쓰인 종이가 담긴 상자를 발견했습니다. 거기에는 마이크로필름이 든 통과 작은 회전기가 달린 촬영기계가 있었지요. 첫 번째 마이크로필름에 담긴 것은 문서들뿐이었습니다. 다음 것도 그 다음 것도 그랬고요. 마침내 사진이 담긴 마이크로필름을 찾아냈는데, 거기에는 정말로 있었습니다. 의심할 나위가 없는…… 추락한 UFO가요.

땅에 눈이 있는 걸로 보아 겨울에 촬영한 장면이었습니다. 두 명의 수거반이 줄자로 비행체를 재고 있었고요. 그 흑백사진들에는 마치 들판에 배가 밀려온 것처럼 땅에 깊게 파인 흔적이 보였습니다. UFO는 둑의 옆구리에 충돌해 있었고요. 필름의 노이즈로 일부가 뭉개진 탓에 바닥 부분은 잘 보이지 않았지만, 위에는 돔이 있었고 측면에는 작게 새겨진 표식들이 있었습니다.

그 표식을 가까이서 찍은 사진을 들여다보던 저는 문 쪽에 있는 경비원들을 힐끔 살폈습니다. 다행히 이쪽을 보고 있지 않았어요. 저는 재빨리 메모지 뒷받침 판지에 필름을 투사하고서, 긴 상징 전체를 펜으로 베껴 그렸습니다. 정확히 옮기려고 엄청나게 꼼꼼하게 해야 했지요. 다 마치고서 저는 마이크로필름을 감아 처음 발견한 곳에 정리해두고는 용무가 끝났다고 말했습니다.

책상에 있던 사람이 제 메모지를 가리키며 "거긴 뭐가 있나요?"라고 묻더군요. 메모지를 건네자 사르륵 넘겨보더니 다행히 뒷받침 판지는 보지 않고 돌려주었습니다. 저는 서류가방을 집어 들고는 그대로 걸어 나왔습니다. 그리고는 곧장 예수회본부의 데이비스 수사의 사무실로 가서 베껴온 상징을 보여주었습니다. 마샤에게는 전화로 말하지 않았고, 외계지적생명체탐사 프로젝트 사람들에게도 말하지 않았습니다.

마샤는 외계지적생명체의 존재 가능성과 UFO 현상을 분석한 의회조사국 보고서의 내용을 제게 공유해주었습니다. 그 보고서는 '의회조사국이 기밀자료와 비기밀자료를 검토한 결과, 우리 은하계에 기술적으로 고도로 진보한 지적 문명이 최소 2~6개가 있다는 결론에 이르렀다'는 단도직입적인 말로 시작했습니다. 사실 그대로를 더없이 단순하게 진술하고 있었지요. 이것은 대통령에게 전달된 정보였습니다.

또한 의회조사국은 전형적으로 보고되는 UFO의 형태가 7~8가지였다고 밝혔습니다. 20퍼센트 정도의 신빙성 있는 사례들에 나타난 비행선은 미국의 것도 소련의 것도 아니며, 그 기술력으로 보아 지구에서 기원한 것이 아님이 명백하다고 결론지었습니다.

그러나 저는 여기서 한걸음 더 나아가지 않은 점이 아쉽습니다. "그러므로, 그들은 다른 행성에서 온 것이 틀림없다"라고 했어야지요. 보고서에 왜 그런 말을 쓰지 않았는지 곰곰이 생각해보았습니다.

지난 30년 동안 저는 헌법학자이자 헌법전문변호사로 아주 흥미진진한 사건들을 맡았습니다. '이란-콘트라Iran-Contra'[24] 사건에서 올리버 노스Oliver North[25] 중령과 함께 일했던 리처드 세코드와 앨버트 하킴의 합작기업을 상대로 한 민사소송의 대표변호사였고, 펜타곤 문서사건도 맡았습니다. 그래서 이와 같은 비밀유지가 중립법Neutrality Acts을 위반한다고 확신합니다. 중립법은 미국연방법전 제18편에 있는 연방법으

---

24 1986년 레이건 정부의 정치 스캔들. 미국 정부가 레바논의 친이란 무장단체인 헤즈볼라에 납치된 미국인의 석방을 주선하는 대가로 적대국인 이란에 무기를 팔았다 들통 난 사건이다. CIA가 그 대금으로 니카라과의 우익 성향인 콘트라 반군을 불법 지원했으며 지원금 일부가 마약 매매에 쓰였다는 사실도 드러났다. 이 사건으로 레이건 대통령은 사임 직전까지 내몰렸고, 중남미 다수의 국가에서 좌파 반미 정부가 출현하는 계기가 되었다.

25 레이건 행정부 시절 국가안전보장회의의 참모로, 이란-콘트라 사건의 핵심인물로 기소되었다. 하지만 국익을 위한 일이었음을 당당히 내세워 미국인의 큰 공감을 샀으며 지금도 미국 사회에서 영향력을 가진 인물이다.

로, 의회의 승인 없이 미국 이외의 주체를 상대로 벌이는 전쟁 혹은 그와 비슷한 어떤 활동도 금지하고 있습니다.

그런데 여러 기밀문서를 분석해보니, 상·하원의 정보위원회는 물론 미국의 대통령들조차 이에 대해 모르고 있었다는 것이 확실했습니다. 저는 이 문제를 두고 로렌스 록펠러와 이야기한 적이 있습니다. 그는 클린턴 대통령을 만나 직접 물어보았는데 클린턴도 모르고 있었다고 했습니다.

이를 바탕으로 저는 지금 일어나는 일들이 헌법에 위배되는 활동이며, 헌법상의 지휘체계 및 군대의 지휘체계가 무너졌다고 자신 있게 말할 수 있습니다. 정보위원회를 구성하자는 합의는 '워터게이트 사건'과 '닉슨의 탄핵심판' 이후에 나왔습니다.

여기서 난제는 연방형법이라는 점입니다. 법무부가 나서야 하는 거지요. 한 가지 방법은 '연방리코법Racketeer Influenced and Corrupt Organization:RICO Act' 즉, '공갈매수 및 부패조직 처벌법'을 적용하는 겁니다. 이에 근거한 어떤 행위 또는 민사재판권의 발단이 될 범죄행위 하나도 중립법 위반이 됩니다. 이전에 기밀로 분류된 제가 본 증거 그리고 이에 대해 말하는 사람들과 나눈 대화를 바탕으로, 8~10가지의 굵직한 연방법 위반이 벌어졌다고 봅니다. 이 가운데 적어도 6가지가 '공갈매수 및 부패조직 처벌법'을 근거로 하는 법령이고요.

또한 민사소송의 사유가 된다고 봅니다만, 중요한 것은 이것입니다. '시민들 가운데 누가 나서서 이 소송을 제기할 것인가?' 미국 시민인 우리가 기금을 모아 전문적인 민간조사를 하는 게 지극히 중요합니다. 그러면 지금 어떤 일이 일어나고 있는지, 어느 형법조항이 위배되었는지, 우리가 알아낼 수 있다고 확신합니다.

우주 비밀 파일

윌리엄 존 파웰렉의 증언

윌리엄 존 파웰렉William John Pawelec은 1960년대 중반 공군에서 컴퓨팅 및 프로그래밍 전문가로 일했다. 처음에는 포프 공군기지Pope Air Force Base에서, 이후에는 베트남에서 복무했다. 다음의 증언은 파웰렉의 요청에 따라 사후에 공개한 것임을 밝혀둔다.

어느 늦은 밤, 저는 노스캐롤라이나주 페이어트빌에서 남동쪽으로 50킬로미터쯤 떨어진 숲속에 여자 친구와 함께 있었습니다. 그때 개구리며 귀뚜라미며 숲속의 온갖 소리가 마치 전등이 확 꺼진 듯 한순간에 고요해지면서, UFO가 자신의 존재를 먼저 알리더군요. 20~30초 뒤인 밤 11시 25분경, UFO가 모습을 드러냈습니다. 겨우 10~15미터 떨어진 곳에서 60~90미터 상공을 날아 남동쪽에서 북서쪽으로 향했지요. 그것이 작은 호수 너머로 사라지고 숨이 멎을 듯한 정적이 20~30초 동안 이어지다가, 누군가 스위치를 켠 듯 다시 숲속의 합창이 시작되었습니다.

난생처음 UFO를 목격한 사건은 새로운 패러다임에 눈뜨게 했습니다. 그날 이후 세상에 정말로 무슨 일이 일어나는지 의문을 던지기 시작했고, 그런 점에서 이 사건은 상당히 극적인 경험이었습니다.

군에서 나온 저는 러스코전자사Rusco Electronics에서 일을 도와달라는 부탁을 받았습니다. 그 당시 접근통제장치를 제작하고 설치하는 세계 최대의 회사로, 버섯처럼 빠르게 성장하고 있었습니다. 1~2년간은 덴버 지역에서 기업 차원의 일을 했습니다. 이어 군대와 정부 일을 하면서 기밀취급인가를 다시 받아 사용했고, 국무부 일을 많이 하게 되었습니다. 이 기간에 저는 대규모 기업시스템과 국가안보에 이익이 될 보안시스템을 개발하고 있었습니다.

1979년에는 콜로라도주 노스글렌에 있는 생체이식칩 개발회사를 알게 되었습니다. 당시 경마장에서 말을 바꿔쳐 경주하는 야바위행위가 큰 문제였던 때라 원래는 말에 심으려는 목적으로 개발되었지요. 똑같아 보이는 말 두 마리가 있으면, 모두가 빠른 말이라 생각하는 녀석에게 칩을 심어 넣고 그 말에는 돈을 걸지 않는 겁니다. 혹은 반대로 하기도 하고요. 쌀알이라고 해야 할까, 아무튼 이미 그 시절에 피하주사기로 말의 피부 아래 심을 만큼 작게 만들었습니다. 아직 원시적인 수준의 기술이었지만 정말로 효과가 있었습니다. 그 칩들은 2~3미터 거리에서 막대처럼 생긴 리더기로 읽을 수 있었습니다.

그 무렵 안보산업계에서는 납치된 사람들을 추적해 찾아내는 데 관심이 많았어요. 특히 유럽에서는 해군장교들과 심지어 이탈리아 총리까지 납치됐거든요. 이런 사람들은 민감한 정보를 추출당하거나 잔인한 일을 당하거나 둘 다를 겪기도 했습니다. 산업계가 꾀한 목적 가운데 하나는 이들을 신속하게 추적해 찾아낼 기술을 개발하는 일이었습니다.

저는 이 기술을 버지니아주의 통신보안정보시설Secure Communication Intelligence Information Facility:SCIF 모임에 가져갔습니다. 국무부에 있던 제 친구 밥과 CIA에 있던 친구가 주선한 모임이었습니다. 당시에는 우리가 적절하다고 여겼던 집단에 이 신기술을 소개해 책임 있게 사용하도록 하고자 했습니다. 빠듯한 회의 일정 때문인지 몇몇은 자신의 이름이나 소속을 소개하지 않더군요. 친구들이 어련히 적절한 시기에 적절한 책임자들을 불렀으리라 믿었지만, 실수였습니다.

모임이 끝나고서야 저는 초대받지 않은 두 명이 참석했다는 걸 알았습니다. 이들은 이 모임이 어떤 자리인지 누가 오는지도 알고 있었습니다. 나중에 알아보니 한 사람은 농무부에, 다른 사람은 재무부에 있었습니다. 우리가 이 두 사람을 주목한 것은 그들의 질문과 태도 심지어 몸짓마저 의문스러웠기 때문입니다. 모임의 의도와는 다르게 이 기술을 다른 의도로 사용하고자 하려는 것을 모든 면에서 보여주었습니다.

이들의 최대 관심사는 수십억 개의 장치를 만들어 각각에 고유번호를 부여하는 데 얼마의 시간이 걸리느냐는 것이었습니다. 쌀알처럼 생긴 이 미세한 장치는 아주 폭넓게 응용될 수 있었습니다. 이것은 기본적으로 응답기transponder였습니다. 어떤 주파수를 송신하면 고유한 주파수로 응답하는데, 한번 만들어진 칩의 고유한 주파수는 바꿀 수가 없습니다. 또한 이 칩에는 추가할 수 있는 용도가 많았습니다. 이를테면 체온과 혈압, 맥박을 관찰하거나 심지어 뇌파의 형태까지 파악할 수 있었지요. 하지만 장차 연구가 더 필요한 부분이었습니다.

나중에 저는 1999년 동부에 사는 어떤 여성이 자신의 몸에서 칩을 제거했다는 기사를 읽었습니다. 무언가 자꾸 피부를 자극해서 외과의사를 찾아가 제거해달라고 했다는 겁니다. 웹 사이트에 폭로된 내용인데, 그 여성은 1980년이나 1981년에 칩이 심어졌다고 믿었습니다. 그것은 제가 덴버에서 워싱턴으로 가져갔던 1979년의 기술과 아주 흡사한 것으로 드러났습니다. 그 칩을 약간 수정하고 개선한 것이었지요. 저는 이 칩을 개발한 사람이 다시는 돈 걱정을 하지 않았다는 사실을 알게 되었습니다. 그는 이 기술의 상당 부분을 우리가 알지 못했던 누군가에게 몰래 넘겼습니다. 워싱턴에 있는 제 친구들은 다른 누군가가 이 기술을 받아 써먹었다는 사실에 대해 우려했습니다. 그러나 우리는 그들이 누군지도 알지 못했습니다.

1984년에는 뉴사우스웨일스대학교의 한 교수가 미세한 리튬니오베이트 칩을 만드는 방법을 발견했다는 걸 알게 됐습니다. 교수는 우연한 기회에 그것을 발견했고, 마침 무선주파수 송신기가 있었고, 또 우연히 수신기도 갖고 있었습니다. 그래서 특정 주파수로 에너지빔을 보내면 칩이 고유주파수로 응답한다는 사실을 알게 되었습니다.

저는 당시 제가 일하던 '콜로라도 시스템스그룹Systems Group of Colorado'으로 교수를 초청해 함께 실험을 했습니다. 교수는 완전한 불용성不溶性으로 길이가 0.8밀리미터, 두께는 0.01밀리미터에 불과한 원시적인 형태의 칩 몇 개를 가져왔습니다. 그것들을 에칭etching하면 저마다 고유한 사인signature을 만들 수 있는데, 이론적으로는 그 크기와 에칭의 크기에 따라 수십억 개의 고유번호를 줄 수 있습니다.

우리가 했던 실험은, 천장에서 에어그릴air grill을 떼어내고 그 안에 우리의 송수신기transceiver를 안테나 삼아 설치했다는 점에서 흥미로웠습니다. 작은 판지에 붙인 그것을 30미터 밖에서 읽을 수 있는 아주 원시적인 안테나였던 셈이지요. 우리가 다루는 주파수가 어떤 것인지 알기 위해, 합판 같은 얇은 재료를 투과하는 일반적인 안테나를 즉석에서 생각해내야 했어요. 우리는 또 한 번 감명을 받았습니다.

이것이 정말로 가치 있는 기술이라고 느낀 저는, 정보기관의 여러 일을 하던 버지니아주의 한 하도급 회사에 가져갔습니다. 이번에는 아주 조심스럽게 말이죠. 그 모임에서 밥과 CIA의 친구와 함께 국무부 보안국장을 만났습니다. 그런데 또다시 마지막 순간에 누군지 모르는 두 사람이 들어왔습니다. 누가 봐도 확실한 자격을 갖췄지만 우리는 그들을 부른 적이 없었습니다. 그들은 우리의 통화내용과 모임의 정확한 시간과 장소, 모임의 주제까지 다 알고 있었습니다. 아마도 보안이 확보된 전화회선으로 통화했을 텐데 말입니다.

제가 더욱 우려했던 점은 제 기록에 당시 국무부 보안책임자의 이름이 들어있던 것이었습니다. 제가 워싱턴 국무부의 핵심부 및 지휘부에 들어가는 시스템의 주요 부분을 설계했으니까요.

밥은 이 모임 직후 가족과 함께 나이로비로 이사했습니다. 우리는 워싱턴에 있는 사람을 통해 몰래 연락을 주고받으면서 그때 왔던 두 남자가 누군지 캐기 시작했습니다. 제가 정말로 신경이 쓰였던 건, 뉴사우스웨일스대학교의 그 교수가 어느 날 갑자기 어마어마한 보조금을 받았다는 사실이었습니다. 그 기술은 이전되었고 교수는 일하지 않고 여생을 살게 되었습니다.

국가안보분야에 관여하며 사람들을 추적하는 일을 하던 한 친구가 그 기술에 대해 몰래 이야기해주었습니다. 그는 현대식 공장시설에 접근통제와 침입감시 등 온갖 보안시스템을 만드는 프로젝트를 땄는데, 그 발주사가 유럽의 대형 전자회사인 지멘스Siemens의 자회사였습니다. 회사는 실리콘밸리에 있었습니다. 친구는 제가 설명해준 것과 섬뜩할 정도로 비슷해 보이는 수십억 개의 칩을 그들이 만들고 있다고 하더군요. 1년 뒤에 이 회사는 공장을 폐업하려 한다며 친구에게 보안시스템을 다시 사들일 의향이 있는지 물어왔습니다. 제가 우려한 부분은 그들이 만든 수십억 개 칩의 행방이었습니다. 그냥 사라져버렸으니까요.

한편 밥은 그 두 사람이 누구인지, 어디에서 일하는지, 그들의 숨은 의도가 무엇인지 포기하지 않고 캐들어갔습니다. 우리는 정부에서 과연 무슨 일이 벌어지고 있는지, 누가 무엇을 통제하고 있는지에 대해 오랜 시간 이야기를 나누었습니다. 밥은 옳지 않은 일들이 많이 벌어지고 있다는 걸 깨닫게 되었습니다. 그리고 진상을 더 캐고자 여러 사람과 접촉했던 것으로 보입니다. 오랫동안 저와 연락을 주고받던 CIA의 친구가 어느 날 제게 말했습니다. "밥이 뭔가 대단한 걸 알아냈어. 출장차 미국에 다시 온대. 그때 같이 만나자고."

그로부터 며칠 뒤, 밥은 나이로비의 사립고등학교에 두 아들을 내려주고 출근길에 신호를 기다리고 있었습니다. 그때 단단하게 보강한 랜드로버가 시속 100킬로미터로 밥의 차를 들이받았고 밥은 그자리에서 죽었습니다. 아침 7시에 술에 취한 듯 보였던 영국인 운전자는 병원에 실려 갔다 바로 사라졌습니다. 조서를 꾸미는 과정에서 그의 정체에 관한 모든 증거가 허위로 밝혀졌고요. 타살이었습니다.

저는 밥이 생체이식칩 기술에 연루된 자들에게 너무 가까이 다가가는 것이 늘 걱정이었습니다. 우리는 정부도 모르게 누가 그런 일을 하고 있는지 알아내려고 시도해왔습니다. 그게 누구든, 그들은 언제 어디서라도 정부를 뚫고 들어가 그곳에서 일어나는 일을 즉시 알아낼 능력이 있었으니까요.

1980년대 초부터 이에 대해 연구해온 저는 적어도 네 가지 권력집단이 있다고 믿습니다. 그들은 상상을 초월하는 부를 가졌습니다. 첨단기술도 가졌고요. 또한 다양한 프로그램을 장악했습니다. 특히 정부 내에서 돌아가는 검은 프로그램을요. 어쩌면 러시아 정부와 중국 정부의 프로그램도 장악했을 겁니다. 그들에게 정책이란 우리가 아는 것과 같지 않습니다. 그들에게는 우리가 정부의 방침이라고 보는 것과는 전적으로 다른 안건이 있습니다. 믿기 어렵겠지만 그들은 주변에서 일어나는 모든 일을 아주 세세하게 추적할 수 있습니다.

그들에게 붙여진 이런저런 이름이 있으나, 그들 스스로가 정한 이름과는 아무런 관련이 없습니다. 우리는 그냥 '네 명의 기수The Four Horsemen'라고 부릅니다. 이들은 종종 함께 일하면서도 서로 맞서기도 합니다. 아래 단계의 사람들 사이에서는 누가 세상의 꼭대기를 차지할 것인가를 두고 끊임없는 전투가 벌어집니다. 네 집단의 한 가지 공통점은 절대적인 지배욕구로 보입니다. 모든 것과 모든 사람에 대한…… 그리고 이 집단은 저마다의 핵심적이고 근본적인 철학에 따라 행동하는 것 같습니다.

우리가 네바다주에서 경험했던 여러 이상한 일들을 일으킨 것이 바로 이들입니다. 지금 보니, 제가 잘못된 정부 인사들에게 가져다 준 칩 기술과 관련해 벌어졌던 일과도 기묘하게 연관되어 있고요. 그 기술이 원래 우리가 의도했던 대로 사용되지 않았으니까요.

마지막 모임에 왔던 두 남자를 보세요. 그들은 국가안보국과 국가정찰국 같은 자격으로 참석했지만, 나중에 확인해보니 그런 인물은 존재하지도 않았습니다. 그런데도 이들의 자격에는 결함이 없었어요. 그들이 지닌 식별장치로 우리의 접근통제 조건을 모두 통과했을 정도니까요. 바이오인식이든, 지문이든, 홍채인식이든, 심지어 비밀번호까지 무엇이든 말입니다. 그들은 다 알고 있었고 다 갖고 있었습니다. 게다가 그들이 가진 것은 실제 정보기관들의 시스템보다 더 뛰어났습니다. 정신이 확 드는 일이죠. 그들의 예산이 무한하다는 이야기입니다.

저는 모든 대형 석유기업, 모든 대형 컴퓨터기업과 일했습니다.

제가 최첨단의 보안시스템을 설계해주었으니까요. 그 업계 사람들 가운데, 기업의 필요조건이나 경영방침을 넘어선 무언가에 자신들이 관여하고 있다는 우려를 조금이라도 내비친 사람은 아무도 없었습니다. 그들은 진정한 기업인들이었습니다. 만일 기업의 지휘체계를 벗어나 누군가를 사적으로 고용해 특수한 일을 시키는 사람이 있다면, 나조차도 알지 못했을 겁니다.

제가 이상하다고 말할 수 있는 한 분야가 바로 미국의 항공우주산업입니다. 저는 여러 항공우주회사를 위해 자문부터 시스템설계 등 많은 일을 했습니다. 종종 저보다 더 많이 아는 듯한 사람을 만날 때가 있었는데, 일부는 능숙하게 능청을 떨어도 티가 났습니다. 프로젝트를 진행하고 있는 다양한 기업과도 마주치곤 했습니다. 특히 캘리포니아와 덴버 지역에 있는 기업들로, 아주 비밀스러운 보안 관련 일을 하고 있었습니다. 저는 거기에 간접적으로 관여했던 터라 차이점을 구별할 수 있습니다.

오랜 시간에 걸쳐 나온 의견들은 점차 하나로 취합됩니다. 액면가치로 따지면 각각의 의견은 별 의미가 없지만, 4~5년에 걸쳐 나온 네댓 가지 혹은 열 가지 의견이 의미 있는 하나의 줄거리로 엮이기 시작했습니다. 그 줄거리는 항공우주산업에서 많은 일들이 진행되고 있다는 것이었습니다. 이는 곧, 더 깊은 비밀이 된 검은 프로젝트들이 있다는 의미입니다.

예컨대 전자중력이나 스칼라 기술 등의 분야에서 이루어진 여러 일이 있습니다. 그러나 검은 예산을 승인하는 의회나 심지어 군에 있는 사람조차 그에 관해 알지 못합니다. 돈은 뒤로 들어갑니다. 그들은 다른 어떤 경로로 자금을 받습니다. 일례로, 저는 1980년대에 수십억 달러의 가욋돈을 받은 검은 프로젝트를 알고 있습니다. 그러나 그 예산이 100만 달러를 초과한 적이 없으며, 수십억 달러는 검은 프로젝트를 거쳐 다른 어딘가로 흘러 들어갔다는 말을 들었습니다. 한 의원이 제게 비밀리에 확인해준 사실입니다. 그곳이 바로 노스롭입니다. 29번 공장이요.

제가 관여하던 일들 덕에 저는 1985년 즈음 냉전이 서서히 끝나리라는 걸 알았습니다. 그 무렵에 냉전은 새로운 형태의 전쟁으로 모습을 바꾸었고, 예산이 몽땅 말라붙기 시작하면서 그 일에서 손을 뗄 준비를 해야 했습니다. 저는 과학응용국제법인과 트라이코사TRI-COR 그리고 정부 일을 많이 하던 몇몇 기업의 자문을 마무리 지었습니다. 서서히 그 영역에서 손을 떼면서 소비자영역으로 들어섰지요. 저는 그리고 1989년에 뉴멕시코주에서 케이블회사를 시작했습니다.

제가 주기적으로 마주치는 사람들, 제도권에서 벗어난 것처럼 보이는 그들은 대체 어떤 사고와 태도를 가졌을까요? 그들은 지휘체계 안에 있지 않습니다. 그런데도 마치 관료들처럼 보고 행동하고 판단합니다. 제가 27년 동안 겪어본 바, 그들만의 독특한 분위기가 있습니다. 그리고 주류 정부에서 마주칠만한 그 어떤 계획과도 다른 안건을 가지고 있습니다.

하나의 사례를 들어보죠. 1980년대 초에 우리는 한동안 농무부와 메릴랜드 주정부의 프로젝트에서 일했습니다. 푸드스탬프food stamp[26] 대신 현금등록기와 연결된 신용카드기계로 전환하라고 설득하는 작업으로, 전자신분증과 보다 높은 수준의 출입통제카드, 키패드로 대체

---

26 미국의 저소득층 식비 지원 제도를 말한다.

하는 방법이었습니다. 키패드에 개인비밀번호를 누르면 오로지 그 사람만이 푸드스탬프로 식품을 살 수 있도록 말입니다. 지금도 그렇겠지만 당시에는 상습적인 가짜 수급자 비율이 엄청났거든요. 무려 연간 수십억 달러 규모였으니까요.

우리는 농무부의 고위층 담당 인사를 수도 없이 만났고, 그들은 이 장비에 아주 익숙해졌습니다. 특히 매년 수십억 달러의 나랏돈을 아껴줄 가능성 및 한계점에 대해 교육해준 뒤로요. 하지만 이 프로젝트는 수포로 돌아갔습니다. 그들이 문제를 해결하길 원치 않는다는, 뭐 그런 정책이었어요. 이쯤 되면 대도시에 거주하는 여러 위원회의 위원들 다수가 수시로 뒷돈을 챙기는 건 아닌지 의심스럽습니다.

반면 그들보다 훨씬 많은 걸 알고 있던 한 농무부 관계자가 있었습니다. 정치에는 거의 무관심한 태도였고 순전히 기술적이며 무척 냉정했지요. 질문도 이런 식이었습니다. "칩을 얼마나 빨리 만들 수 있습니까? 생산공장은 얼마나 빨리 지을 수 있죠? 기간 내에 얼마나 많이 만들 수 있나요? 그 기술을 어느 정도나 신뢰할 수 있죠? 칩을 지울 수는 있나요? 인체에 심고나면 부정적인 영향이 있습니까? 몸에 거부반응은요?" 등등 흥미롭게도 관료들은 아예 묻지도 않는 질문을 했습니다. 그들은 우리가 이런 문제를 해결 또는 극복하는 계약을 맺게 될 것이라 여겼습니다.

저는 이 칩이 퍼뜨려졌다고 생각합니다. 적어도 십 년 이상, 군대에서 많은 특수부대원들에게 심어졌다는 단서를 갖고 있습니다. 앞에서 말한 여성처럼 일반인에게도 심어졌고요. [윌리엄 파웰렉이 말하는 이 주입물implants은 가짜 외계인 납치사건에 사용되었다. 354~356쪽 '위장술책사건'에 관한 리처드 도티의 증언을 참고하기 바란다.]

여러 사건을 하나로 꿰는 시나리오를 보고 있자면, 그동안 모래더미에 박고 있던 머리를 마침내 위로 쳐들게 됩니다. 그러면 선글라스를 끼고서라도 눈부신 태양 아래 마주하는 현실이 어떤지를 비로소 알게 될 것입니다.

비밀 중의 비밀

이제 진실을 밝힐 때입니다.
공군의 고위급 장교들은 UFO에 대해
진지하게 우려하고 있습니다.
그러나 많은 시민들은 공식적인 비밀유지와 비웃음 때문에
UFO가 터무니없는 것이라 믿고 있습니다.
나는 UFO에 관한 비밀유지의 위험성을 줄이도록
의회가 나서서 즉각적으로
행동해줄 것을 촉구하는 바입니다.

로스코 힐렌쾨터 (Roscoe Hillenkoetter, 1897-1982)
초대 CIA 국장·전 해군 중장
1960년 2월 28일, <뉴욕타임즈New York Times> 기사에서

주요 언론매체의 중요 인물은
모두 CIA의 손안에 있습니다.

윌리엄 콜비 (William Colby, 1920-1996)
전 CIA 국장
2000년, 사후에 출간된 책 『탈선하는 민주주의Derailing Democracy』에서

미국 국민이 믿는 모든 것이 거짓일 때,
우리의 허위정보 유포활동이 완수되었음을 알 것입니다.

윌리엄 케이시 (William Casey, 1913-1987)
전 CIA 국장
1981년 2월, 레이건 대통령 내각과의 첫 모임에서

언론인이 하는 일은 진실을 훼손하는 것입니다.

노골적으로 거짓말하고, 왜곡하고, 비방하고,

부자들 발밑에 굽실거리고,

국가와 민족을 팔아 제 밥그릇을 챙기는 일입니다.

여러분도 알고 나도 아는 사실입니다.

그런데도 독립적인 언론을 위해 건배하자니,

이 얼마나 우매한 짓입니까?

우리는 무대 뒤에 있는 부자들의 도구이자 종입니다.

꼭두각시 인형인 우리는 그들이 줄을 당기면 춤을 춥니다.

우리의 재능이니 가능성,

우리의 삶이란 모두 타인의 소유물입니다.

우리는 지적인 매춘부들이니까요.

존 스윈튼 (John Swinton, 1829~1901)
전 <뉴욕타임스>, <뉴욕썬New York Sun> 편집장
1883년, <뉴욕썬> 고별 만찬에서

지도자와 국민 사이에 오가야 할 신뢰를
조작할 수 있다는 믿음이 생기고 있습니다.
전쟁터에서의 취재는 철저히 제한됩니다.
정보에 대한 접근은 말할 필요도 없고요.
최대한의 정보접근이 국가안보와 부합한다는
표방된 정책과는 완전히 모순되는 것입니다.
남아프리카에서는 반대자들의 목에
불붙은 타이어를 씌우던 시절이 있었습니다.
지금 미국에는 애국심 부족이라는 불붙은 타이어를
뒤집어쓸 수도 있다는 두려움이 있습니다.
겸허하게 말하자면,
나 자신도 이러한 비판에서 예외는 아닙니다.

댄 래더 (Dan Rather, 1931-)
전 CBS 뉴스 앵커, 에미상 다회 수상자
2002년 5월 16일, 영국 BBC <뉴스나이트Newsnight> 인터뷰에서

그들은 어떻게 진실을 은폐했나

비밀유지 술책과 허위정보 유포

비밀을 유지하는 체계는 지난 수십 년에 걸쳐 의도적으로 허위정보를 퍼뜨려온 과학계와 학계로까지 확장된다. 직업적 비판론자들부터 CIA의 돈을 받는 위원회와 정치적 정보통제자들 그리고 언론매체의 타락에 이르기까지, 권력자들은 UFO와 외계존재에 대한 진실을 숨기고자 심리적인 허위정보 유포활동을 이용해왔다.

허위정보 유포활동은 공식적으로 1952년 블루북 프로젝트와 함께 시작되었다. 이는 미국 공군이 UFO 현상에 대한 대중의 두려움을 누그러뜨리고자 자신들이 최선을 다해 조사하고 있음을 보여주기 위한 것이었다. 프로젝트를 이끌었던 오하이오주립대학교의 물리학 교수 앨런 하이넥은, 이 유포활동이 UFO 사례를 깔아뭉개려고 자금지원을 받았을 뿐 진실에 다가가기 위함은 아니었다고 털어놓았다.

블루북 프로젝트에 이어 1953년에는 수학자이자 물리학자인 하워드 로버슨Howard P. Robertson이 이끄는 '로버슨패널The Robertson Panel' 학술위원회가 구성되었다. 당대 최고의 명성을 누리던 물리학자와 교수들이 참여한 이 위원회는 UFO 사례를 공정하고 독립적이며 학술적으로 분석하는 임무를 맡았다. 그러나 다시 한번 그 실체가 드러나고 말았다. 이 위원회의 위원들이 CIA에 보고 및 지시를 받고 있다는 내용이 적힌 내부문건을 통해서였다. 문건에는 "이들이 존경받는 과학자와 학자임이 공개될 수 없을 뿐이다", "이런 방식으로 깎아내리면 거센 심리적 반응을 불러일으키는 '비행접시'에 대한 대중의 관심을 누그러뜨리는 결과를 가져올 것이다"라고 적혀있었다.

다음으로 '콘돈위원회Condon Committee[1]'가 등장했다. 1968년에 구성된 이 "객관적 위원회"를 이끈 사람은 콜로라도대학교 교수인 에드워드 콘돈Edward Condon 박사였다. 콘돈과 위원들 모두 CIA와 일하고 있었다.

학계 이야기는 이쯤 해두고 주류 언론매체로 넘어가보자.

로널드 레이건 대통령과 규제완화 정책으로 인해, 이제 뉴스의 주제는 CIA의 명령을 받는 소수의 CEO가 결정한다. CIA는 자신들의 목적을 위해 기사를 날조하거나 억눌러버린다. 우리는 정보기관이 이를 덮어버리려고 언론매체에 영향을 미치는 모습을 직접 보았다.

UFO와 외계존재 주제를 비밀로 유지하는 데 이용한 심리전이 담긴 내부문건도 있다. 그것은 '빤히 보이는 곳에 숨기는' 방식이었다.

UFO를 어떻게 공공연히 숨기는가? '피닉스라이트Phoenix Lights' 사례를 보자. 역사상 최대 규모의 목격 사건으로 기록된 이 일은 1997년 3

---

1   정식명칭은 '콜로라도대학교 UFO 프로젝트'이다. 1966년부터 1968년까지 미 공군이 자금을 지원하고 이 대학의 물리학자 에드워드 콘돈 교수가 지휘해 블루북 프로젝트의 파일 등 UFO사례를 조사했다. 그 결과물인 '콘돈보고서'는 UFO를 연구해봐야 과학적으로 중요한 발견을 할 가능성은 없다는 결론을 내렸다.

월 13일 저녁 7시 반에서 10시 반 사이 피닉스 상공에서 일어났다. 수천 명의 사람이 다양한 크기의 불빛을 두 번 이상 목격했다. 그중 하나는 V자 모양의 우주선으로 축구장 여러 개를 붙여놓은 크기였다.

애리조나주 주지사 피페 시밍턴Fife Symington도 이 역사적 사건을 직접 목격했다. 그런 그가 이 상황을 어떻게 물타기 해버렸을까? 주지사는 다음 날 기자회견을 열어, 직원에게 외계인 옷을 입히고 손에 수갑을 채운 채 단상을 걷게 했다. 이로써 모두가 웃어넘겼다. 이 사건을 웃음거리로 전락시켜 과학적 명성을 지닌 누군가가 조사할 엄두조차 내지 못할 금기로 만들어버린 것이다.

언젠가 〈타임TIME〉과 〈라이프LIFE〉의 이사가 언론매체를 사고파는 일에 대해 이야기하며 이렇게 말했다. "그리어 선생, 우리는 왕의 오른편에 서서 받아 적는 서기에 지나지 않아요. 제4권력[2]은 죽었습니다."

이는 UFO와 외계존재 주제에만 국한되지 않는 심각한 문제이다. CIA의 한 문건에 적힌 내용을 보자. "현재 공보실은 미국의 모든 주요 통신사, 신문, 시사주간지, 방송사 기자들과 관계를 맺고 있다. 많은 경우에 있어 공보실은 국가안보상 불리한 영향을 미치거나 정보의 출처 또는 수집을 위태롭게 할 수 있는 기사를 연기, 수정, 보류, 심지어 폐기하도록 기자들을 설득했다."

언론의 타락이란 곧 우리의 민주주의와 기본적인 헌법상의 보장을 위태롭게 한다는 뜻이다. 만일 엘리트 언론매체를 통해 정보의 흐름을 통제한다면, 우리가 정보를 얻을 곳은 타블로이드판 신문이나 인터넷뿐이다. 타블로이드판 신문은 그 자체로 신뢰받지 못하기에

---

2 언론을 가리킨다.

그들이 원하는 것이고, 인터넷은 어떻게 이해해야 할지 모르는 진짜 정보에 뒤섞인 가짜 정보가 넘쳐나므로 혼란을 야기한다.

이처럼 우리의 삶은 영화 〈트루먼 쇼〉에 나오는 삶과 비슷하다. 누구나 우리에게 자유언론이 있다고 생각한다. 하지만 아니다. 누구나 우리가 민주주의 안에서 산다고 생각한다. 이 또한 아니다. 누구나 우리에게 타락하지 않은 과학체제가 있다고 생각한다. 마찬가지로 사실이 아니다.

2001년 5월, 디스클로저 프로젝트[3]는 워싱턴의 내셔널프레스클럽에서 국제적인 대규모 기자회견을 열었다. 전설적인 백악관 기자 새러 맥클렌든Sarah McClendon이 주최한 이 행사에는 정부와 군, 정보기관, 기업 등에서 UFO 사건 및 관련 프로젝트를 목격한 극비 증인 20여 명이 참석했다. 행사장은 세계 곳곳에서 온 방송사로 가득 찼고, CNN, BBC, FOX, 그밖에 많은 방송에서 ─간략하게─ 보도되었다.

그날 우리는 UFO와 에너지, 추진시스템 등에 관한 비밀 프로젝트를 다루는 불법적인 공작프로그램을 철저히 조사해달라고 요청했다. 아울러 의회의 청문회 개최와 언론매체의 탐사 보도를 요구했다. 그 여파로 수만 명이 조지 W. 부시 대통령과 의원들에게 편지를 써서, 우리가 찾아낸 400여 명의 증인 가운데 일부라도 증언할 수 있는 충분하고 공개적이며 진실한 청문회를 열게 하자고 제안했다.

사전 브리핑을 받은 두 대형 방송사의 고참 프로듀서는 이 내용을 자사의 시사고발 프로그램에서 크게 터뜨릴 계획이었다. 하지만 그

---

3 저자 스티븐 그리어가 UFO와 외계존재, 첨단 에너지와 추진기술 등에 관한 비밀정보를 대중에게 공개하기 위해 시작한 프로젝트. 정부, 군대, 산업체의 내부자였던 많은 사람들을 인터뷰하고 이를 영상기록으로 남겼다. 2001년에는 워싱턴 내셔널프레스클럽에서 20여 명의 증인이 참석한 가운데 대규모 기자회견을 열었다.

161
그들은 어떻게 진실을 은폐했나

들이 나중에 이야기하길, 이에 관해 조사를 진행하거나 방송에 내보내는 일이 허용되지 않았다고 했다. 왜냐고 묻자 돌아온 대답은 간단했다. "그들이 그냥 놔두지 않았으니까요." 그들이 누구냐고 묻자 이렇게 말했다. "알잖아요, 선생님. 그들이 누군지." 물론 그렇다.

⸝⸜

리처드 도티[4]의 증언

기지를 지키는 방첩부대 임무 중 하나는 기지 밖의 사람들을 채용해 내부로 보고하게 하는 것이었습니다. 제가 커트랜드 공군기지에 있던 무렵, 아무나 채용할 수 있는 집단이 있었습니다. 우리가 "사기꾼들"이라 부르던 그들은 맨 먼저 언론사 인사를 채용했습니다. 사건을 가장 빨리 아는 사람들이니까요.

이로써 앨버커키와 산타페 지역의 모든 뉴스방송사, 텔레비전과 라디오 방송국에 밀고자를 심어둔 셈이었습니다. 그들은 무언가 흥미로운 일, 알 필요가 있는 일을 들으면 우리에게 알려줬습니다. 앨버커키 지역방송국에서 채용한 한 여성은 NBC 계열사에서 일하면서 우리에게 모든 걸 이야기해주었지요.

또한 이런 유형의 "자산들"은 기사가 유출되지 않게 막을 수 있었습니다. UFO뿐 아니라 공군이나 군, 기지의 보안, 첩자행위 등에 해당하는 것이면 뭐든지 말이죠. 우리에겐 보도되지 않게 힘써줄 고위

---

4   미국 공군특수수사대 특수요원. 상세 이력은 43쪽 참조.

충 프로듀서와 국장들도 있었습니다. 이런 자산들은 워싱턴에 있는 누군가가 관리했습니다.

그들은 돈을 두둑이 받았습니다. 그들을 끌어들일 수 있었던 건 오직 돈을 주기 때문이었으니까요. 돈은 현금으로 지불했습니다. 지불양식이 있었는데 50달러가 넘으면 서명을 해야 했던 것으로 기억합니다. 액수가 큰 경우에는 "국세청에 신고해야 합니다"라고 말했지만, 물론 그렇게 하지는 않았겠죠.

우리에겐 항상 돈이 있었습니다. 자금을 찾아오는 곳은 여러 곳이었고요. 예컨대 방첩활동에 5,000달러가 필요하다고 하면 그들은 "알겠어, 돈은 여기서 찾으면 돼"라며 번호를 줬습니다. 누군가 은행에 예치해둔 돈을 찾아서 쓰거나 교환권 같은 용도의 뭔가를 받는 식이었죠. 다른 출처에서 오는 자금도 있었습니다. 어딘지는 확실치 않습니다만, 몽땅 정부자금이었다는 건 확실합니다. 의회가 승인한 검은 프로젝트의 자금은 막대합니다. 우리가 그 일부를 갖다 쓴 거지요. 이런 특수인가 프로젝트와 공작활동의 자금조달은 모두 저 상위단계에서 이뤄집니다. 제 급여를 주는 단계보다 훨씬 높은 곳에서 말입니다.

대니얼 쉬한[5]의 증언

정부가 비밀을 지킬 수 있을까요? 주류 언론에 기사가 나오지 않

---

5 미국 변호사. 상세 이력은 136쪽 참조.

게 막을 수 있을까요?

저는 카렌 실크우드 사건의 대표변호사로 오클라호마주 커맥지Kerr McGee 핵시설을 상대했습니다. 사람들은 그 사설 핵시설에서 98퍼센트 순도의 폭탄급 고농축 플루토늄을 이스라엘, 이란, 남아프리카, 브라질로 밀반출하고 있을 줄은 꿈에도 몰랐지요. 그런데 진실은, 당시 이스라엘 작전본부를 추진하던 CIA에 그 정보가 들어갔다는 것입니다.

저는 하원통상위원회 에너지환경소위원회의 조사책임자인 피터 스톡튼Peter D. H. Stockton에게 이 정보를 전달했고, 그는 다시 존 딩글John Dingle 의원에게 전달했습니다. 딩글은 당시 CIA 국장이던 스탠스필드 터너Stansfield Turner와 담판을 벌이며 조사를 요구했습니다. CIA는 조사 끝에 이 정보가 사실이라고 확인했지만, 여전히 국민에게 진실을 알리지 않았습니다. 미국이 주도해 서명한 핵확산방지조약의 절대적이고 완전한 파기였습니다. 〈뉴욕타임스〉는 이를 알고도 보도하지 않았습니다.

실제로 미국의 모든 대형 뉴스매체 내부에는 CIA와 국가안보국이 심어놓은 사람들이 있습니다. 저는 이것이 사실이라는 걸 압니다. 1990년 무렵 제가 보았던 기밀문서에는, 미국에서 10위권에 드는 뉴스매체의 급여대상자 명단이 있었습니다. 상근하며 급여 전액을 받는 CIA, 국가안보국, 군 정보기관 인사가 무려 42명이나 있다고 적혀 있었지요. 〈타임〉에서도 한 CIA 요원이 상근으로 일했습니다.

이들이 하는 일은 국가안보에 관련된 정보가 보도되지 않게 막는 것이었습니다. 저는 바로 이런 사람들과 마주 앉아 이야기를 나누었습니다. 그들은 자신들이 정확히 그런 사람이며 그런 일을 한다고, '이란-콘트라' 사건 때도 기사 하나를 막았다고 제게 시인했습니다.

〈뉴욕타임스〉의 키스 슈나이더Keith Schneider 기자는 이란-콘트라 사건 때 모든 자료를 정보기관에 넘겼습니다. 항공기 등록번호며 마약 밀반입 활동까지, 그들이 하고 있던 모든 것에 대한 자료를요. 키스는 제게 이런 말을 했습니다. "그거 아세요? 우리 〈뉴욕타임스〉에는 정보기관의 아주 훌륭한 정보제공자들이 있다는 걸요." 제가 맞장구쳤지요. "알다마다요. 〈타임〉에서 법률자문을 하던 그 친구도 그렇잖아요? 우린 테디 소렌슨Teddy Sorenson[6]에게 구술서를 받은 사람들이거든요." 다시 키스가 말했습니다. "솔직히 정보기관에 있는 우리 정보제공자들은 변호사님이 하는 이야기를 확인해주지 않을 거예요. 〈뉴욕타임스〉는 보도하지 않을 거고요."

이것이 바로 지금 미국에서 말하는 자유언론의 형태입니다. 진정한 자유언론이라는 것은 스스로 세워놓은 신화일 뿐입니다.

마이클 슈랫의 증언

마이클 슈랫Michael Schratt은 군사항공우주 역사학자이다.

슈퍼마켓 계산대에 놓인 타블로이드판 신문에 UFO 이야기가 있다면, 우리는 실제 사건을 다룬 이야기를 읽고 있는지도 모릅니다. 타블로이드판 신문에 실리는 것 자체로 신빙성이 떨어지는, 지난 50년간 먹혀들었던 방식을 이제 와서 바꾸겠어요?

---

6 미국의 변호사이자 작가이다. 케네디 대통령의 절친한 연설문 작성자이기도 했다.

로버트 우드의 증언

로버트 우드Robert Wood는 물리학 박사이자 미국 맥도널더글러스McDonnell Douglas Corp의 항공우주 기술자이다.

저는 콜로라도대학교에서 항공엔지니어링 학위를 받고 코넬대학교에서 물리학 박사학위를 받았습니다. 곧바로 맥도널더글러스에 젊은 기술자로 들어가 43년을 일하면서, 마지막으로 우주정거장을 비롯한 다양한 분야의 연구개발프로그램을 도맡아 했습니다.

어느 날 제 상사가 대륙간탄도미사일을 발명한 쉬레버Shreever 장군의 은퇴를 앞두고 공군에서 장군을 위한 심포지엄 개최를 원한다고 하더군요. 저희 회사를 비롯한 계약업체들은 향후 10년간 미래가 어떻게 펼쳐질지 예측하라는 과제를 받았는데, 저희가 받은 주제는 우주 왕복에 대한 것이었습니다. 핵추진에 꽂혀있던 상사가 식상해할 주제라는 걸 안 저는 "그보다 UFO에 대해 이야기하면 어떨까요?"라고 제안했습니다. 1960년대 말에는 UFO 사건에 대해 대중에게 공개된 정보가 꽤 있었거든요. 상사는 제 생각이 맘에 들었던지 그렇게 준비해보라고 했습니다.

하루는 출근길에 운전을 하며 이런 혼잣말을 했습니다. "달리 설명할 길이 없어. 그것은 진짜야. 틀림없이 외계에서 온 거야. 어떤 방식으로 작동하는지 알아내야 해. 중력을 조절하는 방법을 꼴찌로 발견한 항공우주회사가 되고 싶지는 않으니까. 우리가 처음이어야 해."

관심이 우러난 저는 여러 학술지를 구독했고, 짐 맥도널드Jim McDonald

를 알게 되었습니다. 짐은 제가 UFO가 실재한다는 결론을 내렸으니 경영진에게 할 이야기가 있을 거라고 부추기더군요. 그렇게 저의 브리핑을 들은 경영진은 소규모 연구 프로젝트를 제안하며 적극 지원해주었습니다. 저는 대규모 자기장으로 빛의 속도를 바꿀 수 있는지와 같은 몇 가지 연구를 진행했습니다.

당시 제가 작업하던 기밀프로그램은 소련의 탄도미사일 방어프로그램을 연구하는 것으로, 암호명으로 통하는 등급이었습니다. CIA 같은 정보기관이 특정 분야의 전문성을 가진 계약업체에게 적대국의 수준을 연구해달라고 요청하는 일이 종종 있었습니다.

우리가 가진 자격으로 할 수 있는 일 가운데 하나는, 공군이 운영하는 특별도서관에서 극비자료를 파헤치는 일이었습니다. 그곳에서 UFO에 대한 자료들이 눈에 띄었지요. 1년여 동안 다양한 보고서에서 놀라운 사실을 상당히 많이 찾아냈습니다. 그러던 어느 날 UFO를 다룬 자료들이 몽땅 사라져버렸습니다. 저와 함께 일하던 도서관 사서는 20년간 자료실에 있었지만 특정 주제가 한꺼번에 사라진 적은 처음이라고 하더군요.

저는 우리가 하는 일을 콘돈위원회에 이야기해보라는 조언을 받았습니다. 그래서 우리 회사가 UFO 주제를 살펴보고 있다는 내용의 꽤 신중한 서한을 보냈고, 얼마 뒤 콘돈의 정중한 초대를 받았습니다.

우리는 초전도물질의 폐회로를 구현하고 한 방향으로 강력한 자기장을 형성시킨 다음, 동시에 그것을 대전帶電시켜 지구의 정전기장에 떠오르게 하는 방법에 관한 브리핑을 준비했습니다. 요점은 이렇게 할 만큼 충분한 초전도 전류용량을 10년 내에 확보할 수 있다는 점이었습니다. 물론 속으로는 '에이, 무슨 10년이나? 우린 몇 년 안에

할 수 있어'라고 생각했지요. 그러나 이 주제에 관심이 부족했던 콘돈은 다른 위원들과는 사뭇 대조적인 반응을 보였습니다. 콘돈이 "결국 여러분은 그걸 할 수 없어요"라고 하자 위원들은 다들 놀란 얼굴로 "10년이면 된다고 하잖아요?"라고 되물었죠.

저는 로이 크레이그 및 다른 두 명의 위원과 친해졌습니다만, 콘돈위원회가 객관적인 연구집단이 아니라는 결론을 내렸습니다. 그래서 콘돈에게 서한을 보냈습니다. 위원들 가운데 믿는 사람과 믿지 않는 사람으로 나눠 저마다의 관점으로 일하게 해주면 도움이 될 거라고요. 그리고 "결례를 무릅쓰고 이 서한의 사본을 모든 위원들께 보냅니다"라고 덧붙였습니다. 그분들의 주소는 개별적으로 받아두었거든요. 이에 머리끝까지 화가 난 콘돈은 당시 새로 합병된 맥도널더글러스의 회장이던 제임스 맥도널에게 전화를 걸어 저를 해고하려 했습니다.

짐 맥도널드……. 저는 그 친구를 좋아했습니다. 정말이지 패기 넘치는 물리학자였던 짐은 한번 마음먹으면 끝장을 보는 사람이었어요. 언젠가 여행 중에 짐이 살던 투손을 경유했을 때 그가 맥주나 한 잔 하자며 공항에 나왔습니다. 짐이 말을 꺼내더군요. "외계존재 말이야……. 내가 찾은 것 같아." 제가 "찾다니, 뭘 말인가?"라고 묻자 짐이 말했습니다. "답을 찾아낸 것 같아. 하지만 아직은 말할 수가 없어. 확인을 해봐야 하거든."

그로부터 6주가 지나 짐은 자살을 시도했습니다, 그리고 두 달 뒤 결국 세상을 뜨고 말았습니다. 방첩분야 인사들의 설득기술을 익히 아는 저는, 짐이 그런 선택을 하도록 몰아갔을 가능성이 있다고 봅니다. 그 친구가 그런 식으로 죽었다고 생각합니다.

마이클 스미스의 증언

마이클 스미스Michael Smith는 미국 공군의 레이더 관제사였다.

저는 1967년부터 1973년까지 공군의 항공관제사이자 경보시스템 운용자로 있었습니다. 1970년 초 오리건주 클래머스 폴즈에 배치된 무렵, 어느 날 레이더기지에 갔더니 다들 레이더에 포착된 UFO를 들여다보고 있더군요. 그것은 약 24킬로미터 상공에서 10분쯤 머물다 서서히 하강한 뒤 레이더에서 사라졌습니다. 그렇게 5~10분이 지나고 한순간 다시 나타났습니다. 멈춰 있던 그것은 레이더 조준경의 소인선이 한 바퀴를 돌자 320킬로미터 밖에 정지했습니다. 그곳에서 10분쯤 떠 있더니 같은 행동을 두 번 더 반복했습니다.

우리는 이 일에 대해 북미항공우주방위사령부에 알리기만 하고 아무것도 기록할 필요가 없다는 말을 들었습니다. 누군가 UFO를 목격하면 항상 그래왔다는 걸 알게 되었지요.

같은 해 어느 날 밤에는, 방위사령부로부터 캘리포니아 해안에 UFO가 나타났다는 전화가 걸려왔습니다. 제가 사령부에 어떻게 할지를 묻자 이런 답이 돌아왔습니다. "할 일은 아무것도 없네. 기록하지 말게. 그냥 알려주는 거야."

1972년 말 미시건주의 753레이더부대에 있을 때는 경찰관들이 UFO 세 대를 쫓고 있다는 다급한 전화가 걸려왔습니다. 저는 곧바로 레이더로 포착한 뒤 방위사령부에 연락을 했습니다. 그때 마침 킨치로이 공군기지Kincheloe Air Force Base로 귀항하는 B-52 폭격기 두 대가 있었고, 사령부는 폭격기가 UFO에 근접할까봐 초조했던 것이지요. 재빨리 폭격기의 항로를 바꿨습니다. 그날 밤 경찰서며 보안관서며 온갖 곳에서 전화가 빗발쳤지만 저는 이전에 그랬듯이 레이더에는 아무것도 없었다고 시치미를 떼야 했습니다.

⸓

조지 파일러의 증언

> 조지 파일러George A. Filer는 공군 소령이자 정보장교였다. 다목적 공중급유기 등 다양한 항공기를 운항했으며, 미군의 역량과 당면한 위협에 대해 군 장성 및 의회 의원들에게 자주 브리핑했다.

저는 여러 차례 UFO를 목격했습니다. 제 경험상 그것을 본 경찰관과 FBI 인사, 군 관계자도 많았고요. UFO를 본 많은 우주비행사와 군의 조종사들과도 이야기했습니다. 조종사와 승무원들에게 물어보면, 그중 10퍼센트 정도가 UFO를 목격했다고 말합니다.

그러나 아시다시피 이들이 스스로 카메라 앞에 나서서 이야기하지는 않습니다. 비밀을 지키는 방법은 이들을 웃음거리로 만드는 거니까요. 누군가 이런 이야기를 하면 사람들은 틀림없이 미쳤다고 할 겁니다. UFO따위를 믿는다고요.

때때로 저는 핵무기를 수송했습니다. 달리 말하면, 핵폭탄을 실어나를 정도로 정신이 온전했다는 뜻입니다. 그러나 혹여 제가 UFO를 봤다고 보고하면 그렇지 않은 사람이 되는 겁니다.

존 웨이건트의 증언

존 웨이건트John Weygandt는 미 해병대 일병으로, 페루에 배치되어 마약밀매 레이더 감시기지에서 경계근무를 했다.

저는 지대공미사일인 FIM92 알파스팅어 미사일과 어벤저 미사일을 사용하는 방공포병 훈련을 받고, 노스캐롤라이나주의 제2해병항공비행단 28해병항공통제단 2방공대대에 배속되었습니다. 그로부터 아홉 달 뒤 우리는 페루로 파견되었습니다. 페루와 볼리비아 영공을 넘나드는 마약 수송기를 추적하는 레이더기지의 외곽을 경계하는 임무였습니다.

어느 날 밤, 앨런 하사와 애킨슨 하사가 제게 와서 말했습니다. "항공기 한 대가 추락했대. 도움이 필요한 상황 같은데 우리가 가서 추락현장을 확보하란다." 새벽 서너 시경 우리는 여섯 대의 군용차를 타고 출발했습니다. 차로 갈 수 있는 곳까지 다가간 다음 덤불을 헤치고 들어가, 날이 밝아오던 아침 6시 반쯤 현장에 도착했습니다.

무언가 커다란 것이 추락해 땅은 넓게 파여 있었고 모든 게 불타 있었습니다. 정말 이상했지요. 저와 앨런 하사, 애킨슨 하사가 선두가 되어 대원들과 함께 능선 꼭대기 쪽으로 걸었습니다. 60미터 높이의 바위투성이 능선에서 협곡 옆으로 추락해있는 비행체가 보이더군요.

우주선은 거대했습니다. 너비가 10미터에 길이는 20미터쯤 되었어요. 45도 각도로 내리꽂혀 위아래가 묻혀 있던 우주선은, 말하자면 요동을 치고 있었습니다. 한번 쳐다보고 나서 다시 보면 마치 살아서 바뀌는 듯했습니다. 불빛 하나가 우주선 둘레를 천천히 돌고 있었고요. 아직 작동 중이던 우주선에는 웅웅거리는 소리가 났습니다. 플러그를 뽑은 베이스기타 같은 깊은 소리가 요동치더니, 마침내 모든 게 멈춘 듯 끊어졌습니다.

또 초록빛을 띤 자주색 시럽 같은 액체가 떨어지면서 사방에 흩뿌려져 있었는데, 볼 때마다 빛의 색조가 달라졌습니다. 그 액체가 제 전투복에 묻자 옷 색깔이 바뀌면서 꼭 산이 묻은 것처럼 삭아버렸습니다. 나중에야 알았지만 팔뚝의 털도 조금 삭아있었고요.

우주선의 형태는 달걀과 물방울의 중간이랄까, 무척 공기역학적으로 보이더군요. 가까이 다가가서 보니 그냥 매끈하지만은 않았어요. 윗부분에는 마치 물고기 아가미처럼 생긴 커다란 통풍구 같은 것들이 있었고, 요철이며 움푹 들어간 곳이며 여러 가지가 있었습니다. 정말 유기적이었어요. 꼭 수공으로 만든 예술작품 같았습니다. 무슨 재료인지는 모르겠지만 금속처럼 보였습니다. 그런데도 빛이 전혀 반사되지 않았어요. 햇살이 비추고 있었고 우주선의 크고 작은 음영이 보였는데도 말이죠. 장담컨대 손전등을 비췄어도 빛이 반사되지 않았을 겁니다.

우주선에는 세 개의 구멍이 있었습니다. 무언지는 알 수 없었지만 저는 해치라고 생각했습니다. 본체와 같은 면이 아니라 몇 인치쯤 움푹 들어가 있었어요. 위쪽 해치와 같은 너비의 해치가 옆쪽에서 반쯤 열려 있었습니다. 거기서 빛 같은 것이 나오지는 않았지만, 저는 느꼈습니다. 그 존재를요. 정말로 이상한 기분이었습니다. 그 생명체들이 저를 진정시킨 것 같았지요. 그들이 텔레파시로 저와 대화를 시도하고 있다는 생각이 들었고 조금 으스스해졌습니다. 마치 차에 앉아 라디오를 켰는데 노이즈뿐인 소리가 아주 크게 난다고 상상해보세요.

저는 그 안으로 들어가고 싶은 마음이 들었습니다. 누군가, 아니 그 생명체들이 도와달라며 저를 부르는 듯했거든요. 그런데 제가 다칠까봐 무서웠던지 앨런 하사와 애킨슨 하사가 거기서 나오라며 고함을 질러댔습니다.

부서진 잔해는 보이지 않았습니다만, 우주선 꼬리부분에 마치 지대공미사일에 맞은 것처럼 커다랗게 갈라진 틈이 있었습니다. 기본적으로 미사일은 목표물을 맞힐 필요가 없습니다. 목표물에 근접하면 미사일에 장착된 고폭탄 파쇄탄두가 폭발하면서 목표물을 파괴하거나 제 기능을 못하도록 손상시킵니다. 우리 부대에는 저·중고도용 대공미사일인 호크미사일 포대가 두 곳에 있었고, 저는 우리가 이 우주선을 격추했다고 생각했습니다.

다시 능선 위로 올라갔을 때 에너지국 사람들이 오더니 제 장비를 다 빼앗고는 저를 체포했습니다. 나이가 30~40대 정도로 보이는, 이름표도 없는 검은 방호복 차림의 남자들이었습니다. 그들은 두 손에 수갑을 채우고 두 다리를 묶은 다음 저를 커다란 치누크 헬기에 태웠습니다. 그리고는 제게 멍청한 놈이라며 고함을 지르고 욕을 해댔습니다. "왜 명령을 따르지 않았나? 너는 그곳에 가면 안 됐어. 그걸 보면 안 됐다고. 그냥 놔뒀으면 넌 위험해졌어." 난 이제 이 사람들에게 죽겠구나 하는 생각이 들었습니다.

열다섯 시간쯤 앉은 채로 있었을까, 그들은 제 얼굴에 전등을 들이대고는 다시 욕을 퍼부었습니다. 누군지 다 알아볼 수는 없었지만 그중 한 명은 추락현장에 있던 사람이었습니다. 검은 작업복을 입고 있어서 알아봤지요. 그 사람이 말했습니다. "뭘 본 거야? 네가 애국

자야? 헌법을 좋아해?" 제가 "네"라고 답하자 그가 말을 이었습니다. "우린 우리 프로그램에 따라 움직여. 시키는 대로 하지 않아. 그냥 하고 싶은 대로 하지. 네놈과 네놈 가족들 다 무사하지 못할 걸. 네놈을 헬리콥터에서 던져버릴 거야. 끝장을 내버릴 거라고." 그들은 으르렁대며 즐기고 있었습니다.

폭력을 당하진 않았지만 사실상의 학대였습니다. 저는 의자에 묶인 채 꼼짝할 수 없었습니다. 하루 종일 아무것도 먹지 못했고요. 물한 모금도요. 그렇게 앉은 채로 이틀을 갇혀있었습니다. 마지막으로 자신의 이름을 밝히지 않은 한 공군 중령이 이렇게 말했습니다. "우리가 널 정글에 내다 버리면 다시는 찾지 못할 거다. 여기에 서명해. 넌 이걸 본 적이 없는 거야. 누구에게든 말하면, 넌 그냥 사라진다."

이 일이 있었던 때는 1997년 3월 말에서 4월 초였습니다.

존 캘러한의 증언

존 캘러한John Callahan은 미국 연방항공국Federal Aviation Administration:FAA 사고조사부의 부장이었다.

1986년에 일어난 이 사건은 알래스카에서 걸려온 한 통의 전화로 시작되었습니다. "여기 문제가 생겼습니다. 사무실에 언론사 기자들이 꽉 들어찼어요. 지난주에 이곳 상공에서 UFO가 747기를 30분가량 따라왔는데, 아마도 말이 새나간 것 같습니다. 무슨 말을 해야 할지 모르겠어요. 알려주세요." 정부에 오래 있어 본 저는 늘 하던 대로 일러주었습니다. 현재 조사 중이고 데이터를 취합하고 있다고 전하라고요. 그리고 다음 날까지 모든 디스크와 테이프를 애틀랜틱시티에 있는 항공국 기술센터로 보내라고 했습니다.

기술센터는 군에 연락해 군이 갖고 있는 테이프를 달라고 요청했습니다. 미국의 상공과 영공을 모두 관제하는 건 연방항공국이지 군이 아니거든요. 그 친구들은 날아오는 미사일을 쏴서 떨어뜨리거나 할 뿐, 이건 정부의 일이며 항공국이 관제하는 영역이에요. 그런데도 군에서는 자기들에게 테이프가 부족하니 도로 갖다 놓아야 한다고 하더군요. 저는 그 테이프들이 다 어디로 갔는지 참 수수께끼 같다고 생각했어요. 있을 수 없는 일이었습니다. 아무튼 레이더기록 테이프를 30일간 보관하려 했던 기술센터는 15일 만에 돌려주고 말았지요.

낌새를 보니, 군이 그 방문자들에 대해 우리보다 더 많이 알고 있으며, 다른 곳에서는 알지 못하게 하려는 것 같았습니다. 당연한 일이지만 아래 단계에 있는 사람들은 저 위에서 일어나는 일을 제대로 알 턱이 없습니다. 누군가 전화를 걸어서 테이프를 도로 갖다 놓으라고 하면 그냥 그렇게 할 뿐 전혀 상관하지 않습니다.

당시 항공국 국장인 엔젠Engen 제독은 부국장과 저를 기술센터로 보내 우려되는 점이 있는지 봐 달라고 했습니다. 모든 데이터를 검토하는 데 이틀이 걸렸습니다. 우리는 앵커리지에서 조우가 일어나던 상황과 똑같이 준비해달라고 요청했습니다. 관제사가 보았던 그대로 우리가 보고 들을 수 있도록 모든 데이터를 레이더 조준경에 띄워달라고 했고요. 이미 테이프를 보았던 몇몇은 거기 담긴 내용을 보여주기 불편해했지만, 그래도 우리는 샅샅이 들여다보았습니다.

밤 11시경, 일본항공JAL 747기가 9,500~10,000미터 고도로 북서쪽에서 알래스카 영공을 가로질러 오고 있었습니다. 기장이 그 고도로 비행하는 다른 교통이 있는지 묻자 관제소에서 없다고 확인했습니다. 기장은 11시에서 1시 방향으로 13킬로미터쯤 밖에 목표물이 하나 잡힌다고 응답했습니다. 747기 전방에 달린 기상정보수집 레이더가 커다란 목표물을 포착했고 기장은 육안으로도 보았습니다. 기장의 설명에 따르면, 주위로 불빛이 회전하는 거대한 구체로 747기보다 무려 네 배나 컸습니다!

군 관제소 측에서 물었습니다. "앵커리지 북쪽 56킬로미터 지점에 747이 보인다. 그 위치에서 11시나 1시 방향에 있는 건 누구인가?" 항공국 관제사가 "우리 쪽 정규 교통은 없다. 그쪽은 있는가?"라고 되묻자 군 관제사는 "우리도 없다. 우리 쪽 교통은 모두 서쪽에 있다"고 답했습니다. 확인이 진행되는 동안 일본인 기장은 이런 말을 되풀이했습니다. "그것이 지금 11시 방향에 있다……. 지금은 1시 방향에 있다……. 지금은 3시 방향에 있다……." 그 UFO가 747기 주위를 이리저리 옮겨 다니고 있었던 겁니다.

군 관제소에는 고도측정레이더와 원거리레이더, 근거리레이더가 있어 어느 하나가 포착하지 못하면 다른 레이더가 포착합니다. 교신 도중에 군 관제사가 이렇게 말하더군요. "고도레이더에 잡힌다. 아니 거리레이더에도 잡힌다." 즉, 군의 시스템도 그 목표물을 포착했다는 뜻입니다.

이 상황이 31분 동안 이어졌습니다. UFO는 한쪽 방향에 있다가 다른 쪽으로 옮겨 다니며 747기를 따라갔습니다. 747기는 고도를 바꿔봤지만 그래도 UFO가 따라붙었고요. 기장은 기수를 돌려 360도로 선회했습니다. 747기를 한 바퀴 돌려면 제자리로 오는 데 몇 분이 걸립니다. 아주 넓게 돌아야 하니까요. 그래도 UFO는 그대로였습니다. 앞에 있더니, 옆에 있다가, 다시 뒤에 붙었습니다. 747기의 1시 방향으로 11~13킬로미터 전방에 보이는가 싶더니, 10여 초 뒤에는 어느새 후방에 비슷한 거리를 두고 있었습니다. UFO는 줄곧 그 정도 거리를 두고 머물렀습니다. [10초 안에 수십 킬로미터를 옮겨 다니는 UFO의 흔한 비선형적 이동을 주목하기 바란다. 이는 UFO가 레이더에 포착되었던 수십 가지 사례에서 많은 목격자들의 증언으로 입증되었다.]

마침내 일본항공 747기가 그 공역을 벗어날 무렵, 알래스카에 착륙 예정인 유나이티드항공사 여객기가 다가오고 있었습니다. 지상관제사는 747기가 UFO에게 쫓기고 있다며 그 고도에 머물면서 확인해주기 바란다고 요청했습니다. 여객기 기장은 "알겠다, 그렇게 하겠다"라고 응답했습니다. 기장은 기수를 왼쪽으로 20도쯤 틀어 고도를 유지하면서 747기를 따라잡다시피 했습니다. UFO는 여객기가 목적지에 접근할 때까지 따라 내려오다가 한순간에 사라졌습니다.

관제사의 보고서를 살펴본 항공국은 몸을 사려야겠다고 결정했습니다. 관제사가 목표물을 봤다고 기록했다고 곧이곧대로 말할 수 없는 노릇이었지요. 그래서 관제사에게 "위치기호"라는 말로 고쳐 쓰게 했습니다. 마치 그것이 목표물이 아니었던 것처럼 들리게 말입니다. 저는 보고서를 읽으며 생각했습니다. '야, 이거 냄새가 나는데. 누군가 이에 대해 우려하고 있어. 뭔가를 덮어 버리려고 하잖아.'

우리는 다음날 워싱턴으로 돌아갔습니다. 항공국 국장인 엔젠 제독이 전화를 걸어 문제가 있는지 알고 싶어 했습니다. 제 상사가 "비디오를 가져왔는데 거기 뭔가 있었던 것 같습니다"라고 말하자, 우리에게 5분 이내로 설명해달라고 했습니다. 우리는 연방항공국 본부 10층으로 올라가 5분가량 보고를 했습니다. 비디오를 보고 싶다고 해서 보여드렸고요. 5분쯤 지나자 제독은 직원에게 회의를 취소시킨 뒤 30분이 넘도록 비디오를 다 봤습니다. 이어 우리의 생각을 물었지요. 제 상사는 그게 무엇인지 잘 모르겠다고 정치적으로 훌륭한 답변을 했습니다. 제독은 자신이 허락할 때까지 누구에게도 말하지 말라고 하더군요.

다음날, 레이건 대통령 혹은 CIA 쪽의 '과학연구단Scientific Study team' 인물이 전화를 걸어 이 사건에 대해 물었습니다. 저는 이렇게 답했습니다. "무슨 말씀인지 모르겠네요. 엔젠 제독님께 전화하셔야 할 듯합니다." 몇 분 뒤 제독에게서 전화가 왔습니다. 다음 날 아침 9시에 브리핑을 잡아두었다고, 우리가 가진 것을 전부 가져와 그들이 원하는 대로 주라고요. 결국 항공국도 발을 빼고 싶었던 겁니다.

저는 기술센터 사람들을 모두 데리고 갔습니다. 온갖 종류의 데이터를 인쇄해 상자에 담아갔는데 방을 꽉 채울만한 분량이었지요. 그쪽에서는 FBI 세 명, CIA 세 명 그리고 레이건 대통령의 과학연구단 세 명을 데려왔습니다. 나머지는 누군지 모르겠지만 다들 들떠 있더군요. 우리가 비디오를 보여주자 주파수며 안테나의 회전속도, 레이더와 안테나의 개수, 데이터처리 방식 등에 대해 온갖 질문을 했습니다. 그리고 다들 UFO를 포착한 30분짜리 레이더 데이터를 처음으로 갖게 되었다며 흥분했습니다.

그들이 제 생각을 묻기에 저는 UFO가 있었던 것 같다고 이야기했습니다. 항공국 테이프에 일관되게 기록되지 않은 것은, 항공기라고 하기에는 너무 컸고 또 그것이 기상현상으로 잡혔기 때문입니다. 이런 경우는 시스템에서 걸러내도록 프로그래밍이 되어 있어 기록되지 않거든요. 하지만 일본인 기장은 그것을 눈으로 보았고 그림으로도 그렸습니다. 결국 기장은 자신이 한 진술 때문에 힘든 시간을 보내야만 했습니다. 일본 정부를 당황스럽게 했으니까요.

질문이 모두 끝나고 CIA에서 온 사람이 말했습니다. 이 일은 없었던 일로 하자고, 이 모임을 가진 적도 없고 기록에도 남기지 말라고, 다들 이에 대해 서약하라고요. 만일 우리가 앞에 나서서 UFO를 만났다고 말하면 온 나라가 충격에 빠질 거라고 했습니다.

그들이 데이터를 가져갔지만 제게는 비디오 원본과 기장의 보고서가 있었습니다. 항공국의 최초 보고서와 함께 아래층의 제 책상 위에 있었지요. 그들이 요구하지 않아서 주지 않았던 것인데, 제가 은퇴하면서 모조리 챙겨왔습니다. 우리는 그 뒤로도 이 사건을 그냥 깔고 앉아있었던 겁니다. [우리는 레이더 비디오며 항공교통관제 음성녹취록, 항공국 보고서와 컴퓨터 인쇄물을 비롯한 모든 자료를 얻었다. 한편, 일본항공 747기 기장은 오랜 기간 사무직으로 좌천당하는 굴욕을 겪었다. 그가 겪은 비극은 이 주제가 비밀로 묻히는 데 있어 비웃음이 얼마나 큰 역할을 하는지 새삼 가슴 아프게 되비쳐준다.]

군의 관제사들도 항공국 관제사들도 UFO를 보았다고 했습니다. 그런데 시간이 흐르고 항공국 관제사들은 말을 바꿨습니다. 사실 목표물은 못 봤다고, 다른 걸 봤다고 말입니다. 그들이 보고서를 작성하는 데 누군가 입김을 넣은 것처럼 들리지요. 적어도 저는 UFO가 일본항공 747기를 30분이 넘도록 쫓아다니는 모습을 보았습니다. 그것은 제가 아는 그 무엇보다도 **빨랐고요**.

그런데 정신 나갔다는 소리를 듣고 싶지 않고서야, 자기가 UFO 사건에 연루되었노라고 어느 누구에게 이야기하겠어요? 바로 이런 식입니다. 텔레비전에 나와 UFO를 봤다고 말하는 사람은 밤에 너구리나 악어사냥을 가는 촌사람들밖에 없어요. UFO를 봤다고 이야기하면 스스로 머리가 좀 이상한 부류에 들어가는 꼴입니다. 어쩌면 이것이 그런 이야기를 듣지 못하는 이유 가운데 하나일 겁니다.

북미항공우주방위사령부에 있는 고참 부사관은 저를 바짝 끌어당기며 자신이 UFO에 대해 알고 있다고 말했습니다. 제가 보고서라도 하나쯤 남겨야 하지 않느냐고 하자 그분은 1인치 두께의 보고서가 있다고 했습니다. 첫 두 쪽은 목격사건에 대한 내용이고, 나머지는 목격자의 심리상태, 목격자의 가족, 목격자의 가계혈통, 그 밖의 모든 것에 대한 내용이라고요.

그런데 만일 공군이 이를 조사하고 나서면 어떤 일이 벌어질까요? 그 목격자가 약물에 취해 있었다느니, 그 사람 어머니가 공산주의자라느니, 하여튼 그에게 망신을 줄 만한 어떤 말이라도 해서 그의 명예를 완전히 망가뜨릴 수 있습니다. 그러면 진급은커녕 3년 반쯤 북극에서 텐트생활을 하면서 기상관측기구나 점검하는 신세가 됩니다. 메시지는 아주 야비하고도 분명합니다. 입 다물고 누구에게도 말하지 말라는 것입니다. [관련 문서는 399쪽의 부록3-4를 참고하기 바란다.]

자신만의 공군, 자신만의 해군,
자신만의 자금조달체계를 갖고
모든 견제와 균형으로부터 자유롭게
법 자체로부터도 자유롭게,
국익에 대한 자신들만의 생각을
실행에 옮길 능력을 지닌
'그림자정부'가 존재합니다.

대니얼 이노우에 (Daniel K. Inouye, 1924-2012)
전 미국 상원의원
1987년 8월 3일, '이란-콘트라 사건' 청문회에서

세계를 움직이는 검은 조직

'머제스틱-12'

앞서 이야기한 머제스틱 혹은 MJ-12라는 집단은 1956년에 조직된 이래 SECOR에서 PI-40, MAJIC으로 이름이 바뀌었고 세계 최대의 '공갈매수 및 부패조직'이 되었다. 이들은 단지 하나의 집단에 그치지 않는다.

지금 세간에는 프리메이슨the Masons, 빌더버그Bilderbergers, 삼극위원회Trilateral Commission, 외교협의회에 관한 음모론이 휩쓸고 있다. 나는 이 모든 조직에 소속된 사람들을 알고 있는데, 대다수는 이 주제에 대해 아는 바가 없다. 그보다는 훨씬 단순하며 미묘한 구석이 있다.

그들은 진실이 공개되고 영점에너지가 도입되면 현재의 석유기반 경제로부터 권력이 분산될 사태에 위협을 느낀다. 우리가 갖고 있는 내부자들의 증언에는 그야말로 섬뜩한 내용도 있다. [4부 '우주적 속임수'의 내용을 참고하기 바란다.]

대통령과 CIA 국장, 의회의 원로 지도자, 유럽 각국의 총리들마저 속일 수 있을 만큼, 이들이 비밀을 유지하고 확대하는 데 필요한 하부구조는 탄탄하다. 게다가 불법적이기까지 하다. 분명히 말해두지만, UFO 문제와 이에 관한 기술을 통제하는 집단은 세계의 어느 정부나 널리 알려진 지도자보다 더 큰 권력을 쥐고 있다.

　　이 비밀집단은 국제적으로 활동하는 혼성집단이자 유사정부, 유사민간조직으로, 어떤 단일정부나 기관의 영역 밖에서 기능하며 모두가 고리 밖에 존재한다. 엄선된 자들이 철저히 통제되고 분획된 비밀 프로젝트로 이 문제들을 거머쥐고 있다. 오로지 한 식구가 되어야만 거기 접근할 수 있다. 그렇지 않다면, CIA 국장이든 미국 대통령이든 상원 외교위원회 의장이든 유엔사무총장이든 이 프로젝트에 대해 알 수도 없고 접근할 수도 없다. 내가 브리핑을 했던 국방부 합동참모본부의 고위층마저 민간인과 다를 바가 없었다. 그러나 그런 "내부자"는 극히 드물다.

　　상황은 실로 암울하기 짝이 없다. 일부는 국제적인 초극비 정부프로그램으로, 일부는 사유화된 조직적 범죄활동으로 비밀스럽게 관리된다. 이는 정부조직이라기보다는 비밀 마피아조직에 더 가깝다. 특히나 이 집단은 합법적으로 부여되지 않은 빼앗지 못할 권력과 권한을 갖고 있다. 미국과 영국은 물론 세계 각국에서 헌법을 초월해 있다. 그런 힘을 얻고 유지하기 위해 온갖 종류의 일이 자행되었다. 이들은 암살, 살인, 납치, 기술 절도를 비롯한 범죄사업과 특급음모를 저질렀다. 로버트 프로스트가 "우리가 짜는 그물"이라 표현한 시 구절이 떠오른다. 이들이 짜놓은 비밀유지, 기만, 거짓, 불복종의 그물에서 어찌 우리 스스로 빠져나올 것인가?

이 비밀스러운 공작이 적어도 초기에는 냉전의 절정기에 비밀을 유지하고 불안정을 피하려는 수단으로 고안되었을 가능성이 있다. 그러나 비밀이 무심코 누출될 위험 혹은 어느 국가나 지도자가 합법적인 공개 결정을 내릴 위험 때문에, 그들은 더 많은 비밀유지와 불법 공작이라는 그물을 짤 수밖에 없었다. 그리고 이제 그물 자체가 공작을 포위하고 있다. 다시 말해, 분획된 프로젝트들의 복잡성, 반헌법적이고 비인가된 활동의 수준, 군산복합체 공범기업들의 첨단기술 사유화 혹은 도둑질, 합법적으로 선출되고 지명된 지도자와 대중에 대한 계속된 거짓말, 이 모든 것들이 지금껏 비밀유지를 지속해온 심리에 기여했다. 이 비밀을 공개하면 역사상 최악의 스캔들이 빤히 드러나 버릴 테니 말이다.

우리가 지구상에 숨 쉬는 모든 생명의 건강을 해쳐가면서까지 어마어마한 양의 이산화탄소를 뿜어내지 않아도 된다면, 대중은 어떤 반응을 보일 것인가? 지구 생태계의 파괴는 어떤가? 오염 때문에 돌이킬 수 없이 멸종되어가는 수많은 동식물들은 또 어떤가? 뿐만 아니라, 승인되지 않고 헌법에도 위배되는 프로젝트에 지금껏 수조 달러에 이르는 돈이 쓰였다는 사실을 알면 우리는 어떤 반응을 보일까?

이 비밀을 지키는 공범기업들이 외계비행선을 연구해 얻은 파생기술로 특허를 내고 엄청난 이윤을 남기는 데 우리 세금이 들어갔다면? 납세자들은 사취를 당했을 뿐 아니라 자신들의 돈이 들어간 연구의 성과물에 할증까지 얹어 돈을 지불해야 했다! 그런 기술에 대한 지적재산권 절도 문제는 아예 다뤄지지도 않는다. 이 공범기업들은 에너지생산과 추진에 대한 기초기술을 가로막고 있는 한편, 전자장치와 소형화 등 관련분야에서 얻은 성과물과 편익으로 막대한 이윤을 취했다. 납세자들의 돈으로 이룬 것이므로 마땅히 공공의 것이 되어야 할 이런 기술들에 대한 은밀한 이전은 수조 달러에 달하는 기술 절도와 다름없다.

또한 로켓추진체 따위를 사용하도록 강요된 수십억 달러 규모의 우주프로그램이 실은 원시적이고 쓸데없는 실험이었다는 사실에 대중은 어떻게 반응할까? 우리가 달에 가기 전부터 이미 훨씬 진보한 기술과 추진시스템이 있었는데 말이다. NASA와 그 밖의 관련기관은 다른 정부부서나 대중들과 마찬가지로 상당부분 이 비밀유지의 희생자였다. NASA에 소속된 사람들 가운데 고도로 분획된 소수의 파벌만이 이런 프로젝트에 감춰진 진짜 외계기술에 대해 알고 있었다.

피할 수 없는 현실은 이렇다. 애초에 아무리 좋은 의도를 가졌을지언정, 이 비밀집단은 비밀스러운 권력에 취해 그것을 남용하는 과정에서 지난 70년 동안 우리의 미래를 가로챘다. 그러나 상황은 이보다 훨씬 나쁘다. UFO 관련 비밀공작 프로젝트를 운영하는 비밀집단은 인류와 외계존재 사이의 관계가 움트기 시작한 초창기부터 이를 배타적으로 장악했다. 게다가 지구적 재앙에 이를만큼, 비극적일 정도로 잘못 운영되었다.

선출되지도 임명되지도 않은, 자기들 스스로 선택한 군사지향집단이 인류와 외계존재의 관계를 독점할 때 어떤 일이 벌어질까? 군국주의의 색안경을 낀 자들에게 새롭고 통제되지 않는 발전은 모조리 잠재적인 또는 실질적인 위협으로 보일 것이다. 과도하게 통제되고 끼리끼리 어울리는 집단의 속성은 균질한 세계관과 사고방식을 가진다는 것이다. 권력과 통제는 그들의 두드러진 특질이다. 이러한 극단적 비밀유지는 견제와 균형, 타협이 들어설 자리가 없는 매우 위험한 환경을 만들어낸다. 그리고 우리 모두에게 해로울 수 있고 또 지금껏 분명히 그러했던 아주 위험한 결정이 이루어진다.

비밀유지와 군국주의, 편집증이 판치는 환경에서, 외계존재를 향한 대단히 위험한 행동들이 취해졌음을 우리는 알게 되었다. 실제로 우리에게 정보를 제공하는 다수의 내부자들은 외계의 자산들을 추적하고 조준하고 파괴하는 데 갈수록 진보한 기술들이 사용된다고 했다. 이 증언이 진실일 가능성이 10퍼센트만 된다고 해도(나는 100퍼센트라고 확신한다), 우리의 통제를 완전히 벗어나 지구 전체를 위험으로 몰아넣는 외교적·사회적 위기에 처해 있는 것이다.

그러면 이 비밀집단에는 누가 있는가? 우선 200~300명의 정책입안자로 구성된 위원회가 있다. 이들의 핵심조직 중 하나인 과학응용국제법인 이사이자 전직 국가안보국 수장인 바비 레이 인먼 제독이 그 일원이다. 해리 트레인Harry Trane 제독, 조지 부시 시니어 전 대통령, 딕 체니 전 부통령, 도널드 럼스펠드 전 국방장관 그리고 리히텐슈타인Liechtenstein은행 가문도 끼어 있다. 모르몬교 법인제국Mormon corporate empire은 이 주제에 엄청난 관심을 기울이고 있다. 또한 교황청 안에도 비밀 점조직이 있다. 이들은 이 주제에 있어 백악관이나 국방부보다 훨씬 막강한 힘을 가졌다.

사람들은 한뜻으로 똘똘 뭉친 음모라고 생각하지만 실은 그렇지 않다. 나는 이 집단 내의 여러 파벌을 만났는데 그중 '좋은 사람'도 몇 명 있었다. 초극비 프로젝트에 관련된 사람 가운데 50~60퍼센트는 이 놀라운 기술들이 지금 공개되기를 원한다. 그들은 석유가 바닥나고 있고, 중국이 산업화되고 있으며, 극지 만년설이 녹고 있음을 안다. 또한 진보한 외계기술이 오늘 당장 발표된다 해도 경제적·전략적·지정학적·환경적 재앙을 막는 데 널리 응용되려면 10~20년이 더 걸린다는 것도 안다. 그들은 이런 사실을 알고 바로잡기를 원하지만 무자비하고 반사회적 인격장애를 가진 소수가 그들을 지배하고 있다. 적들은 물론이고 자기편도 서슴없이 죽이는 이들 말이다.

윌리엄 콜비 전 CIA 국장은 한때 머제스틱에 관여했다. 그는 이 집단에서 탈퇴하면서 우리에게 몇 가지 중요 기술을 제공하는 한편 5,000만 달러에 이르는 기금을 이전하려 했다. 나의 인맥을 통해 그것들을 세상에 돌려줄 수 있으리라는 걸 그는 알았다.

그러나 나와 내 친구를 만나기로 한 바로 그 주에, 콜비는 포토맥강에서 차가운 시신으로 발견되었다. 그들은 콜비를 본보기로 삼은 것이다. 나와의 만남을 주선한 콜비의 절친한 친구였던 한 대령은 콜비의 죽음이 틀림없는 타살이라고 확인해주었다. 콜비의 부인도 CNN을 통해 이렇게 밝혔다. "아시다시피 정말 이상한 일입니다. 남편은 물이 범람한 포토맥강에서 한밤에 카누를 탄 적이 없어요. 그것도 현관문을 열어놓고 커피메이커와 컴퓨터를 켜둔 채로요. 전혀 그이답지 않아요."

이어 비밀집단은 우리를 표적으로 삼았다. 콜비가 살해당할 무렵, 나의 친구이자 최측근인 샤리 아다미악Shari Adamiak은 전이성유방암을 진단받았다. 로즈웰 사건의 진상을 전면공개하려던 뉴멕시코주의 공화당 의원 스티븐 쉬프Steven Schiff도 치명적 유형의 암 진단을 받았다. 나는 전이될 경우 아주 치명적인 악성흑색종을 진단받았다. 우리가 처한 상황이 그랬다. 젊고 건강한 세 사람 모두 같은 달에 치명적인 암 진단을 받다니, 그것도 우리가 외계존재에 대한 진실을 공개하기로 밀어붙이던 시기에. 우연의 일치라고 하기에는 믿기 힘든 일이었다.

A.H.[1]의 증언

이름은 바뀌었지만 머제스틱-12의 입지는 여전합니다. 그 실상을 꿰고 있는 내부자 중 한 사람이 헨리 키신저Henry Kissinger입니다. 1974년부터 1985년 무렵까지 군대와 국가안보국에서 일했던 한 친구는 MJ-12 문서에서 키신저의 이름을 봤다고 했습니다. 1950년대에 이 집단에 관여한 키신저는 정보의 파장을 연구하는 한편, 믿을만한 원천을 통해 정보가 유출될 경우 발생할 일에 대해 결정했습니다. 그리고 그들은 연구한 기밀정보를 외부의 특정집단에 넘겼습니다. 랜드 연구소Rand Corporation 등의 두뇌집단에 말이지요. 그 친구는 문서에서 조지 부시 시니어의 이름도 보았다고 했습니다. 부시는 CIA 국장으로 있을 당시 이 일의 실상을 알게 되었습니다. 런던에 있는 기지에서도 MI-5와 MI-6[2]를 통해 외계존재에 관한 상황을 감시해왔습니다.

또한 그 친구는 지미 카터 대통령이 해외에서 일어나는 사건을 보고받고 있으며, 본인이 직접 전달 업무를 맡았다고 했습니다. 합동참모본부로부터 이란과 이라크에서 벌어진 일촉즉발의 사건들에 대한 정보를 받은 카터 대통령이 속도를 내고자 관여하게 되었습니다. 미국이 이란에 판매했던 전투기들이 UFO들을 추격하자 계기판이 제멋대로 움직였거든요. 한 대는 거의 추락할 뻔했지만 조종사가 거대한 원형물체로부터 떨어지자 다시 제어가 가능했고요. 외계존재들은

---

1 미국 보잉항공사 기술자. 상세 이력은 49쪽 참조.
2 둘 다 영국 비밀정보부의 부분들이다.

우리가 전쟁을 벌이려는 수작을 감시하고 있었습니다. 특히 핵폭탄과 그 밖의 여러 실험을요.

하지만 카터 대통령은 주로 배제되어 있었습니다. 통제집단이 그를 믿지 않았거든요. 그들은 카터가 나서서 언론 매체에 대놓고 불리한 진술을 할까 봐 두려웠던 겁니다.

1978년 무렵, 레이건 대통령은 외계인의 존재에 대해 자세히 보고받았습니다. 레이건은 러시아의 미하일 고르바초프에게 당시 상황을 75퍼센트쯤 이야기했고요. 그러고 나서 고르바초프는 미국과 아주 가까워졌습니다. 참 이상한 일이에요. [참고로 레이건은 '스타워즈 방어망'을 지지하도록 허위정보를 제공받았다.]

고르바초프가 두 번째로 미국을 방문했을 때 언론 인터뷰가 성사되었습니다. CNN 기자가 "우리가 모든 핵무기를 없애야 한다고 생각하십니까?"라고 물었더니 고르바초프의 부인이 냉큼 나서서 이렇게 말했습니다. "아닙니다. 우리가 핵무기를 모두 없애야 한다고는 생각하지 않습니다. 외계인들의 우주선이 있으니까요."

CNN은 바로 30분 분량의 헤드라인 뉴스로 밀어 넣기로 했습니다. 예고를 들은 저는 벌떡 일어나 녹화를 하려고 공테이프를 끼웠지요. 물론, 이 이야기는 뉴스에서 사라졌습니다. 아시잖아요. 누가 가로챘는지. 여기에 개입한 건 CIA였습니다. 당시 모든 국제 뉴스의 헤드라인을 CIA가 감시하고 있었다는 걸 저는 압니다. 그들이 입을 틀어막아도 저는 들었습니다. 이 사례를 생각하면, 국가안보국의 정보제공자가 준 레이건 대통령에 대한 정보는 확실한 것이었습니다.

제가 보기에 비밀유지는 지나친 과잉반응입니다. 그리고 의회가 이 정보를 알아야만 합니다.

우리가 설명할 수 없는 많은 보고들은
그 진실성에 있어 의심의 여지가 없는
지적으로나 기술적으로 충분한
자격을 갖춘 이들에게서 나왔습니다.
공군은 UFO와 관련한 여러 사설조직이 전한
경탄할 사례 가운데 일부만을
공식적으로 접수했을 뿐입니다.

E. B. 르베일리 (E. B. LeBailly, 1915-1992)
전 미국 국방부 공군성 장관실 정보국장·공군 소장
1966년 4월 5일, 미국 하원 군사위원회에서 열린
"미확인비행물체"에 대한 청문회에서

미국 '51구역'부터 호주 '파인갭'까지

지하기지 (국가정찰국 문서)

1950년대 초, 미국은 대통령을 비롯한 정부와 의회의 요인들을 핵공격으로부터 살아남게 할 목적으로 많은 지하기지를 건설했다. 그 대표적인 곳이 버지니아주 웨더산^{Mt. Weather}과 메릴랜드주 포트리치 ^{Fort Ritchie}다. 북미항공우주방위사령부는 와이오밍주의 샤이엔산 복합 시설^{Cheyenne Mountain Complex} 밑에 요새화되어 있다.

그러나 이런 곳들조차 UFO와 외계존재 관련 비밀특수인가 프로젝트가 이뤄지는 지하복합시설과는 비교가 되지 않는다. 이 시설들은 벡텔^{Bechtel} 같은 기업이 비밀리에 건설했는데, 암반을 녹여 유리화^{glassify}함으로써 돌무더기를 남기지 않고 뚫을 수 있는 원자력천공기 ^{nuclear powered boring machine}가 사용되었다. 이 거대한 용융드릴기계에는 원자로 노심에서 터널 단면으로 액체 리튬을 순환시키는 작은 원자로가 탑재되어 있어서, 외부온도를 1,000도 이상으로 끌어올린다. 암석을 녹여버리기 충분한 온도로 인해 굴착 후 제거할 토양이나 암석이 남지 않는다. 숨길 수 없는 증거조차 남지 않는 것이다. 리튬이 얼마간 열을 잃으면 드릴기계의 바깥을 따라 재순환되면서 유리화된 암석을 냉각시킨다. 남는 것은 매끄럽게 완성된 흑요석과 비슷한 내벽이다. 이는 다른 지하기지와 연결된 이 터널들을 초고속으로 돌아다니는 자기부상열차에 안성맞춤이다.

이 비밀기지들은 어디에 있을까? 그 목록을 다 적으려면 꽤 길어지므로, 여기서는 내가 가본 곳이나 우리 증인들이 언급한 복합시설만 이야기하겠다. 에드워드 공군기지 인근의 사막고원에 있는 '큐브The Cube'는 록히드 스컹크웍스가 운영하는 최첨단 지하시설이다. 또 하나의 중요시설은 뉴멕시코주 둘세에 있는 지하복합시설로, 로스앨러모스에서 지하로 접근할 수 있다. 벡텔의 굴착기계가 둘세에서 로스앨러모스까지 터널을 뚫던 무렵 암반이 진동하면서 웅웅거리는 소리를 냈는데, 뉴멕시코주 타오스 주민들은 이 소리를 '타오스 허밍Taos Hum'이라 불렀다. (실제로 일부 뉴에이지 추종자들은 가이아Gaia가 말을 건네는 소리라고 믿었다.) 다음으로는 네바다주 그룸레이크와 유타주 프로보 변두리 사막의 생화학병기시험소가 있다.

국제적인 복합시설도 많이 있지만 특별히 하나만 밝혀두고 싶다. 호주의 노던테리토리에 있는 파인갭Pine Gap이다. 지역민들은 호주 정부와 미국이 합동운영하는 지상위성기지로 알고 있다. 마치 산으로 둘러싸인 듯 보이는데 실제로는 산속 깊숙이 건설한 대규모 기지를 감추는 '홀로그램'이다. 〈007〉 영화에나 나올법한 소리로 들리겠지만, 이후 증언에서 볼 수 있듯 이 증인들은 헛소리나 할 사람들이 아니다.

하나의 사례를 보자. 나에게 군사 분야를 자문해주는 분이 있었는데 그가 어떤 비밀특수인가 프로젝트에 연관되어 몇 사람과 통신 보안정보시설로 이끌려갔다. 철저한 지하시설이었다. 소지한 무기며 휴대전화, 시계 같은 전자장치를 모두 꺼내놓자 보안경찰이 이들을 안내했다. 그리고는 탄창에서 총알 하나를 꺼내 들더니 이렇게 말했다. "이 프로젝트에 대해 누구에게든 발설했다가는, 여러분의 이름이 적힌 총탄이 찾아갈 겁니다……. 어디서든…… 어떻게든."

영화 속 이야기가 아니다. 실제로 그 세계가 돌아가는 방식이다. 내가 1993년 이래로 살아온 세상이……. 지위가 아무리 높다 한들 접근할 수 있는 것이 아니다. 알 필요가 있는 사람만 알게 되는 것이다.

1997년에 의회 의원들에게 브리핑을 한 다음 날, 나는 합동참모본부 정보부장 톰 윌슨Tom Wilson 제독에게 따로 브리핑을 요청받았다. 이 중요한 만남에 앞서, 우리는 많은 비밀특수인가 프로젝트 기지의 암호명이 담긴 국가정찰국 기밀문서를 보냈다.[오른쪽의 문서를 참고하기 바란다.]

제독의 보좌관이 말하길, 이 암호명과 번호들이 무척 유용하다는 것을 안 제독은 여러 경로를 통해 국방부 내부의 초극비조직에서 이루어지는 몇몇 검은 공작을 찾아냈다고 했다. 제독이 조직의 담당자에게 "이 프로젝트에 대해 내가 알아야겠네"라고 말하자 이런 답변이 돌아왔다. "제독님께서는 아실 필요가 없습니다. 말씀드릴 수 없습니다." 그랬다. 제독은 충격을 받았고 화가 치밀었다.

이후에 우리는 이 범죄집단이 미치는 해악에 대해 대화를 나누었다. 나는 초대 CIA 국장이던 로스코 힐렌쾨터 제독이 1960년대 초에 '국가안전에 위협이 되는 것은 UFO 자체가 아니라 UFO와 관련된 비밀유지'라고 쓴 서한에 대해 이야기했다. 또한 이 불법집단에 B2

{ Note distribution to : COSMIC Ops and MAJI Ops. SG}

28 JULY 1991.
0900 HRS.

MEMORANDUM FOR RECORD.

FROM: NRO/CENTRAL SECURITY SERVICE.   PAGE ONE OF THREE.

STATUS: CLASSIFIED/RESTRICTED.

SUBJECT: SPECIAL SECURITY ADVISORY/BLUE FIRE.

ATTENTION: Commanders Net.
          ROYAL Ops.
          COSMIC Ops.
          MAJ Ops.
          MAJI Ops.
          COMINT Ops.
          COMSEC Ops.
          ELINT Ops.
          HUMINT Ops.
          AFOSI Nellis Div.
          26th,64th,65th,527th,
          - and 5021st T.C. Aggressor Sqdn. Cmndrs.
          57th F.W. Cmndr.
          552nd T.O.F. Cmndr.
          554th O.S.W. Cmndr.
          554th C.S.S. Cmndr.
          4440th T.F.T.G. Cmndr.
          4450th T.G. Cmndr.
          4477th TES-R.E. Cmndr.
          37th F.W. Cmndr.
          Red Flag MOC.
          Dart East MOC.
          Dart South MOC.
          Pahute Mesa MOC.
          Sally Corridor MOC.
          Groom Lake MOC.
          Dreamland MCC.
          Ground Star MOC.
          Blackjack Team
          Roulette Team
          Aqua Tech SOG.
          Sea Spray SOG.
          ███████████ Sec. Div.

U.S.A.P.s

BASES

스텔스 폭격기를 빙빙 맴돌 수 있는 복제비행선 기술이 있다는 말도
했다.

　잠시 생각에 잠긴 제독이 말했다. "좋습니다. 제가 알게 된 이상,
선생이 이 문제에 대해 아는 사람들을 모아 언론에 공개적으로 말하
겠다면 제가 허락합니다. 이 집단은 불법이에요." 제독은 우리의 디
스클로저 프로젝트를 승인해주었다. 그러나 바꿔 말하면, 국방부 합
동참모부 정보부장인 자신이 할 수 있는 것은 없다는 의미였다.

리처드 도티[1]의 증언

　저는 네바다시험장Nevada Test Site에서 방첩장교로 9개월간 있었습니다.
지금은 네바다국립보안구역Nevada National Security Site이지요. 이른바 '51구역'
이라 부릅니다만, 제가 있던 1981년과 1985년에는 'DET-3 시험센
터'라 불렀습니다. 51구역은 사실 두 개의 구역으로 DET-3 시험장
과 그룸레이크가 있습니다. 지하 출입구가 있는 '파푸스Papoose'라는 보
조구역이 있고요. 51구역에는 정말 뛰어난 것들이 많았습니다. 소련
의 첩보위성이 사진을 찍지 못하도록 레이저를 쏴 카메라를 망가뜨
리는 시설처럼요.

　그곳에 있던 두 개의 복합시설은 완전히 구획되어 있었습니다. 어
떤 구역에는 외계비행체가 보관되어 있었고, 지상의 맨 끝쪽 다른 구

1　미국 공군특수수사대 특수요원. 상세 이력은 43쪽 참조.

역에는 역설계로 만든 복제비행선이 있었습니다. 그곳에 있는 동안 저는 반중력 비행체를 보았습니다. 그들은 여러 형태, 온갖 종류의 비행체 동체를 갖다 놓고 조립하고 날려보며 시험하고 있었습니다. 작동하지 않은 것도 많았고 추락도 많았지요.

이 작업을 주로 하던 계약업체인 이시스템스E-Systems, 존슨시스템스 Johnson Systems, 테크트로닉스Techtronics, 샌디아, 리버모어, 로스앨러모스, 제너럴일렉트릭, 모토롤라Motorola가 그곳에 있었습니다. 거대한 시설을 가진 모토롤라는 그곳의 통신을 확인하고 외계존재들의 통신이 어떻게 작동하는지 연구했습니다. 벡텔은 여러 시설의 운영과 보안을 맡고 있었는데, 네바다시험장에서는 외계기술과 역설계에 관한 실험들에 관여했고요. 록히드, 노스롭그루먼, 이지앤지도 있었습니다. 이지앤지의 보안책임자인 진 라스토스키는 항상 자신을 보안요원이라고 했지만, 천만에요. 그는 많은 것에 대해 브리핑을 받았고 많은 것을 알았습니다. 1977년부터 1991년에 은퇴하기까지 내내 51구역에 있던 보안책임자 폴 맥거번처럼요. 국방정보국 기획부장이었던 폴은 국장 다음으로 서열 3위였습니다.

파푸스 지하시설에 있는 동안 저는 두 대의 반중력 비행체를 보았습니다. 하나는 바깥에서만 보았는데, 가로 3미터에 세로 6미터쯤으로 그리 크지 않은 타원형이었습니다. 비행체 구조에 맞지 않아 우리가 끼워 놓은 착륙장치가 있었지요. 꼭 물을 투과해 보는 것처럼 거의 유체流體와도 같은 둥근 창들이 있었고요. 다른 하나는 지하시설 오른편 첫 번째 구획에 있었습니다. 거대한 크기였지요. 좀 오래된 비행체 같은데 동체가 손상된 걸로 보아 추락한 것 같았습니다. 표면이며 모든 것이 묘하더군요. 우리가 만든 것처럼 보이지 않았습니다.

파푸스 지하시설로 들어갈 때는 말굽 편자처럼 생긴 원형경사로를 걸어 내려갑니다. 각 구획마다 51구역의 남서쪽 모서리에 위치한 제7격납고 근처까지 뻗은 통로가 있고요. 그 길을 따라가면 엘리베이터와 구획된 수직통로들이 있는데, 적절한 배지badge가 없으면 들어갈 수 없습니다. 배지가 매번 바뀌는 시스템으로 여러 개를 받을 수 없고 정해진 것만 받을 수 있지요. 앞서 말한 것처럼, 외계비행체 일을 하고 있다면 역설계 비행체 일은 일절 하지 않는 식입니다.

1980년에는 라이트패터슨 공군기지에 있었습니다. 전혀 다른 어떤 것에 대한 보고를 받기 위해서였죠. 그와 관련된 것에 대해 설명을 요청하자 저를 어느 지하시설로 데려갔습니다. 경사로를 따라 내려가니 거대한 복합시설이 있었습니다. 제가 실제로 보지는 않았지만, 어니 켈러스트라스Ernie Kellerstrass에 따르면 그곳에는 외계인 사체들이 있었습니다. 이후에 어느 대외비 책자에서 그에 관한 내용을 읽었고요.

그밖에 버지니아주 맥클린에 CIA의 외부시설이라 불린 해군관측소 지하시설이 있습니다. 포트벨보아에는 외계인공물 관련 정보보관소가 있고요. 또 로스앨러모스도 있습니다. 1980년대 초에 UFO와 별개의 일로 그곳에 간 적이 있는데, 저를 안내하던 보안장교가 한 구역을 가리키며 말하더군요. "저기에 UFO와 관련된 모든 것이 있어요."

1980년대 초에 저는 '피라미드 작전Operation Pyramid'으로 기억되는 방첩 프로젝트에 대해 보고를 받았습니다. 샌디아국립연구소가 연구자금을 대고 있었는데, 시간을 거슬러 과거로 가거나 미래로 갈 수 있는 '시간여행'에 대한 프로젝트였죠. 그들은 여러 가지 시험을 위한 시설들을 세웠습니다. 지하시설에서는 거대한 자석들에 레이저 등을 쏘아 시간여행을 가능하게 하는 공간구조를 열어내려고 했습니다.

그들이 방법을 찾았는지, 결과가 어땠는지는 모르겠습니다. 샌디아 국립연구소에서는 비선형적인 방식으로 공간을 가로질러 움직이는 '순간이동'도 시험하고 있었습니다. 그들은 실제로 어떤 물건을 탁자 한쪽 끝에서 반대쪽 끝으로 순간이동시켰습니다. 아마 제가 알지 못하는 더 많은 일을 했을 겁니다.

제가 실제로 본 일은 또 있습니다. 때는 1987년이었습니다. 그룸레이크 상공에서 어떤 비행체가 기존의 항공기로는 할 수 없는 것들을 선보이며 날아다녔습니다. 시속 2,200킬로미터로 날다가 멈추더니 각도를 바꿔 수직으로 치솟다 멈추고 다시 내려오더군요. 그것도 거대한 항공기가요. 이것은 그들이 시험 중이던 타원형 외계비행체 가운데 하나였습니다. 상식적으로 생각해도 기존의 비행체일 리가 없었죠. 반중력 같은 것이 아니었다면 그 조종사는 죽었을 테니까요. 그때 제 옆에 있던 오랫동안 F-106 전투기를 몰아온 조종사가 이렇게 말했습니다. "저런 비행에서 살아남을 수 있는 조종사는 세상에 없어요. 가속이 문제가 아니라, 저렇게 갑자기 멈추면 관성력 때문에 몸이 조각나버리거든요."

댄 모리스[2]의 증언

아시는 것처럼, 남아프리카공화국 정부는 외계비행체를 수거했다

2 미국 공군 중사·국가정찰국 정보원·중대 극비기밀 취급자. 상세 이력은 32쪽 참조.

고 인정했습니다. 거침없이 밝혀버렸습니다. 그들이 내놓은 다큐멘터리 필름에는 자신이 수거했다고 밝힌 경찰관과 수거 장면을 찍은 사진들, 그밖에 여러 가지가 나옵니다.

자, 제가 읽은 내용에 따르면 남아프리카공화국과 미국 정부가 어떤 밀약을 맺었습니다. 미국은 그들이 처음으로 핵무기를 개발하고 사용했다는 것을 발설하지 않는 한편, 유엔에서 그들을 지지하지 못한다 해도 침묵을 지켜주겠다고 했습니다. 그 대가는 미국에 외계우주선을 넘기는 것이었고요. 양쪽 다 이를 수락했습니다.

우리는 C-5A 갤럭시 수송기를 보내 우주선과 거기서 꺼낸 두 구의 외계인 사체를 받았습니다. 그리고 오하이오주 데이턴에 있는 라이트패터슨 공군기지로 가져갔습니다. 통상 대부분의 수거물이 보내지는 곳으로 지하 8층까지 있습니다. 우리가 수거한 우주선과 사체도 그곳에 보관되었습니다. [관련 문서는 405쪽의 부록3-5를 참고하기 바란다.]

클리포드 스톤[3]의 증언

외계비행체 수거 훈련을 마친 어느 날, 포트미드Fort Meade에 있던 제 친구가 버지니아 포트리Fort Lee 기지까지 저를 태워주었습니다. 가는 내내 우리는 UFO에 대해 이야기했지요.

---

3 미국 육군 수거부대 하사. 상세 이력은 34쪽 참조.

그로부터 몇 주 뒤, 어떤 사람이 포트미드로 와서 친구를 만나달라고 요청하더군요. 그곳에 도착하자 그는 제 친구가 바빠서 잠시 자리를 비웠다며, 제게 국방부에 가본 적이 있느냐고 물었습니다. 없다고 대답했더니 잠깐 구경시켜주겠다고 제안했지요.

국방부에 도착해 저는 사진이 없는 작은 배지를 받았습니다. 그 사람은 사진이 붙은 신분증을 갖고 있었고요. 경비원들에게 저의 출입 승인을 확인시킨 뒤 엘리베이터로 안내했습니다.

몇 층이나 내려갔는지는 모르지만, 아무튼 한참을 내려갔습니다. 문이 열리자 눈앞에 모노레일 두 대가 있었습니다. 국방부 밑에 모노레일이 있을 줄은 상상도 못했지요. 가운데가 두툼한 큰 통로가 양쪽에 하나씩 있었습니다. 이 소형 모노레일은 총탄처럼 생긴 차체 앞뒤에 두 사람씩 앉도록 되어 있었습니다.

우리는 한쪽 모노레일에 올라탔습니다. 출발한 지 대략 20분쯤 지났을까, 그가 모노레일에서 내리며 말했습니다. "이 복도 끝에 있는 재미있는 곳들을 보여줄게요." 복도 끝에 가까이 다가가자 저를 보며 그러더군요. "세상이 항상 눈에 보이는 대로인 건 아닙니다. 국방부 지하에 모노레일이 있다는 걸 거의 모르듯이요. 마치 당신 뒤에 있는 벽과 같지요. 벽처럼 보이지 않지만요." 그가 농담을 하는 줄 알았던 저는 몸을 돌려 벽을 보았습니다. 이음매나 뭐 그런 것이라고는 전혀 보이지 않았어요. 그때 그가 저를 벽으로 밀쳤고, 중심을 잡으려던 저는 정말로 벽에서 열린 문 안쪽으로 떠밀렸습니다.

거기에는 탁자가 하나 있었고 양쪽에 두 명의 남자가 앉아있었습니다. 그리고 그 뒤로…… 작은 '그레이' 외계인이 있었습니다. 이 생명체는 자주 보고되던 그대로 키가 0.9~1미터 남짓했습니다. 저는 그

생명체의 두 눈을 들여다보았습니다. 제 마음속의 모든 것이 빨려 나가는 것 같은…… 마치 그가 제 인생을 통째로 읽고 있는 느낌이었어요. 정말로 거기서 느낀 걸 뭐라 설명하기가 힘듭니다. 그때까지 살아온 제 인생이 단 몇 초만에 스쳐 가더군요. 저는 그 모든 걸 느끼고 있었습니다.

그러다가 머리를 감싸쥔 채 바닥에 쓰러진 기억이 납니다. 깨어나보니 포트미드의 친구 사무실에 돌아와 있었습니다. 사람들은 그날 제게 아무 일도 없었다고, 내내 사무실에 있었다고 하더군요. 하지만 저는 알고 있습니다.

≡

윌리엄 존 파웰렉[4]의 증언

이지앤지에 있던 1984년에 어떤 프로젝트의 보안시스템 설계를 맡았습니다. 누구도 알지 못할 것 같은 토노파Tonopah라는 기지로, 작고 오래된 탄광촌인 토노파 남동쪽에 있었습니다. 이 기지는 가용 준비를 마친 F-117 스텔스 전투기를 보관하던 곳입니다. 그와 달리 그룹 레이크는 오로지 시험만을 목적으로 하는 곳이었고요. 아무튼 그 무렵에 전 비행대 전체가 토노파 기지에 있었고, 우리는 레벨사Revell가 만든 플라스틱 모형이 엉터리라며 키득거리곤 했습니다.

제가 우려했던 점은 '토노파에서 벌어지는 일들에 대해 과연 어떤

---

4   미국 공군 컴퓨팅 및 프로그래밍 전문가. 상세 이력은 143쪽 참조.

판단을 내려야 하는가' 하는 것이었습니다. 우리가 지키고 있는 기지의 지하 깊은 곳에는 많은 시설들이 있었거든요. 그곳에는 항공기 한 대를 올릴 수 있을 정도로 아주 큰, 마치 항공모함에 있는 것과 유사한 엘리베이터가 있었습니다. 이것을 타고 아주 깊은 지하까지 내려가 우리는 완전히 다른 유형의 장치를 보았습니다. 발전기나 에어컨처럼 일반 항공기에 흔히 들어가는 것이 아니었습니다. 깊은 지하에서 쉼 없이 가동되는 시설들은 단순히 시험을 목적으로 한 것이 아니었습니다.

제가 이 프로젝트에서 떠난 지 몇 년 뒤에 마침내 F-117이 발표됐습니다. 저는 '이제 토노파에서 또 어떤 일을 벌이려는 거지?'라는 걱정이 들었습니다. 제가 수치를 제대로 기억하고 있다면, 홀로먼 공군기지Holloman Air Force Base를 F-117 기지로 바꾼 겨우 9개월이라는 기간에 7,500만 달러를 쏟아부었으니까요. 그건 그렇다 쳐도, 이 전투기들을 토노파에서 왜 그리 서둘러 빼갔을까요? 전투기며 조종사며 지원인력을 홀로먼 기지로 옮겨놓고, 토노파에 새로운 프로젝트를 가져오기 위해 다급히 준비할 필요가 있었던 겁니다. 하지만 토노파를 또 다른 항공기를 위한 곳으로 준비시키고 있다는 낌새를 눈치챈 사람은 보안장비를 설치하던 우리 인원을 포함해 아무도 없었습니다. 심지어 소문만 무성한 오로라 정찰기에 대해서도 어느 정도는 주워들은게 있는데 말이지요.

공군은 꼭 그래야 할 필요가 없다면 어느 것도 버리지 않는다는 점을 기억했으면 합니다. 그들은 돈을 굴려야 했고 굴릴 줄 압니다. 토노파 기지가 중요하다는 것은 기정사실입니다. 최첨단 기기들을 갖춘 아주 현대적인 기지였습니다. 또한 51구역은 UFO 연구자들이

15~25킬로미터가 떨어진 산꼭대기에 올라가야 볼 수 있는 오지에 있는데, 토노파는 그보다 더한 그야말로 오지에 있었고요. 그리 높지 않은 산맥 사이에 들어앉아 있어 지상에서는 기지 안이 보이지 않았지요. 넬리스 공군기지구역의 연방정부 소유지를 무단으로 침입하지 않고서는 어느 방향에서도 보이지 않습니다.

1980년대 중반에는 보안에 대한 우려가 극심했습니다. 이지앤지를 통해 제가 상대하던 어느 장군은 15~25킬로미터 밖까지 감시할 수 있는 보안시스템을 만들면 어떻겠냐고 물을 정도였어요. 침입자를 하나도 빠짐없이 잡아내는 그런 시스템을 말입니다. 저는 자가충전시스템으로 망원경에 연결된 특수카메라를 장착한 인조바위를 생각해냈습니다. 말 그대로, 달빛도 없는 밤에 10킬로미터 밖에 있는 토끼를 포착해서 사진까지 찍을 수 있었습니다. 또한 경비병들이 말을 타고 순찰하는 방안도 제안했습니다. 그들은 실은 정부의 다른 부처 일을 하곤 했지만요.

저의 제안들은 매우 진지하게 받아들여졌습니다. 한번 생각해보세요. 이런 제안을 받아들여 인조바위를 만들고 아주 복잡한 전자장치를 잔뜩 집어넣은 다음, 기지 바깥이 멀리 내다보이는 언덕 위 절벽에 설치하고, 땅에 묻어놓은 광섬유나 숨겨놓은 극초단파 송신기에 연결해 기지의 상황실까지 끌어 온다는 걸요. 어떤 장기프로그램을 계획하지 않고서야 이런 형태의 기술에 그 정도로 많은 돈을 쓰지는 않습니다. 화장실 변기에 65,000달러를 쓰는 군에서도 돈을 허투루 낭비하지는 않거든요.

토노파의 시설들이 UFO와 관련된 하드웨어나 프로젝트에 이용되고 있었을까요? 낌새를 보니 지하시설에는 분명 무언가가 있었습니다. 저는 다른 직원들보다 먼저 일을 하러 들어가곤 했는데 그들이 뭔가를 치우고 있더군요. 바닥에는 질질 끌린 자국이 있었고요. 그리고 우리가 들어가 일할 수 있도록 마모되고 오래 쓴 흔적이 있는 장치들을 다른 곳으로 치웠습니다.

이지앤지는 네바다주 남부지역에서 오랫동안 깊이 개입해왔고 모든 것을 통제합니다. 누구나 알고 있는 사실입니다. 그들은 시험구역 자체를 통제했고 지금도 감시합니다. 아침마다 고용인들을 태우고 가서 밤이 되면 파푸스로, 51구역으로, 토노파로 데려오는 비행기까지 가지고 있습니다. 이곳은 우리가 다루는 특수한 환경이 아니라 이지앤지의 뒷마당이나 마찬가지였습니다. 이 기업의 역사는 제2차 세계대전 기간의 핵실험단계와 이후의 초기실험까지 거슬러갑니다. 정보공개법Freedom of Information Acts:FOIAs[5]에 구속받지 않고 정부를 위해 일하도록 되어 있는 과학기업이었지요.

저의 가장 큰 관심사 가운데 하나는 이것입니다. 진정으로 이 검은 프로젝트의 영역에서 일어나는 일을 합법적으로 알아내기를 원한다면, 그리고 의회와 대통령을 설득할 수 있다면, 우리는 정보공개법을 수정해야 합니다. 정부의 모든 계약업체가 관련 정보를 의무적으로 제출하도록 법조항을 수정해야 합니다. 그들이 빠져나갈 구멍이 없도록 말이지요. 지하조직 또한 마찬가지입니다. 현재 이지앤지는 그들의 거름망 역할을 하고 있습니다. 의회나 대중의 요구를 의도적으로 묵살하기 위한 거대한 뒷구멍인 셈이지요.

---

5 공공기관이 관리하는 정보를 국민 청구로 공개하도록 하는 법. 국민의 알 권리를 보장하고 국정 운영의 투명성을 높일 목적으로 제정한 법이다.

비밀 프로젝트를 운영하는 집단들에 대해 말하자면, 1970년대와 1980년대 초에는 그들의 의도가 미국을 방어하고 자유세계를 지키는 것인 줄만 알았습니다. 처음에는 저도 그랬습니다. 그런데 상황을 들여다볼수록, 미국의 목표와는 동떨어진 것이라는 사실이 명백해졌습니다. 통제를 하려는 태도도요. 권력과 통제, 이것이야말로 세상에서 두 번째로 오래된 직종이 아닐까 싶어요.

정보 누출의 위험을 줄이고 비밀 또는 공포를 유지하는 데 필요할 경우, 특정집단은 언제라도 물리력이나 다른 통제수단을 행사할 수 있습니다. 나이로비에서 밥에게 생긴 일이 그와 같은 상황이었습니다. [147~148쪽 '비밀특수인가 프로젝트'에 대한 **파웰렉**의 증언을 **참고하기 바란다.**] 그들은 밥이 너무 가까이 접근했고, 두려움도 없었고, 게다가 너무 큰 위협이었다고 판단했을 겁니다. 그래서 일반적인 방식으로 밥을 제거했습니다. 뉴멕시코주의 하원의원 쉬프Schiff에게 일어난 이상한 사건도 다르지 않았습니다. 쉬프 의원은 거의 평생을 실내에서 지내며 햇볕을 쬘 일이 없다시피 했는데 희한하게도 공격적인 암에 걸렸거든요. 그들은 이런 식의 방법으로 공격합니다.

예전에 특수부대에 있던 몇 사람과 대화한 적이 있는데 이들은 몇 차례 아주 괴상한 임무를 수행했다고 말했습니다. 또한 우리와 가끔 마주쳤던 용병들은 방해가 되는 사람들을 제거하는 임무를 받았다고 했습니다. 그들은 이런 식으로 의무에 발이 묶인 사람들을 하나의 통제수단으로 이용합니다. 기계적으로 명령을 받고 무엇이든 들은 그대로 하니까요. 대단한 나치 철학이지요. 그들은 누군가에게 세상의 이목을 끄는 타격을 한 방 입힘으로써, 계속 통제하기를 바라는 사람들을 잔뜩 겁에 질리게 만듭니다. 그러면 거슬리는 짓을 하지 않고 캐지 말아야 할 것을 캐지 않지요. 쉬프 의원이 그랬던 것처럼요.

이러한 처형 중에서도 제가 깊이 우려했던 사건이 하나 있습니다. 몇 해 전 비행기를 타고 가던 미국의 상무장관이 유고슬라비아의 어느 산 정상에서 사망한 일입니다. 현장에 맨 먼저 도착한 건 영국 특공대였습니다. 당시 뒷자리 보조석에 있던 공군 여승무원은 생존해 있었지요. 안정된 상태로 이송된 승무원은 숨진 채로 공항에 도착했습니다. 가벼운 타박상을 입었을 뿐인데 말입니다. 영국 특공대가 무슨 짓을 했는지, 같은 미국의 그들 집단과 어떤 거래가 오갔는지 조사할 필요가 있습니다.

더욱 이상한 점은, 도버 공군기지Dover Air Force Base로 운구한 장관의 시신 머리끝에 45구경 총탄으로 생긴 상흔이 있었다는 겁니다. 엑스레이로 예비검사를 해보니 뇌 속에 어떤 부스러기들이 있었고요. 이 분야에는 동결된 CO_2 탄환이나 질소 탄환을 사용해, 부서진 뼛조각 말고는 아무것도 남기지 않는 사살 방법이 있습니다. 그러나 하루 만에 일사천리로 시신이 화장되는 바람에 엄격한 부검을 할 수도 없었습니다. 이 일로 도버 공군기지의 관계자들은 심한 문책을 받았습니다.

이런 일이 지금도, 특히 지난 10년 동안 계속 벌어지는 것 같아 심히 우려됩니다. 한편으로 저는 우리 모두가 이런 일들이 벌어지는 단서를 되짚어 추적해볼 수 있다고 생각합니다. 그들의 통제욕구는 갈수록 심해지고 있으며 이러한 통제수단은 갈수록 노골적으로 사용되고 있으니 말입니다.

비행접시는 존재한다.
이 주제는 미국 정부의 최상위 기밀로,
심지어 수소폭탄보다 높은 등급이다.
비행접시의 작동방식은 아직 알 수 없지만
바네바 부시 박사가 이끄는
연구진이 노력을 기울이고 있다.
미국 당국은 이 문제를
엄청나게 중요한 사안으로 보고 있다.

W. B. 스미스 (Wilbert Brockhouse Smith, 1910-1962)
캐나다 교통부 선임 무선엔지니어, 마그넷 프로젝트 책임자
1950년 11월 21일, '지자기학Geo-Magnetics에 대한 간략보고서'에서

인류의 핵위협을 막아서다

외계존재와 핵시설 사건

제2차 세계대전 무렵 상호확증파괴Mutual Assured Destruction:MAD[1]로 치닫는 우리의 무모함을 막아 세우고자 우주에서 방문자들이 찾아온 것은 아닐까 하는 생각이 든다. 마치 꿀이 벌을 끌어들이듯, 당시 세계 유일의 원자탄 무장부대인 509폭격편대와 로즈웰 공군기지가 UFO를 끌어들인 것은 우연의 일치가 아니다.

세계 곳곳의 핵시설에서 복무한 수많은 군 관계자가 외계비행선을 목격했다. 그리고 그중 대부분이 발설하지 말라는 겁박을 받았다. 그야말로 강력한 본보기로 한층 더 심한 경고를 받거나 어떤 경우에는 바로 전속되기도 했다. 이 장에는 용기 있게 나서서 이런 일을 밝힌 군 목격자들의 증언을 담았다.

---

1 핵공격을 당하는 경우, 즉각적인 보복공격으로 최후까지 상대편도 전멸시키는 전략을 말한다.

영상에도 기록된 대륙간탄도미사일 시험발사체를 요격한 UFO, 사일로 안의 핵미사일 위에 나타나 발사태세를 마비시켜버린 UFO, 달에서 폭발하도록 특수개발된 대륙간탄도미사일이 외기권으로 나가기 전에 요격한 UFO 등의 이야기가 여기 담겼다.

달에서 핵무기를 터뜨리겠다던 비밀작전임무를 생각하면, 우리 인류가 전혀 다른 길로 가기까지 얼마나 많은 혼란과 어리석음을 보게 될지 묻게 된다. 대부분의 사람들이 자원과 환경 문제를 더는 미룰 수 없다고 인식하는 지점에 서 있다. 하지만 평화가 없이는 이 땅 위에서 한 걸음도 더 나아갈 수 없다.

지금 이렇게 말하는 사람들이 있다. "아, 우린 절대로 평화를 볼 수 없을 거야. 눈만 뜨면 서로 죽이려 들 테니 말이야." 불행히도 우리는 그동안 시시때때로 양떼를 공격하기를 즐기는 극소수의 광견들을 막아서려고 하지 않았다. 그러나 대다수는 서로를 죽이는 지경까지 가고 싶어 하지 않는다는 것이 진실이다.

나는 비밀특수인가 프로젝트에서 일하는 사람들 가운데 반사회적 인격장애자를 많이 만났다. 마치 총구에서 불을 뿜어대는 〈스타워즈〉 영화에서처럼 비밀 기술을 우주로 가져가 사용하고픈 망상에 젖어 있는 사람들 말이다. [4부 '우주적 속임수'를 참고하기 바란다.] 그러나 빛의 교차점 the crossing point of light[2]을 뛰어넘는 기술들은 무기시스템에 적용될 수 없을 뿐 아니라, 우리가 열핵무기를 '제한적'으로만 사용해도 생존할 수 없듯 그것을 사용하면 누구도 살아남지 못한다.

---

2   저자가 사용하는 용어로 "빛과 물질의 교차점"이라고도 한다. 우리가 넘어설 수 없다고 생각하는 "빛의 속도"(물질계)와 그것을 초월하는 비국소적 영역의 경계를 표현하는 말이다.

이 비밀 프로젝트에 있는 사람들은 외계존재의 행동을 잘못 해석하기도 했다. 예컨대 1970년대 말에서 1980년대 초, 미국이 소련에 힘을 과시하고자 달에서 핵무기를 폭파하려 했을 때 외계비행선이 나타나 요격했다. 자, 이 사건을 외계존재가 우리에게 적대적이라는 증거로 삼을 수도 있다. 하지만 실제로는 달에 있는 자신들의 시설을 보호하는 한편, 대량파괴무기가 없는 평화로운 우주공간의 신성함을 지키고자 했던 행동이었다. [260쪽 '달 기지' 내용을 참고하기 바란다.]

적대성의 증거로 오해하게 한 많은 외계존재 사건은 실은 깨달음의 증거였다. 그 외계문명들은 치기 어리고 통제불능인 지구의 군사문명이 우주로 나가지 못하게 막으려던 것이다. 관점에 따라 여러 각도로 볼 수 있지만, 나는 그들의 의도가 평화로운 것이라고 확신한다.

그럼에도 우주무기를 지지하는 성향을 가진 누군가에게 바람을 넣고 싶다면 이렇게 말하면 된다. '거봐, 외계인들이 진짜로 위협하고 있잖아. 우주에 무기를 설치해서 박살을 내야 한다니까!' 그저 공론이 아니다. 이런 일들은 실제로 일어났고, 외계비행선을 격추하고 우주에 무기를 배치하는 정당한 구실이 되었다.

우리 증인들은 16~18기의 대륙간탄도미사일이 순식간에 그리고 완전히 통제불능 상태가 되어버린 UFO 사건들을 목격했다. 내가 "외계존재들이 무슨 생각으로 그랬을까요?"라고 묻자 그들은 말했다. "이렇게 말하려는 것 같았어요. 제발 이 아름다운 행성을 날려버리지는 말라고요."

이와 비슷한 일들이 정확히 같은 시간에 소련에서도 일어났다는 사실을 대부분 알지 못한다. 외계존재들의 이런 행동은 지구의 모든 공격적인 핵보유국을 향해 이렇게 말하고 있었다. "평화를 이루세요.

서로가 자기파괴의 길로 가지 마세요. 그래도 하겠다면, 우리가 막아설 겁니다." 같은 시간에 같은 일이 미국과 소련에서 일어났고 그들이 소련을 편 든 것이 아님에도, 레이건 대통령의 군사고문들은 이를 스타워즈 방어망을 현실화하는 구실로 삼았다.

분명 외계문명들은 우리가 이런 무기를 갖고 우주로 나가도록 놔두지 않을 것이다. 비밀 그림자정부는 복제비행선과 여러 초첨단우주선을 이용해 우주로 나가려다 저지당했다. 국방정보국의 한 증인은 우주 쪽을 향하고 있는 정교한 위성시스템이 많다고 했다. 러시아 쪽이 아니다. 외계비행선을 추적하고 격추하는 데 사용되고 있는 것이다. 증인은 외계존재들이 자기방어를 위해 이 시스템을 수시로 망가뜨리고 있었다고 했다.

외계문명들이 지구에 어떤 새로운 질서를 부여하러 올 것이라는 생각은 환상이다. 갓 소년의 티를 벗고 성숙한 성인으로 휘청거리며 나아가고 있는 우리가 배워야 할 교훈이다. 외계문명들은 우리의 성장과정을 아주 오랫동안 지켜보고 있었다. 수천 년까지는 모르겠지만 분명 수백 년 동안, 어쩌면 훨씬 더 오랫동안 그래왔다. 그들은 지난 수십억 년간 발전해온 이 생물권을, 앞으로 수십 수백만 년간 지적 생명의 발달과 깨달음의 장소로 진화해갈 이 세상을, 삐뚤어진 어느 한 세대가 파괴하도록 내버려두지 않을 것이다.

이처럼, 지구는 일종의 우주적 격리상태에 있다. 그런 첨단기술을 가지고 우주로 나아가기에는 사회적으로나 영적으로나 우리가 아직 충분히 진화하지 않았다고 알려져 있다. 그리하여 지금은 우리의 날개가 잘려있다.

우리가 우주에서 환대받는 존재가 될 열쇠는 바로 평화이다.

로스 디드릭슨의 증언

로스 디드릭슨Ross Dedrickson은 미국 공군 대령이었다.

저는 원자력위원회 의장과 국방부 장관을 잇는 군사연락위원회의 참모장교였습니다. 육군·해군·공군뿐 아니라 여러 민간조직과 CIA, 국가안보국 그리고 제가 다리를 놓은 다른 접촉 창구들을 잘 알게 되었습니다.

제가 맡은 역할 가운데 하나는 모든 핵시설을 방문해 무기를 점검하는 보안팀과 동행하는 일이었습니다. 당시에 보관시설과 일부 제조시설 위에 UFO가 나타난다는 보고가 끊이지 않고 들어왔어요. 핵시설 위로 무언가 날아다니는 일이 아주 심각하게 받아들여졌습니다. [관련 문서는 409쪽의 부록3-6을 참고하기 바란다.]

그런데 너무 심각하게 받아들여진 나머지 목격자들이 일부러 보고하지 않는 경우가 잦았습니다. 요식체계며 절차 또한 너무 번잡스러웠고요. UFO가 레이더로 식별되는 경우에는 대부분 그것을 요격하기 위해 전투기가 긴급발진을 했습니다. 우리 정부의 아주 공격적인 대응이었지요.

1952년 7월, UFO가 워싱턴 수도 상공을 날아다닌 유명한 사건이 일어났습니다. 그때 저는 빛나는 원반형 비행체를 아홉 개나 보았습니다. 이 사건 이후, 저는 통합사령부의 펠트 제독 휘하에서 핵무기 운용계획에 관여하는 임시사령부 지휘소의 통솔장교로 발령을 받았습니다. 북미항공우주방위사령부 및 전략공군사령부와 연락을 유지하면서 핵무기 작전계획에 관여했고, UFO와 핵무기가 연관된 두 사건에 대해 알게 되었습니다.

첫 번째 사건은 태평양 상공에서 핵무기를 터뜨린 이후에 일어났습니다. 제가 기억하기로는 1961년이었습니다. 이 일로 외계존재들이 소스라치게 놀랐던 것은, 태평양 해역의 통신이 몇 시간 동안 먹통이 되어 무선전송이 되지 않았기 때문입니다. 그들은 우리의 전리층에 영향을 준 이 폭발을 대단히 우려했습니다. 자기장의 오염으로 외계존재들의 우주선이 작동되지 않았거든요.

두 번째 사건은 1970년대 말 또는 1980년대 초쯤, 과학적 측정을 위해 달에 핵무기를 터뜨리려 했을 때 일어났습니다. 물론 외계존재들에게는 받아들일 수 없는 일이었습니다. 그들은 달을 향해 날아가는 핵폭탄을 파괴해버렸습니다.

외계존재들은 지구의 어느 정부라도 우주에서 핵무기를 터뜨리려는 발상을 용납하지 않았습니다. 우리가 우주공간으로 쏴 올린 핵무기들을 모조리 파괴하면서 그 의지를 거듭거듭 보여주었습니다.

로버트 제이콥스의 증언

로버트 제이콥스Robert Jacobs는 미국 공군 중위였으며 명망 있는 대학 교수다.

1960년대에 저는 캘리포니아주 반덴버그 공군기지Vandenberg Air Force Base의 1369사진판독대대에서 장교로 복무했습니다. 미사일이 발사될 때마다 광학계측촬영을 감독하고 탄도미사일시험을 영상으로 찍는 일을 했습니다.

1964년에 우리는 핵탄두를 탑재할 탄도미사일 발사를 시험하고 있었습니다. 모의 핵탄두였지만 크기며 형태, 제원과 무게가 실제 핵탄두와 똑같았습니다. 그 시절에도 ICBM^{Inter County Ballistic Missiles}이라 불렀는데 다만 '대륙간^{Inter-Continental}'이 아닌 '지역간^{Inter-County}' 탄도미사일이었죠. 대부분이 발사하자마자 폭발해버렸던 터라, 미사일이 날아오를 때 연소장치에서 발생한 문제를 살펴볼 수 있도록 과정을 촬영하는 것이 저희의 업무였습니다. 그 촬영시설을 설치하는 데 제가 이룬 성과를 인정받아 '공군 유도미사일 훈장' 배지를 받기도 했습니다. 그때는 다들 탐내던 물건으로, 공군에서 이 배지를 받은 영상촬영자는 제가 처음이었습니다.

우리가 최초로 발사장면을 촬영하던 때, 한 사건이 일어났습니다. 카운트다운에 이어 "엔진 점화…… 발사!"라는 소리와 함께 아틀라스 미사일이 남서쪽으로 안개를 뚫고 솟구쳤습니다. 아름답더군요. 제가 "올라간다!"고 외치자 부하들이 18인치 렌즈를 장착한 M45추적기^{M45 tracking mount}로 미사일을 촬영했고, 커다란 BU망원렌즈를 돌려 미사일을 포착하며 따라갔습니다. 아니나 다를까, 우리는 로켓추진체의 3단계 전 과정을 볼 수 있었습니다. 연소된 추진체가 하나씩 떨어져 나갔습니다. 맨눈으로 보이는 것은 태평양의 어느 섬을 향해 발사된 미사일이 대기권을 가르면서 남기는 긴 비행운뿐이었습니다.

촬영한 필름을 기지로 보내고 하루 이틀 뒤에, 제1전략항공우주사단 본부의 맨스먼 소령의 호출을 받았습니다. 그의 사무실에는 무척 낯선 민간인 복장의 잿빛 수트를 입은 두 남자가 있었고 16밀리 영사기와 스크린이 설치되어 있었습니다. 소령이 영사기를 켜자 미사일 발사장면이 상영되더군요. 무척 흥분되는 순간이었습니다. 망원렌즈 덕분에 그 '문제의 장면'으로 접어드는 아틀라스 미사일의 전체 모습을 볼 수 있었습니다.

1단계 로켓이 연소하고 2단계 3단계 로켓도 모두 떨어져 나가고 모의 탄두가 날아가는 모습이 보였습니다. 그 순간, 화면 속으로 뭔가 다른 것이 들어왔습니다. 그것이 탄두 쪽으로 날아들더니 한 줄기 빛을 쏘았습니다. 탄두가 엄청난 속도로 날고 있다는 걸 생각해보세요. 그…… UFO는 탄두에 빛을 쏴 맞추더니, 반대편으로 가서 쏘고, 다시 움직여 쏘고, 아래로 내려가 또 쏘고는 왔던 방향으로 나가버렸습니다. UFO가 탄두를 따라잡아 그 주위를 날다가 돌아갔을 때, 탄두는 약 95킬로미터 고도에서 시속 17,000~22,000킬로미터로 날고 있었습니다. 결국 탄두는 방향을 잃고 우주공간으로 나가떨어졌습니다.

내가 UFO를 보다니! 저는 그것에 대해 누가 뭐라든 상관하지 않습니다. 제가 필름에서 봤으니까요! 제가 거기 있었어요! 우리가 본 그것, 날아들어온 이 물체는 둥근 접시 두 개를 마주 겹친 모양이었습니다. 그 위에는 탁구공 같은 게 붙어 있었는데 바로 거기서 빛줄기가 나왔고요. 제가 본 것은 그랬습니다.

방에 불이 켜지고 맨스먼 소령이 물었습니다. "자네들은 거기서 빈둥거리고 있었나?" 제가 "아닙니다"라고 하자 소령은 "그럼 저건 뭐지?"라고 물었습니다. 저는 "저희가 UFO의 모습을 잡은 것 같습니다"라고 답했습니다.

얼마간 이야기를 나눈 뒤 소령은 이에 대해 다시는 발설하지 말라며 이렇게 말했습니다. "보안규정을 어기면 무슨 꼴을 당하는지는 더 말하지 않아도 알 거네, 그런가?" 제가 "네, 압니다"라고 답하자 소령이 "좋아, 이 일은 없었던 거네"라고 말하고는 문 쪽으로 발을 떼는 저를 다시 불러 세웠습니다. "아, 잠깐만. 나중에 말이야, 이 일을 다른 사람에게 어쩔 수 없이 말해야 한다면 말이지, 레이저 추적 타격이었다고 하게." 글쎄요, 1964년에 레이저 추적 타격이라는 건 없었습니다. 레이저는 실험실에서나 만지작거리던 걸음마 단계였지요. 그래도 저는 "네, 알겠습니다"라고 말하고 방을 나섰습니다.

훨씬 나중에야 안 사실인데, 제가 소령의 사무실을 나선 뒤에, 민간인 복장을 했던 그 친구들은—CIA는 아니었어요—필름을 풀어 UFO가 나온 구간을 가위로 잘랐습니다. 잘라낸 필름을 다른 릴에 감아 서류가방에 넣고 남은 필름을 소령에게 건네고는 떠났습니다.

지난 18년 동안 저는 이 사건에 대해 말하지 않았습니다. 그리고 그 18년 동안 미국 공군의 은폐공작에 가담했습니다. 더 많은 일이 있었지만 극비기밀이라 입 밖에 냈다가는 큰 문제가 생길 겁니다. 그러나 이 사건에 대해서는 극비라고 말한 사람이 없었습니다. 맨스먼 소령도 "이 일은 없었던 거야"라고 했을 뿐이었고, 누구에게 들은 이야기가 아니라 제게 일어난 일이니까요.

그래서 이 사건에 대해 기고를 했습니다. 그때부터 정말 난리가 났지요. 하염없이 시달렸습니다. 낮에는 사무실로 해괴한 전화들이 걸려왔고 밤에는 집 전화가 밤새도록 울려댔어요. 사람들이 전화기에 대고 소리소리 질러댔고요. 어느 날 밤에는 누군가 우편함에 폭죽을 가득 넣고 터뜨려 우편함이 활활 타버렸습니다. 그날 새벽 한 시에 걸려온 전화 속 남자가 그러더군요. "한밤중에 불꽃놀이라, 멋진 광경이었다. 이 후레자식아!" 이런 일이 1982년부터 종종 일어났습니다.

그리고 이 〈히스토리채널History Channel〉³이 생기면서 다시 전화가 걸려옵니다. 참 당혹스러운 일이지요. NASA의 제임스 오버그James O'Berg나 미국 정부의 돈을 받고 정보를 제공하는 필립 클라스Phillip J. Klass처럼 저를 집요하게 멸시해온 회의론자들이 모욕적인 편지를 보내고 전화를 걸어옵니다만, 저는 발끈하지 않기로 했습니다. 이젠 신경 쓰지 않아요. 그들이 무슨 짓을 하겠어요. 저를 죽이려고 할까요? 망신을 주고 깔아뭉개려 할까요? 그들이 할 수 있는 건 그게 전부이지요.

저는 UFO를 둘러싼 이런 극단론자들이야말로 진지한 연구를 억누르려는 기획된 노력의 일환이라고 봅니다. 누구든 이 주제를 연구하려 할 때마다 비웃음을 당합니다. 상당히 규모 있는 대학의 정교수인 제가 미확인비행물체에 관심을 갖고 연구한다고 하면, 동료 교수들은 보나 마나 뒤에서 콧방귀를 뀔 거예요.

리 그레이엄Lee Graham은 저의 이야기를 입증하기 위해 제게 입을 다물라고 명령했던 플로렌스 맨스먼 주니어 소령을 추적했습니다. 소령은 스탠퍼드대학교 박사이자 캘리포니아주 프레스코에 목장을 가지고 있었습니다. 그는 리에게 보낸 답장에서 제가 한 모든 이야기가 절대적으로 사실이라고 밝혔습니다.

우리는 어쩌면 외계존재들이 우리에게 무언가를 말하고 있을지도 모른다는 것을 깨달아야 합니다. 그날 제가 보았던, 모의 핵탄두를 격추하는 UFO를 어떤 의미로 해석해야 할까요? 핵탄두로 실수를 범하지 말라는 뜻이 아닐까요?

---

3   미국의 미디어 기업 A&E 네트웍스의 다큐멘터리 채널. 1995년에 개국했고 2008년에 〈History〉로 이름을 바꾸었다. '고대의 외계종족 Ancient Aliens' 등 외계인에 대한 프로그램도 다수 제작했다.

드와인 아네슨⁴의 증언

저는 미국 공군에서 전자통신장교로 26년을 복무했습니다. 베트남을 비롯해 이름만 대면 다 제가 있었던 나라일 만큼 세계 곳곳에서 임무를 수행했습니다. 제게는 특별조사를 거쳐야만 얻을 수 있는 초극비기밀인 '특수정보 탱고킬로' 취급인가가 있었습니다.

1962년의 어느 날로 거슬러 가보지요. 독일의 람스타인 공군기지 Ramstein Air Base를 총괄하는 암호장교로 있던 저는, 통신소에 들어온 기밀 전갈을 보게 되었습니다. "노르웨이 스피츠베르겐 제도에 UFO가 추락함. 과학자로 이루어진 조사팀이 오고 있음." 어디서 왔는지는 기억나지 않지만 내용은 아직도 생생합니다.

1967년에는 몬태나주 맘스트롬 공군기지 Malmstrom Air Force Base의 제20항공사단 통신소를 지휘하는 일급비밀통제관으로 있었습니다. 제가 전략공군사령부 미사일요원에게 모든 핵미사일 발사인증을 보낼 만큼, 저의 극비기밀 취급자격은 아주 탄탄했습니다. 그곳에서도 UFO 관련 전갈이 들어왔습니다. "미사일 사일로 근처에서 UFO가 목격됨."

근무를 마쳤거나 교대하던 모든 관계자가 공중에 떠 있는 금속성의 원형물체를 봤다고 했습니다. 또한 제가 이해한 바로는 미사일이 모두 정지되었다고 했습니다. "정지되었다"라는 말은 죽었다는 뜻입니다. 뭔가가 미사일을 꺼버렸고 발사모드로 들어갈 수 없었지요.

다음은 세월이 흘러 보잉에서 일하면서 밥 카미니스키라는 남자

---

4 미국 공군 중령·극비기밀 취급자. 상세 이력은 53쪽 참조.

에게 들은 내용입니다. 그는 보잉으로부터 정지된 미사일의 점검 임무를 받은 기술자가 자신이었다며 "그것들에 완전한 건강증명서를 줬어요"라고 말했습니다. 미사일들이 아예 못쓰게 되지는 않았다는 뜻입니다. [관련 문서는 412쪽의 부록3-7을 참고하기 바란다.]

또 하나의 사건은 메인주 캐즈웰 공군기지Caswell Air Force Station의 레이더부대 지휘관으로 있을 때 일어났습니다. 우리 기지 바로 옆에는 B-52 폭격기와 KC공중급유기 등이 이륙하는 로링 공군기지Loring Air Force Base가 있었습니다. 그곳에서 보안관련 일을 하는 친구들을 많이 알았는데, 그들은 기지의 핵무기 저장지역 가까이에 UFO들이 떠 있다는 이야기를 해주었습니다. [이 이야기는 조 워제키Joe Wojtecki 중령의 증언을 입증해준다. 로링 공군기지에서 있었던 이 중대 사건에 대한 증언은 필자의 책『현대사 최대의 비밀』을 참고하기 바란다.]

마침내 라이트패터슨 공군기지의 군수국장으로 발령받았을 당시, 우리 부대는 미국에서 북미항공우주방위사령부 캐나다지국의 지휘통제를 받는 유일한 레이더부대였습니다. 제 밑에서 일하던 많은 기술자들은 엄청난 속도로 레이더스크린을 가로지르는 물체들에 대해 이야기하곤 했습니다. 우리가 가진 것 중에 그렇게 빠른 속도를 낼 수 있는 것은 없었거든요.

로버트 샐러스의 증언

로버트 샐러스Robert Salas는 미국 공군 대위였다.

1967년에 저는 몬태나주 맘스트롬 공군기지에서 미니트맨 미사일Minuteman Missiles 발사담당 장교로 있었습니다.

3월의 어느 이른 아침, 지하 2미터 깊이의 캡슐에서 핵탄두를 탑재한 미니트맨 미사일 10기를 확인하며 통제하고 있었습니다. 그때 여섯 명가량의 항공경비병이 있던 위층에서 전화가 걸려왔습니다. 선임경비병이 이상한 불빛이 하늘을 날아다닌다고 보고하더군요. 저는 더 중요한 일이 일어나면 전화하라고 일렀습니다. 다시 전화를 건 경비병은 무척 놀라 두려움에 떠는 목소리로 밝게 빛나는 붉은색 타원형 물체가 앞문 밖에 떠 있다고 했습니다. 그리고 그는 모든 경비병에게 총을 들고 그쪽으로 모이라고 했습니다.

저는 지휘관인 프레드 마이월드 대령을 깨워 보고받은 내용을 전했습니다. 그러는 사이, 우리 미사일이 하나씩 하나씩 꺼지면서 "노고no-go" 즉 발사불능상태가 되어버렸습니다. 문 밖에 UFO가 떠 있다는 전화를 받은 지 불과 몇 분 만에 미사일 6~8기를 잃고 말았습니다.

같은 날 아침, 에코편대에서도 아주 유사한 사건이 벌어졌다는 소식을 들었습니다. 밤 근무를 마친 관리인원과 보안요원들이 발사시설 위에 떠 있는 UFO들을 목격했고 그곳에 있던 미사일 10기를 한꺼번에 잃었다고 보고했습니다.

이 이야기를 뒷받침해줄 목격자들이 있습니다. 정보공개법에 따라 공군에 요청해 에코편대사건을 정리한 문서도 받았고요. 그 문서에는 UFO에 대한 언급도 있었습니다. 이 사건을 담은 통신 전문 중 하나에는 이렇게 쓰여 있었습니다. "10기의 미사일을 상실한 뚜렷한 이유를 당장 찾을 수 없다는 사실이 본부에 중대한 우려가 되고 있음." 저는 전략공군사령부 본부에서 보낸 이 전문을 입수했습니다.

1966년 8월 노스다코타주 마이놋 공군기지Minot Air Force Base에서 있었던 유사사건의 보고서 전문도 가지고 있고요.

우리 기지에서 사건이 일어난 지 일주일 만에 다시 아주 비슷하게 UFO 한 대가 미사일 사일로 위에서 목격되었습니다. 공군은 즉시 조사에 나섰지요. [관련 문서는 415쪽의 부록3-8을 참고하기 바란다.]

조지 파일러[5]의 증언

저는 21세기 공군정보국Intelligence for the 21st Air Force의 부국장이었습니다. 대통령과 주요 인사들이 탑승하는 군용기의 절반을 통제하던 곳이었습니다. 300여 대의 항공기를 보유한 우리는 온갖 종류의 임무를 맡았는데, 특히 군의 공중수송과 관련된 거의 모든 임무를 수행했습니다.

다음은 1978년 1월 18일 아침의 일입니다. 맥과이어 공군기지McGuire Air Force Base의 정문을 통과한 저는 활주로에 빨간 불빛이 켜진 모습을 보고 무슨 일이 생겼구나 생각했습니다. 21세기 공군사령부 지휘소에 도착하자 지휘관이 지난밤에 아주 흥미진진한 일이 있었다고 하더군요. 맥과이어 기지 상공에 밤새 UFO들이 날아다녔고, 그중 하나는 포트딕스Fort Dix에 착륙했거나 추락한 것으로 보인다고 했습니다. 어느 군사경찰이 외계인alien을 마주치고는 총으로 쐈다고도 했지요.

---

5 미국 공군 정보장교. 상세 이력은 170쪽 참조.

조금 혼동한 제가 그 외국인alien이 죽었는지 묻자 지휘관이 말했습니다. "외국인이 아니야, 우주에서 온 외계인이라니까!"

지휘관은 톰 새들러 장군에게 외계인을 잡았다고 보고하라고 했습니다. 이 이야기를 확인하고자 38항공수송대사령부 지휘소로 전화를 걸었더니 그들도 같은 정보를 들었다고 하더군요. 이 일이 실제로 일어났으며 기지에서 외계생명체가 발견되었다고요. 저는 장군의 집무실로 음어陰語·code word[6]를 가지고 갔습니다. 그런데 어떤 소란이 벌어졌는지 보안경찰 몇 명이 와있었고 꽤 어수선한 상황이었죠. 장군은 항상 부하들의 외모가 깔끔해야 한다고 생각하는 깐깐한 성미인데, 면도도 안한 부스스한 얼굴로 피곤해 보이는 사람들이 있는 모습에 놀랐습니다. 그 상황이 제가 들은 이야기와 맞물려있겠다 싶었지요.

곧이어 저는 사진현상소로 갔습니다. 평소 브리핑을 할 때 네 개의 스크린에 멋진 그림들을 계속 띄워놓아야 해서 날마다 가다시피 한 곳입니다. 저는 현상소에서 뭔가 심상치 않은 사진들을 찍은 것 같아 보여달라고 했습니다. 하사가 제게 사진들을 건네주려는 순간 함께 있던 상사가 "보여드리면 안 돼!"라고 하더군요. 제가 보아서는 안 될 사진이 있다는 걸 알았습니다. 장군의 브리핑 담당장교인 제가 사진을 보지 못하도록 제지당한 것은 그때가 처음이었습니다. 그만큼 아주 중요한 작전이었던 겁니다. 이 기지에는 핵자산들이 있었고, 유럽으로 핵무기를 실어 나르는 일을 했습니다.

저는 사건 현장에 있었던 보안경찰과도 이야기를 나눴습니다. 그는 어린아이처럼 몸이 작지만 보통 사람보다는 큰 머리를 가진 사체

---

6 통신 내용에서 비밀에 속하는 단어를 암호처럼 다른 말로 바꾸어 사용하는 체계.

를 보았다고 하더군요. 그 외계존재는 '그레이' 종족이었습니다. 주경찰과 군사경찰이 UFO처럼 보이는 것에서 나온 이 외계존재를 쫓았는데, 제가 알기로는 원반형 비행체였습니다. 그들은 추격 상황을 무전기로 듣고 있었습니다. 이유는 알 수 없지만 부상을 입고 달아난 그 존재는 철조망을 넘거나 아래로 기어서 맥과이어 기지로 들어갔고, 결국 활주로 끝에서 총을 맞고 죽었다고 했습니다. 6~8명의 보안경찰이 사체를 지켰고 라이트패터슨 공군기지에서 C-141 수송기가 잔해를 수거하러 왔습니다.

그날 밤 UFO들은 그 지역에 꽤 오래 있었습니다. 레이더에 잡혔고 관제사도 보았으며 인근의 항공기들도 목격한 것으로 보입니다.

이 사건에 대해 보안경찰대장과 사령부 지휘소의 몇몇 사람이 알고 있었습니다. 새들러 장군도 보고를 받았을 테고요. 사건에 관련된 중요 인물들은 곧바로 수송대사령부에서 하급부대로 전속되었습니다. 무언가를 아는 사람이 있다면 서로 말하지 못하게끔 갈라놓는다는 뜻이었습니다. 이런 일이 몇 주도 안 돼 진행되었습니다. 라이트패터슨 공군기지로 옮겨진 보안경찰은 여러 사람에게 보안규정을 들었고, 이 일을 다시는 입 밖에 꺼내지 말라는 경고를 받았다고 했습니다.

클리포드 스톤[7]의 증언

---

7 미국 육군 수거부대 하사. 상세 이력은 34쪽 참조.

육군은 추락한 UFO의 수거 임무를 맡기기 위해 저를 앨라배마 주 포트맥쿨렌Fort McCullen에 있는 NBC 학교에 보냈습니다. NBC는 '핵Nuclear · 생물Biological · 화학Chemical'의 머리글자로, 저의 일은 늘 NBC라는 틀 속에 연관되어 있었습니다. 만일 UFO 추락현장에 가서 아무도 모르게 잔해를 빼 올 수 있다면, 그리고 가짜뉴스 유포와 같은 공식적으로 승인받은 속임수 프로그램에 착수해야 한다면, 그렇게 하는 거지요.

물론 UFO는 고도로 진보한 기계라 추락하는 경우는 그리 많지 않습니다. 그래도 우리처럼 언젠가는 죽기 마련인 지적존재가 만든 것인 만큼 착오가 생기기 마련입니다.

'블루플라이'[외계비행체]를 수거할 때는 현장분석이라는 걸 합니다. 간단히 말하자면, 미사일과 항공기 전문가들이 현장에 가서 어떤 재료가 아닌지를 말해줍니다. 그러면 가능한 결론은 딱 하나만 남습니다. 지구의 것이 아니라는 겁니다.

수거작업은 위험물질이 관련된 항공기사고에 대처하는 것과 같은 방식으로 이뤄집니다. 예방조치를 위해 잔해는 위험물질 수준으로 포장되고요. 우리는 당연히 그 재료를 숨기려고 했는데, 커다란 비행체나 원반모양 또는 쐐기꼴인 경우에 특히 그랬습니다. 그것을 트럭에 실어 가져갈 때는 예방조치가 꼭 필요했습니다.

가장 신경 쓰인 부분 중 하나는 생물학적 요소입니다. 이들이 정말로 외계에서 온 존재라면 오염 가능성이 있기 때문이지요. 저는 외계존재들이 적대적이지 않다고 말합니다만, 만에 하나 사고가 생기거나 죽을 수도 있는 가능성은 항상 있었습니다.

추락한 외계비행체를 수거한 사례로 1969년 인디언 타운갭에서의 일이 있습니다. 때는 겨울로 우리는 96민사단에서 야외연습훈련을 하고 있었습니다. 저는 NBC의 당직 부사관이었고요. 우리는 비행체 추락사건이 발생했으니 수거작업을 지원해달라는 연락을 받고 현장으로 갔습니다. 이미 한 팀이 도착해 있었고 쐐기꼴의 비행체 주위로 조명이 환하게 밝혀져 있었습니다. 다행히 민간인이나 구경꾼으로 인해 문제가 생길 상황은 아니었습니다. 저는 APD27로 검사를 하라는 지시를 받고 물체 가까이로 다가갔습니다. 그리고 그 사체들이 지구의 존재가 아니라는 걸 깨달았습니다. 감정이 북받칠 것 같아 더 깊이 이야기하기가 망설여집니다.

우리가 관여했던 또 다른 사례는 1976년 9월 19일 이란에서 있었던 일입니다. 두 대의 전투기에 동시에 오작동이 발생해 원인을 확인하고자 해체했습니다. 한 공군 조종사가 UFO가 지상에 내려앉는 모습을 목격한 지점에서는 이상현상이 감지되었고요. 우리는 이 이상현상을 음성장치로 기록했습니다. 그리고 그 지역을 촬영한 영상에는 이상한 것들이 찍혀있었습니다. [관련 문서는 418쪽의 부록3-9와 420쪽의 부록3-10을 참고하기 바란다.]

1986년에는 UFO를 사격한 일이 두 번 있었는데 UFO는 아무 일도 없었다는 듯 이륙해버렸습니다. 같은 해, 20여 대의 UFO가 브라질 항공기 주위를 빙글빙글 맴돌던 사건이 있었고요.

1989년 여름에 저는 소련 국경지역에서 일어난 경악스러운 사건현장에 있었습니다. 걱정스러운 마음에 이제 그만 손을 떼고 집으로 돌아갈까 싶게 만든 사건이 여럿 있었는데, 이 사건도 그런 경우였습니다. 길이가 축구장 세 배쯤 되는 거대한 정삼각형 물체에 소련 사람들도 놀라 쩔쩔맸습니다. 그것은 우리가 "무인지대"라고 부르는 곳 위를 날았습니다. 다들 오싹한 정도가 아니라 머리털이 곤두설 지경이었습니다. 우리는 잠시 진정하고 나서 전투기를 출격시켰습니다. 조종사들에게는 소련 항공기가 영공을 침범한 듯하니 요격할 거라고 알렸습니다. 소련에서는 자기들 영공으로 되돌아온 UFO를 요격하려고 전투기들을 긴급 발진시켰고요. 하지만 그날 밤 어느 쪽도 사격을 하지는 않았습니다.

이 일이 진행되는 동안 많은 사람이 모여 브리핑을 들었습니다. 소련의 미그27기가 항로를 이탈해 무인지대 깊숙이 들어오면서 문제를 일으키고 경보가 울렸다는 설명이었습니다. 하지만 우리는 우리가 본 게 정확히 무엇인지 알고 있었습니다. 소련과 미국의 다양한 비행기의 윤곽이 그려진 식별카드도 갖고 있었습니다만, 그것은 전혀 기원이 다른 비행체였습니다. 공기역학적으로 타당하지 않았어요. 그렇게 높이 떠 있을 추진시스템이 없었다는 뜻입니다. 게다가 소리도 전혀 나지 않았고요. 우리에겐 그날 찍은 사진도 있었습니다.

사건의 여파는 커져갔고, 소련은 벨기에 정부를 통해 미국 정부에 공식 항의 서한을 보냈습니다. 미국이 정찰임무를 띤 스텔스기를 소련 영공에 띄우는 데 방관한 벨기에와 여러 나라에 매우 우려한다는 내용이었습니다. 우리는 소련 사람들과 함께 상의했습니다. 그쪽의 군사 연락담당 조직에 이 일이 우리의 스텔스기와는 아무 관련이 없다는 설명도 했고요.

한편 벨기에에서도 UFO 목격사건이 있었습니다. 이런 사건에 대해 사람들이 잘 모르는 것은, 굳이 은폐라고까지 하고 싶지는 않지만 특정정보를 숨기려는 거대한 움직임이 있었기 때문입니다. 레이더스크린의 영상을 바꿔서 UFO가 지하로 들어간 것처럼 보이게 하려는 시도도 있었는데, 실제로는 그렇지 않았습니다. 그것을 본 사람들과 조종사들이 있습니다. 전투기도 자동추적을 하고 있었고요. 그러니 이런 일들은 우리가 답해야 할 더 많은 의문을 남길 뿐이므로 언론이 알지 못하도록 숨기기로 했고 성공했지요.

영국의 '벤트워터스 사건'[8]은 또 하나의 무척 흥미로운 사례였습니다. 물리적 증거로는 사진과 영상 그리고 현장에서 발견한 이상현 상들이 있었습니다. 우리가 '착지점'이라고 부르는 지역에서는 주변보다 높은 수치의 방사선이 검출됐습니다. 나무들의 윗부분이 위로 자라지 않고 납작해졌다는 사실도 알게 되었고요. 목격자들도 많았습니다. 저는 영국과 미국의 레이더 관제사들에게 여러 기술적인 질문이 쏟아졌다는 걸 분명히 알고 있습니다. 두 번의 야심한 밤에 그곳으로 사람들이 보내졌다는 것도요.

우리는 1980년 12월 말에 그곳으로 가서 레이더 탐지기록 등의 모든 자료를 모아, 그리고 나토군 유럽연합최고사령부에 보고할 준비를 하러 린지 공군기지Lindsey Air Force Base로 돌아갔습니다. 이 정보는 특수요원을 통해 전달되었습니다. 자료들은 그 당시 미국 공군특수작전대와 공군작전센터 본부가 있던 버지니아주 포트벨보아로 이전되었습니다. [관련 문서는 423쪽의 부록3-11을 참고하기 바란다.]

닉 포프의 증언

---

8 1980년 12월 말 영국 서퍽주의 벤트워터스 및 우드브리지 공군기지 외곽에 있는 랜들섬 숲에서 UFO로 추정되는 정체불명의 불빛들이 목격된 일련의 사건. 세계적으로 손꼽히는 UFO 사건의 하나이다.

닉 포프Nick Pope는 영국 국방부 관료로, 1990년대에 국방장관실에 근무하며
UFO 현상에 관한 연구조사를 이끌었다.

영국에서 가장 유명한 UFO 사례는 랜들섬Rendelsham 숲 사건으로,
1980년 12월의 여러 날 밤에 걸쳐 일어난 일련의 UFO 사건입니다.
'벤트워터스 사건'이라고 불리기도 하지요. 영국 서펵주에 위치한 벤
트워터스와 우드브리지 공군기지가 관련되었기 때문인데, 이 기지들
은 실은 미국 공군이 운영하고 있었습니다.

제가 복무하던 기간보다 10년 앞서 일어난 일이지만, 저는 이 사
례를 검토하며 해당 파일을 샅샅이 살펴보았습니다. 군 관계자들의
목격자 진술을 보았고 그 자리에 있던 사람들의 증언도 들었습니다.
그리고 가장 중요하게 초점을 맞춘 점은 물리적 증거였습니다.

당시 몇몇 사람이 하늘을 이상하게 날아다니는 불빛들을 보면서
여러 번에 걸쳐 비행체와 조우했습니다. 일부 회의론자들은 근처의
등대를 잘못 본 게 아니냐고 했지만 이는 두 가지 이유로 말이 안 되
는 주장입니다. 첫째, 목격자들은 모두 군 관계자였습니다. 훈련된 관
측자이자 실수를 하지 않습니다. 그 등대는 그들이 복무하는 동안 거
의 매일 밤마다 보았던 익숙한 것이기도 했고요. 둘째, 이 조우가 있
던 시점에 분명히 등대와 UFO가 각각 뚜렷이 보였습니다.

더욱 중요한 것은, 첫째 날 밤에 하늘이 아닌 땅 위에서 움직이는
비행체가 목격되었다는 점입니다. 두 공군기지 인근의 랜들섬 숲을
지나던 비행체가 공터에 착륙한 것으로 보이는데, 목격자들에 따르
면 삼각형에 가까운 금속성의 작은 비행체였습니다. 낮에 다시 그곳
을 찾아간 관계자들은 숲 바닥에 남은 세 개의 자국을 발견했습니다.

그 셋을 이어보니 완벽한 정삼각형이었습니다.

저는 찰스 홀트Charles Halt 중령이 현장에서 기록했던 방사선 수치를 국방부 소속 국방방사선방호대Defense Radiological Protection Service로 보냈습니다. 비행체가 내려앉은 자국이 있던 바로 그 자리의 방사선 수치는 인근 지역보다 무려 열 배가 높았습니다. 방사선 수치라는 부정할 수 없는 과학적 증거가 있는 것이지요. 또한 비슷한 시점에 와튼 공군기지RAF Watton의 레이더에 이 비행체가 포착되기도 했고요.

이것으로 보아, 국방부에 보고된 것보다 훨씬 더 중요한 사건이 그 시기에 일어났다고 생각합니다. [우리는 당시 벤트워터스 공군기지에 미국의 통제 아래 핵무기가 몰래 보관되어 있었다는 사실을 알게 되었다. UFO들이 민간 핵발전소 및 핵자산을 갖춘 군사시설에 지대한 관심을 보인 사건이 많이 있었다.]

래리 워렌의 증언

래리 워렌Larry Warren은 영국 벤트워터스 공군기지의 보안부사관이었다.

저는 1980년 12월, 나토군 벤트워터스 공군기지 81전술전투비행단에 배속되었습니다. 12월 11일에 보안기밀 취급인가인 PRP를 승인받고, 그곳에 몰래 보관되어 있던 핵무기의 보안을 담당했습니다.

제가 야간근무를 시작한 지 2주째로 접어들 무렵이었습니다. 성탄절 다음 날 이른 아침에 비행을 하던 조종사가 UFO와 조우하는 일이 있었습니다. 그리고 이틀 뒤, 벤트워터스 기지에서 10킬로미터 떨어진 우드브리지 기지 인근에서 그 UFO 사건이 발생했습니다. 랜들섬 소나무 숲이 두 기지를 가르고 있지요.

당시 우드브리지 기지 동문에 있던 보안경찰 존 버로스는 활주로 동쪽 끝, 숲속 나무 사이로 어떤 물체 같은 것을 보았습니다. 다채로운 색깔의 빛이 보여 비행기가 추락했다고 생각한 그는 중앙보안통제실에 전화를 걸어 자신이 본 것을 보고했습니다. 이윽고 교대근무 감독인 짐 페니스턴 하사가 몇 사람을 데리고 도착해 숲으로 들어갔습니다. 틀림없이 추락사고라 생각하고 조사에 들어간 것이지요.

그러나 그들이 발견한 것은 비행기가 아니었습니다. 바닥 길이가 대략 2미터에 위로 3미터 정도 솟아 있는 검은색 삼각형 물체로, 강도와 밀도가 아주 높은 유리처럼 보였습니다. 지면 위로 솟아 있던 물체 아래로 삼각대 혹은 다리 같은 게 있었고 주위는 다채로운 색깔로 빛났습니다. 비행기나 특이한 것을 식별하는 데 고도로 훈련된 이들이었지만 분명히 눈에 익은 물체가 아니었습니다. 페니스턴과 부하들은 38구경 권총을 뽑아 들고 가까이 다가갔습니다. 페니스턴은 측면의 금속판에 새겨진 상형문자 같은 글을 보았는데 눈에 익었으나 알아볼 수는 없었습니다. 불투명 유리 같은 표면을 만져보니 조금 따뜻했고 내부의 움직임이 느껴졌습니다. 어떤 목소리도 들렸고요.

이들은 무전통신이 되지 않아 네 시간 동안 연락이 끊긴 상태였습니다. 다행히도 기지에서 무슨 일이 생겼는지 확인에 나섰습니다. 카메라를 가져와 사진도 찍었고요. 이들은 넋이 나간 상태로 숲에서 돌아오자마자 진술을 했습니다. 공군에서 펜토탈소디움이라는 주사제를 투여했다더군요.

다음 날 아침, 보안경찰대의 보고를 받은 서퍽경찰대가 조사에 나섰습니다. 직접 현장을 조사한 찰스 홀트 중령이 아주 명확히 설명할 수 있는데, 이 조우사건의 증거는 땅에 남은 자국이었습니다. 자국은 정확히 3미터 간격으로 삼각형을 이루고 있었습니다. 미루어 보건대 2.5톤 정도의 무게를 가진 무언가가 내려앉은 형상이었습니다. 코르시카 소나무 숲 위쪽에는 분명 무언가 뚫고 내려온 빈 공간이 있었습니다. 방사선 수치는 그 지역의 정상적인 자연방사선 수치보다 25배나 높았고, 주위의 나무며 모든 것에서 잔류방사선이 측정됐습니다.

버로스는 앞으로 이틀 동안 이 현상이 다시 일어날 거라고 제게 직접 말했는데, 정말로 그랬습니다. 그날로 그들의 근무가 끝나고 제가 근무할 차례가 되었습니다. 저의 근무지는 벤트워터스 기지 끝에 있는 18외곽초소로 아주 외진 경계초소였습니다. 근무를 시작하고 한 시간 반가량은 별다른 일이 없다가 별안간 동물 소동이 제 눈길을 끌었습니다. 사슴 무리들이 기지 주위에 쳐놓은 나지막한 울타리를 뛰어넘더니 초소를 스쳐 지나 활주로 쪽으로 달렸습니다. 꼭 무엇에 겁을 먹은 것처럼요.

그때 갑자기 무전기 개방주파수로 교신음이 들리기 시작했습니다. 우드브리지쪽 숲 너머로 "빛들이 다시 돌아왔다"는 내용이었습니다. 제가 그쪽을 쳐다볼 때, 당시 당직사령이었고 지금은 보안경찰인 브루스 잉글런드 중위에게서 전화가 왔습니다. "워렌, 근무를 해제하겠다. 자넬 태우러 정부수행차량이 갈 거네." 얼마 뒤 도착한 차량 운전석에는 제 상급자인 버스틴자 하사가 있었고, 옆 좌석에는 잉글런드 중위, 뒷좌석에는 저 같은 신참이 타고 있었습니다. 우리는 곧장 벤트워터스 기지 수송대로 향했습니다. 무전기에서는 기지 지휘관을 찾는 어수선한 교신이 분주했는데 이런 말이 들리더군요. "주파수를 바꿔라. 모든 무전기를 내려놓도록."

먼저 이 말은 꼭 해야겠습니다. 그날 밤 이 모든 일이 테이프에 녹음되었습니다. 그런데 그 테이프들과 이 시간대에 기록된 일지가 도난당하고 말았습니다. 홀트 중령이 찾아 나선 그 며칠 사이에 근무자 명단과 사건보고서 등 모든 것이 사라지고 없었습니다.

아무튼, 그 당시 우리는 나토군 제식탄환을 장전한 총을 소지했습니다. 아주 드문 일인데, 윗사람들이 그만큼 다급했던 모양이에요. 벌목용 길을 따라 숲으로 800미터쯤 들어가니 다른 차량들이 와있더군요. 그들은 우리가 가진 무기를 넘겨받았습니다. 우리는 4인조를 이루어 길을 따라 들어갔습니다. 숲속에서의 느낌은 아주 이상했습니다. 숲에 들어간 순간 몸의 움직임도, 지각도 아주 묘했어요. 분명히 뭔가 잘못됐다는 걸 느꼈습니다.

홀트 중령이 몇몇 윗사람과 함께 있었고 뒤이어 잉글런드 중위가 그들과 합류했습니다. 하급자들은 무전기를 사용하지 못했지만 다른 개방채널로 교신 소리가 들렸습니다. "지금 들어오는 친구들은 민감 지역에 돌아다니지 못하게 하도록." 그들은 물체들이 돌아오기를 기다리고 있던 것으로 보입니다.

UFO가 발견된 첫날부터 그 물체가 돌아올 것을 알았던 버로스 하사도 현장에 왔습니다. 비번이라 민간인 차림으로 왔는데 UFO 현상을 가까이서 보고 싶어 안달이 났던 거지요. 그때 상황을 녹음한 테이프를 들어보면, 숲으로의 접근을 통제하던 사람이 무전으로 홀트 중령을 부르면서 이렇게 말하더군요. "버로스 하사 외 두 명이 중령님이 계신 곳에 가고 싶어 합니다." 중령이 응답했습니다. "지금은 안 된다고 해. 여기서 나가면 말하겠다. 당장은 누구도 오지 못하게 해."

저는 버스틴자 하사와 교대근무 감독자인 로버트 볼 그리고 다른 사람들과 함께 코르시카 소나무 숲 끝쪽에 있는 카펠그린이라는 공터로 갔습니다. 재해대비반도 와있었습니다. 그곳에서 어떤 현상이 일어나고 있었는데, 꼭 박무처럼 땅 위로 안개가 낀 듯했습니다. 마치 영화를 보는 것 같았어요. 다들 그 현상이 다시 나타나기만을 고대하는 분위기였습니다. 현장에는 벤트워터스 기지의 공보팀에서 가져온 영화카메라와 아주 큰 비디오카메라가 있었습니다. 그 필름에 담긴 내용이 저의 이야기를 입증합니다. 제가 하는 말은 재판정에서 충분히 뒷받침될 수 있습니다. 특히 그 증거들을 가지고요.

아무튼, 왼편으로 좀 떨어진 곳에 농가가 한 채 있었습니다. 불이 켜진 걸 보니 안에 사람이 있었고요. 개가 짖던 소리가 지금도 생생합니다. 우리는 한 줄기 빛이 들어오는 걸 보았습니다. 빨간 농구공 모양의 물체가 북해 쪽에서 나무 위로 날아왔지요. 비행기 꼬리등이라고 하기에는 너무 빨랐습니다. 박무가 15미터 너비로 어떤 형태를 이루며 퍼져 있었고 그 위로 6미터쯤 높이에 농구공만한 크기의 빛이 보였습니다. 단단해 보이지는 않았고요.

이 사례는 인근 오포드 등대의 불빛을 오인한 걸로 무시되어 버렸습니다만, 그 등대는 100년이 넘도록 그 자리에 있었기 때문에 알 만한 사람은 다 알아봅니다. 등대의 불빛이 이곳이 아닌 공터를 비추던 모습을 아주 분명히 봤고요.

저를 비롯한 모든 사람이 알아챈 순간, 카메라가 그 빛을 찍기 시작했습니다. 그리고는 아무런 소리도 없이 폭발이 일어났습니다. 뭐라 설명하기가 아주 어렵습니다. 그것이 엄청나게 밝은 빛의 파편들로 쪼개졌거든요. 다들 눈을 불에 덴 듯 아파했습니다. 용접기 불꽃을 10분쯤 쳐다본 것 같았지요. 저는 망막과 눈 속에 섬광화상을 입었습니다. 그걸 기록한 문서도 갖고 있고요. "자네가 제대하자마자 자네 병무기록은 증발해버릴 거야"라던 어느 장교의 조언을 듣고 나서 기지에서 빼돌렸거든요.

빛의 폭발 이후, 그곳에 뚜렷한 형태를 갖춘 물체가 나타났습니다. 바닥 길이가 10미터쯤 되는 꽤 큰 피라미드 모양의 물체였습니다. 무척 희끄무레하게 무지개처럼 일그러져 보였지만 주변시로는 뚜렷하게 볼 수 있었습니다. 그건 거의 신기루와도 같았습니다. 그러나 흔적과 증거를 남길 만큼 단단한 물체였다는 건 확실합니다. 분명히 말하지만 지금도 증거가 있습니다. 땅 위에 내려앉은 그 물체를 영상과 사진으로 찍었으니까요.

게다가 그것은 우리 바로 앞에 있었습니다. 불과 10미터 거리에 있었지요. 저는 이 괴상한 기계의 오른편에서 밝은 빛이 빠져나오는 걸 보았습니다. 땅에서 30센티미터쯤 떨어져 있던 푸르스름한 금빛이 땅 위로 1미터쯤 솟아오르더니 갈라졌습니다. 그리고 길쭉한 고치 모양의 빛이 사그라지면서 그 안에 있던 존재들이 보였습니다. 키가 1.2미터가량으로 아이들만한 세 명의 어떤 생명체가 있었습니다. '이 아이들이 여기서 뭘 하는 거지?'라고 생각했던 기억이 납니다. 윗사람들도 아주 가까이서 보았고요.

그들의 상체와 팔의 움직임이 똑똑히 보였습니다. 머리카락은 없었고요. 빛 때문에 하체는 볼 수 없었지만 땅을 걷고 있지는 않았어요. 옷을 입고 있었고 어떤 까만 장치를 달고 있었습니다. 그리고 이건 안 봤으면 좋았을 텐데, 그들의 커다란 눈 주위로 하얀 막이 있었습니다. 그 하얀 막이 움직이며 적응하고 있더군요. 우리 눈이 빛에 적응하듯 말이지요. 세상에나, 마치 제가 딴 세상에 있는 듯했습니다.

다른 섬광현상을 조사하던 홀트 중령의 발 앞에는 초승달 모양의 물체들에서 나온 연필 굵기의 빛줄기들이 땅을 비추고 있었습니다. 홀트 중령은 이 일이 일어나는 내내 녹음을 하고 있었습니다. 장장 4시간짜리 음성녹음입니다. 18분 분량의 충격적인 내용도 담겨있고요. 저의 목소리도 그 기록에 담겨있습니다. 그리고 그 테이프를 공개한 사람이 바로 접니다. 어떤 대가 없이 CNN에 넘겼지요.

홀트 중령이 녹음한 테이프를 들어보면 그곳에 영국 경찰 몇 명이 와있었다는 걸 알 수 있습니다. 경찰차 사이렌 소리가 잠깐 녹음되었으니까요. 그들은 영국 경찰이 쓰는 카메라를 가지고 있었습니다. 이미 국제적인 사건이 되어버린 겁니다. 그리고 고든 윌리엄스 공군 중령이 다른 고위급 장교들과 함께 현장에 도착했습니다. 영국군도 와있었고요. 그들은 이 일을 어떻게 처리할지 알고 있는 듯했습니다. 이런 사건에 대응하는 규정이 틀림없이 있었습니다.

홀트 중령이 앞으로 나오더니 계급에 따라 그곳에서 나가라고 했습니다. 계급이 낮은 사람들이 많아서 다들 차로 돌아가야 했지요. 돌아가는 길에 숲에서도 많은 현상이 일어났습니다. 뭐라 불러야 할지 모르겠지만 그 '빛의 존재들'이 거기 있었습니다. 나무 위로는 비행체들이 마치 그들을 보호하며 상황을 지켜보는 듯 떠 있었고요.

우리가 주차구역에 도착해 떠날 채비를 할 무렵, 버로스 하사가 다른 물체가 나타났다고 말했습니다. 많은 보안관계자들이 모여 있던 한가운데 나타났지요. 버로스가 이 물체를 붙잡았더니 그것은 붙들린 채로 땅 위에 떠서 10미터쯤 움직였습니다. 물리적으로 그걸 만진 거예요! 잠시 뒤 그 물체는 버로스를 벗어나 떠났습니다.

이어 또 다른 빛줄기가 내려왔습니다. 빛은 그 존재들 가운데 하나와 함께 또 다른 보안관계자를 따라갔습니다. 그 친구가 트럭에 뛰어올라 문을 꽝 닫았는데, 아니 글쎄 그것이 앞 유리를 통과해 들어오지 뭡니까. 기겁을 한 그가 앞 유리를 발로 찼고 물체는 닫혀있던 창문을 통과해 나갔습니다. 그가 트럭에서 물러서자 나무들 위에서 푸른 빛줄기가 내려왔습니다. 물체는 빛줄기를 타고 까만 솔방울처럼 생긴 비행체로 곧장 올라갔습니다. 그 비행체 꼭지에는 하얗게 빛나는 쐐기들이 달려 있었지요. 밤하늘에 떠 있던 까만 비행체는 내내 이 사건을 지켜보고 있었습니다. 많은 사람들의 눈앞에서 벌어진 일입니다.

한 장교는 이 물체들이 그곳에서 무언가를 찾고 있었던 것 같다고 했습니다. 전날 밤에는 격자탐색을 하고 있었고 그런 활동이 사흘 밤에 걸쳐 이루어졌으니까요. 그들은 이유가 있어서 그곳에 있었습니다. 우리가 목적이 있어서 그곳에 있었던 것과 마찬가지로요. 그들은 '당신들이 우리를 방해하고 있으니 당신들이 알아야 할 것을 보여주겠다, 하지만 우리가 해야 할 일은 마치겠다'라고 하는 듯 했습니다.

나중에 홀트 중령이 제게 한 말이 있습니다. "자네는 그날 밤 내내 우리 기지와 랜들섬 숲과 우드브리지 기지 위에 세 개의 거대한 삼각형 물체가 있었다는 사실을 알고 있었나?" 많은 사람들이 놓친 시간대가 있었던 겁니다. 놀라운 일이었습니다.

이 사건 이후, 저의 머리카락은 하얗게 세어버렸습니다. 눈에선 계속 눈물이 흐르고 입에선 쇠맛이 났고, 온몸엔 땀이 뻘뻘 나고 한기로 오싹거렸습니다. 저는 어머니께 전화를 걸기로 결심했습니다. 어리고 순진했던 저는 통신보안규정 따위에 아랑곳하지 않았습니다.

그래도 우리가 쓰는 전화기는 늘 감청당하고 있다는 걸 알았기에 공중전화기로 가서 수신자부담으로 전화를 걸었습니다.

"어머니, 못 믿으실 거예요. 지난밤 UFO가 기지에 착륙했는데 우리가 모든 걸 봤어요!" 그런데 문득 어머니가 대답을 안 하신다는 생각이 들더군요. "여보세요? 여보세요?" 제가 함께 있던 친구 그렉을 보며 말했습니다. "이런, 차단당했네!" 다시 교환원에게 전화를 걸어 "저기요, 한 번 더 연결해줄 수 있나요?"라고 하자 교환원은 "죄송합니다, 기지에서 끊었네요"라더군요. 저는 그렉에게 "이런, 큰일 난 것 같은데"라고 말하고는 허둥지둥 생활관으로 돌아갔습니다.

전화를 걸기 전에 우리는 보안대로 불려갔습니다. 평소에는 보기 드물게 평상복 차림을 한 사람들이 보안대를 들락거리고 있더군요. 그들이 물었습니다. "숲에 있는 동안 뭔가를 가져오거나 치운 사람 있나? 돌이나 나뭇가지나 뭐라도 말이야. 만일 지금 말하지 않으면 군법이 적용된다. 제15조의 모든 규정, 그 위로는 JL-11의 모든 조항에 말이야." 다들 어리고 신참이었던 우리는 '제대로 복무 시작도 못 했는데 큰일 났다'고 생각했습니다. 그들이 가이거 계수기로 신체검측을 하자 한 친구에게서 반응이 나타났습니다. 그의 호주머니에서 뭔가가 나왔고요. 그는 곧바로 제거되었습니다. 제 인생을 걸고 말하는데, 다시는 그 친구를 보지 못했습니다.

보안대 사무실에 들어가니 보안대장인 말콤 지클러 소령과 부관인 칼 드루리 소령이 있었습니다. 두 사람 다 이 사건과 이리저리 관련이 있었지요. 우리는 열 명쯤 불려와 있었는데 모두 계급이 낮은 친구들이었습니다. 하사 위로는 아무도 없었어요. 저는 속으로 '아, 결국 보안서약을 하는구나' 생각했습니다. 방에는 의자가 몇 줄 깔려 있

인류의 핵위협을 막아서다

었고 작은 심문대 위에 서류가 놓여 있었습니다. 7개의 서류 중 하나는 우리의 진술을 기록한 것이었습니다. 그런데 당시 우리가 본 것이 아닌 내용까지 통틀어 적혀 있었습니다. 비번이었던 우리가 숲에서 미상의 깜빡이는 빛을 봤다고만 쓰여 있던 걸 생생하게 기억합니다.

제가 물었습니다. "소령님, 저희가 여기에 서명하지 않으면 어떻게 되는 겁니까?" 소령이 "자네들에겐 선택권이 없다"고 답하더군요. 문서는 네 가지였던 걸로 기억합니다. 하나는 군법상의 비밀유지 사항으로 '육·해·공군 합동발간물'이라고 똑똑히 적혀 있었습니다. 우리가 읽을 수 없는 것들도 있었는데 소령은 이렇게 말하더군요. "나중에 읽게 될 거야. 거기에 서명하게. 사회보장번호도 적고."

다음으로 우리는 지클러 소령의 사무실로 줄지어 들어갔습니다. 소령은 나가고 민간인 복장을 한 위압적인 두 남자가 서 있었죠. 덩치가 크고 꼭 사업가처럼 생긴 미국인이었습니다. 사진이 붙은 신분증에는 '군사보안대 Armed Forces Security Services'라고 적혀 있었는데, 우리가 들은 바로는 국가안보국의 작전부서라고 하더군요. 그들은 우리가 입은 군복을 보더니 그날 현장에서 입었던 군복이냐고 물었습니다. 가이거 계수기로 측정하려고 그랬던 것 같아요.

그 자리에는 런던에 있는 미국 해군정보국에서 나온 리처드슨 중령도 있었습니다. 이 상황을 총괄하던 사람이었지요. 중령이 한 말을 간추리면 이렇습니다. "자네들에게 노출된 그것은 우리가 오래전부터 알았던 것이다. 아주 오랫동안 여기서 일어난 현상이 있는데, 어떤 것은 그냥 왔다가 가고 또 어떤 것은 영구히 남아 있지." 그건 다양한 문명, 진보한 문명들을 말한 것이었습니다.

중령의 입에서 나온 나머지 말들은 죄다 국가에의 충성, 봉사, 우리의 맹세 같은 것들이었습니다. 세뇌작업이었지요. 그가 낮게 깔린 목소리로 비밀 유지의 이유를 장황하게 말했는데 물론, 국가안보였습니다. 함께 있던 한 친구가 "저희가 뭐라도 말하면 어떻게 됩니까?"라고 묻자 중령이 답했습니다. "이걸 알아두게. 군에 있는 한 자네들의 우편과 통화는 모두 감시될 거야. 이 순간부터는 누구와도, 심지어 서로 간에도 이에 대해 말하지 않는 게 최선이야. 사람들이 보지못할 것을 어쩌다 보았다고 생각하고 이딴 건 다 잊어버려. 그냥 자네들 삶을 살아가라고."

옆자리에 있던 앨라배마 출신의 제 친구는 이 상황을 견디지 못했습니다. 열아홉이라는 어린 나이에 인간의 상태가 확연히 드러나는 상황에 놓인 사람은 많지 않잖아요. 이름이 있고, 가족이 있고, 자신의 삶이 있는 사람이었지만 그들은 아랑곳하지 않았습니다. 제가 알던 친구가 무너져 내리는 모습을 바로 곁에서 지켜봐야 했습니다.

이어서 그들이 말했습니다. "자네들이 목격한 걸 보다 넓은 관점에서 바라보는 데 도움이 될 영상 한 편을 보여주겠네." 영상은 추측건대 1940년대에 항공기의 건 카메라gun camera로 촬영한 장면으로 시작했습니다. 플로리다키스로 보이는 곳에서 편대를 이룬 은빛 원반들이 비행기 아래로 날고 있었습니다.

필름에는 우주프로그램에 이르기까지 다양한 내용이 담겨 있었습니다. 그중 단연 최고의 장면은, 베트남의 어느 붉은 진흙 언덕 위에서 제5특수전단 부대원들이 나오는 모습이었습니다. 촬영연도는 모르겠으나 컬러영상이었지요. 초록색의 거대한 삼각형 물체가 부대원들이 서 있던 덤불 아래에서 솟구쳐 카메라 높이까지 아주 천천히, 의도적으로 움직였습니다. 그리고 펠리컨 같은 새떼가 바로 그 아래를 날아갔습니다. 평생 잊지 못할 장면이었습니다.

우주프로그램을 다룬 부분에서는, 하늘에 맹세컨대, 달에 있는 구조물들이 나왔습니다. 모래색깔을 띤 거대한 상자모양으로, 정사각형 또는 다각형의 창문이 없는 구조물이었습니다. 월면차lunar car가 그 주위를 돌아다니고 있었고요. 멀리서 우주비행사들이 구조물을 가리켰고, 물체들이 달 표면을 움직이기 시작했습니다. 구조물들은 틀림없는 인공물이었습니다. 그것이 필름에 담겼지요. 아폴로 임무에서요! 다음으로, 언덕 위에는 빛과 함께 기이한 것들이 있었습니다. 완전히 새것처럼 보였는데 대부분이 아폴로 임무를 수행하는 월면차와 같이 있었습니다. 그리고 우주유영을 하던 비행사들 곁으로 무언가 어두운 것이 붉은빛을 쏘며 엄청난 속도로 다가왔습니다. 이 아폴로 임무를 마지막으로 영상은 끝났습니다.

이어서 그들이 말했습니다. 번호를 줄 테니 앞으로 한 달간 특이한 꿈을 꾸면 언제라도 전화하라고, 그리고 소련이 정보를 얻기 위해 그곳에 잠입할 가능성이 있으니 혹여 정보를 캐내려는 사람이 있으면 바로 당국에 보고하라고 말이죠.

그곳에서 나와 어머니께 전화를 걸었다가 차단당한 뒤에, 저는 벤트워터스 통신대로 불려갔습니다. 곤란한 상황에 빠졌다는 걸 알았지요. 하사 한 명과 함께 있던 대위가 심문을 시작했습니다. "지상통신으로 민감한 정보를 누설했나?" 그가 재차 물었지만 저는 아니라고 우겼습니다. "그럼 들어볼까?"라며 녹음테이프를 재생하자 제 목소리가 나왔습니다. "워렌, 이 기지에 있는 모든 전화가 항상 감청되고 있다는 걸 알아야지"라고 하더군요. 대위는 군법 제15조를 적용하면 전과자가 될 테니 그러지는 않겠다고 했습니다. 대신 벌금 300달러를 내고 또다시 문제를 일으키면 강등시키겠다고 했습니다. 제가 벌금형을 받은 기록이 남아 있습니다만, 이유는 적혀 있지 않습니다.

이 일이 있고 나서 누군가 식사 자리에서 물었습니다. "대체 지난 밤에 무슨 일이 있었던 거야?" 상급자인 페니스턴이 먼저 나섰습니다. "입 닥쳐. 워렌, 입 닥치라고." 바로 이런 식이었습니다. 저는 식판을 던지고 나가버렸고 상황은 악화되기 시작했습니다.

그날 저와 버스틴자 하사는 오후 5시에 주차장에서 어떤 차를 맞이하라는 전화를 받았습니다. 그곳에 도착하니 차 문이 열린 채로 어떤 남자가 앉아 있더군요. 그 사이 우리 뒤로 두 사람이 다가왔고 저는 에어로졸을 뿌리는 소리를 들었어요. 눈앞이 깜깜해지더니 콧물이 줄줄 흐르고 가슴이 꽉 조여왔지요. 그들은 의식이 희미해진 저를 차 안에 구겨 넣고 두들겨 팼습니다. 나중에야 버스틴자도 누군가에게 전화를 걸었다는 걸 알았습니다.

그들은 우리를 벤트워터스 기지 안 어딘가로 데려갔습니다. 차 밖으로 내동댕이쳐져 말 그대로 질질 끌려갔습니다. 밑으로, 그러니까 지하기지로 내려갔지요. 거대한 아치형 천장에 오래된 유리판 벽면이 보였고 첨단기계가 많았습니다. 그리고는 아주 깜깜한 빈 공간으로 끌려간 기억이 납니다. 옆에 있던 누군가가 기지에서 북해로 이어지는 터널들이 있다고 했습니다. 다음으로 기억나는 건 환한 대낮입니다. 기지 내의 사진현상소에서 나와 여러 젊은 친구들과 함께 어딘가로 걸어갔습니다. 또 공군의 고위급 인사들과 신분을 알 수 없는 사람들이 탁자에 앉아 말을 걸었던 기억이 납니다. 눈부신 불빛 아래 그 사람들을 올려다보고 있었지요.

거기서 나오고 보니, 제 팔에 주사자국 같은 것이 있었습니다. 몸에는 멍이 있었고 붕대도 감겨 있었죠. 생각만 해도 겁이 나서 그때의 기억을 많이 더듬지는 않았습니다. 20분 정도밖에 기억이 나지 않는데, 사람들이 말하길 꼬박 하루를 사라졌었다고 하더군요. 다들 제가 급한 용무로 자리를 비웠다고 알고 있었죠.

기지는 모든 게 예전 같지가 않았습니다. 상황이 심각했어요. 우리 기지에는 정보기관 사람들을 비롯해 외부인이 많이 와있었고, 우드브리지 기지에는 비행기들이 모여들었고, 흰색 작업복을 입은 팀들이 숲속을 돌아다녔습니다. 심지어 지휘관들조차 그곳에 가까이 가거나 사람들이 왜 와있는지 물을 수 없었습니다.

안타까운 일이지만, 앞서 이야기한 제 앨라배마 친구는 집으로 돌아가고 싶은 마음에 무단이탈을 했습니다. 그러나 오헤어 공항에서 FBI에 붙잡혔고 곧바로 기지로 돌아와 다시 복무를 해야 했습니다. 제가 울적해하며 상사와 차량순찰을 돌고 있는데, 앨라배마가 무전을 통해 집에 가지 못할 바엔 차라리 죽어버리겠다고 말하는 소리가 들렸습니다. 그러고는 트럭을 몰아 위병소 쪽으로 질주했지요. 기지의 온 부대가 부산하게 움직였습니다. 결국 앨라배마는 지니고 있던 M16 총구를 입에 넣고 방아쇠를 당겨버렸습니다. 저는 열아홉이라는 나이에 처참하게 죽은 그의 모습을 바라봐야 했습니다. 밤과 낮이 다르듯 우리는 서로 달랐습니다. 태생부터 종교까지 공통점이라고는 없었지만, 그는 정말 멋진 녀석이었어요.

이런 일이 많은 사람들에게 생겼습니다. 한 대위는 집 뒤뜰에서 나무에 목을 맨 채 발견됐습니다. 가정을 이루었고 아이들도 있는, 이름을 가진 실존 인물입니다. 이런 사람들이 스스로 목숨을 끊기 시작했습니다. 공군에 책임이 있는 죽음이었어요. 그러나 공군은 우리를 도우려는 그 어떤 일도 하지 않았고 이 모든 일에 수수방관했습니다. 결국 벤트워터스 기지는 나토군에서 자살률이 가장 높은 곳이 되고 말았습니다. 거기서 제가 살아 나왔다는 사실이 놀라울 따름입니다.

다시 사건 당시로 돌아가서, 저는 문제의 그날 밤 와튼 공군기지 외곽에도 작은 물체가 나타났다는 걸 알았습니다. 그 무렵 아일랜드 공화국군(Irish Republican Army:IRA)의 위협이 있던 터라 기지의 보안이 엄중했습니다. 영국 공군의 군견대인 K-9팀이 외곽순찰을 하고 있는데 개들이 바닥에 납작 엎드리더랍니다. 그곳에서 군인들은 삼각형 비행체 옆에 있던 두 존재를 목격했습니다. 어떤 빛나는 물체로 기지 울타리를 콕콕 찌르던 그 존재들은 군견팀을 보고는 비행체 쪽으로 달아났습니다. 이륙한 비행체는 우리 기지 쪽으로 날아갔고요.

와튼 공군기지에서는 사건이 있던 밤마다 레이더로 물체들을 포착했습니다. 첫 번째 밤과 세 번째 밤에는 숲으로 내려오는 모습도 포착했고요. 다음날 와튼 공군기지를 찾아가 항공 관제사들과 이야기를 나눈 미국 공군은 외계인의 우주선이 랜들섬 숲에 내려앉았다고 밝혔습니다. 기지 지휘관이 미국측 공군에게 빌려준 레이더 테이프는 다시 돌려받지 못했습니다.

이 사건을 입증해줄 사람이 있습니다. 공군 조종사인 마이크 버라노 대위입니다. 그는 1985년 CNN의 'UFO: 벤트워터스 사건'이라는 프로그램에 출연해, 자신이 다음 날 아침 고든 윌리엄스 공군 중령을 제트기까지 태워주었노라고 증언했습니다. 중령은 버라노에게 직접 가방을 건넸습니다. 그가 "가방에는 무엇이 있습니까?"라고 묻자 중령은 이렇게 답했습니다. "필름이 있네. UFO를 찍은 필름과 사진이 있어." 버라노에게 필름의 행방을 물었더니 독일로 갔다고 하더군요. 당시 공군사령부가 있던 곳으로, 이를 입증하는 서류도 있습니다. 그리고 필름은 마침내 워싱턴으로 보내졌다는 걸 우리는 알고 있습니다.

한편, 저는 정보공개법에 의거해 찰스 홀트 중령이 기록한 문서를 입수했습니다. 마치 공군 편지지에 쓴 공상과학소설 같았는데 저는 의도적으로 사건을 축소한 것이라고 생각했습니다. 공군은 이 문서의 존재를 여러 차례 부인해왔습니다만, 제가 전해준 정보를 바탕으로 1983년에 'UFO 비밀유지에 반대하는 시민들Citizens Against UFO Secrecy'이라는 단체를 통해 공개되었습니다. 결국 문서의 대부분은 사라지고 말았지만요. [관련 문서는 423쪽의 부록3-11을 참고하기 바란다.]

1988년부터 1990년까지 우리는 착륙지점의 토양시료를 채취해, 매사추세츠주에 있는 스프링본 환경연구소Springborn Environmental Labs 과학자들에게 분석을 맡겼습니다. 오로지 그 지점에서만 1미터 높이 아래로 확연한 현상이 나타났습니다. 지역 농부들과 이야기해보니, 지난 20년 동안 그곳에서만 식물이 자라지 않았다고 했습니다. 어떤 작물도요. 그곳의 토양은 더 검었습니다. 물을 머금지 않은 바짝 마른 흙과 섞인 결정체 같았고요. 꼭 냉동건조 커피처럼 말이지요. 이론적으로는, 산업용 전자레인지에서 초고온으로 가열했다가 순간적으로 영하의 온도로 동결시킨 상태를 보였습니다.

우리는 그동안 알아낸 결과를 모아『동문에 남다Left at East Gate』라는 책을 냈습니다.

지금껏 저에 관한 온갖 고약한 말이 떠돌았고, 사람들은 저를 프랭크 세르피코Frank Serpico[9] 같은 내부고발자로 여겼습니다. 그러나 저는 명예

---

9   1960년대 말에서 1970년대 초까지 뉴욕경찰에 근무하면서 경찰의 부패를 폭로해 유명해진 인물이다.

롭게 제대한 보안경찰입니다. 저의 복무기록도 갖고 있습니다. 그들이 내 흔적을 지워버릴 거라며 몰래 빼돌리라고 귀띔해준 분이 있었거든요. 그분은 "복무기록이 자네를 지켜줄 걸세"라고 말했습니다.

하지만 저는 오랫동안 믿기 어려운 문제들을 겪었습니다. 전화를 할 때마다 그랬지요. 소포의 태반은 가야 할 곳으로 가지 않았고, 제게 오는 우편물은 지금도 누군가 가로챕니다. 국세청과 관련된 일이며 온갖 일들로 협박을 받았고요. 미친 짓이에요. 그들은 미쳤어요.

언젠가 여권을 갱신할 때가 되어 절차대로 진행했지만 그것도 되지가 않았습니다. 그래서 여기저기 전화를 한 끝에 마침내 뉴햄프셔주 포츠머스에 있는 국무부 영사사업부의 한 여성과 통화하게 됐습니다. 그분이 "이곳 상황을 말씀드릴 수가 없네요"라고 하기에, 저는 잠시 생각하다가 이렇게 말했습니다. "저기요, 제가 지금 『동문에 남다』라는 책을 쓰고 있어요." 그랬더니 "그 벤트워터스 건이요…… 그럼 여기로 전화주세요"라며 자신의 집 전화번호를 알려주더군요.

그 번호로 전화를 걸자 그분이 말했습니다. "제게 공식적인 의견서가 있는데 이렇게 적혀 있어요. '외국에서 열린 공개포럼에서 민감한 국방관련 주제에 대해 발설하였으므로 분류에 따라 그의 여권은 무효화되었음.' 그리고 그 밑에 부호가 있네요. 국방부 부호에요." 제가 그 문서를 갖고 있는데 지금도 도무지 믿기지가 않습니다.

저는 페리 놀튼의 주선으로 전 미국 법무장관인 램지 클라크Ramsey Clark를 만났습니다. 그분은 자신이 몇 군데 전화를 해주겠노라고 말했습니다. 그리고 이런 답변이 돌아왔습니다. "제가 알아보니, 그 친구들 말로는 선생이 핵무기 이야기를 해서 그랬다고 합니다. 그게 다였습니다. 그런데 영국 사람들은 줄곧 그 기지에 핵폭탄이 있었다고 의

심해왔잖아요? 선생의 여권은 선생이 이야기한 다른 것 때문에 보류된 거예요." 그는 더 자세한 말은 하지 않고 두 군데에 전화를 걸었습니다. 그러자 국무부에서 실수로 일어난 일이라며 사과를 하더군요.

자, 우리는 최선을 다하고자 했습니다. 저는 이 내용을 의회 의원들 앞에서 기꺼이 서약하고 증언하려 합니다. 저는 제 조국에 경의를 품고 있으며, 이것은 국민의 알 권리라고 생각합니다.

≡

힐 노튼 경의 증언

> 힐 노튼 경Lord Hill-Norton은 영국 왕립해군의 5성장군이었다. 영국 국방부 장관과 나토 군사위원회 의장을 역임했다.

저는 벤트워터스 사건에 관련된 사람들과 많은 면담을 했습니다. 신중하게 생각한 끝에 제가 내린 결론은, 그날 밤에 일어난 일은 두 가지로만 설명할 수 있다는 것입니다.

첫 번째는, 당시 벤트워터스 공군기지 부사령관이던 홀트 중령과 그의 부하들을 비롯한 관련자들의 말처럼 그 사건이 실제로 일어났다는 것입니다. 이들은 지구 밖에서 온 무언가가 기지에 착륙했다고 주장했습니다. 그 물체에 가까이 다가가 조사를 하고 사진도 찍었으며, 실험 결과 그 자리에서 방사선이 검출되었다는 사실도 보고했습니다. 홀트 중령은 간략보고서를 작성해 국방부로 보냈고 영국 텔레비전 방송에 나와 그 내용을 이야기하기도 했습니다.

두 번째는, 그런 일이 일어나지 않았다는 겁니다. 이 경우에는 홀트 중령과 부하들이 다 같이 환각상태였다고 추정할 수밖에 없지요.

제 입장은 아주 분명합니다. 이 두 가지 설명 모두 국방에 중대한 사안이라는 것입니다. 중령이 그런 이야기를 지어낼 이유가 없을 터, 그 사건이 정말로 일어났다면 이 나라의 방어기지에 사람이 만들지 않은 우주선이 들어온 것은 중차대한 사안이 아닐 수 없습니다. 그게 아니라면 핵무장한 비행기가 있는 공군기지의 중령과 그 부하들이 환각상태에 빠져 있었다니, 이 또한 누가 봐도 중요한 사안입니다. 12월의 그날 밤 서퍽에서 아무 일도 없었다거나 혹은 그것이 국방에 중요한 사안이 아니라고 말해봐야, 우리 장관들 특히 국방부 장관에게는 득 될 게 없습니다.

영국을 비롯한 몇몇 나라에서 UFO 문제와 관련해 제 이름이 꽤 많이 오르내리면서 자주 듣는 질문이 있습니다. 국방부 장관이자 나토 군사위원회 의장을 역임한 사람으로서, UFO에 대한 사실이 왜 은폐되는지 혹은 정부가 그렇게 하려는 이유가 무엇이라고 생각하는지 말이죠. 이런 질문에 대해 가장 빈번하고 어쩌면 가장 그럴듯한 해석은 이것입니다. 정부, 특히 미국과 영국 정부가 대중이 그 진실을 알게 되면 어떤 반응을 보일지 우려하기 때문이라는 겁니다. 우리보다 한참 앞선 기술의 물체들이 하늘에 있다는 진실, 그들이 오는 것을 막을 방법이 없다는 진실, 그리고 혹시나 그들이 적대적일 경우 우리가 방어할 수단이 없다는 진실을요.

세계의 정부들은 만일 이런 사실을 공개하면 사람들이 공황상태에 빠질까봐 두려워하는 듯합니다. 뉴저지주에서 화성인 침공 대소동이 벌어진 그날처럼, 사람들이 길거리로 쏟아져 나오고 통신이 마비될 거라고, 다들 미쳐 날뛸 거라고 말입니다. 저는 결코 그렇게 믿지 않습니다. 우리는 21세기를 사는 사람들입니다. 핵무기를 개발해 일본의 두 도시를 파괴해버린 일을 50여 년 전에 겪어냈고, 수년 전에 예측했던 순간에 정확히 화성탐사선을 착륙시키는 것도 당연하게 생각합니다. 이런 일에 대해서도 어깨를 으쓱하며 당연한 일로 받아들이겠지요. 아무튼 제 경험상 사람들은 정치인을 믿지 않습니다.

제가 말하고 싶은 것은, 우주 바깥의 다른 문명에서 온 존재들이 우리를 방문하고 있으며 오랫동안 그래왔다는 진지한 가능성입니다. 우리는 그들이 누구인지, 어디서 오는지, 무엇을 원하는지를 마땅히 알아내야 합니다. 이는 타블로이드판 신문에나 나오는 쓰레기 같은 주제가 아니라 과학적으로 엄밀하게 탐구해야 할 주제입니다.

벤트워터스 사건은 그들이 우리 영공에 침입하고 우리 영토에 착륙까지 한 전형적인 사례입니다. 군에 있는 진지한 책임자들이 목격했고 책임 있게 조치했고요. 어떤 의미로는 이와 같은 일에 대해 미래에는 이렇게 다루면 안 된다는 걸 보여주는 하나의 척도이기도 합니다.

[이 인터뷰 자료를 공유해준 제임스 폭스에게 깊이 감사드린다.]

멀 쉐인 맥도우[10]의 증언

저는 1978년 8월 미국 해군에 입대해 항공모함 USS아메리카호에

10　미국 해군 대서양사령부·극비기밀 취급자. 상세 이력은 50쪽 참조.

배속되었습니다. 불행히도 임무수행 중 비행갑판에서 부상을 입은 뒤, CINC-ANT함대를 거쳐 버지니아주 노퍽에 있는 대서양사령부 지원시설의 지휘통제소에 배치되었습니다. 당시 지휘부는 11명 정도로 구성되었으며 대서양사령부 총사령관인 트레인 제독에게 직접 보고하는 체계였습니다. 미국 동부해안에 있는 모든 군 관계자는 그의 휘하에 있었습니다. 우리는 세계에서 진행되는 군사작전과 소련의 동태 등을 제독에게 보고했습니다.

6개월을 기다린 끝에 저는 극비기밀인 특수정보 취급인가와 제브라 스트라이프 배지를 받았습니다. 이 인가가 있으면 어느 시설이라도 아무 때나 제약 없이 출입할 수 있었습니다. 특별히 이것이 있어야만 들어갈 수 있는 지휘소도 말이지요.

저의 근무지는 지휘소 위 중이층, 즉 제3갑판이라고 부르는 곳에 있었습니다. 제가 맡은 일은 지휘소로 들어오고 나가는 음향 및 영상 정보가 제때 제대로 기록되는지 확인하는 것이었습니다. 필요시에 참고할 수 있도록요. 저는 모든 음향과 영상을 녹화했습니다. 해군이 전파하는 최고 수준의 경보인 '제브라상황'에서도요. 이는 보통 세계적 핵위협, 특히 소련의 핵위협이 있을 때 발령됩니다. 시시때때로 동부해안을 오르내리며 우리를 감시하던 소련군이 미국 영공에 지나치게 근접하거나 해상에서 수상쩍은 행동을 벌일 때도 발령되었죠.

우리는 핵전쟁 상황에 대비한 훈련도 했습니다. 당직사령과 당직부사령이 금고를 열어 '상호확증파괴'라는 암호책을 꺼내 들면, 잠수함에 전송할 핵공격 암호를 갖게 됩니다. 실제로 이런 상황이 진행될 때 지휘소에 있을 수 있는 사람은 그리 많지 않습니다. '제브라기밀' 등급이 아니면 훈련이 진행되는 동안에도 출입이 허용되지 않았습니다. 특히 '제브라훈련'은 지휘소와 바다에 있는 함정이나 잠수함 사이에 주고받는 최고 수준의 극비정보를 다루는 훈련이었습니다.

그리고 1981년 5월, UFO사건으로 실제상황이 벌어졌습니다. 밋밋한 일상이 다시 시작되던 시간에 갑자기 지휘소의 조명이 어둑해졌습니다. 제브라상황 경보가 발령되면 먼저 조명이 그렇게 바뀝니다. 훈련상황일 경우에는 대부분 "훈련상황이다, 훈련상황이다, 제브라상황을 발령한다"고 말하지만 이번에는 "훈련상황이다"라는 말이 없었고요. 당직사령과 부사령은 서로를 쳐다보며 부관들에게 훈련인지 아닌지 확인하라고 하더군요. 곧이어, 추측컨대 그린란드나 캐나다 노바스코샤 공군기지로부터 온 미확인비행물체가 우리 영공으로 들어왔다는 조기경보가 이어졌습니다. 훈련이 아니라고 발표되자 상황은 급박하게 돌아갔습니다. 다들 정신없이 뛰기 시작했고 분위기가 딴판으로 바뀌었지요.

훈련이든 아니든 제브라상황이 발령되면 '제브라 출입 배지'를 갖지 않은 사람은 지휘시설에서 나가야 합니다. 우리 건물을 안팎으로 지키고 있던 해병들은 이런 상황이 벌어질 경우, 국가안보를 위해 승인 없이 지휘소에 남은 자들을 사살하라고 명령받은 사람들입니다.

언젠가 제브라상황이 발령되었을 때 한 해병이 들어와 훈련인지 물었습니다. 혹여 실제상황이면 사람들을 색출해 발포해야 했으니까요. 제가 당직부사령에게 손짓을 하면서 "이 친구에게 무슨 설명이라도 해줘야겠는데요?"라고 말하자 그 해병은 "1~2분 남았습니다, 제 눈에 뭔가 보이지 않는다면 그땐……"이라고 말했지요. 증거를 남기지 않기 위해 정말로 총을 쏠 태세였습니다. 저는 그냥 이런 곳에서 나가고 싶다는 생각이었습니다.

그런데 그날의 사건은 훈련이 아니었습니다. 자신의 승인범위를 벗어난 곳에 있던 당직사령은 트레인 제독을 호출했습니다. 몇 분 만에 지휘소로 뛰어들어온 제독은 중이층 바로 아래 자신의 통제실로 들어갔습니다. 제독이 가장 먼저 알고 싶었던 것은 그 물체가 몇 개나 되는지, 지금 어디에 있는지, 어느 쪽으로 가고 있는지, 그리고 소련도 반응하고 있는지 등이었습니다. 우리는 미국 영공으로 들어온 것이 소련이 아니라는 걸 애초에 확인했습니다.

제독은 그 물체의 정체를 확인하고자 전투기 두 대를 띄우도록 승인했습니다. 동부해안을 오르내리던 추격전이 이제 막 시작된 것이지요. 전투기들은 최북단 그린란드부터 남태평양 해군항공기지에 이르기까지 곳곳에서 발진했습니다. 물체는 레이더에 거의 한 시간 동안 포착되었습니다. 물체를 목격하고 설명하는 조종사들의 생생한 목소리가 무전을 통해 지휘소로 속속 들어왔습니다. 두어 번 정도 물체에 근접한 조종사들은 미국이나 소련이 가진 어느 것과도 같지 않다는 걸 확인했습니다. 비행선이든 다른 무엇이든 아무튼 그들이 쫓고 있던 물체는 변화무쌍하게 해안을 따라 오르내렸습니다. 엄청나게 빠른 속도로요. 메인주 앞바다에서 따라잡았다 싶은 순간, 노픽에서 남쪽으로 플로리다를 향하고 있었습니다.

장교들은 겁에 질린 듯 보였습니다. 자제력을 잃거나 언성을 높이거나 흥분하는 모습을 보인 적이 없는 트레인 제독도 안절부절못했습니다. 그를 정말로 돌아버릴 지경으로 만든 것은, 이 물체가 제 맘대로 상황을 이끌면서 어디로든 몇 초 만에 갈 수 있다는 점이었습니다. 그는 무슨 수를 써서든 그것을 끌어내려 수거하길 원했습니다. 아주 절실히 원했지요. 제독은 종횡무진 상하좌우로 동부해안 전역에

인류의 핵위협을 막아서다

전투기 발진을 승인하고 있었습니다. 도버 공군기지에 있던 전투기까지 발진했지만 아무리 F-14기라고 해도 그 정도 거리를 횡단하려면 30분은 걸립니다. 그런데 이 물체는 동에 번쩍 서에 번쩍, 순식간에 수백 킬로미터 떨어진 곳에 짠하고 나타났습니다. 술래잡기하듯 말입니다. 전투기들은 사실상 추격할 엄두조차 내지 못했습니다.

이 물체는 플로리다 해안의 세실필드에 있는 메이포트 해군항공기지 근처까지 이동했습니다. 아조레스제도 쪽으로 날아가 속도를 늦추지도 않고 66도 각도로 방향을 꺾더니, 대기권을 벗어나 우주로 가버렸습니다. 이렇게 물체가 대서양 너머로 사라지면서 이 사건은 끝이 났습니다. 우리는 둘러앉아 "와, 대체 저게 뭐였을까?" 머리만 긁적일 수밖에요.

막강한 미국의 군사력이 그 무언가에 무릎을 꿇는 모습을 지켜보자니 한편으로는 우습더군요. 그것이 무엇인지, 어디서 왔는지, 또 어디로 가는지 도대체 알 수가 없었거든요. 확실한 건 그것이 소련에서 온 게 아니라는 사실뿐이었습니다. 당시에는 이것이 무엇인지를 가늠할 비교대상이 전무했습니다. 만에 하나 그들이 우리에게 적대적으로 폭탄을 떨어뜨리거나 미사일을 쏘거나 할 요량이었다면 아마도 식은 죽 먹기였을 겁니다. 우리는 그것에 털끝만큼의 위협도 주지 못했고요.

이 상황이 진행되는 내내 우리는 KH-11 인공위성으로 사진을 찍고 정보를 수집하고 있었습니다. 우주공간에서 지상에 있는 수십 센티미터 크기의 물체를 고화질로 찍을 수 있는 뛰어난 성능의 위성이었습니다. 하지만 지휘소에서 얻은 사진은 북미 해안 북부에서 전투기들이 UFO를 처음 마주쳤을 때 찍은 사진뿐이었습니다.

제가 기억하기로 그 물체는 원통형에 가까웠습니다. 납작하면서 길었고 대부분의 항공기처럼 끝이 가늘어지지 않고 갑작스레 끝나는 형태였지요. 누가 봐도 금속성 재질이었고요. 조종사들이 전한 정보에 따르면, 비행운이 발생하지 않았고 식별 가능한 불빛이나 표식이 전혀 없었으며, 조종석 창문이나 문 또는 그와 비슷한 것도 없었다고 합니다. 그냥 하나의 단단한 덩어리처럼 보였다고 했어요.

아무튼, 제브라상황이 해제되고 지휘소에 불이 환하게 들어왔습니다. 다들 아래층에 둘러앉아 이 사건에 대해 이야기하고 있었지요. 저는 제3갑판에 혼자 머물며 일지를 쓰고는 별다른 생각을 하지 않았습니다.

얼마 뒤 수트를 차려입고 방문자 배지를 단 두 남자가 찾아왔습니다. 누가 봐도 평범한 사람은 아니었습니다. 그들은 미리 준비해둔 회의실로 저를 데려갔습니다. 책상 위에는 제가 작성했던 일지가 놓여 있더군요. 그들은 이 사건에 대해 꽤 거칠게 묻기 시작했습니다. 제가 두 손을 들며 "잠깐만, 친구들, 우린 같은 편인데"라고 말할 만큼 위협적으로 나왔습니다. 그들은 제가 보고 들은 것, 여기서 있었던 일에 관해 그 무엇도 이 건물에 남아서는 안 된다고 못을 박았습니다. "동료들에게 한마디도 해선 안 됩니다. 기지를 떠나면 보고 들은 모든 걸 잊으십시오. 그건 일어나지 않았으니까." 대놓고 겁박하지는 않았지만 자칫하면 내게 해코지를 하겠구나 싶었습니다. 두 사람은 현상된 필름은 물론 아직 현상되지 않은 필름과 지휘소에서 확보한 모든 자료를 긁어모아 갔습니다. 제 일지도 다시는 보지 못했습니다.

군에서 나온 뒤, 저는 해군 편지지에 적힌 공문서를 받았습니다. 어떤 상황에서든 앞으로 5년간 절대로 미국을 떠날 수 없다는 내용이

255

인류의 핵위협을 막아서다

었습니다. 역시나 5년간 버지니아주를 벗어날 일이 있으면 FBI의 로어노크 사무소를 찾아가 알려야 한다는 내용도 적혀있었고요.

—◇—

리처드 도티[11]의 증언

미국은 원자탄 두 개를 다른 나라에 투하했습니다. 그 몇 주 전에는 뉴멕시코에서 핵실험을 했고요. 외계인들은 아마도 어디선가 이 일들을 지켜봤을 겁니다. 때마침 정찰을 하고 있었든 어떻게 알아냈든 그들은 상황을 파악하기 위해 여기에 왔습니다. 그들이 그런 무기를 갖고 있었는지는 알 수 없습니다만, 어떤 특별한 이유로 지구를 걱정했거나 무기를 노렸거나 둘 다였을지도 모르지요.

우리의 관심사는 그들의 의도를 파악하는 것이었습니다. 침공 전의 정찰비행이었을까요? 어떤 목적이 있어서 착륙 후에 특정시설을 차지하려 했을까요? 광물이 부족했던 것일까요? 아니면 우라늄을 플루토늄으로 바꾸려던 것일까요? 그렇게 생각했던 까닭은 '양키블랙 프로그램'의 영상 말미에, 우라늄광산 및 다른 광산지역에서 비행체들이 자주 목격되었다는 말이 여러 번 나왔기 때문입니다.

많은 핵무기를 보유하고 있고 핵무기 보안이 최우선인 미국 공군은 이에 대해 우려할 수밖에 없었습니다. 공군특수수사대의 주요 임무 가운데 하나는 핵무기에 대한 위협을 막는 방첩활동이었습니다.

---

11 미국 공군특수수사대 특수요원. 상세 이력은 43쪽 참조.

우리는 혹시나 그들의 위협이 있는지를 조사하고 판단해서 지휘체계를 따라 보고했습니다.

당시 전략공군사령부가 있던 뉴욕 북부의 피즈 공군기지Pease Air Force Base에서 복무하던 1984년, 아주 희한한 사건이 있었습니다. 핵무기 저장구역을 비행하던 UFO 한 대가 착륙했는데 알고 보니 핵무기 하나가 해체되어 있었습니다. 벙커에는 그런 일을 할 사람이 아무도 없었던지라 소련의 소행일 거라고 생각했습니다. 그곳에 가서 조사를 하던 저는 어떤 손자국을 발견했습니다. 사람의 손자국 같지는 않았어요. 제가 UFO와 외계존재에 대해 처음으로 보고를 받았을 때 팔 하나에 손이 두 개인 생명체 사진을 보았는데, 마치 그런 것이 다녀간 것처럼 보였습니다. 우리 정부가 외계존재의 손자국을 실제로 얻은 것은 그때가 처음이었습니다.

핵무기시설 및 통제시설 주위에서 UFO가 목격된 사례는 아주 아주 많습니다. 핵무기가 있던 엘스워스 공군기지Ellsworth Air Force Base와 맘스트롬 공군기지, 커트랜드 공군기지 그리고 당시의 전략공군사령부 기지들에서요.

[필자가 인터뷰한 많은 군 관계자들은 핵시설 인근에 외계비행선들이 나타나는 사건을 두고 같은 결론에 이르렀다. 우주여행이 가능한 수준까지 진화한 존재가 있고, 이들은 핵무기가 얼마나 위험한지 알고 있으며, 그것을 쓰면 우리 문명이 끝나리라는 것을 이해하고 있을지 모른다고. 그리고 우리가 그런 무기를 가지고 우주로 나가는 것을 단연코 원하지 않는다고……]

두 눈으로 UFO를 본 나는 그 존재를 확신합니다.

그렇게 놀라운 것은 본 적이 없습니다.

거대하고 아주 밝았지요.

크기는 달만했고 색깔이 바뀌었습니다.

10분 남짓 바라보았지만

누구도 그 정체를 헤아릴 수 없었습니다.

한 가지 장담하자면, 하늘에서 미확인물체를 봤다는 이들을

다시는 비웃지 않을 겁니다.

지미 카터 (Jimmy Carter, 1924-)
전 미국 대통령
1976년 6월 8일자 <내셔널인콰이어러The National Enquirer>에서

"그들이 여기 있다"

아폴로 11호의 달 기지 목격

'인류의 달 착륙이 실제로 있었는가' 하는 의문을 던지는 음모이론이 무성하다. 이는 1969년 7월 20일에 방송된 장면에서 우주비행사가 달 표면에 미국 국기를 세우는 와중에 깃발이 바람에 일렁이는 부분에 근거를 둔 것이다. 달에는 대기가 없다. 그러니 바람도 없다.

사실을 말하자면, 달 착륙은 실제로 있었다. 하지만 깃발을 세우는 그 장면은 지구에서, 그러니까 뉴욕의 어느 스튜디오에서 찍은 것이었다. 나는 어느 정보제공자로부터 이에 대해 들었다. 그들은 왜 속인 것일까?

아폴로호 착륙을 준비하던 NASA는 달 궤도를 비행하던 중, 달의 뒷면에 있는 구조물들을 사진에 담았다. 아주 오래된 것이 있는가 하면 새로워 보이는 것도 있었다. 모두 진보한 외계존재들의 구조물이었다. NASA가 가짜 착륙장면을 찍은 것은 그곳에서 어떤 일이 기다리고 있는지 알 수 없었기 때문이다. 혹시라도 외계존재들이 닐 암스트롱과 버즈 올드린에게 열렬한 환영파티를 열어주기로 결심할 경우 사진을 바꿔치기할 목적이었다. 그리고 달 착륙선이 내려앉았을 때, 분화구의 가장자리는 외계비행선으로 북적였다. 방송을 지연시킨 NASA는 그들의 출현에 우주비행사들이 반응하는 장면을 잘라내고 미리 찍어둔 장면을 끼워 넣어 방송했다.

닐 암스트롱이 우리 팀원에게 남몰래 해준 말이 있다. 실제로 달을 떠나라는 경고를 받았다는 것이다. 그들은 왜 그런 경고를 했을까? 간단히 말해, 미국이 소련과의 군비경쟁의 일환으로 달에 갔기 때문이다. 존 F. 케네디의 숭고한 도전이 있었음에도, 아폴로 프로그램은 소련의 스푸트니크 프로그램[1]에 대한 대응으로 시작되었다. 달 착륙은 본질적으로 냉전의 대리전이었다. 즉, 두 핵강대국 사이에 벌어진 고도로 군사화된 경쟁적인 모험이었던 것이다.

비행사들은 아폴로호가 착륙할 때 있었던 달 기지와 외계존재들에 대해 입을 다물었다. 진실을 공개했다가는 자신은 물론 가족들도 죽음에 이를 수 있다는 경고를 받은 까닭이었다. NASA의 협박으로 버즈 올드린은 신경쇠약에 시달렸다.

그러나 NASA 또한 몰락했다. 외계존재가 있다는 당황스런 사실 때문에, 고작 몇 번의 달 착륙 이후 아폴로 임무는 취소되었고 우주왕복선 프로그램으로 대체되었다. 여섯 대의 왕복선이 만들어졌지만 두 대는 폭발했고 모든 승무원을 잃었다. 발사 때마다 평균 4억 5천

---

1 1957년 10월 4일 인류 최초로 쏘아올린 인공위성 스푸트니크 1호를 시작으로 10호에 이르기까지 소련이 우주공간에서 여러 가지 관측실험을 진행한 프로그램. '스푸트니크'는 러시아어로 '동반자'라는 뜻이다.

만 달러가 투입된 이 프로젝트는 진척을 보이지 못하고 있었다.

그 뒤로 나온 것이 우주실험실Space Lab로, 지금은 러시아인들이 도맡고 있는 별 쓸모없는 관측플랫폼이다. 그리고 오늘날 미국의 전 우주프로그램은 민영화로 떠밀리고 있다. NASA는 무슨 일을 해온 것인가? 아폴로 이후로 왜 뚜렷한 방향이 없는 것인가? NASA의 과학자들은 수십 년 동안 '노새'들이 은퇴한 뒤 차고에서 '스포츠카'를 끌고 나오기만을 기다려왔다.

문제는 지난 40여 년에 걸쳐 두 가지 우주프로그램이 있었다는 것이다. NASA는 1940년대의 구식 로켓기술을 사용하라는 압력을 받았는데 이는 폭발물에 탄 것과 다를 바 없는 것이다. 그리고 '진짜' 우주프로그램은 따로 있다. 추락한 UFO들을 역설계해 얻은 고전압 반중력 추진시스템을 이용하는 것이다. 말 그대로 "ET를 집에 데려다 줄 수 있는" 이 기술은 비밀스런 검은 공작을 통해 자금을 받는다. 이는 록히드 스컹크웍스의 수장이었던 벤 리치에게서 나온 정보이다.

군사항공우주 역사학자인 마이클 슈랫은 이렇게 말했다. "우리에게는 네바다 사막 위를 날아다니는 것들이 있습니다. 사람들이 이해할 수 있는 것보다 50년은 앞선 것들이지요. 영화 〈스타워즈〉나 〈스타트렉〉에서 보았던 수준에 도달했고 실제로 그런 일을 했습니다. 다만 노력할 가치가 없다고 결정했을 뿐입니다. 이 말은 제가 아니라 벤 리치가 한 말입니다."

우리가 말하는 '외계지적존재'란 높은 의식수준을 가진 진보한 종족들을 가리킨다. 그러므로 우리는 외계지적존재의 의도를 주의 깊게 생각해야하며, 더 중요하게는 우리 자신의 의도와 태도에 있어 그리해야 한다. UFO에 대한 군과 민간 영역의 반응에서 잘 드러나듯

이, 인간의 성향은 이종혐오적이고 폭력적이었다. 우리가 이해하지 못하거나 통제하지 못하는 것은 모두 본질적으로 적대적이고 위협적인 것으로 보는 성향은 극복되어야 한다. 개인의 이익과 부당한 이득의 맹목적 추구는 물론 외계비행선과 외계지적존재를 주로 '획득'이라는 틀에서만 보는 경향을 바꿀 필요가 있다. 우리가 외계지적존재를 앞지르고 그들의 기술과 에너지원을 얻을 욕심으로 움직인다면, 우리의 노력은 실패할 것이다. 탐욕과 두려움, 적개심과 의심을 품고 그들에게 접근한다면, 우리의 노력은 헛된 일이 될 것이다.

그들이 텔레파시와 감각으로 우리의 진정한 의도와 동기를 읽을 수 있고 '우리의 노력에 깃든 정신'을 감지할 수 있다는 것은 의심할 나위가 없다. 따라서 우리가 성공을 거두려면 과학적 개방성으로 진리를 추구하고, 사심 없이 이타적이어야 하며, 해를 끼치지 말고 탐욕을 버리려는 정신적 노력이 필요하다. 무엇보다 외계지적존재와 인류의 관계가 평화롭게 발전하기를 바라는 마음이 중요하다. 따라서 조사 및 연구 분야에 있어 일차적으로 '순수한 동기'가 전제되어야 한다. 전문 지식과 기술은 그다음 조건일 뿐이다.

우리 의식의 광대함과 선명함은 엄연하며 다른 모든 것을 초월한다. 고결하지 못한 의도를 지닌 정부기관이 첨단기술과 인적자원과 막대한 자금을 동원한다 한들, 가진 것은 손전등뿐일지라도 고결한 의도를 품은 초보자가 훨씬 높은 확률로 외계지적존재를 만날 것이며 실제로도 그랬다. 참으로 모닥불 하나밖에 없는 원주민이 소통의 통로를 만들고 진리를 발견하는 데 있어 더 멀리 나아갈 수 있는 것이다.

서문에서 말한 것처럼, 외계존재들은 인류문명이 우주문명으로 거듭날 자격에 대해 아주 분명히 밝혀두었다. 무엇보다 우선되는 것은 서로가 평화롭게 어울려 살고, 대량파괴무기를 단념하며, 우주평화의 정신으로 나아가는 것이다. 이렇게만 한다면 우주는 두 팔 벌려 우리를 맞이할 것이다.

═

돈 필립스[2]의 증언

아폴로호의 달 착륙 과정에서 닐 암스트롱은 이렇게 말했습니다. "그들이 여기 있다. 바로 저기에 있다. 저 우주선들의 크기를 보라!…… 그들은 분명 우리가 이곳에 온 것을 좋아하지 않는다." 이어서 그는 우리의 군용기들이 전열을 갖추고 있으며 바로 그곳에만 비행체들과 외계존재가 모여 자신들을 지켜보고 있다고 했습니다. 닐 암스트롱은 분명히 말했습니다. "그들은 우리가 여기 있는 걸 원하지 않는다." 그 교신기록이 제게 있습니다.

═

존 메이너드[3]의 증언

우주와 무기에 관해서라면, 우주비행사들이 달에 발을 디뎠을 때

---

2   미국 공군 조종사·록히드 스컹크웍스 및 CIA 계약업체 기술자. 상세 이력은 71쪽 참조.
3   미국 국방정보국 군사정보 분석관. 상세 이력은 116쪽 참조.

했던 말을 돌이켜보면 된다고 생각합니다. 처음으로 달에 갔던 둘째 날에 비행사들은 말했습니다. "맞다, 그들이 여기 있다." 이 말은 전파를 타고 퍼졌습니다. 저는 그걸 녹음한 몇몇 사람을 알고 있습니다. 이 말이 아주 특별한 것은, 공공방송의 모든 영상에서 재빨리 삭제되었기 때문입니다.

칼 울프의 증언

칼 울프Karl Wolfe는 버지니아주 랭글리 공군기지의 전술공군사령부에서 복무했으며, 공군의 극비기밀취급인가를 갖고 있었다.

저는 1964년 1월 18일부터 1968년 10월 18일까지, 버지니아주 랭글리 공군기지의 전술공군사령부 4444기술정찰전대에서 복무했습니다. 이 부대의 임무는 사진정찰이었습니다. 비밀에 부쳐져 있던 U-2 정찰기와 정찰위성으로 사진을 찍는다는 걸 당시에는 누구도 몰랐습니다. U-2 프로그램의 존재는 물론 그 잠재력에 대해서도 몰랐습니다. 우리는 건 카메라의 정찰필름도 사용했습니다. C-130 수송기와 전투상황에 투입되는 모든 항공기에 장착되어 있었죠.

아마 1965년 6월이나 7월이었을 겁니다. 전자공학 배경을 가진 사진기술자였던 저는 새로 설치된 조직에 배치되었습니다. 달 궤도 탐사위성 프로그램으로, 1969년에 계획된 우주비행사들의 달 탐사에 앞서 첫 착륙장소를 찾는 임무였습니다. 사진현상소에 있던 어느 날, 상급자인 테일러 하사가 기지에 있는 장비에 문제가 있다며 찾아왔습니다. 그리고는 국가안보국 시설에 비슷한 장비가 있으니 한 번 살펴봐달라고 했습니다. 그 시절 저는 국가안보국NSA이 무엇인지도 몰랐습니다. 순진해 빠졌던 거지요. 테일러 하사가 말하는 NSA를 NASA로 알아들은 저는 오랫동안 그곳이 NASA의 시설이라고 생각했습니다.

랭글리 공군기지에 있는 그 시설은 국가안보국이 달 궤도 탐사위성으로부터 정보를 가져오는 곳이었습니다. 연장을 챙겨 그곳에 도착하자 두 명의 장교가 거대한 격납고 내부의 사진현상소로 데려갔습니다. 저와 같은 이등항공병이 장비를 가동시켰지만 정상적으로 작동하지 않았습니다. 무슨 문제가 있다는 걸 안 저는 그 친구에게 말했습니다. "현상소 밖으로 옮겨야겠는데. 여기 암실에서는 작업이 안 되겠어." 작은 냉장고 크기의 장비를 이동하는 게 쉽지 않아 전화를 걸어 사람들을 불렀습니다.

다들 나가고 암실에는 우리 둘만 남았습니다. 사람들을 기다리는 동안 저는 달 궤도 탐사위성에서 현상소로 어떻게 영상을 가져오는지 물었습니다. 그는 세계 곳곳에 있는 다양한 전파망원경이 서로 연결되어 원격으로 데이터를 전송한다고 하더군요. 그 무렵에 저는 이 암실이며 활동이며 시설들의 진짜 목적이 무엇인지 몰랐습니다. 그저 데이터를 가져와서 대중에 공개하는 곳이려니 했지, 설마 다른 주제들에 관련된 줄은 생각지도 못했습니다.

그는 이 모든 정보를 풀어놓기 시작했습니다. 비로소 저는 우리가 하는 일이 기밀사항이며 일의 성격상 분획되어 있어, 그 친구도 자신이 하는 일의 수준에서만 알려줄 수 있다는 걸 깨달았습니다. 아무튼 그는 일이 어떻게 돌아가는지 설명했습니다. 디지털정보가 사진영상으로 변환되는 장비도 보여주었고요. 당시에 그들은 35밀리 필름 조각을 짜 맞춰 1811인치 크기의 모자이크를 만들었습니다. 저마다 전자서명과 회색계조가 있는 필름 조각들은 달 주위를 돌며 연속적으로 찍은 것이었습니다. 그들은 이 데이터를 받아 사진을 구성했습니다. 달의 표면을 한 부분씩 스캔해 하나의 커다란 영상을 만들고는 밀착기에 넣어 인쇄했습니다.

이런 작업 과정을 설명해주던 그가 말했습니다. "그런데 말이야, 달 뒷면에서 기지를 하나 발견했어." 제가 "누구 것인데?"라고 묻자 그가 되물었습니다. "누구 것이라니?" 순간, 그 친구가 하는 말을 알아차린 저는 조금 무서워졌습니다. 하필 이런 때 누가 들어오기라도 하면 둘 다 큰일이 나겠다, 생각했습니다. 그는 말해서는 안 되고 저는 들어서는 안 되는 정보였으니까요.

그는 모자이크 하나를 꺼내 달에 있는 기지를 보여주었습니다. 광활한 풍경 속에 건물들이 무리지어 있었습니다. 원반처럼 생긴 건물이 하나 있었고 그 옆에는 꼭대기가 뭉툭하고 각이 진 건물이 있었습니다. 구형球形 건물과 아주 높은 탑들, 꼭 레이더 접시처럼 생긴 것들도 있었고요. 엄청 크고 얇은 구조의 건물도 있었는데 비스듬히 찍은 사진이라 그림자가 드리웠지요. 눈에 확 들어올 정도로 큰 원형 건물과 돔형 건물도 있었습니다. 두어 개의 구조물은 발전소 냉각탑이 떠오르는 그런 모양이었어요. 아주 곧고 크면서 위가 평평한 것도 있었고요. 어떤 것들은 둥글고 또 어떤 것들은 반원형 막사나, 비닐하우스처럼 생겼지요. 어떤 건물들의 표면은 무척 반사가 잘 되는 것처럼 보였고요. 흥미롭게도 저는 속으로 지구의 구조물들과 비교하고 있었

"그들이 여기 있다"

습니다. 어느 정도 비슷한 면이 있었지만요. 그 규모와 구조는 우리가 지구에서 본 어떤 것과도 비교되지 않았습니다. 금속구조물에 빗대 보기도 했지만 금속의 특징은 찾을 수 없었습니다. 그보다는 인공바위에 더 가까웠습니다.

그 이상은 보고 싶지 않았습니다. 제 인생이 위험한 지경에 빠졌다는 느낌이 들었거든요. 무슨 말인지 아시지요? 사진을 더 들여다보고 복사도 하고 싶었지만 그럴 수 없다는 걸 알았습니다. 이런 것들을 공유해준 이 젊은 친구가 지나치게, 정말 지나치게 도를 넘고 있다는 걸 저는 알았습니다.

≡

도너 헤어의 증언

도너 헤어Donna Hare는 NASA의 계약업체인 필코포드Philco Ford에서 일하면서 기밀취급인가를 갖고 있었다.

1970년부터 그 이듬해까지 저는 필코포드의 직원으로 NASA의 8동 건물 및 회사 안팎의 여러 곳에서 일했습니다. 한번은 NASA의 제한구역 가운데 한 곳인 사진현상소에 들어갔습니다. 제겐 기밀취급인가가 있었으니까요. 현상소에서는 달에서 찍은 필름과 위성사진을 처리하고 있었습니다. 제 친구이던 기술자가 와보라며 손짓한 곳에는, 공중에서 아래를 찍은 위성사진을 이어 붙인 커다란 모자이크가 있었습니다.

제가 흥미롭다고 말하자 친구가 미소를 짓더니 "저것 좀 봐"라며 어딘가를 가리켰어요. 눈길을 돌려 본 사진판에는 둥글고 하얀 점이 하나 있었습니다. 매우 또렷한 윤곽에 선명한 선들이 있었고요. "저건 뭐지? 감광유제에 점이 생긴 건가?"라고 묻자 친구가 웃었어요. "그랬다면 땅에 둥근 그림자가 없었겠지." 그러고 보니 해가 나무를 비추는 각도로 그림자가 있었습니다. 저는 깜짝 놀라 친구를 바라봤습니다. 그곳에서 몇 년을 일했는데 이런 건 본 적도 들은 적도 없었거든요.

"UFO인가?"라고 묻자 친구는 다시 미소를 지으며 그러더군요. "말 못 해." 그것이 UFO이지만 자기는 그렇다고 말하지 못한다는 뜻이었어요. 이걸 어떻게 할 거냐고 물었더니 "글쎄, 우리는 사진을 공개하기 전에 항상 이런 것들을 착색도구로 지워버려야 해"라더군요. 이런 영상들에 찍힌 UFO를 없애는 절차가 있다는 사실에 놀라지 않을 수 없었습니다.

한번은 UFO가 찍힌 사진들을 태우라는 명령을 받은 경비원도 만났습니다. 그는 무척 놀란 얼굴로 제 사무실에 찾아왔습니다. "당신이 이 문제에 관심이 있다고 들었습니다. 제가 그러한 일을 했으니 들어보세요. 군인 몇 명이 피로에 지친 얼굴로 와서는 저더러 그 사진들을 태우라고 했습니다." 사진들을 태우되 보지는 말라는 명령을 받았지만 자꾸 마음이 끌려 들여다보니 땅 위에 UFO가 있더랍니다. 바로 그 순간 군인들이 총의 개머리판으로 머리를 내리쳤고요. 그의 이마에 아직 흉터가 있더군요.

또 다른 신사분은 막 착륙한 듯 보이는 위가 조금 튀어나온 UFO 사진을 보았다고 했습니다. 그는 두려워서 안절부절못했지요.

이런 일들에 관해 알기란 아주 어렵습니다. 그러나 다시 말하지만, 저는 직접 그 사람들과 이야기를 나눴습니다. 제게 와서 남몰래 이야기하던 그들은 대부분 많이 두려워했습니다. 저는 비밀준수서약을 한 적이 없으니 두렵지는 않습니다. 언젠가 어떤 사람들이 저를 찾아와 이에 대해 말하면 안 된다고 한 적은 있어요. 죽이겠다고 겁박하지는 않았지만 그런 뜻이었습니다. 뭔가 감춰진 듯 보이지요.

1997년 〈외계지적생명체연구센터〉가 개최한 의회브리핑에서 말했듯이, 저는 이 주제가 꼭 섹스와 같다고 느끼기 시작했습니다. 아시잖아요. 누구나 알지만 남녀가 함께 있는 자리에서는 누구도 말하지 않는 주제요. 저와 같은 사람들이 보호받을 수 있는 의회청문회가 열려 더 많은 이야기를 할 수 있기만을 기다리고 있습니다. 이런 정보가 필요하고 적절한 시기에, 뭔가 좋은 일을 할 수 있을 때 알려지기를 바랍니다. 저를 찾아왔던 겁에 질린 남자처럼, 이들을 위해하거나 강압하거나 제거하려 하는 자들이 활개 치고 다니는 꼴을 보고 싶지 않아요.

제가 잘 아는 분 중에 우주에서 돌아온 비행사들의 임무를 보고받던 분이 있습니다. 그는 비행사들과 함께 격리되곤 했는데 그들이 달 착륙에서 경험한 것들을 많이 들려주었다고 했습니다. 아폴로 11호가 착륙할 당시 외계비행체가 있었고 그것들이 따라오는 것을 봤다는 이야기도요. 저는 그때 세 대의 비행체가 있었다는 걸 압니다. 이 비행체들을 가리키는 암호가 '산타클로스'였던 걸로 기억하고요.

그는 진실을 말하고자 했던 우주비행사들이 겁박을 당했다고 했습니다. 절대로 발설하지 않겠다는 서약서에 서명을 하고 연금까지 빼앗길 판이었지요. 이 내용만으로도 북받친 저는 여기저기 캐묻고 다니기 시작했습니다. 조직의 핵심인사들과 안전한 곳에서 대화도 나누었고요. 우리끼리만 있던 식사자리에서 그들은 여러 이야기를 들려주었습니다. 그리고는 만일 자신들이 말했다고 밝힌다면, 제가 거짓말을 한다고 할 거라며 못을 박더군요.

비행사들의 보고를 받던 그분은 자취도 없이 사라졌습니다. 그의 행방을 알 길이 없어요. 찾아보려고도 했지만 제가 가진 건 그분의 이름뿐이네요.

에드거 미첼의 증언

에드거 미첼Edgar Mitchell은 여섯 번째로 달 표면을 밟은 아폴로 우주비행사다.

맞아요. 외계존재들이 우리를 찾고 있고 앞으로도 그럴 겁니다. 우리는 그들의 사체도 갖고 있습니다. 이에 대해 알고 있는 집단이 어딘가에 있습니다. 지금은 정부와 관련이 없을 수도 있지만 그때는 분명 관련이 있었습니다. 그들은 이런 정보를 감추거나 퍼져나가지 않게 하고 있습니다만, 비밀집단이 존재한다는 증거는 많습니다. 누군지 밝힐 수는 없어도 이 점은 말할 수 있습니다. 그들은 정부나 특정 정부시설과 어느 정도 관계를 맺으면서도 정부 고위층의 통제를 받지 않는 아주 은밀하고 비밀스러운 방식으로 활동한다는 것입니다.

제가 아는 바로는, 추락한 비행체에서 수거한 잔해를 통해 역설계가 상당히 진전되었습니다. 일부 비행체 또는 부품들이 복제되었고

"그들이 여기 있다"

요. 비밀에 묻혀 있을지언정 그것들은 항상 존재했습니다. 그리고 아시는 것처럼 어떤 사람들이 이 장치들을 이용해왔지요. 진실이 알려지지 않도록 주의를 분산시키고 혼란을 초래하기 위한 허위정보의 대상으로요. 허위정보는 철벽을 두르는 또 다른 방법입니다. 이를테면 로즈웰에 추락한 것은 비행체가 아니라 기상풍선이다, 라는 식으로요. 우리는 지난 50여 년 동안 허위정보가 사용되는 것을 지켜봤습니다. 뭔가를 숨기기에 그만큼 좋은 방법이 없지요.

지금껏 우리가 했던 행동방식으로는 지구 행성의 생명의 관리자가 되기에 턱없이 부족하다는 사실이 아주 분명해지고 있습니다. 바로 지금 우리 앞에는 문명을 위기로 몰아가는 환경문제 등의 전 지구적 문제가 있습니다. 사람들은 이런 소리를 듣고 싶지 않겠지만 점차 사실이라는 것이 명백해지고 있습니다. 그러니 우리는 매우 중요한 질문을 던져야 합니다. 우리는 누구인가, 이 행성을 어떻게 관리할 것인가, 더 원대한 계획을 어떻게 이뤄갈 것인가, 라는 질문을요.

[이 인터뷰 자료를 공유해준 제임스 폭스에게 깊이 감사드린다.]

1m^3의 시공간에 들어 있는 에너지의 양은

10의 26제곱 줄J이다.

(100,000,000,000,000,000,000,000,000J)

지구의 온 바다를 끓여 수증기로 날려보낼 만큼

충분한 에너지가 커피 잔 하나에 들어있다.

양자물리학자들

모두를 위한 '프리에너지'

감춰진 영점에너지 기술

특수인가 프로젝트, 즉 외계존재와 UFO를 다루는 비밀 프로젝트들의 분획화는 1950년대 초에 기하급수적으로 늘어났다. 과학자들이 역설계하고 있던 것의 가치를 문득 정확히 깨닫고 난 뒤였다. 추락한 UFO들에는 새로운 물리학으로 가는 황금열쇠가 들어있었다. 그것은 바로 우주여행을 가능하게 하는 에너지생산 장치와 추진시스템이었다. 지구에 존재하는 기존의 모든 에너지생산과 추진시스템을, 동시에 우리 행성의 지정학적·경제적 질서 전체를 쉽사리 대체할 수 있는 새로운 시스템이었다.

이 말을 잠시 음미해보자. 근본적으로 모든 가정과 사무실, 공장과 교통수단에 넘치는 에너지원을 무료로 공급할 수 있는 기술을 소수의 선택된 집단이 손에 넣었다. 이러한 에너지원이 갖는 의미는 다음과 같다. 외부의 연료공급원이 더는 필요 없다. 석유, 가스, 석탄, 원자력발전소 혹은 내연기관이 필요 없다. 도로가 필요 없다. 반중력효과를 내는 에너지장치로 공중 교통(맞다, 비행자동차!)이 가능하다. 그리고 오염이 없다. 무슨 말이 더 필요하랴.

영점에너지에 대해 간단히 살펴보자. '영점장'으로 정의되는 이 에너지원은 우주여행을 가능하게 한다. 그런데 이 놀랍고도 무한한 에너지원이 우리에겐 아직 알려지지 않았다. 우리의 3차원 물리우주는 어디에나 그득한 양자에너지의 바다에서 말 그대로 헤엄치고 있다. 그러나 무지한 물고기 신세인 우리는 아직도 물의 존재를 모르고 있다. 과학자들은 이미 100여 년 전부터 그 실마리를 갖고 있었지만, 이를 이해하려면 고리타분한 틀을 벗어나 생각해야 한다.

케임브리지대학교의 할 푸소프 박사는 양자에너지의 바다를 처음으로 탐구한 사람 가운데 한 명이었다. -273도, 즉 절대0도zero degrees Kelvin는 우주의 절대최저온도다. 뉴턴 물리학의 법칙에 따르면, 절대0도에서는 모든 분자활동이 멈추고 어떤 에너지도 존재하지 않아야 한다. 과학자들은 대양의 밑바닥에 대해서도 같은 말을 한다. 빛도, 에너지도, 생명도 없다고 말이다. 우리는 이를 확인하기 위해 실제로 심해까지 잠수정을 보냈다. 그런데, 보라. 그곳에는 열수공熱水孔·hydrothermal에서 뿜어져 나오는 에너지가 있었고 화학합성을 하며 살아가는 온전한 먹이사슬이 있었다. 지구 행성의 생명의 기원을 엿보게 하는 원생액原生液·primordial soup이었다.

푸소프 박사도 비슷한 발견을 했다. 절대0도를 측정한 그는 텅 빈 진공이 아닌 에너지의 '펄펄 끓는 가마솥'을 발견하고는 깜짝 놀랐다. 1제곱센티미터에도 물질이 가득한 충만한 공간이었다. 푸소프 박사는 여기에 '영점에너지'라는 적절한 이름을 붙였다. 원자를 구성하는 아원자입자를 요동시켜서, 실제로는 광자光子·photon들이 충돌하여 다른 아원자입자에 흡수되어 말 그대로 나타났다 사라졌다 하게 하는 것이 영점에너지다. 이 과정은 입자들을 보다 높은 에너지상태로 들뜨게 함으로써, 4차원 영점장과 우리의 3차원 물리세계 사이에 에너지교환이 일어나게 한다. 비록 수천 분의 1초 내지 수백만 분의 1초라는 지극히 짧은 시간에 나타나기는 하지만, 이것은 물리적 영역과 우리의 오감의 한계를 넘어선 정말로 굉장한 무엇인가가 있다는 또 하나의 징표가 된다. 즉 프리에너지를 무한 공급할 수 있다는 것이다.

영점장의 존재는 두 가지 추가 실험을 통해 입증되었다. 첫 번째는 헨드릭 카시미르Hendrik Casimir가 실험한 카시미르 효과Casimir Effect다. 그는 영점장이 실제로 존재한다면, 전도성 물질로 만든 두 개의 판을 진공상태에서 서로 마주 보게 놓았을 때 그 사이의 에너지총량은 다른 곳보다 적어 서로 끌어당기게 한다는 이론을 세웠다. 실험 결과, 정확히 그 일이 일어났다.[1]

영점에너지 현상에 관한 보다 극적인 실험은 음파발광音波發光·sonoluminescence으로, 양자물리학자들이 "해괴한 과학, 놀라자빠질 마법"이라 표현한 사례였다. 물을 채운 작은 유리 구형에 20킬로헤르츠의 조화음파를 공명시킨 뒤 그 중심에 아주 작은 공기방울을 불어넣으면, 공기방울이 율동적으로 움직여 물을 무려 섭씨 30,000도로 가열함으로써 찰나와도 같은 짧은 순간 빛으로 붕괴된다. 즉, 음파가 빛에너지로 변환되는 것이다.

다음으로 '3차원 전기회로 대 4차원 전기회로'를 살펴보자. 우리

---

1 이 실험이 시사하는 바는 진공이란 텅 빈 공간이 아니라 우리가 알지 못하는 물질로 가득 차 있다는 점이다.

가 사는 건물 벽 안쪽에는 구리선으로 만든 전기회로가 있다. 원자가 흐르는 강과 같이 구리선을 흐르는 전류의 운동은, 한쪽을 향하는 양성자와 반대 방향으로 움직이는 음전하 전자를 분리함으로써 생겨난다. 전등의 플러그를 콘센트에 꽂으면 전류가 구리선을 타고 흘러 전구의 필라멘트로 가서 불을 밝힌다. 원자들의 분리를 촉발하는 것은 전자기 장치인 쌍극자dipole이다.

배터리에서 석탄발전과 원자력발전에 이르기까지, 현재 우리가 사용하는 전기발생원에는 모두 한 가지 근본적인 문제가 있다. 전류가 그것을 촉발시킨 원천(전자기 장치 또는 쌍극자)으로 되돌아가면 그 원천을 망가뜨린다는 점이다. 그 결과 자기장에 있던 에너지는 소멸되어 30퍼센트 남짓만 남게 된다. 즉, 우리가 100년이 넘도록 쓰고 있는 시스템은 믿기 어려울 정도로 비효율적인 것이다. 물론 전기회사들은 전기회로가 비효율적이기를 바란다. 우리가 전기를 많이 사용할수록 이윤을 얻으니까 말이다. 그리고 이 쌍극자에 전력을 공급하는 화석연료나 원자력산업계도 두둑한 수익을 챙긴다.

그들이 옳은 길을 갈 수도 있었던 그 시기에 어디서부터 잘못되었는지를 파악하려면, 20세기로 접어들 무렵으로 돌아가 위대한 과학자 니콜라 테슬라를 만나야 한다.

테슬라는 인간이란 3차원에 존재하며 생각하지만 자연(그리고 전기)은 4차원의 시공간에서 작용하기를 선호한다는 점을 깨달았다. 그는 역회전 소용돌이 내의 전자기장에 고전압시스템을 연결해, 발전기의 진공 안에서 양자와 전자의 흐름을 빛의 속도로 재조직했다. 본질적으로 영점에너지의 4차원적 속성을 덧붙인 것이었다. 더구나 그는 에너지 출력이 점차 약해지기는커녕 진공에서 양자와 전자의 흐름이 손실되지 않으면서 영구적으로 지속된다는 점을 발견했다. 이를 유정油井 시추에 빗대어 생각해보면, 간헐천까지만 뚫고 나면 압력 자체가 간단히 작업을 대신해 드릴이 필요치 않은 것과 같다. 테슬라는 영구자석permanent magnet을 쌍극자로 사용하면 에너지 흐름이 그리로 되돌아가, 소재와 일체된 경우 영구자석이 망가지지 않게 막아준다는 사실 또한 알아냈다.

테슬라의 마지막 도전은 영구적으로 흐르는 이 프리에너지의 강물을 붙잡아둘 방법을 알아내는 것이었다. 테슬라의 해결책은 더없이 단순했다. 자석으로부터 끊임없이 흐르는 벡터자기장에서 자기장을 분리해 10억 년, 아니 그 이상 지속적으로 에너지가 흐르게 하는 소재를 찾아낸 것이다. 진정한 오버유니티over-unity[2]시스템이었다.

1901년, 테슬라는 지구의 자기장을 거대한 쌍극자로 이용해 바다에 떠 있는 선박에 전선 없이 전기를 송출하는 실험을 준비하고 있었다. 이는 프리에너지로 이어져 세상을 바꿀만한 실험이었다. J.P.모건의 방해만 아니었다면 말이다. 각 가정과 사무실에 전기를 공급하는 데 쓰이는 구리선에 투자한 이 부유한 기업가는, 에너지에 요금을 물리지 않고 공급하는 것은 반국가적 행위라고 단정했다. 모건은 테슬라가 실험을 진행하기도 전에 워싱턴에 있는 친구들을 동원해 실험을 틀어막았다. 그리고 테슬라의 논문과 발명을 모조리 압수함으로써 그를 궁핍으로 몰아넣었다.

이는 우리 역사에서 하염없이 반복되는 방식이다. 진정한 오버유니티 장치를 만드는 방법을 알아낸 과학자들은 죄다 권력자들에게

---

2 입력된 에너지양보다 더 많은 에너지를 생산해 영구적으로 사용할 수 있는 지속가능한 에너지발생원.

매수당하거나, 중단당하거나, 아니면 입막음-살해-당했다. 진정한 오버유니티 시스템을 발명하는 데서 끝나지 않고 그것을 폐기해버리지 않을 올바른 사람들에게 파는 것이 필요하다는 것을 기억하기 바란다. 고안한 장치를 직접 제품으로 만드는 방법도 있지만 그러기 위해서는 엄청난 돈이 필요하다.

어느 쪽이든 특허가 필요할 터, 바로 여기에 두 번째 문제가 숨어 있다. 미국의 특허법은 어떤 기술 및 장치가 국가안보에 위험을 끼치는지 정부가 임의로 결정하도록 되어 있다. 국방부, CIA, 국가안보국, 연방통상위원회, 에너지국 내부의 작자들은 오랫동안 이 법률의 해석을 남용하며 수많은 특허를 거부했다. 막대한 에너지 수익을 얻는 현재의 상태로 세상을 유지하기 위해 말이다.

특허국은 토머스 헨리 모레이T. Henry Moray의 성과를 무시했고 그의 실험실은 난장판이 되었다. 전기중력학electro-gravitics을 제창한 인물 가운데 한 명인 토머스 타운센드 브라운도 마찬가지였다. 그는 20,000~200,000볼트의 고전압을 이용해 영점에너지에 접근하는 방법을 알아냈다. 이 효과로 하전축전지charged capacitor들은 무게를 잃고 말 그대로 땅에서 떠올랐다. 꼭 UFO처럼 말이다! 거대 석유회사들은 그것과 경쟁하길 대단히 꺼렸고, 결국 관계당국은 브라운에게 특허를 한 건도 내주지 않고 그의 모든 연구를 압수해버렸다.

위장회사의 꾐에 말려 협약을 맺었던 다른 발명가들의 성과는 무한정 빛을 못 보고 사장되는 신세가 되었다. 빅터 샤우버거, 존 킬리John Keely, 오티스 카르Otis Carr는 공격에 시달리다가 살해당했다. 전기중력 물리학자인 존 썰John Searl 교수는 자신을 독살하려한 두 CIA 요원의 함정에 빠졌다. 애덤 트롬블리Adam Trombly에게도 같은 일이 벌어졌다.

1980년대에 초단파시스템 공장에서 일하던 과학자 스탠리 마이어Stanley Meyer는 아주 낮은 주파수에서 물이 곧바로 수소와 산소로 분리되는 모습을 관찰했다. 이 결과를 바탕으로, 마이어의 쌍둥이 동생 스티브가 형을 도와 전극을 물에 넣을 수 있는 회로를 개발했다. 나아가 특정 전압에서 근본적으로 휘발유를 물로 대체한 자하磁荷·magnetically-charged된 수소-산소 혼합물인 '브라운 가스Brown's Gas'를 만들어냈다. 두 형제는 이를 개조한 소형차에 실험해 효과를 입증하고자 했고 소문은 빠르게 퍼져나갔다.

CIA가 끼어든 것은 그때였다. 소형제트기를 개조하는 데 스탠리를 고용하고 싶다고 요청해온 것이다. 당연히 불안을 느낀 스탠리는 공공장소인 식당에서 만나 점심을 먹자고 고집했다. 음료를 한 모금 들이킨 스탠리는 목을 움켜쥐고 거칠게 숨을 몰아쉬며 말했다. "독이 들었어!" 주차장으로 뛰쳐나간 스탠리는 쓰러져 숨을 거두었다.

2010년 말 기준, 국가안보상의 명령으로 압수된 발명은 5,135건이다.(2010년 10월 21일자 〈시크러시뉴스Secrecy News〉 기사)

다음의 말을 이해하는 것이 중요하다. 프리에너지시스템은 이미 존재한다. 수조 달러의 세금이 들어간 비밀공작 프로그램에 돈을 댄 사람들은 바로 우리, 국민이다. 가히 천문학적 금액의 돈을 쏟아부은 석탄, 석유, 우라늄 관련 자산은…… 전부 구닥다리 유물일 뿐이다. 이렇게 묻는 사람이 있을지도 모르겠다. "그것들을 다 쓸모없게 만들지 않으려면 결국 비밀유지가 좋은 일이었다는 말이 아닌가요?" 이것은 말과 마차 제작자가 퇴출되게 생겼으니 자동차가 나와서는 절대로 안 된다고 주장하는 것과 다를 바 없다. 아니면 타자기 회사가 망할까 봐 컴퓨터는 안 된다는 것이든지.

화석연료로 돌아가는 거시경제 질서와 그것으로 배를 불리는 소수특권층은 프리에너지시스템이 기반을 다지도록 놔두지 않을 것이다. 이 신기술이라는 밀물이 수십억 척의 배를 떠오르게 한다 해도, 심지어 우리 행성을 구한다 해도, 그들에겐 상관없는 일이다. 설령 누군가 그 기술을 꺼내 쓴다면 그는 최악의 위험에 맞닥뜨릴 것이다.

이러한 난제를 풀기 위해, 우리는 영점에너지에 관해 특허 및 지적재산권과는 무관한 개방형 연구개발 프로젝트인 '새로운 지구에너지 산실New Earth Energy Incubator'의 발족을 제안하고 있다. [372쪽 '새로운 지구문명을 위하여'의 내용을 참고하기 바란다.]

그동안 우리는 이와 같은 내용을 공개적인 의회청문회에서 입증할 수 있는 내부자들과 과학자들을 찾아냈다. 모든 형태의 에너지생산과 교통시스템을 완전하고도 영구적으로 대체할 수 있는 새로운 에너지생산과 반중력 추진시스템이 이미 존재하지만 기밀로 취급되어 있다는 사실 말이다.

이 장치들은 주위의 전자기와 이른바 영점에너지 상태에 접속해 어떠한 오염도 없이 막대한 양의 에너지를 생산한다. 본질적으로 항상 존재하는 양자진공에너지quantum vacuum energy 상태, 즉 모든 물질과 에너지가 넘쳐나는 기초에너지baseline energy 상태를 이용해 에너지를 생산한다. 모든 물질과 에너지는 이 기초에너지 상태에 의해 뒷받침되고, 이것은 고유한 전자기 순환과 배열을 통해 우리를 둘러싼 시공간에서 막대한 양의 에너지를 생산하는 데 활용될 수 있다. 이런 시스템은 영구기관도 아니요, 열역학법칙을 거스르지도 않는다. 다만 우리 주위의 에너지장을 이용해 에너지를 생산할 뿐이다.

이 말은 곧, 태울 연료나 분열 또는 융합할 원자가 필요치 않다는 뜻이다. 발전소며 송전선도 필요 없다. 천문학적 비용이 들어가는 기반시설 없이 인도, 중국, 아프리카, 중남미 오지까지 전기를 공급할 수 있다. 이 시스템은 장소맞춤형이다. 다시 말해 어느 곳에나 설치되어 필요한 에너지를 생산할 수 있다.

이런 발견이 가져다줄 환경적 편익은 이루 헤아릴 수 없지만, 간추려 말하면 다음과 같다.

• 에너지생산의 원료인 석유, 석탄, 가스를 사용하지 않는다. 따라서 교통수단을 포함해 이러한 연료의 사용으로 생기는 대기 및 수질오염이 없다. 기름유출이며 산성비, 대기오염, 지구온난화로 생기는 질병은 없앨 수 있고 없애야만 한다.

• 화석연료자원을 두고 벌어지는 경쟁으로 인한 자원고갈과 지정학적 긴장이 종식될 것이다.

• 대기와 물로 배출되는 산업오염물질을 0 또는 0에 가깝게 제거할 기술은 이미 존재하지만 지나치게 에너지집약적이며 고비용이다. 막대한 양의 프리에너지를 산업에 이용할 수 있을 때 이런 상황은 극적으로 바뀐다. 이 장치는 연료가 필요 없고 일반 발전기보다 비싸지도 않다. 그리고 오염을 발생시키지 않는다.

• 에너지의존적이고 많은 오염을 일으키는 현재의 농업에서 청정무공해 에너지원을 사용하는 농업으로 탈바꿈할 수 있다.

• 탈염脫鹽 농법으로 세계 농업이 획기적으로 바뀔 것이며 이로써 사막화를 되돌릴 수 있다. 현재의 탈염 장비는 매우 에너지집약적이며 고비용인데, 새로운 에너지시스템을 이용해 오염은 줄이고 비용효과는 높일 수 있다.

• 항공여행이며 트럭운송, 도시간 교통체계는 새로운 에너지와 추

진기술로 대체될 것이다. 반중력 시스템은 소음이 없는 교통을 가능하게 한다. 공해가 생기지 않으며 비용이 크게 줄어들 것이다. 뿐만 아니라 도시지역의 대중교통을 통한 효율적 이동이 가능해진다.

• 가정과 사무실과 공장마다 필요한 에너지를 생산하는 장치를 갖게 되므로 공공의 시설은 필요치 않을 것이다. 다시 말해, 태풍 피해를 입거나 정전의 원인이 되며 보기에도 흉한 송전선은 과거의 유물이 될 것이다. 툭하면 파열되고 누출되어 대지와 수자원을 훼손하는 지하가스관 또한 전혀 필요 없게 된다.

• 핵발전소는 해체될 것이고 핵발전지역을 정화하는 데 필요한 기술이 도입될 것이다. 핵폐기물을 중성화시키는 기술이 이미 있지만 기밀로 묶여 있다.

우리 세계가 직면한 환경문제들을 거의 대부분 해결할 수 있는 결정적 방법인 것이다.

리처드 도티[3]의 증언

워싱턴에서 어떤 문서 하나를 읽었습니다. 미국 과학자들이 외계 비행체 안에서 발견된 플렉시 유리 모양의 직사각형 물체를 해석한 내용이었지요. 그것은 영점에너지를 사용하는 에너지장치였습니다. 조그만 손전등으로 도시 전체에 전력을 공급한다고나 할까, 아무튼

---

3 미국 공군특수수사대 특수요원. 상세 이력은 43쪽 참조.

그런 방식으로 연결돼 있었습니다. 그 장치가 비행체마다 하나씩 있었는데 호스메사에 추락한 비행체에는 코로나에서 발견된 것보다 큰 에너지장치가 있었습니다. 과학자들이 그 이유를 이해했으리라 생각지는 않지만, 두 장치 다 같은 방식으로 작동했습니다.

댄 모리스[4]의 증언

UFO는 외계에서 온 것도 있고 인간이 만든 것도 있습니다. UFO를 연구하는 친구들은 빈둥빈둥 놀지 않았어요. 독일인들과 전력질주하다시피 했던 토머스 타운센드 브라운이 그중 한 명이었습니다. 그래서 브라운을 붙들어 두는 것이 우리의 문제였습니다. 브라운이 하던 일은 반중력, 전자기 추진에 관한 것으로…… 기밀이었죠.

테슬라가 살던 시절에 이미 실용화할 수 있는 프리에너지기술이 있었습니다. 안테나 하나를 세우고 지지대로 받쳐놓기만 해도, 집에 불을 밝히고 필요한 모든 에너지를 쓸 수 있었습니다. 그런데 우리는 지금 무엇으로 사나요? 지난 세기 동안 우리는 석유로 살았습니다. 세상의 석유를 누가 지배할까요? 이라크, 이란, 사우디아라비아라고 생각하지만, 아닙니다. 우리가, 미국과 영국이 지배합니다. 어떤 이들은 석유를 지배하는 세계 최고의 부자 집단을 비밀정부라 부릅니다.

내연기관이 없으면 차는 쓸모없는 것입니다. 만약에 말이죠, 길이

---

4 미국 공군 중사·국가정찰국 정보원·중대 극비기밀 취급자. 상세 이력은 32쪽 참조.

가 40센티미터에 높이가 20센티미터, 너비가 25센티미터쯤 되는 영점에너지 장치를 갖고 있다면 전기회사의 전기를 끌어다 쓸 필요가 없습니다. 이 장치는 태우는 게 없으니 오염도 없습니다. 구동부가 없으니 닳지도 않고요. 중력장과 전자장에 있는 전자들이 움직입니다. 전자들은 반대 방향으로 향하지요. 이 장치를 차에 달면, 차가 녹슬어 망가지기 전에 그것이 닳아버릴 일은 결코 없습니다.

이런 장치가 석유로 돌아가는 세계경제에 어떤 일을 불러오겠습니까?

찰스 브라운[5]의 증언

제가 공학 책자와 MIT 연구로부터 알게 된 사실이 있습니다. 대기가 완전 건조 상태에서 완전 포화 상태로 가면, 엔진 효율을 2퍼센트 가량 높일 수 있다는 것입니다. 글쎄, 우리가 발견한 이 과정을 이용해 공기를 가습했더니 내연기관의 효율이 20~30퍼센트 향상되었습니다. 그러나 기술자와 과학자들은 믿으려 들지 않았습니다. 저는 엔진 성능을 획기적으로 개선하는 이 장치들을 팔기 시작했습니다. 해서는 안 될 일을 계속 해나갔지요.

자, 그러자 이상한 일들이 일어났습니다. 여러 정부기관이 끼어들었어요. 특히 연방통상위원회가요. 환경보호국은 마음에 들어했지만

---

5 미국 공군 중령·그루지 프로젝트 관계자. 상세 이력은 60쪽 참조.

정부지원은 없었습니다. 결국 환경보호국 관리자가 노스캐롤라이나에 있는 그들의 연구소 소장에게 저와 함께 일할 것을 제안했죠. 저는 이 과정을 모른 채 디젤차를 가져가 그 소장을 만났습니다. 제가 아는 한 미국 환경보호국 실험실에서 디젤차를 실험한 건 처음입니다. 결과는 아주 극적이었습니다. 디젤차의 배출가스 유해물질이 모두 감소한 데다 연비가 23퍼센트까지 향상됐습니다. 제가 알기로 그 정도 수준인 차는 없었어요.

이후 1979년에서 1980년 사이, 연방통상위원회가 말 그대로 불법적인 행동을 하더군요. 그들이 워싱턴에 있는 어느 대형 자동차기업의 변호인에게 전한 말을 그대로 옮기면 이렇습니다. "그런 것이 되는지 아닌지는 우리가 알 바 아닙니다. 우리는 그저 이 덩치 큰 미국 차를 사람들이 사지 않기 바랍니다." 미국 정부의 관리가 그렇게 말하리라고는 상상도 못 했습니다. 저는 워싱턴으로 날아가 과학기술위원회에 있는 상원의원과 법률자문위원을 만났습니다. 의원은 제게 많은 걸 묻더니 위원회 차원에서 조치를 취할 거라고 하더군요. 제가 연방통상위원회가 한 짓의 불공정함을 지적하자, 그들은 의장에게 신랄한 비판이 담긴 서한을 보냈습니다. 제게도 사본을 보냈고요.

그로부터 3주 사이에 저는 자동차와 10만 달러짜리 장비, 시험용 차를 도둑맞았습니다. 당시에 육군 레이싱팀의 소형 스프라이트 경주차를 후원하고 있었는데, 우리가 경주에서 우승한 직후 그 차에 달린 장치를 도난당했어요. 육군 상사가 팀장으로 있던 레이싱팀에서 우리는 슈퍼자동차를 만들었습니다. 그들은 캘리포니아주 반누이스에서 육군이 가지고 있던 이 차를 훔쳤습니다. 그렇게 3주 만에 저는 재정적으로나 심리적으로나 빈털터리가 되고 말았습니다. 그냥 하는 이야기가 아닙니다. 정말로 그런 세계가 있어요. 인생의 9년 동안 전장에 뛰어들어 사투를 벌여온 내가 이렇게 끝나고 말다니……. 엄청난 충격이었습니다.

저는 해양청과도 프로젝트를 진행했습니다. 결과는 아주 성공적이었습니다. 마력을 20퍼센트 끌어올리고 연료소비를 20퍼센트 줄이면서 배출가스는 40퍼센트나 줄였습니다. 그런데 이 프로젝트가 끝나기 두 달 전쯤에 그들이 "우리의 협약은 무효입니다, 프로젝트를 취소할 겁니다"라는 통보를 받았습니다. 제가 "이럴 수는 없어요"라고 하자 "이미 끝난 일입니다"라고 하더군요. "저는 이 프로젝트를 마무리 지을 겁니다"라고 말하고 남은 두 달 치 연구비를 사비로 부담했지요. 그들은 이렇게 말했습니다. "시험결과는 배포하지 않을 겁니다. 그리고 선생이 적은 일지와 기록도 모두 넘겨주기 바랍니다." 제가 "당신들은 그걸 가져갈 권리가 없어요"라고 하자 돌아온 말은 이랬습니다. "아니오, 있어요. 우리가 돈을 댔으니까요."

정부와 언쟁을 벌여봐야 소용없다는 걸 알기에, 저는 갖고 있던 모든 자료를 복사해두었습니다. 그것도 여러 부를 복사해 여기저기 나누어 보관하고 원본은 그들에게 보냈습니다. 당시에 제가 몰랐던 사실이 있습니다. 그 프로젝트를 기획한 수석기술자, 차석기술자와 통화가 안 되서 결국 감사관에게 전화를 했더니 "그 사람들은 이제 여기 없습니다"라더군요. "그게 무슨 말입니까?"라고 묻자 그가 답했습니다. "해양청 연구부서는 없어졌어요." 그러니까 누군가는 이 개념이 성공하기를 바라지 않았던 겁니다.

이후에 출장 중에 있었던 일로, 자정을 2분 지나 막 제 생일을 맞은 날이었습니다. 호텔방에서 잠자리에 들 무렵 전화가 울리더군요.

모두를 위한 '프리에너지'

전화 속 목소리가 "지금 당장 방에서 나가셔야겠습니다"라고 했습니다. "그쪽이 누군지 왜 그런지 말해주면 그렇게 하지요"라고 하자 "프런트인데 방금 선생님 방에 폭탄이 있다는 전화를 받았습니다"라는 대답이 돌아왔습니다. 전화를 끊고 나가 보니 호텔 측에서 투숙객을 모두 대피시키고 있었습니다. 저는 "홀리데이 인으로 옮길게요"라고 하고는 건물 바로 앞쪽 불이 환하게 밝혀진 곳에 저의 고물차를 주차했습니다. 그 차에는 수천 달러짜리 장비가 실려 있었는데, 퍼듀 대학교에서 몇 가지 공기시험을 하려고 가져가던 길이었습니다.

어쨌거나 다음 날 아침 7시 15분경에 창문을 내다보니 제 차가 있던 곳이 휑하니 비어 있었습니다. 그들이 훔쳐간 것이지요. 2~3주가 지나서야 경찰이 찾아주었는데 연료탱크에 드릴 구멍이 숭숭 뚫려 있고 시험장비는 몽땅 사라지고 없었습니다. 시험제작한 기화기도 사라졌고요. 저는 또다시 심리적으로 나가떨어졌습니다. 이러려고 제 방에 폭탄이 있다는 전화가 걸려왔던 겁니다. 누군가 저를 따라오고 있었고 전화가 도청당했다는 걸 의심할 나위가 없어요. 그럴만한 논리적 이유도 없었습니다. 제 장치는 자동차 판매자가 판매한 모든 새 승용차와 트럭과 밴에 공짜로 장착되었거든요. 저는 미국 제품이어야 한다는 조항을 달아두었죠.

제 장치는 연소를 촉진하는 분자와 라디칼radical[6]을 생성합니다. 병 속에서 폭풍을 일으키듯이 연비를 증대시키고 배출가스를 줄여주는 분자들을 만들어냅니다. 저의 개념은, 오래된 자동차를 더 간직하고 싶은 사람들을 위한 개조 아이템으로 쓸 수 있습니다. 특히나 트레일

---

6 화학변화가 일어날 때 분해되지 않고 다른 분자로 이동하는 원자의 무리를 말한다.

러, 디젤차, 도시의 디젤버스, 예인선, 원양선처럼 오염을 많이 일으키는 종류에 적용할만합니다. 유럽과 영국 그리고 독일의 막스플랑크연구소에서 이루어진 연구들을 보면, 이것이 발전소에 쓰일 수 있는 잠재력이 큽니다. 이제 하얀 연기가 뿜어지는 모습은 사라지는 거지요. 저는 최소한의 투자로 이런 일이 이루어질 수 있다고 90퍼센트 확신합니다.

무엇보다 저의 개념은 공기에 산소를 늘리는 것입니다. 거기 더해지는 건 산화제가 전부이니, 지구에 도움을 주는 것이지요. 연료를 덜 쓰니까 CO_2도 줄어듭니다. 제가 아는 한 이처럼 결함이 없는 개념은 없을 겁니다.

몇 년 전에 이런 일을 할 수 있을지 미국의 어느 정부기관으로부터 자문을 받았습니다. 물론 저는 이와 경쟁이 될 만한 개념을 찾지 못했기에, 과학의 새로운 분야라는 걸 알았습니다. 이것은 열순환기관의 연소공기 또는 포화공기를 풍부하게 하는 하나의 방법입니다. 저는 프로판과 디젤유와 휘발유로 수백만 킬로미터를 달리는 장거리 주행 시험도 진행했습니다. 75~125옥탄octane[7]의 휘발유까지 시험했고요. 보통 92옥탄이 필요한 자동차가 75옥탄으로도 충격 없이 달릴 수 있게 했지요. 석 달을 그렇게 해보았습니다. 이 기술의 잠재력을 말하자면, 저는 이제 겨우 맛을 본 정도랍니다.

만약 25년 전에 석유회사들이 저를 힘껏 밀어주었더라면 지구에 남은 유한한 석유자원을 더 오래도록 유용하게 쓸 수 있었을 겁니다.

---

7   자동차 엔진 안에서 휘발유가 연소할 때 이상폭발을 일으키지 않을 정도를 나타내는 수치이다. 따라서 옥탄가가 높을수록 고급휘발유로 보고, 이 이상폭발로 생기는 불완전연소현상을 '노킹knocking'이라고 한다.

UFO 현상은 존재합니다.

그것은 아주 진지하게 다뤄져야 합니다.

미하일 고르바초프 (Mikhail Gorbachev, 1931-)
전 소련 대통령
1990년 5월

1부 요약

지금까지 살펴본 증거와 증언은 다음의 내용을 뒷받침한다.

• 진보한 외계문명이 우리를 찾고 있고, 오랫동안 그래왔다.

• UFO와 외계존재 문제는 미국 및 여러 국가에서 더없이 은밀하고 분획화된 '비밀특수인가 프로젝트'에 해당한다.

• 1961년에 아이젠하워 대통령이 경고했듯, 이 프로젝트들은 미국과 영국 등지에서 법의 감시와 통제를 벗어나 있다.

• 일부 정보기관이 '외계비행선'이라 부르는 외계에서 기원한 진보한 우주선들이 1940년대, 이르면 1930년대부터 격추되고 수거되

어 연구되었다.

• 니콜라 테슬라 시대까지 거슬러 올라가는 기술혁신과 이런 외계 비행체들을 연구한 결과, 에너지생산과 추진시스템의 중요한 기술적 비약이 이루어졌다. 화석연료를 태우거나 전리방사선을 사용할 필요가 없는 새로운 물리학을 활용해 막대한 양의 에너지를 생산하는 기술이다.

• 기밀에 부쳐진 초극비 프로젝트들에는 완전가동되는 반중력 추진장치와 새로운 에너지생산시스템이 담겨있다. 만일 기밀이 해제되고 이를 평화로운 목적으로 사용한다면, 결핍과 가난 그리고 환경파괴가 없는 새로운 인류문명을 앞당길 것이다.

우리는 지금 우리 행성과 우리 자신을 체계적으로 파괴하고 있다. 우리는 더 잘할 수 있고 또 그래야만 한다. 우리의 환경을 살리고 세상을 더 나은 곳으로 만들 기술은 이미 존재한다. 거기에 들어가는 수십조 달러의 자금을 군산업계의 배만 불리는 것이 아니라 모두를 위한 경제로 돌릴 수 있다.

2부

하나의 우주,
하나의 마음

나는 우주에 외계인이 존재하며
그들이 우리 행성을 찾고 있다는 것을 확실히 믿습니다.
우리와 생김새는 다를 수도 있지만,
우리의 정신력을 초월할 만큼 진보한 존재라는
아주 강한 느낌이 있습니다.

배리 골드워터 (Barry Goldwater, 1909-1998)
전 미국 상원의원
1988년 래리 킹Larry King의 생방송 라디오 인터뷰에서

제5종 근접조우

UFO 연구에 있어서 '근접조우Close Encounter'란 '어떤 사람이 미확인 비행물체를 목격하는 사건'으로 정의한다. 오하이오주립대학교의 물리학 교수이자 군대를 위한 '블루북 프로젝트'의 책임자로 임명된(나중에는 이 프로젝트가 합당한 목격사례를 죄다 깔아뭉개기 위한 것이었다고 인정한) 앨런 하이넥 박사는 근접조우를 세 가지로 분류했다. 그가 스티븐 스필버그의 영화 〈미지와의 조우〉의 기술자문으로 고용되는 데 이 내용이 도움이 되었음은 분명하다.

제1종 근접조우 : 대략 150미터 이내의 거리에서 UFO를 눈으로 목격하고 뚜렷한 외형과 상세한 모습까지 보는 경우로 정의한다.

제2종 근접조우 : 물리적 영향이 있었다고 여겨지는 UFO 사건을 말한다. 운송수단이나 전자장치의 작동방해, 동물들의 특이반응, 목격자가 마비나 열감 또는 불편을 느끼는 생리적 영향, 땅에 남은 자국과 같은 물리적 흔적, 식물에 생긴 그을림이나 그 밖의 영향, 혹은 화학적 흔적 같은 것들을 들 수 있다.

제3종 근접조우 : 살아 있는 생명체가 목격되는 UFO 사건을 말한다. UFO의 조종사나 탑승자로 보이는 인간의 모습과 유사한 생명체와 로봇, 인간이 포함된다.

제4종 근접조우 : 하이넥의 동료 자크 발레Jacques Vallee가 정의한 개념으로, UFO 사건의 목격자가 현실감이 변형되는 경험을 하는 경우이다.

제5종 근접조우 : 저자가 정의한 개념으로 'Close Encounters of the Fifth Kind', 줄여서 'CE-5'라 부른다. 이는 실제로 과학적 연구와 종족간의 외교적 교류로 이루어진 복합적 원형原型 프로젝트를 말한다. 이러한 UFO 사건에서 의식적이고 자발적이며 선도적인 상호소통을 통해 외계존재와 평화로운 쌍방향 접촉을 주도하는 것은 우리 인간이다.

외계지적생명체연구센터

1990년, 나는 〈외계지적생명체연구센터〉를 창립했다. 우리의 목표는 인간과 외계존재가 평화롭게 조우하는 새로운 패러다임을 만드는 것이었다.

평화로운 접촉을 위한 정부의 노력은, 에드워드 공군기지 인근의 뮤록Muroc에서 아이젠하워 대통령이 실제로 외계존재와 만났던 1954년에 시작되었고 그것으로 끝이 났다. 내가 유럽 어느 나라의 국방부로부터 받은 문서에는 이 만남을 직접 목격하고 사실을 확인해준 증인에 대해 적혀 있다.

그 밖의 소통들은 UFO와 외계존재에 관한 어떤 것도 대중에 공개하기를 원치 않았던 군산복합체가 가로챘을 가능성이 무척 높다. 마치 고삐 풀린 망아지처럼 머제스틱-12를 장악한 그들은, 세계의 대변혁을 이끌어야 했을 기술들을 미래의 대통령들과 의회로부터 차단해버렸다.

그러나 시민들 스스로가 외계존재와 접촉을 시도하는 일까지는 막지 못할 것이다. 수백만의 사람들이 **공개적이고 평화적으로** 그들과 접촉하고 그 기록을 소셜미디어에 공유하는 것이야말로 궁극적인 비밀 공개가 될 것이다.

1991년에 우리는 'CE-5 계획'을 개발했다. 이는 우주평화라는 큰 틀에서 외계존재를 초대해 공개적으로 소통하는 규약으로 이루어져 있다. 그 뒤로 전 세계에서 수많은 사람들이 작은 집단을 이루어 외계존재와 직접 접촉하는 법을 배우고, 전수하고, 경험했다. 평화적이고 개방적이며 실시간으로 소통하는 민간외교관의 역할을 하는 것이다.

바로 시민들이 조우하고 있다. 유엔이 아니다. 미국 국무부도 아니며 유럽이나 다른 나라의 외교부도 아니다. 가장 분명한 것은 비밀정부가 아니라는 점이다. 1947년 이후로 비밀을 유지함으로써 이익을 챙겨온 군산복합체가 장악한 비밀집단 말이다.

미국 정부도 하지 못한 일을, 어떻게 자금도 없는 시민들이 연대해 외계종족 사이에 소통의 다리를 놓았을까? 그 시작은 바로 의식이다. 종족간의 평화로운 소통이 성공하는 데 있어 맨 먼저 필요한 것은, 다음과 같은 몇 가지 핵심 질문과 응답이었다.

모름지기 생물학적 생명체는 자연수명이 있는데, 어떻게 그 광대한 행성간의 거리를 여행해 어딘가에 도달할 수 있는가? 어떻게 그 광대한 거리를 가로질러 고향 행성과 실시간으로 연락할 수 있는가?

어떤 외계생명체가 1,000광년 떨어진 어느 태양계에서 온다고 해 보자.(1광년은 빛이 1년 동안 가는 거리로, 속도로 따지면 초속 약 30만 킬로미터이다.) 그들이 빛의 속도로 지구에 온다 해도 1,000년이 걸리고 집에 돌아가려면 다시 1,000년이 걸린다. 이 왕복여행에 걸리는 2,000년이라는 시간은 대충 예수가 태어난 이후 흘러온 시간과 맞먹는다. 그나마 1,000광년이라는 거리는 우리 은하계 안에서 상대적으로 가까운 곳이다. 추정치로 보면 우리 은하계를 가로지르는 데는 100,000광년이 걸린다.

이제 통신을 생각해보자. 외계존재가 이곳에 도착해 현재 지구에서 즐겨 쓰는 초단파·극초단파 또는 전자기신호(이 또한 빛의 속도로 날아간다)를 이용해 고향에 연락을 하는 데는 1,000년이 걸리고, 그들의 응답을 받으려면 1,000년을 더 기다려야 한다. 다시 2,000년이다.

하지만 우주여행을 하는 문명이라면, 오늘날 우리가 사용하는 20세기 지구의 도구들을 능가하는 기술을 개발했음이 틀림없다. 그러므로 외계에서 온 UFO들이 우리가 가진 현재의 기술을 사용하지 않는다고 보는 것이 타당하다. 우물 안 개구리 같은 지금의 과학지식만으로 그들의 기술을 알아내고 이해하려 한다면 정말로 우리는 99.9퍼센트의 데이터를 놓칠 것이다. 우리의 제한된 시야로는 길을 찾지 못한 채 안개 속을 헤맬 것이다.

두 가지 체험

진보한 문명들이 어떻게 초차원적으로 우리 은하를 가로질러 여행하고 서로 연락하는지, 이를 이해하게 해준 두 가지 중요한 사건이

내 어린 시절에 있었다. 첫 번째는 서문에서 잠깐 소개했듯이 아홉 살 때 처음으로 노스캐롤라이나주 샬럿에서 UFO를 목격했던 일이다. 그 사건 이후로 몇 주 동안 나는 분명 지구에 살지 않는 존재들과 만나는 일련의 자각몽自覺夢·lucid dream 경험을 했다.

지식에 목이 말랐던 나는 산스크리트어를 공부하며 고대 인도의 성스러운 경전인 베다를 읽기 시작했다. 명상과 초월이라는 개념도 배웠는데, 이는 아주 수월하게 내 정신에 안착되었다. 짬이 날 때면 긴 시간 시골에서 자전거 여행을 하며 들녘에 누워 명상 연습을 했다. 그러다 때때로 내 의식이 몸을 떠나 샬럿 지역의 다른 곳을 지켜보거나 세상의 다른 지역을 찾아가기도 했다. 이렇게 유체이탈을 경험하면서 '우주탐험'을 한 적도 여러 번이었다.

이 첫 번째 체험과 공부를 통해, 나는 스스로 덧씌워놓은 3차원이라는 물리적 한계 너머를 보는 법과 우리 안의 무한한 의식을 사용하는 법을 배웠다.

두 번째 사건은 저 너머에서 우리를 기다리는 무언가를 살짝 엿보게 해주었다. 열일곱 살에 나는 왼쪽 허벅지에 심한 부상을 입었다. 다리에 번진 끔찍한 감염이 온몸으로 퍼져나갔고, 패혈증으로 고열이 나기 시작했다. 상태의 심각성을 미처 깨닫기도 전에 나는 서서히 죽음을 향해 가고 있었다. 그러다가 임사臨死체험[1]이 오고…… 갑자기 내가 몸에서 쑥 빠져나왔다.

내 의식은 우주 깊은 곳으로 옮겨갔다. 더없이 편안한 마음으로

---

1 뇌사, 심정지 등으로 의학적 사망에 이르렀다가 되살아난 사람들이 그 과정에서 인식했다고 보고하는 사후 경험. 죽음에 가까이 갔다는 의미에서 '근사체험'이라고도 한다.

지금은 내가 '우주의식'이라 이해하는 상태를 경험했다. 걸림 없이 순수하고 무한한 마음 안으로 녹아들면서 나의 개별성이 희미해졌다. 이원성이라는 것은 없었다. 그 상태가 영원히 지속될 것만 같았다. 이런 존재 상태에서는 시간감각이 없다. 나는 모든 창조물을, 우주의 광대함을 보았고 그것은 형언할 수 없을 만큼 아름다웠다. 우리의 제한된 3차원적 시각에서 보면 나는 죽었지만 그렇다 해서 두려울 것은 없었다. 오로지 무한한 인식과 기쁨 그리고 가없이 완벽한 창조라는 지각만이 있을 뿐이었다.

이윽고 별들 사이로 눈부시게 반짝이는 두 개의 빛이 나오더니 내게로 다가왔다. 눈부신 빛의 점처럼 보이는, 순수한, 의식을 지닌 에너지였다. 그들이 가까이 오자 나는 그들을 맞이하는 활짝 열린 상태로 들어갔다. 믿기 어려울 정도로 아름다웠다. 대화가 오갔지만 언어는 아니었다. 가령 이런 것이다. "사과"라는 말 대신 사과의 실제 이미지를 받는다고 상상해보라. 의식 속 그 이미지에는 사과 자체의 순수한 관념체idea form, 곧 사과의 본질이 들어있다. 내게 정보가 전해지는 방식이 그랬듯, 외계문명들이 어마어마한 거리를 뛰어넘어 동시에 소통하는 방법이 그렇다고 확신한다. 거기다 무척 진보한 전자장치로 인해 소통은 더욱 촉진된다.

이 임사체험은 내 인생을 통째로 바꿔놓았을 뿐 아니라, 계속해서 맞이하고 있는 도전들에 대비시키기도 했다. [3부 '비밀 공개로 가는 길'의 내용을 참고하기 바란다.] 나는 죽음이란 두려움의 대상이 아니며 사실 죽음이란 없다는 것을 배웠다. 외계에서 온 우리의 방문자들이나 우리나 모두가 도달할, 그저 하나의 상태에서 다른 상태로 들어가는 차원간 탈바꿈인 것이다.

하나의 우주, 하나의 사람

다른 행성에서 지구를 찾고 있는 존재들은 당연히 육체적으로 그리고 더 심오한 방식으로 우리와는 다르다. 그러나 이들은 우리와 같은 의식을 가진 지적 존재이다. 우주에서 지각을 지닌 모든 존재에게는 의식 있는 지성이 깃들어 있다. 다양한 생명체들의 지속가능한 관계의 밑바탕이 되는 최상의 공통분모가 바로 이것이다.

인간인 우리는 의식이 있고 깨어있다. 다른 고등생명체들도 의식이 있고 깨어있다. 공통점이 거의 없을지는 몰라도, 이 보편상수는 인간이거나 외계존재이거나 지성과 의식을 지닌 모든 존재가 공유한다. 그러니 의식 또는 보편적 의식이 있는 지성은 행성간 화합의 토대를 이루는 첫 번째 주춧돌인 것이다.

하나의 창조를 나타내는 하나의 '존재'가 있듯, 지구에서든 다른 어느 곳에서든 의식을 지닌 모든 존재의 근원인 하나의 '존재'가 있다. 위대한 '우주지성Universal Intelligence'은 의식을 지닌 모든 존재에 이 의식의 빛을 드리웠고, 우리는 그 미묘하고도 가득히 퍼져있는 힘을 통해 이 무한한 인식에 융합되고 서로에게 융합된다. 이런 이유로 나는 인간의 실체와 외계존재의 실체가 하나라고 말한다.

다름의 눈으로 보면 우리는 각양각색이며 서로 무관하지만, 하나의 눈으로 보면 다르기보다는 비슷하고 이방인이라기보다는 친척에 가깝다. 우리는 동료 인간들과 하나일 뿐 아니라 우주에 있는 다른 지적 생명과도 하나라는 사실을 찾아 우리의 내적 실체를 들여다보아야 한다. 덧없는 차이들이 우리를 좌절시킬지도 모르지만, 의식에 있어서 우리가 본질적으로 하나라는 사실은 우리를 저버리지 않을 것이다.

하나의 사람들이 살아가는 하나의 우주, 우리가 바로 그들이다.

우주여행은 어떻게 가능할까

많은 사람들이 내가 UFO를 얼마나 많이 보았는지 묻는다. 그러면 나는 한 번도 없다고 말한다. 왜냐하면 UFO, 즉 미확인비행물체라는 것은 없기 때문이다. '미확인비행물체'라는 용어는 이 비행선의 정체를 정확히 아는 사람들이 지어낸 영리한 '심리조작mind conditioning'의 수법이다.

이 비행선에는 두 가지 종류가 있다. 하나는 '외계비행선'으로 이 용어는 국가안보국에서 사용한다. 다른 하나는 '복제비행선'으로 "UFO"처럼 보이는 인간이 만든 진보한 반중력 비행체를 말한다.

외계비행선도 복제비행선도 실제로 정상적인 공기역학의 법칙 안에서 날지 않는다. 이것들은 1920년대에 토머스 타운센드 브라운이 이미 개발했고, 1947년 이후에는 추락한 외계비행선들을 역설계해 얻은 장場추진시스템field propulsion system을 사용한다. 또한 비펠드-브라운 효과Biefeld-Brown Effect로 알려진 원리를 사용하는데 이는 고전압, 전자기, 자기력선속 현상을 이용해 사실상 질량이 없는 상태로 무중력으로 부양하고 이동할 수 있다. 비밀 프로젝트에 참여한 첨단 물리학자들은 적어도 60년 전, 어쩌면 그보다 오래전부터 이것을 이해하고 있었다. 따라서 나는 우리가 'UFO'를 본 적이 없다고 말하는 것이다.

우리는 외계비행선은 물론 그 탑승자들을 수도 없이 보았고 그들과 상호작용했다. 복제비행선도 몇 번 마주쳤다. 외계비행선과 복제비행선의 차이를 구분하는 것이 중요하다. 여러분이 만일 어떤 비행체를 보았고 그것이 어느 쪽인지 궁금하다면 다음을 따져보면 된다.

외계비행선은 윤이 나고 이음매가 없는 매끈한 형태로, 순간적으로 위상전환^{phase shift}[2]을 하는 능력이 있다. 이것들은 대개 빛을 발하고, 단단하고 부드러운 일체이며, 그 표면은 빛을 반사하지 않는다. 반면에 복제우주선은 위상전환을 하지 않고, 정상적으로 빛을 반사하며, 이음매의 구조가 분명하게 보인다.

그러면 외계비행체와 거기 탄 사람들은 어떻게 그 광대한 시공간을 날아오는 것일까? 영점에너지장[274쪽 '영점에너지' 참고]에 접근해서 고전압, 전자기, 자기력선속 현상을 이용하면, 사실상 질량이 없는 상태가 되어 무중력으로 부양하고 이동할 수 있다. 마침내 빛의 속도라는 장벽 건너편으로 주파수전환을 하고 나면 공간의 광대함이라는 경직성은 아주 유연해져서 충분히 건너뛸 수 있게 되는 것이다.

외계비행체와 그 탑승자들은 한 번의 양자적 이동으로 위에서 소개한 우주론의 더 나은 면으로 위상전환을 한다. 그로써 현대과학으로 알려진 물질우주보다 더 비국소적非局所的인 국면 또는 차원[3]에 있게 된다. 쉽게 말해, 이 물체들이 사라졌다가 상당한 거리에서 순간적으로 다시 나타나는 것처럼 보이는 현상은, 그들이 고정된 시공간의 물질적 국면을 벗어나 보다 비국소적인 국면으로 위상전환을 할 수 있기 때문이다. 내가 직접 보고 들은 바로는, 이것은 강력한 회전전자기장과 중력장 그리고 질량관성이 복잡하게 상호작용해, 비행체를 한 번의 양자도약[4]으로 위상전환하게 함으로써 이루어진다.

---

2   위상전환의 의미에 대해서는 이어지는 본문 설명을 참고하기 바란다.
3   우리가 인식하는 선형적이고 국소적인 현실차원을 넘어 시간과 공간의 제약이 없이 경험되는 세계를 말한다. 저자의 표현으로는 '빛의 교차점the crossing point of light' 너머에 있는 차원이다.
4   원자가 에너지를 흡수해 다른 상태로 변화할 때 일정 수준에 도달하면 서서히 연속적으로 변하는 것이 아니라

비행체가 빛의 교차점 안쪽, 즉 우리 쪽에 있을 때, 그것은 물질적으로 만들어진 다른 물체와 똑같아 보일지라도 질량과 관성, 중력을 무시하며 자유자재로 날아다닐 수 있다. 우리의 증인들은 UFO들이 시속 6,400킬로미터로 하늘을 가로질러 날다가 갑자기 멈추더니 90도 각도로 방향을 꺾었다고 증언하는데, 만일 보통의 조건에서 이렇게 했다가는 어마어마한 관성력 때문에 탑승자들의 몸이 바스러져 버릴 것이다.

한편 비행체가 빛과 물질의 교차점 너머로 위상전환을 해 들어가면, 그것은 사라진 듯 보이지만 사실 사라진 것이 아니다. 눈에 보이지 않을 뿐이다. 그 형태나 에너지스펙트럼 또는 그 차원에 있을 때, 비행체는 광속의 몇 배속으로 물질우주 안에서 떠 있거나 움직일 수 있다. 빛의 속도라는 장벽 안쪽에서만 측정해도 그 속도는 비상대론적이다. 그렇다고 1,000광년이라는 거리를 순식간에 건널 수는 없다. 물질우주를 통과하는 이 국면에서는 '항력抗力·drag'[5]이라는 요소가 있기 때문이다. 달리 말하면, 이 물체에는 물질우주와 이어져 있는 구성요소가 있고, 광대한 성간 거리를 순간적으로 건너뛰지 못하게 막는 우주항력이라는 계수가 있다.

두 국면 또는 두 차원 사이의 어느 경계에서 활동하는 외계비행체는 두 곳을 모두 오갈 수 있다. 사실 부분적으로 두 곳에 모두 있을 수도 있다. 예를 들자면, 하버드연구소 위에 외계비행선이 떠 있다 하더라도 그것이 물질적 국면에 완전히 들어와 있지 않으면 눈에 보이지

불연속적으로 급격히 변하는 양자적 속성을 말한다.

5   물체가 유체(기체와 액체) 안에서 움직일 때 그 반대 방향으로 작용해 운동을 방해하는 힘. 우주공간은 유체가 아니지만, 저자는 물질우주에서 광대한 거리를 짧은 시간에 이동하는 물체에 항력이 작용한다고 말한다.

않는다. 만일 건물 안에 있는 누군가가 일부러 목을 빼 내다보면 드러날 수도 있다. (물론, 그들이 반드시 이 목격사례를 보고하는 것도 아니다.)

우주통신, 고정관념에서 벗어나기

우주통신을 이해하기 위해서 마음이라는 보편적 구성요소의 방정식을 이루는 인자들을 보여주려 한다.

내가 우주를 이해하는 바로는, 모든 존재-모든 원자, 모든 분자, 모든 사람, 모든 별-의 본바탕은 시간과 공간의 모든 지점에 있으면서도 동시에 시간이나 공간이나 물질의 어느 지점에도 구속되지 않는 비국소적 본질이다. 이 본질은 깨어있고 지적이며 알고 있다. 의식이 깃들어 있다. 그것은 마음이다. 깨어있음의 인식, 구분되지 않는 순수한 지성 그리고 우주의 마음이다. 풀잎 하나하나에 존재하고 텅 빈 공간과 머나먼 우주 끝까지 스미어 있는 이것은 나눌 수도 없고 공간이나 시간 또는 물질의 어느 한 지점에 국한될 수도 없다. 비국소적이고 의식이 있고 지성이 있는 이 존재의 구성요소는 변하지 않으며, 공간과 시간과 물질 같은 것들의 상대성이나 변화에도 영향받지 않는다.

마음의 본성이란 나눌 수가 없다. 시간과 공간의 모든 지점에 존재하면서도 시간이나 공간의 그 어떤 측면에도 구속되거나 제한받지 않는다. 이 말은 곧, 이런 능력을 빌어 멀리 떨어진 어느 공간과 시간의 지점에 다가갈 수 있다는 뜻이다. 더욱이 이 근본적 인식의 본질인 마음의 합일성이라는 본성을 빌어, 누구라도 예지, 영감, 직관, 원격투시와 같은 것들을 경험할 수 있다.

기초적인 우주론을 이해하고 나면 이를 받아들이기가 더 쉬워진다. 다시 말해, 의식은 절대로 나뉠 수가 없고, 그 어디에나 존재하며, 시공간의 제한을 받지 않지만, 역설적으로 공간과 시간의 모든 지점에, 모든 원자와 모든 은하계에 두루 존재한다는 것이다. 따라서 의식과 물질의 연결은 부자연스럽거나 어려운 것이 아니라 당연한 것이다. 어떤 일이 일어나는 것은 이러한 결합의 문제가 된다.

다시, 광대한 거리를 가로질러 이루어지는 우주통신이라는 주제로 돌아가 보자.

외계의 전자통신시스템은 마음과 생각과 전산화된 원격측정[6]이 서로 연결된 것이다. 지난 수십 년 동안 사람들은 UFO와 함께 텔레파시적인 경험을 했다고 보고했다. 이런 이야기들이 알려지기가 무섭게, 과학계는 법석을 떨며 그런 사례를 아예 무시해버렸다. 슬프게도 그들은 아기를 목욕물과 함께 내다버린 것이다. 프린스턴공과대학 이상현상연구소Princeton Engineering Anomalies Research Lab:PEAR의 로버트 얀Robert G. Jahn 박사와 의사 래리 도시Larry Dossey를 비롯한 여러 사람들이 보여주었듯이, 마음과 생각은 물질체계 심지어 기술체계와도 서로 연결될 수 있고 또 영향을 줄 수 있다. [이 연구소에서 진행한 난수생성기random number generator 연구[7]를 참고하기 바란다.]

나는 52년 동안 이런 현상을 경험했다. 실시간으로 성간 거리를 가로지르는 외계의 통신규칙에 에이티앤티AT&T의 극초단파시스템 따

---

6 먼 거리나 접근할 수 없는 지점에서 일어나는 일을 수신 장치에 전송하는 고도의 통신 방법이다.

7 로버트 얀이 시카고대학교의 브렌다 던Brenda Dunne과 함께 했던 실험이다. 피험자가 무작위로 나오는 1과 0 둘 중 하나에 정신을 집중해 의도한 숫자가 나오는 빈도를 기록했다. 12년 동안 250만 회의 실험을 거듭한 끝에 전체의 52퍼센트에서 피험자가 의도한 결과가 나왔다. 두 사람은 순전히 의도만으로 기계의 무작위적 행동에 영향을 미쳤다는 결론을 얻었다.

위가 사용되지 않는다고 확신한다. 그들이 사용하는 시스템은 생각과 의식에 직접 연결될 만큼 진보해있고, 이로써 비국소적인 에너지 스펙트럼들에 접속해 선형적인 시간과 공간을 건너뛴다.

이 시스템을 우리가 뇌파의 활동을 컴퓨터에 연결하는 실험들과 혼동하지 않기를 바란다. 우리의 실험들은 아직 빛의 속도로만 날아가는 전자기에너지를 사용하는 것이다. 여기서 이야기하는 외계의 시스템들은 빛의 교차점 너머에서 작동하며, 물론 기술적으로도 촉진되기는 하지만 생각과 마음에 직접 연결된다. 이런 시스템에서 마음과 생각과 에너지의 비국소적 측면을 이용해 수백만 광년이라는 거리를 가로질러 정보가 순간적으로 전송된다. 이런 통신시스템에는 앞에서 말한 우주항력계수로 인한 실시간 지체현상이 없다.

본질적으로 전자기 및 물질 수준 아래sub-electromagnetic and sub-material의 에너지 스펙트럼들이 있는데, 그럼에도 이것들은 아주 현실적이고 아주 물리적이다. 이 영역을 두고 '형이상학적'이라는 용어를 쓴다면 매우 부정확하며 또한 시간에 속박된 표현이다. 500년 전에 살았던 사람에게는 홀로그램이나 손전등 하나도 형이상학적이고 초자연적인 것이었을 테니까.

핵심은 이것이다. 여기서 말하는 에너지와 에너지스펙트럼들은 곧 자연스럽게 생기는 창조의 일면들이다. 언제나 우리를 둘러싸고 있고 또 우리 안에 있다. 그것은 "다른 무엇"이 아니다. 초자연적이지도 형이상학적이지도 않다. 단지 현대과학이 그동안 연구하지 않았고 충분히 이해하지 못했을 뿐이다. 하지만 우주여행에 통달한 진보한 외계문명들은 그렇게 했다.

평범하기 그지없는 사람들이 이 외계비행체를 마주하고 생각만으로 직접 소통했다는 이야기는 이미 수십 년 전부터 많이 있었다. 이를테면 그가 '아, 저게 오른쪽으로 움직이면 좋겠어'라고 생각하면 이 비행체는 오른쪽으로 움직인다. 막 떠나는 비행체를 보며 '다시 돌아오면 좋겠어'라고 생각하면 비행체는 바로 멈추고 방향을 틀어 온다. 이런 이야기 가운데 몇몇은 우연의 일치라며 무시당할지도 모른다. 하지만 이 물체들에는 초점을 맞춘 생각과 연결되는 원격측정 능력이 있다는 결론에 이를 수밖에 없는 실증적 사례가 무척 많다.

이런 수준의 외계기술을 일반적으로 '의식 지원 기술consciousness assisted technology:CAT'과 '기술 지원 의식technology assisted consciousness:TAC'이라 볼 수 있다. '의식 지원 기술'은 개인이나 집단의 의식과 생각이 수용장치를 지원하거나 그것과 연결되는 경우이다. '기술 지원 의식'은 어느 장치가 개인이나 집단의 의식과 생각을 증폭 또는 투사하거나 지원하는 경우이다.

일례로 우리는 30여 년 전에 벨연구소와 루슨트테크놀로지Lucent Technologies에서 비밀연구 프로젝트를 한 과학자를 알고 있다. 어느 장군이 그에게 외계의 통신장치 하나를 건네며 이것을 연구하고 역설계해달라고, 즉 분해해서 어떻게 작동하는지 알려달라고 부탁했다. 이야기는 이렇게 전개된다.

자몽 한 알 크기의 둥글고 검고 질감이 독특한 이 장치를 받자마자, 그것이 과학자의 머릿속에 어떤 생각으로 직접 "말하기" 시작했다. 그는 깜짝 놀랐다. 무엇보다도 이 장치가 자신의 머릿속에 말하는 내용 때문이었다. 연구를 부탁한 이들의 마음에 악의가 있다며, 이 장치를 파괴해버려야 한다는 것이었다!

이 난감한 상황을 어찌해야 할지 혼자 씨름하던 과학자는 어떤 실험을 하던 중 '실수로' 그 장치를 과열시켜 파괴하고 말았다. 적어도 물질적으로는 말이다. 장치를 파괴하고 나서 과학자는 마지막 한마디를 들었다. "고마워요."

해괴한 소리로 들릴 것이다. 하지만 더없이 기이한 것들이야말로 진실이다. 그리고 이 이야기는 실제로 있었던 이야기 가운데 하나다. 어쩌면 이런 정보 따위는 팽개쳐버리고 익숙한 구석의 전파신호로 돌아가고 싶어질 수도 있다. 그러나 미래는 여기에 있고 우리는 지혜롭게 마주해야 한다. 그렇지 않으면, 처음에 그 장치를 준 장군과 같은 이들이 미래를 가로채 우리가 가고 싶지 않은 곳으로 데려갈 것이다.

원격투시, 외계존재와의 소통

우리가 외계존재와 소통하는 것은 이 진보한 생명체들과 평화롭게 접촉하며 관계를 맺는다는 뚜렷한 의도를 가지고 이루어진다. 우리는 이러한 만남에서 많은 규약을 사용하는데, 확실하고 실용적인 것이 있는가 하면 아직 실험적인 것도 있다.

쟁점이 되는 방식 가운데 하나는, 일행이 함께 비국소적 의식상태로 들어가 원격투시하는 것이다. 원격투시란 지각知覺하거나 관찰하는 사람이 거리와 시간, 가림막 때문에 일반적인 감각으로는 접근할 수 없는 대상에 대해 묘사하는 정신과정이다. 이는 조절과 훈련을 통해 얻을 수 있는 능력이다. 예를 들면, 관찰자가 한 번도 가본 적 없는 지구 반대편 어느 장소에 대해 이야기해 달라고 요청받는 것이다. 아주 먼 곳을 지나거나 혹은 가까이에 있어도 우리 눈에 보이지 않는 스펙트럼으로 위상전환한 외계존재나 비행체를 의식을 통해 투시할 수 있다.

물리학의 수준에서 그 원리를 설명하는 이론이 있지만 널리 받아들여지지는 않았다. 그러나 흥미롭게도 원격투시는 애초에 미군과 정보기관이 돈을 대는 연구소들에서 개발되었으며 첩보활동에 이용되었다.

우리가 외계의 비행선이나 생명체를 '자동추적상태'로 원격투시하는 경우에는 정반대의 과정이 벌어진다. 외계존재가 시각적 사고思^考의 유도를 통해 우리 연구진이 있는 곳으로 방향을 잡는 것이다. 다시 말해 외계존재는 우리의 좌표와 위치를 '정신적으로 탐색'함으로써 초대된다.

터무니없는 개념이라고 생각하는 사람도 있겠지만, 실제로 외계 비행체가 머리 위에 '불쑥' 나타나는 경우가 많다. 접촉을 유도하고 확인하기 위해 빛이나 레이저, 전파신호를 사용하기도 하나 핵심은 역시 '의식 지원 기술'이다. 이에 외계존재들은 흔히 '기술 지원 의식'으로 응답한다.

상호작용의 보편적 유형

다음은 앞에서 이야기한 외계기술을 입증하는 보편적인 유형의 경험들이다.

• 원반형 또는 삼각형 등의 거대한 비행체가 난데없이 불쑥 나타났다가 몇 초 만에, 눈 깜짝할 사이에 사라져버린다. 이 모습은 여러 사람에게 목격된다.

• 비행체가 더 오래, 몇 분 동안 나타났다가 시각적·물질적 지각으로의 위상전환을 통해 사라진다.

• 다양한 색상을 띤 지능이 있는 구형물체인 탐색구^{probe}들이 나타

나고 심지어 일행 사이를 돌아다니기도 한다. 이것은 지능적으로 조종되기도 하겠지만, 그 자체가 의식과 지능을 가진 진보한 인공지능이다. 대개 반투명이거나 살짝 불투명인 빨간색, 파란색, 초록색, 금색의 구체로 크기는 15~60센티미터에 이른다. 개인 또는 집단과 의식적으로 상호작용하고 나서 사라진다. 비행체에 타고 있는 외계존재의 의식과 생각(심지어 인격)의 도움을 받은 '기술 지원 의식'의 표현일 가능성이 크며, 통제된 방식으로 인간 집단에 투사된다.

• 이례적인 '삐' 소리나 고음이 들려오는데, 마치 모든 곳에서 동시에 들려오는 것처럼 전방향적이다. 대개 이런 경우는 우리가 현장에서 자주 사용하는 '삐' 소리의 전파를 쏘고 나면 일어난다.

• 장비며 자동차 등에 이례적인 전자기효과가 생긴다. 외계비행체가 가까이 접근하면 대개 전자장치가 작동을 멈춘다. 1993년 멕시코에서 약 250미터 크기의 삼각형 비행체가 소리 없이 우리에게 다가왔을 때, 카메라와 모든 전자장치가 작동을 멈춰버린 경우가 그랬다. 다른 경우에서는 차량속도감지기며 자동차의 전자장치들이 약해지거나 어두워지고, 사람들의 피부나 옷에 정전기가 일어난다. 반시계 방향으로 회전하는 비행체가 다가올 때 내가 가진 나침반도 반시계 방향으로 도는 경우가 여러 번 있었다. 이 나침반은 자북磁北이 160도로 바뀌어 거의 정남正南을 가리키는 상태로 석 달쯤 있었다.

• 고속이동하며 상호작용한다. 인공위성처럼 보이는 복수의 물체가 의도된 생각이나 신호로 교감하는 모습을 자주 경험한다. 예컨대, 높이 날던 물체가 생각으로 지시를 하자마자 멈추거나 급작스레 방향을 바꾸기도 한다. 인공위성이라면 지상에 있는 사람들과 상호작용하면서 뒤로 돌아가거나 오른쪽으로 회전하거나 갑자기 내려오거

나 밝아지거나 하지 않는다. 이런 유형의 사건은 우리가 주최한 여러 번의 행사에서 수백 명이 목격했다.

• 물질세계와 연결되는 현상이 있다. 이 현상은 빛과 물질의 교차점 바로 너머에 있는 외계비행체가 우리가 있는 차원으로 '번져 나오는' 경우에 생긴다. 우리는 주위에 온통 섬광과 같은 빛이 갑자기 방출되는 모습을 자주 보게 된다. 외계비행체나 외계존재의 형상이 희미하게 나타났다가 어른거리는 홀로그램처럼 모습을 갖춘다. 이러한 근접조우가 일어나는 동안, 참가자들은 희미하게 어른거리는 빛처럼 보이는 것을 살며시 만져보았다고 말했다. 이런 형태의 사건이 길어지면, 비정상적인 시공간의 팽창 또는 수축이 벌어진다. 시간이 멈추거나 아주 빠르게 흐르는 듯하고 우리를 둘러싼 공간은 더욱 뚜렷해진다. 이런 식의 만남은 순식간에 일어나거나 두 시간 넘게 지속된 경우도 있었다.

예를 하나 들어보자. 1998년 영국의 앨튼반스 근처에 있을 무렵, 둥글게 모여 'CE-5'를 하는 우리 일행에게 아주 커다란 원형비행체 하나가 갑자기 모습을 드러냈다가 몇 초 만에 사라지곤 했다. 그것이 반짝이는 빛을 내며 우리에게 내려오자, 우리는 마치 우주선 안에 있는 듯했다. 그리고 어른거리는 외계생명체의 모습이 우리들 사이에 있었다! 그 사이 우리가 있던 곳의 온도가 10~15도나 치솟았다. 모두가 이 물체와 생명체를 보았는데 그 생명체 중 누구도 완전한 '고체'가 아니었으며, 우리 차원에 부분적으로만 들어와 있는 상태였다.

• 자각몽 상태에서 외계비행체나 외계존재 또는 그 둘 다와 상호작용한다. 외계의 기술력은 더 높은 차원들 사이를 매끄럽게 이동할 수 있으므로, 사람들이 꿈을 꾸는 상태에서 구체적인 상호작용을 경

험하는 것은 특이한 일이 아니다. 내가 보기에 외계존재가 개별인간과 상호작용하는 가장 흔한 방식은 물질적 접촉이 아니라 생생한 꿈을 통해서다. 물론 물질적 접촉도 있어왔지만 이 여행자들에게는 위험이 따르는 일이다. 외계존재가 우주통신과 우주여행을 할 때 반드시 통과해야 하는 아스트랄 스펙트럼astral spectrum[8]은 그들이 선호하는 장場이며, 이는 자각몽을 꿀 때 활성화되거나 사용되는 스펙트럼과 같다. 그토록 많은 사람들이 이런 유형의 경험을 보고하는 이유이다.

• 외계비행체는 고체를 통과할 수 있다. 우리는 단단해 보이는 비행체가 산에 부딪치지 않고 바로 통과하는 모습을 대낮에 여러 번 보았다. 이는 비행체 재료의 주파수를 전환함으로써 이루어지는데, 그러면 종래의 밀도를 지닌 물질에 실제적 영향을 주지 않고 그것을 통과할 수 있다. 주파수의 위상전환을 통해 단단한 물체가 다른 물체와의 상호작용 없이 통과할 수 있는 것이다. 우리가 '고체'라고 부르는 것은 대부분 전혀 단단하지 않음을 기억하기 바란다. 사실 그것은 텅 비어 있다. 이 현상은 오랫동안 보고되었지만, 그런 이야기들은 "유령같다"거나 폴터가이스트poltergeist[9]로 치부되었다. 사실 이것은 보다 심오하고 미묘한 존재의 수준에서 작동하는 외계기술의 또 다른 표현일 뿐이다. 이 기술은 물질의 주파수를 바꿀 수 있으며 비슷한 방법으로 시공간의 관계도 바꿀 수 있다. 군에 있는 정보제공자들의 증언에 따르면, 인간은 비밀 프로젝트를 통해 이미 1953년 이전부터 물체를

---

8 3차원 물질계보다 높은 차원의 영적 영역. 조밀도에 따라 여러 수준의 영역들이 있어서 가장 낮은 수준의 아스트랄계는 우리 물질계와 어느 정도 겹쳐 있다. 심령현상은 이 중첩지점에서 나타난다.

9 독일어로 "시끄러운 소리를 내는 영靈"이라는 뜻이다. 아무 이유 없이 소리가 나거나 물체가 혼자서 움직이고 부서지는 현상을 말한다. 텔레비전이나 라디오 같은 전자장치가 저절로 작동하기도 한다.

물질화·비물질화하거나 다른 공간으로 이동시키는 데 성공했다. [더 많은 내용은 필자의 책 『현대사 최대의 비밀』을 참고하기 바란다.]

제5종 근접조우CE-5 계획

1994년 12월, 〈외계지적생명체연구센터〉 일원들과 나는 멕시코의 대도시 몬테레이 외곽의 산맥에서 외계존재의 활동이 무척 활발하다는 소식을 들었다. 우리는 많은 목격사례를 필름에 담은 UFO 연구자 산티아고 유리아 가르자Santiago Yturria Garza와 만났다. 그는 1970년대부터 우주선으로 의심되는 비행체 및 외계존재의 출몰을 조사해온 방송 진행자 다이애나 펠라 차파Diana Pela Chapa와의 일정을 잡아주었다.

우리 네 명과 운전사 부부는 차를 타고 도시 언저리 산으로 올라갔다. 'CE-5' 의례를 시작한 지 오래지 않아 원반형 비행체가 나타났다. 불현듯 출몰한 우주선이 우리 위쪽의 삐죽삐죽한 봉우리에 내려앉았다. 사람은 올라갈 수 없는 곳이었다. 몇 분이 지나고 비행체에서 나오는 코발트색 전류빛이 산을 타고 흘러내렸다. 이 '액체광선'은 마치 덩굴손처럼 우리 발을 휘감았다. 이 일이 일어나는 동안, 우리는 비행체에 신호를 보내며 그 탑승자들과 소통했다.

우리가 경험한 일들은 여기에 적은 것보다 훨씬 많지만, 외계기술이 어떤 식으로 드러날 수 있는지 감을 잡기에는 충분할 것이다. 외계존재 사건은 아스트랄 현상과 혼동되기도 하는데 동일한 요소로 드러나도 전혀 다르다는 걸 이제 이해할 것이다.

문학작품에 외계존재나 천사와 유령, 온갖 종류의 이상현상이 뒤섞여 혼란스러운 이야기로 가득한 것은 당연하다. 수백 년 전에 살았던 사람에게는 현대인도 초자연적인 존재로 보이지 않겠는가. 한번 상상해보라. 1692년 매사추세츠주 세일럼의 어느 교회 모임에 휴대전화며 홀로그램, 위성텔레비전과 레인지로버를 들고 나타난다고 말이다. 당신은 마녀가 되어 대뜸 장작 위에서 화형당하는 신세가 될 것이다![10]

그럼에도 우주에는 존재의 여러 수준들이 있음을 기억해야 한다. 외계존재가 아닌 아스트랄 차원의 인과론적 세계와 존재가 있다. 그런가 하면 미묘한 영역에 있는 물질우주의 측면들과 접속하고 이용하는 외계존재도 있다. 또한 모든 외계존재가 다 그렇게 진보하지는 않았을 수도 있음을 기억해야 한다.

우주에 있는 수십억 개의 은하계마다 수십억 개의 항성들이 있다는 것을 떠올려 보라. 아직 동굴의 원시인과 맞먹는 종족이 있는가 하면, 우리 수준으로 진화한 종족도 있을 테고, 지금의 우리보다 수백만 년을 더 진보한 종족도 있을 것이다. 그럼에도 전파신호나 내연기관보다 훨씬 진보한 기술을 가진 외계존재가 있다는 사실은 분명하다. 그들은 여기에 어쩌면 우리 주위 곳곳에 있을지도 모른다.

〈외계지적생명체연구센터〉는 그동안 수천 명의 사람들과 함께 밤하늘 아래서 수천 시간을 보내며 그야말로 특별한 경험을 했다. 그중에는 시야에 나타났다 사라지는 비행체와 외계존재를 찍은 흥미로운 사진과 영상기록도 있다. 하지만 정말로 놀라운 일들은 사진이나 영상에 담을 수가 없었다. 그 최고의 순간은 어쩌면 전혀 측정조차 할 수 없는 것이다. 우리가 아는 현실에서는 그토록 놀라운 상황이 거의

---

10 '세일럼 마녀재판'은 인간의 집단적 광기를 상징하는 사건으로, 5개월 동안 185명을 체포해 19명을 처형했다. 미국 역사에서 가장 치욕스러운 사건 중 하나로 기억된다.

일어나지 않기 때문이다. 빛의 교차점 양쪽에서 많은 일이 일어났지만 가장 흥미로운 상황은 그 너머에 있었다.

장막을 넘어, 빛의 교차점을 건너, 바로 우리 앞에 와있는 이 특별한 기회에 부디 눈과 마음을 열기 바란다.

[www.SiriusDisclosure.com의 'Papers' 항목에서 필자의 글 '외계존재와 새로운 우주론Extraterrestrials and the New Cosmology'을 읽어보기 바란다.]

3부

비밀 공개로
가는 길

어느 과학자가 비행접시에 대해 긍정적으로 이야기하면
그것은 곧 극단적인 이단이 되고,
과학이라는 신권神權정치가 그들을 파문의 지경으로
몰아넣는다는 점을 인정하지 않을 수 없다.

프랭크 샐리스베리 (Frank B. Salisbury, 1926-2015)
식물생리학자, 전 유타주립대학 식물학과장
1964년 5월, 미국 공군 아카데미에서 열린
<록키마운틴 생체공학Rocky Mountain Bioengineering> 첫 심포지움
발표 논문 '우주생물학Exobiology'에서

디스클로저 프로젝트

분명히 말하지만 내 목표는 대통령과 CIA 국장들에게 브리핑을 하는 것이 아니었다. 내가 마음 깊이 아끼던 사람들이 해를 입는 모습을 보는 건 물론, 내 생명까지 위협받을 줄은 생각지도 못했다. 나는 노스캐롤라이나주 어느 병원의 응급의학·외상치료 전문의였고 그 일을 사랑했다.

우주행성의 방문자들과 인간 사이에 평화로운 조우를 이루고자 한 나의 유일한 의도는, 지구에는 그 방문자들을 격추하는 군사세력과는 많이 다른 사람들이 있다는 걸 알리는 것이었다.

앞서 2부에서 이야기했듯이, 나는 1990년에 〈외계지적생명체연구센터〉를 설립했다. 외계의 문명들과 평화롭게 조우하기 위해 정부를 우회하는 풀뿌리운동이었다. 이는 냉전이라는 암흑기에 '사회적 책임을 위한 의사회Physicians for Social Responsibility'가 소련과의 민간외교관 구실을 한 것과 흡사하다.

초기에 성공적으로 'CE-5'를 경험한 것은 1992년 2월, 플로리다주 펜사콜라 인근 해변에서 50여 명과 함께 한 작업에서였다. 참가자 중에는 두 명의 공군조종사가 있었고 그중 한 명은 대령이었다. 그날 밤 우리는 외계비행체 네 대를 유도해 모습을 드러내게 했고 이 장면을 필름에 담았다. 실제로 아주 가까운 곳에 있었지만 그 시절의 야간 카메라는 그다지 성능이 좋지 않았다.

이 이야기는 마침내 〈펜사콜라Pensacola〉 신문 1면에 실렸다. 기사를 읽은 수많은 사람 가운데 '알링턴연구소Arlington Institute'의 CEO 존 피터슨John Petersen도 있었다. 세계 최고의 미래학자 중 한 명으로 꼽히는 인물로, 1995년 〈초이스 아카데믹 리뷰〉의 우수학술서적에 선정된 『2015년으로 가는 길: 미래의 지도The Road to 2015: Profiles of the Future』에서 외계존재와 접촉하려는 인간의 노력을 다루기도 했다.

기사를 읽은 또 다른 사람은 비밀조직 머제스틱-12[1]의 일원인 전 육군정보국 수장이었다. 하루아침에 나는 아주 철저한 국가안보분야 인사들의 레이더에 포착되어 있었다.

펜사콜라에서 근접조우를 한 지 한 달쯤 지났을까, 애틀랜타에서 열린 어느 컨퍼런스에 초대를 받았다. 순진하기 짝이 없던 나는 그것이 UFO 관련 행사인 줄로만 알았다. 하지만 참석자 중 상당수가 머제스틱-12의 일원이라는 사실을 그곳에 가서야 깨달았다. 전 육군정보국장과 국가안보국, 국방정보국 인사를 비롯한 정보기관 첩자들이 많이 와있었다. 그들은 도발적인 태도로 내게 물었다. "대체 선생이

---

1   182쪽을 참고하기 바란다.

무슨 일을 한다는 거요?" 내가 말했다. "글쎄요, 기사를 보면 알 것 같은데. 내겐 비밀 같은 건 없어요." 이어서 나는 정부가 제구실을 못하니 정부를 통하지 않고 이 문명들과 접촉하는 규약 등을 개발하며 팀을 꾸리고 있다고 했다. 그들은 이 일이 내가 관여할 바가 아니라며 그만두라고 했다. 하지만 나는 이렇게 맞섰다. "어디 한번 막아보시죠." 그렇게 우리가 있던 호텔방에는 새벽 세 시가 되도록 살벌한 분위기가 감돌았다.

얼마 후 CIA의 한 고위관리가 보낸 사람이 개인비행기를 타고 노스캐롤라이나에 있는 나를 찾아왔다. 그의 집안은 미국의 명문대학인 캘리포니아공과대학을 세운 집안이었다. 그가 말했다. "그리어 선생, 포기하지 말고 당신이 계획한 일을 하세요. 누군가는 이 일을 해야 합니다. 완전히 통제를 벗어났거든요. 게다가 누군가가 앞장서서 그들과의 접촉 규약을 세워야 해요. 지금 이 시스템은 완전히 망가졌어요." 나는 그저 시골 의사일 뿐, 응급실 교대근무를 하며 네 명의 아이를 키우는 와중에 틈틈이 이 일을 하는 것이라고 말했다. 그를 만나는 내내 이런 생각이 들었다. '그는 왜 내게 이런 부탁을 하는 걸까? 왜 자신들이 하지 않고?' 하지만 그날의 만남은 내가 비밀 프로젝트라는 괴상한 '토끼굴'의 세계를 파고들게 한 계기가 되었다.

이로부터 몇 달이 지나 윌리엄 제퍼슨 클린턴이 미국의 42대 대통령에 당선되었다. 곧이어 클린턴의 친구라는 사람들이 내게 접근하더니 이런 말을 했다. "이 일은 대통령이 무척 관심을 가진 사안입니다." 몇 가지 문제로 유죄판결을 받기 전까지 법무부의 3인자였던 웹스터 허블Webster Hubble은 자신의 책에 클린턴이 대통령이 되고 나서 다음의 세 가지를 알고 싶어 했다고 적었다. "누가 정말로 마릴린 먼로를 죽였는가?" "잭 케네디는 누가 죽였는가?" "이 UFO 문제의 진실은 무엇인가?" 이에 대해 알아보았지만 속 시원한 대답을 얻지 못한 그들은, 자신들이 속고 있다는 것을 알았다고 했다.

비슷한 시기에 비밀 공개에 우호적이던 몇몇의 군 관계자들도 내게 접근해왔다. 핵무기가 보관된 전략공군사령부 시설이나 군함 등에서 UFO를 만나는 경험을 했던 그들은 나를 거들겠다고 나섰다.

이들 가운데 국방부의 고위층과 아주 긴밀한 해군 중령이 있었다. 그가 처음 우리 집 현관에 나타났을 때 나는 그가 첩자일 거라고 생각했다. 하지만 알고 보니 그야말로 꼿꼿한 사람이었다. 그는 내가 국방부에서 여러 차례 심도 있는 브리핑을 할 수 있도록 힘써주었다. 우리는 정부 내의 올바른 이들이 비밀을 끝낼 용기를 내도록 어떻게 팀을 꾸릴 것인지 의논하기로 했다.

여기서 먼저 이해해야 할 것이 있다. 1992년에서 1993년 당시, 나는 우리가 헌법에 따라 작동하는 정부를 가졌다고 생각했다. 하지만 이후로 그것이 다 겉치레이며 우리가 선출한 사람들과는 철저히 무관하게 움직이는 또 다른 정부활동이 있다는 사실을 알게 되었다.

아무튼, 우리는 모임을 갖고서 미국 정부의 핵심인사와 접촉해야 한다고 결정했다. 〈외계지적생명체연구센터〉 팀이 공군은 물론 다른 군사활동과 충돌을 피하며 서로 개입하지 않게 하도록 말이다. 나의 유일한 목적은 우리가 중간에 끼는 상황을 피하고 우발적인 총격을 막는 것이었다. 언제든 어디든 'CE-5'의 접촉지점을 찾아온 군용기며 헬리콥터며 온갖 것들로 마찰을 빚어왔기 때문이다. 지금도 그렇다. 내가 바라던 것은 오로지 우리 일행의 안전이었다.

내게 군사적 조언을 해주던 분이 당시 합동참모본부 정보부장이던 크레이머Cramer 제독과 만났다. 제독은 우리가 로즈웰에서 수거한 잔해가 옮겨진 라이트패터슨 공군기지의 정보관계자들과 만나면 좋겠다고 결정했다. 그때가 1993년 9월이었다. 이 만남이 주선되는 동안 영향력 있는 두 사람이 연락을 해왔다. 지인을 통해 연락해온 한 사람은 부트로스 부트로스갈리Boutros Boutros-Ghali 유엔사무총장이었고, 다른 한 사람은 록펠러 가문의 철학적 군주인 로렌스 록펠러Laurance Rockefeller였다.

그의 동생 데이비드 록펠러David Rockefeller는 체이스맨해튼은행의 재력가였고 조카 제이 록펠러Jay Rockefeller는 상원 정보위원회 의장이었다. 로렌스 록펠러는 우리가 하는 일이 제대로 되고 있음을 알았다. 우리의 'CE-5' 현장에 사람들을 보내 외계비행체가 나타났다 사라지는 모습을 직접 보게 할 정도였다. 1993년 9월, 그는 클린턴 부부의 휴양지였던 와이오밍의 J.Y. 목장으로 나를 초대해 'CE-5' 계획에 대한 정보 공유를 부탁했다.

그곳에는 아주 다양한 사람들이 모여 있었다. 비글로항공우주사 Bigelow Aerospace의 억만장자 로버트 비글로Robert Bigelow부터 UFO 하위문화에서 활동하는 사람들까지 말이다. 그중에는 우리가 하는 일에 우호적인 사람들이 있는가 하면 믿기 어려울 정도로 적대적인 사람들도 있었다. 나중에야 안 사실이지만 적대적인 사람들은 정보기관을 위해 일하고 있었다.

그곳에서 주말을 보내면서 나는 또 어떤 일을 하고 있는지 질문을 받았다. "우리는 클린턴 행정부와 국방부의 고위급 인사, 의회 의원들에게 브리핑을 하는 프로젝트를 시작했습니다. 신임 대통령이 이 주제에 호의를 보이고 있으니, 이에 대한 비밀을 종식하고 정부 정책을 바꾸도록 말입니다." 내 말이 끝나자 숨소리까지 들릴 만큼 정적이 흘렀다. 이윽고 로렌스 록펠러가 이제 무엇을 할 거냐고 물었다. "이 모임이 끝나면 바로 라이트패터슨 공군기지에 가서 공군대외기술부 대령에게 브리핑을 할 겁니다. 그리고 두 달 안에 클린턴 대통령의 CIA 국장에게 브리핑을 할 거고요." 로렌스 록펠러와 손님들은 충격에 휩싸였다. 로렌스도 이 일에 관여하기를 바랐지만 드러나지 않게 하고 싶었던 터였다.

한편, 내가 UFO와 외계존재에 관해 강의하는 자리에 유엔사무총장의 부인인 부트로스갈리 여사가 참석했다. 이 주제에 푹 빠져있던 여사는 유엔에서 모임을 주선해, 비밀을 끝내고 행성간의 평화로운 조우를 지지하는 많은 외교관과 지인들에게 브리핑하게 했다.

다시 말하지만, 우리의 목표는 세계 지도자와 대통령, 그들의 참모, 의회의 핵심인사들에게 정확한 정보를 제공하는 것이었다. 우리는 그들에게 완벽한 표지기사를 건네기도 했다. 외계문명이 지구를 찾고 있다는 사실로 세상을 혼란에 빠뜨리길 원치 않던 세계 지도자들은 냉전이 끝날 때까지 방관했고, 과학자들은 실제로 많은 외계기술을 역설계 해왔으며, 이런 정보가 그토록 오랫동안 대중으로부터 감춰져온 이유 말이다.

1993년 가을에는 콜로라도주립대학교에서 연설을 해달라는 초대를 받았다. 우주비행사 브라이언 오리어리[424쪽 '추천의 글' 참고]와 평화봉사단Peace Corps 공동설립자 모리 앨버슨Maury Albertson이 주최한 행사였다. 800여 명의 청중 앞에서 나는 비밀 공개의 정당화와 그 방법에 대한 성명을 발표했다. 발표가 끝난 뒤 나를 기다리며 서 있던 한 남자가 눈에 들어왔다. 그가 말했다. "저는 존 피터슨입니다. 제가 선생님을 도울 수 있을 것 같습니다. 워싱턴에 아는 사람들이 좀 있는

데, 이에 대해 알고 싶어 하지만 속 시원한 답을 얻지 못하고 있거든요." 그가 말하는 사람이 젊은 하원의원과 일하는 하급직원쯤이려니 어림짐작했던 나는 그 사람이 다름 아닌 CIA 국장 제임스 울시James Woolsey라는 사실에 깜짝 놀랐다. 두 사람은 친한 친구 사이였고, 울시 국장이 브리핑을 듣고 싶어 한다는 것이었다.

마침내 1993년 12월 13일에 만남이 잡혔다. 명목상 구실은 알링턴에 있는 피터슨의 집에서 저녁만찬을 하는 것이었다. CIA 국장과 그의 부인이자 미국과학아카데미National Academy of Sciences 최고운영책임자인 수 울시Sue Woolsey 박사, 그리고 나와 내 아내 에밀리가 함께 만날 참이었다. 우리는 보모를 구해 아이들을 맡기고 워싱턴으로 날아가 모임을 가졌다. 나는 국장에게 영상이며 사진이며 문서들을 보여주면서 이야기를 시작했다. 한 10분쯤 지났을까, 국장이 내 말을 끊더니 자신과 아내는 젊었을 때 뉴햄프셔에서 UFO를 본 적이 있고 그것이 진짜라는 것을 안다고 말했다. 그리고 왜 누구도 자신이나 클린턴 대통령에게 이에 대해 이야기하지 않는지를 알고자 했다.

처음엔 그가 나를 속이고 있다고 생각했다. 그러다가 세 시간쯤 지나면서 국장이 이 프로젝트들에 대해 아무것도 모른다는 확신이 들었다. 국장도 대통령도 CIA 내부의 분획된 정보조직을 가진 사람들에게 철저히 속고 있었다. 그 순간, 우리가 이미 수십 년 전의 소리 없는 쿠데타로 탈바꿈된 나라에 살고 있다는 사실을 깨달았다. 이는 〈뉴욕타임스〉도 〈워싱턴포스트〉도 절대로 다루지 않을 이야기다. 역사상 최대의 스캔들이 될 테니까.

나는 울시 국장을 만나러 가면서 비밀유지를 끝내기 위해 대통령과 보좌진이 해야 할 일을 적은 백서를 가지고 갔다. 헤어질 때 그것을 건네자 국장은 나를 바라보며 말했다. "우리가 접근할 수 없는 것을 무슨 수로 공개할까요?" 아주 오싹해지는 질문이었다. 우리가 이 일을 밀어붙인다면 미국 헌정 사상 최대의 위기를 드러내게 될 것이다. 중요한 사안에서 자신이 배제되었다는 사실을 인정할 대통령은 아무도 없다. 그들은 1급, 2급, 3급기밀로 분류된 활동이 있다는 생각은 해도 그 안에 비밀구획이 있다는 건 결코 깨닫지 못한다. 비밀특수인가 프로젝트는 그 비밀구획 안에 있는 사람들에게만 알려지고, 여기에 미국의 대통령은 포함되지 않는다.

정부의 고위관료라 해도 자신이 맡은 부처에 대해 얼마나 깜깜할 수 있는지를 보여주는 사례가 있다. 9·11사건 하루 전날인 2001년 9월 10일, 도널드 럼스펠드 국방장관은 회계감사 결과 "국방부 예산 중 2조 3천억 달러가 설명되지 않는다"고 발표했다. 잠깐 생각해보자. 이라크전쟁에 들어간 미국 납세자의 돈이 1조 달러였는데 럼스펠드가 얘기한 돈은 그 두 배가 넘는다. 그것도 잃어버린 돈이 아니라 설명되지 않는 돈이.

노스롭그루먼은 록히드마틴과 마찬가지로 반중력 추진을 사용하는 특정 종류의 항공기에 관한 극비작업을 많이 한다. 내가 아는 노스롭그루먼의 회계감사관은 아마도 수십억 달러가 들어간 비승인 구획에 대해 이런 말을 들을 것이다. "그 돈이 어디에 쓰이는지 당신은 몰라도 돼." 그리고는 감사를 받았다는 고무도장이 찍힌다. 감사관들은 그 돈이 어디에 있는지, 어디로 가는지 알지 못한다. 앞문으로 들어간 돈이 창문으로 나가 마침내 어디로 가는지 아무도 모른다.

1994년 2월 초에는 대통령의 친구가 우리 집에 찾아와 함께 저녁을 먹었다. 빌 클린턴을 위해 엄청난 기금을 모은 인물이라고 했다.

식사를 하던 그가 내 아내와 아이들이 있는 앞에서 말했다. "대통령과 보좌진은 선생님이 백서에서 권고하는 내용을 매우 지지하고 있습니다. 하지만 그들은 대통령이 그렇게 한다면 결국 잭 케네디처럼 되고 말 거라고 걱정합니다."

농담으로 여긴 나는 웃기 시작했다. 그이는 손을 내저으며 말했다. "아니에요, 선생님. 농담이 아닙니다." 우리는 서재로 자리를 옮겨 단 둘이 이야기를 이어갔다. 그가 말하기를, 대통령과 보좌진이 UFO 문제를 밀어붙이다가는 "극단적 침해로 인한 처단"의 대상이 될 거라고 확신하고 있다고 했다. 그의 말을 들으며 이런 생각이 들었다. '그러면 난 어떻게 해야 하지? 그들처럼 비밀경호원이 있는 것도 아닌데……' 그가 말을 이었다. "아니, 그들은 선생님이 그 일을 하길 바랍니다. 계속해 나가면서 영향력을 키우라고요." 그러니까 클린턴 대통령은 UFO와 외계존재 문제를 공개하려다 암살당할까 봐 두려운 것이고, 나는 소모품이라는 말인가?

로렌스 록펠러도 사실상 같은 말을 했다. 자신에게는 너무 위험한 일이라고, 집안에서 돈을 만지는 사람들, 즉 석유업계 사람들이 벌써부터 노발대발한다고 말이다. 그럼에도 로렌스는 우리의 노력을 지원하려 했다. 그는 클린턴 대통령과 영부인을 자신의 목장에 초대해서 우리가 수집한 최고의 UFO 사진과 증거들을 보여주겠다고 제안했다. 이 만남은 마침내 1990년대 중반에 성사되었다. 대통령은 매우 끌려했지만 힐러리가 막아 세웠다. 너무도 두려웠던 것이다.

대통령이 행정명령에 서명하지 않으리라는 것을 깨달은 나는 상·하원과 군대, 정부의 목격자 가운데 잠재적 협력자를 찾아 접근하기로 했다. 사람이 많을수록 그들과 나 자신도 안전하니까 말이다. 1995

년에서 1998년 사이에 우리는 극비기밀 취급인가를 가진 수십 명의 잠재적 증인을 찾아냈다. UFO와 관련된 비밀에 대해 선서를 하고 증언할 사람들이었다.

군에 있는 목격자들이 나서서 증언하면 국가안보서약을 어기게 되는데 그들을 어떻게 설득했느냐는 질문을 자주 받는다. 해결책을 준 것은 그들이었다. "UNOD" 서한을 작성하라고 조언해주었는데 이는 "별도의 지시가 없는 한Unless Otherwise Directed"이라는 용어의 약자이다.

우리는 비밀특수인가 프로젝트들이 존재하고, 불법적으로 운영되고 있으며, 1950년대부터 헌법을 위반해왔다는 내용의 서한을 작성했다. 우리가 아는 대통령들과 여러 핵심인사 및 의회 감독위원회 또한 속아왔고, 영국과 여러 나라에도 비슷한 불법프로그램이 있다는 내용도 담았다. 따라서 비밀유지서약에 붙여진 국가안전보장법과 비밀유지관련법은 효력이 없으며, UFO와 외계존재 관련 문서나 자료, 증거에 대해 아는 사람은 누구라도 법적 처벌을 받지 않고 정보를 공개할 수 있다고 판단했다. 이로써 "별도의 지시가 없는 한" UFO에 관한 증언과 모든 문서의 공개를 진행하기로 했다.

우리가 접촉했던 비밀특수인가 프로젝트에 연루된 많은 사람들이 내게 이런 말을 한다. "저도 진실을 밝히고 싶어요. 하지만 30일쯤은 더 지구의 공기를 마음껏 마시고 싶어요." 이들의 두려움은 의무감보다 강했고, 자신이 입을 여는 순간 이미 죽은 목숨이나 다를 바 없다고 느꼈다. 가족에 대한 위협 때문에 결코 나서려 하지 않는 잠재적 증인들은 훨씬 더 많다. 이들에게 가해지는 위협은 조직범죄를 떠올릴만하다. 정확히 말 그대로다. 조직된 범죄.

우리는 스스로를 합법적으로 보호하기 위해 대통령과 법무부 장관, 국방부, 국가안보국, CIA, FBI 등 모든 정보기관에 UNOD 서한을 보냈다. 그들이 수취했음을 증명하는 데 필요한 수령통지서와 함께 말이다. 헌법의 본질에 관해 '실크우드사건' 및 '펜타곤 문서사건'에서 〈뉴욕타임스〉를 변호한 헌법전문변호사 대니얼 쉬한이 무상으로 나를 도왔다.

이 서한은 공공부문과 민간부문, 정보기관이나 군에서 프로젝트에 관여한 이들이 정보를 공개할 시, 그에 뒤따르는 법적 처벌에서 벗어나게 해준다. 우리는 이 문서를 디스클로저 프로젝트에 나서서 증언을 해준 모든 증인과 내부고발자를 합법적으로 보호하는 데 사용했다. 현재까지 이 극비 증인 가운데 기소를 당하거나 공격을 받거나 상해를 입은 사람은 아무도 없다. 이들처럼 수천 명의 사람들이 더 나서주기를 간청한다.

다음은 클린턴 대통령에게 보낸 서한의 내용이다.

****

UFO와 외계존재 주제의 공개계획 및 국가안보서약에 관하여

날짜: 1996년 11월 15일
수신: 윌리엄 제퍼슨 클린턴 대통령님
발신: 스티븐 M. 그리어 〈외계지적생명체연구센터〉 대표

저희 〈외계지적생명체연구센터〉는 "스타라이트 이니셔티브 프로

젝트Project Starlight initiative"를 통해 UFO와 외계지적생명체 관련 사건 및 프로젝트를 목격한 군, 정보기관, 방위산업체의 전·현직 관계자 수십 명을 찾아냈습니다. 많은 문서와 보고자료에 명시된 것처럼, 저희가 하고자 하는 일은 이 중요 증인들이 가까운 시일 내에 대중 앞에서 공개적으로 증언하도록 하는 것입니다.

1995년 여름에 저희는 이 증인들이 민사적·군사적 혹은 다른 법률에 의거한 처벌을 받지 않고 공개적으로 이야기할 수 있도록 대통령께서 적절한 조치를 취해 주실 것을 요청한 바 있습니다. 그 후로 앞에 나서기를 결심한 증인들의 수가 기하급수적으로 늘었습니다. 그러나 그중 일부는 고령에다 심각한 병환을 앓고 있습니다. 시민들에게 진실을 알리고자 몹시 고대하는 미국의 이 용기 있는 애국 영웅들이 정보를 밝히지 못한 채 돌아가셔서는 안 된다고 생각합니다. 그러므로 저희는 이 주제에 있어 공개적으로 발언할 자유에 대해 대통령께서 분명한 결정을 내려주시기를 요청합니다.

지난 3년 동안 저희는 의회와 행정부의 구성원들, 군과 정보기관의 수장들이 이 중요한 문제에 대해 보고받지 못했으며 이와 관련된 활동이 '비밀특수인가 프로젝트'라는 형태로 존재한다는 사실을 알아냈습니다. 그 대부분의 활동은 헌법이 정하는 감독과 자금 체계를 벗어난 것으로 보이는 군산업계의 사적영역에서 이뤄지고 있습니다.

저희는 이 문제가 바로 잡힐 때까지, 적어도 만족할 만할 때까지는, 이 활동들과 이들에게서 나온 '보안서약'이라는 것이 모두 불법이며 따라서 위에서 말한 증인들에게 구속력이 없는 것으로 간주합니다. 1997년 1월 1일까지 별도의 지시가 없는 한, 저희는 이 증인들이 대중 앞에서 공개적으로 증언하는 행사를 열어나가려 합니다. 대통령님의 동의를 얻거나 혹은 답을 듣지 못해도, 이날 이후로 대중 공개를 진행할 것입니다. UFO와 외계존재에 관해 이 증인들이 지금도 비밀을 지킬 의무가 있다고 대통령께서 특별히 알려주시는 사안에 한해서만, 공개 계획을 조정할 것입니다.

행정부와 군, 의회 구성원 및 그 밖의 사람들에게 제출한 자료와 문서에 언급한 바와 같이, 저희가 바라는 것은 정보 공개를 통해 과학적이고 진보적이며 희망적인 영향을 미치는 것입니다. 미국이나 세계에 불안을 일으키려는 의도가 아닙니다. 이 사안을 지금처럼 은밀히 관리함으로써 생기는 분명한 위험들을 줄이려는 것입니다. 20세기와 21세기 초에 걸쳐 가장 중대한 사안임이 틀림없는 이 문제를 공개하는 과정에 대통령님의 조언과 지원과 지지를 부탁드립니다.

이 증인들은 다음과 같은 내용을 증언하겠지만 꼭 여기에 한정되지는 않습니다.

- 기능을 상실한 외계장치 및 외계생명체 수거
- 외계기술과 관련된 역설계 프로젝트
- UFO 및 외계비행선에 대한 정찰과 추적
- 이 주제와 관련된 비밀 프로젝트
- 군과 UFO가 조우한 사례 확인
- 이 주제와 관련된 허위정보 프로그램의 성격과 범위

이에 대해 최대한 빠른 시일 내로 회신해주시기를 기대합니다.

1997년에 공개적으로 이루어질 증언에 관하여, 이 증인들의 자격을 결정해주시기를 바라는 저희의 요청에 귀 기울여주셔서 감사합니다.

****

1996년 8월에는 〈외계지적생명체연구센터〉 후원자이자 IBM 중역인 친구의 부탁으로 크리스토퍼 콕스Christopher Cox 하원의원을 만났다. 하버드대학교를 졸업한 아주 명석한 사람으로, 캘리포니아주 오렌지 카운티가 지역구였고 다수의 중요위원회에서 활동했으며 이후에 조지 W. 부시 대통령 직속의 증권거래위원회 의장이 된 인물이다.

모임이 시작된 지 얼마 지나지 않아 콕스 의원이 말했다. "말씀하신 내용이 사실이라는 걸 의심하지 않습니다. 그런데 저는 이에 대해 들어본 적이 없어요. 아주 중요한 여러 위원회에 있었는데 말입니다." 나는 당연히 알아야 했으나 배제되어버린 사람들을 일일이 열거하면서, 이것이 내가 만나본 이들에게 공통적으로 벌어지는 상황이라고 말해주었다.

콕스 의원은 UFO 문제를 다루는 시설과 기업들의 명단을 달라고 부탁했다. 나는 다음의 서한과 목록[388쪽의 부록2 참고]을 그에게 보냈다. 이 목록은 그 뒤로 갱신되어왔다.

****

크리스토퍼 콕스 의원에게 제출한 공식서한과 보고서

날짜: 1996년 8월 30일
수신: 크리스토퍼 콕스 의원님
발신: 스티븐 M. 그리어 〈외계지적생명체연구센터〉 대표

콕스 의원님께.

지난 19일, 바쁘신 일정에도 불구하고 시간을 내어 ▇▇▇▇▇씨와 저를 만나주셔서 감사합니다. 의원님께서 UFO 및 외계지적생명체 관련 자료를 일부나마 검토하는 기회가 되셨기를 바랍니다.

또한 의회 정보위원회에서 적절한 인사들을 통해 이 문제를 직접 질의하자는 제안을 해주신 점에 대해 무척 감사하게 생각합니다. 지난번 의원님께서 요청하신 대로, 저는 외계기술과 관련해 첨단연구개발을 진행하는 다수의 프로젝트와 시설에 관한 정보를 모아왔습니다. 의원님께서 최대한 구체적인 질의를 하시는 데 유용한 도움이 되기를 바랍니다.

제가 만나본 정보제공자들은 이러한 연구개발 프로젝트들에 대한 공식적인 감독과 구체적인 정보가 없을 것이라고 말합니다. "탱크 같은" 보안이 설정된 정보위원회 회의에서조차 말입니다. 그토록 많은 돈이 들어가는 프로젝트들에 대해 어떻게 속일 수 있는가, 라는 의문이 드는 것은 당연합니다. 몇 가지 가능성을 아래 적었습니다만, 우리가 함께 일한 군대 및 정보 분야의 관계자들은 그럴듯한 자금 조달 방식 때문이라고 지적합니다.

저는 이 프로젝트들이 공식적이고 합법적인 감독을 받고 있다고 기대하지 않습니다. 다음과 같은 이유 때문입니다.

• 제임스 울시 CIA 국장은 어떤 프로젝트에 대한 설명도 들은 적이 없습니다. 그는 이 문제가 사실이지만 공식적으로는 정보를 얻을 수 없다는 걸 알았기 때문에, 저에게 워싱턴에 와서 브리핑을 해달라고 부탁했습니다.

• 1994년 상원 세출위원회의 수석변호사이자 조사관이던 딕 다마토는 극비기밀 취급인가와 소환할 수 있는 공권력을 가지고도 그들

의 공작을 파고들 수 없었다고 했습니다. 그런 프로젝트들이 진행되고 있다는 것을 알고 있었고 어디를 들여다봐야 하는지도 알고 있었는데 말입니다. 다마토는 제게 이렇게 말했습니다. "이들은 모든 비밀 프로젝트들의 대표팀이네. 행운을 비네."

• 이 프로젝트들에 대해 전혀 몰랐던 합동참모본부의 한 4성장군은, 우리의 브리핑을 듣고 나서 여러 경로를 통해 알아봤지만 결국 아무것도 없다는 결론을 내렸습니다. 이후 장군은 육군사관학교 동기이자 대형군산업체에 있는 동료에게 개인적으로 물어보았고, 그런 프로젝트들이 존재한다는 사실과 그것이 진행되고 있는 장소를 들었습니다. 당연히 그는 경악했고 당황했습니다.

• 이와 비슷한 정보의 결핍은 백악관 최고위층에게도 해당되는 일입니다.

• 5성장군이자 영국 국방부 장관이었던 힐 노튼 경은 지금이야 그런 프로젝트들이 존재한다는 걸 알지만, 국방부나 MI-5의 수장이었을 때조차 그런 이야기를 들은 적이 없었다고 확인해주었습니다.

물론 저희는 의원님의 제안대로 의회 정보위원회에서 적절한 인사들을 통해 질의하고자 합니다. 하나의 가능성이긴 합니다만, 과거의 경험으로 볼 때 그들이 이 문제에 대해 이미 보고를 받아왔다는 것을 알면 놀라지 않을 수 없을 것입니다.

공군의 한 정보제공자가 말하기를, 이 은밀한 검은 프로젝트들은 다른 프로젝트들 속에 자금을 "숨겨서" 직접적인 감독을 빠져나간다고 했습니다. 예컨대, 비밀 항공우주 연구개발에 10억 달러의 돈이 배정되면 이 기금의 수혜자로 명시된 프로젝트들이 있겠지요. 그러나 실상은, 6억 달러는 '승인된' 프로젝트에 쓰이고 나머지 4억 달러는

'승인되지 않은' 프로젝트에 쓰입니다.

　수십억 달러 규모의 군산업체들은 이 프로젝트들의 상당수를 '사유화'했습니다. 정부와 고수익의 '승인된' 프로젝트를 체결하고, 그렇게 형성한 이윤이나 수익을 외계기술에 대한 연구개발 자금으로 돌립니다. 합법적인 프로젝트와 연관된 '이윤과 간접비', 이로써 정부자금에 대한 간접적 원천이 생긴 것입니다.

　이 프로젝트들은 국제적 규모로 이루어지고 있으며 미국 정부의 범위와 통제를 모두 초월해 있습니다. 자금 출처 또한 국제적으로, 국내와 개인은 물론 외국도 포함됩니다.

　이것을 다뤄온 '통제집단'의 한 일원은 국제통화제도를 벗어나 자금을 조달할 수 있는 '창조적인 방법들'이 있다고 말해주었습니다. 거래 중에 생기는 소수점 이하의 미미한 숫자(.00099)를 잘라, 자금 조달에 사용하는 안전한 계좌로 이체하는 방법도 그중 하나입니다. 세계적인 슈퍼컴퓨터 기업의 운영자인 그는 현재의 슈퍼컴퓨팅 기술로 이런 일을 쉽게 할 수 있다고 했습니다.

　또한 다수의 정보제공자들은 군대와 CIA가 마약밀거래와 같은 불법활동을 통해, 은밀한 어둠의 프로젝트들을 위한 수익을 만들어냈다고 말했습니다.

　이와 같은 프로젝트의 조직 및 시설을 기록한 첨부 목록이 의원님의 질의에 도움이 되기를 바랍니다. 완결된 목록은 아닙니다만 지금까지 저희가 수집할 수 있었던 최선의 정보이니 참작해주시면 감사하겠습니다. 궁금하신 점이나 하실 말씀이 있으면 언제든 편하게 연락주시기 바랍니다.

****

1997년에는 워싱턴 조지타운에 있는 웨스트인호텔에서 몇몇 의원 등이 참석하는 모임을 가졌다. 아주 사적인 비공개 행사였다. 하원 정부개혁감독위원회 의장이던 댄 버튼Dan Burton 의원도 참석했는데, 몇 년 전 그의 절친한 친구가 인디애나주에서 UFO를 마주친 이야기를 듣고 관심이 생긴 터였다. 버튼 의원은 실력자였다. 그는 이 주제에 대해 우리가 가진 모든 걸 원했다. 그러나 얼마 뒤 누군가 그에게 다녀갔고 그는 발을 빼버렸다.

1998년에서 2000년까지 우리는 군의 극비인물과 그 밖의 사람들을 더욱더 많이 모았다. 나는 온 세상을 돌아다니며 그들과 인터뷰했다. 이로써 무려 110시간에 이르는 증언 영상을 얻었고, 이를 네 시간짜리와 두 시간짜리로 줄여 DVD에 담았다.(우리의 웹사이트에서 구할 수 있다.) 무수한 자료들이 디지털 필름에 담겨 있다. 대형 프로젝트를 하듯 이 일을 해나갈 자금이 없던 그 시절, 대부분의 영상은 내가 직접 촬영한 것이다.

우리가 가진 모든 것은 **디스클로저 프로젝트**에 헌정되었다.

2001년 5월 9일, 나는 워싱턴의 내셔널프레스클럽에서 디스클로저 프로젝트 행사를 주최했다. 20명이 넘는 군, 정부, 기업의 증인들이 UFO와 외계존재에 관한 명백한 사건들에 대해 증언하는 자리였다. 아침 9시에 이미 250,000명이 인터넷 생방송에 접속해 기자회견을 기다리고 있었다. 그동안 내셔널프레스클럽에서 열린 행사 가운데 인터넷 생방송 최고 접속자가 25,000명이 채 안 됐는데 말이다.

비밀집단도 역시 준비가 되어 있었다. 행사 방송을 맡은 커넥트라이브에 따르면, 기자회견이 열리고 처음 한 시간 가량의 방송이 '외부의 누군가'에 의해 전자방해를 받았다. 이후 정보제공자들은 이것이

방송을 교란하는 전자전이었다고 확인해주었다. 그럼에도 그날의 행사는 당시 인터넷 역사상 최다 시청기록을 세운 행사가 되었다. 방송 회사 측은 너무 많은 사람이 접속하는 바람에 시스템이 마비되었고, 워싱턴에 있는 모든 T-1 회선을 급히 동원해야했다고 말했다.

마침내 전 세계에서 이 영상을 본 사람은 8억 명에 이르렀다. 그리고 바로 그때, 누군가가 언론매체에 하나하나 접근해 관련 기사를 즉시 내리라고 말했다. 이로부터 넉 달 뒤 9·11사건이 터졌다.

이 모든 일들을 겪으면서 나는 많은 것을 배웠다. 그중 하나는 권력자들이 자신에게 먹이를 주는 주인의 손을 물기를 기대할 수 없다는 것이다. 기업과 정계에 있는 대부분의 사람은 자신을 매우 위험하게 하거나 자신의 경력을 무너뜨릴 수 있는 일에 얽혀들지 않으려고 한다. 그래서 나는 국민이 그 일을 해야 한다는 결론을 내렸다. 우리가, 국민이 나서야 한다.

4부

우주적
속임수

전 세계의 국가가 연합해야 할 것입니다.
다음 번 전쟁은 우주전쟁이 될 테니까요.
언젠가는 지구의 모든 국가가 하나가 되어
다른 행성에서 온 이들의 공격에 함께 맞서야 합니다.

더글러스 맥아더 (Douglas MacArthur, 1880-1964)
5성장군, 국제연합군 최고사령관
1955년 10월 8일

인류가 유대 관계를 인식하려면
우주적 위협이 필요할지도 모릅니다.
가끔 나는 우리가 저 바깥세상에서 온
외계인의 위협에 직면하면
이 세상의 차이점들이 얼마나 빠르게 녹아내릴까
하는 생각을 해봅니다.

로널드 레이건 (Ronald Reagan, 1911-2004)
전 미국 대통령
1987년 9월 21일, 유엔 연설에서

마지막 사건, 날조된 우주전쟁

사람들이 정말로 나를 증오하는 이유가 있다. 내가 위험천만한 비밀을 드러내고 있으며, 끝없는 전쟁을 갈구하는 자들의 종말론적 망상의 끝을 밟고 있기 때문이다. 종말론은 세상이 어떻게 끝날지를 연구하는 것이다. 이 비밀집단들의 핵심에는 세상을 아마겟돈 형태의 불바다로 몰아가고자 하는 사람들이 있다.

우주전쟁. 그들은 공동의 적을 둘러싸고, 어느 한 국가나 문화나 종교만이 아니라 전 지구가 연합하는 이상향에 불탄다. 그런데 그들은 진심으로 외계의 여러 종족과 전쟁을 벌이려는 것일까? 어느 종족이든 마음만 먹었다면 벌써 오래전에 쉽사리 지구를 멸망시켰을 텐데 말이다. 우주의 어느 외계문명도 수소폭탄쯤은 활과 화살에 불과해 보일 기술을 가졌을 것이고, 그들이 적대적이었다면 우리는 진작에 알았을 것이다.

따라서 우리는 '위장술책사건'에 주의해야 한다. 이는 한쪽이 다른 쪽(그들의 적)에 공격의 책임이 있는 것처럼 보이도록 꾸며낸 비밀공작을 말한다. 역사를 보면 그런 위장술책의 사례가 수두룩하다. 1898년 쿠바 해역에서 일어난 미국 해군전함 메인호 폭침사건부터, 1933년 히틀러가 공산주의자들의 소행으로 돌린 제국의회의사당 화재사건, 1964년 미국이 베트남전쟁을 벌이도록 린든 존슨 대통령을 조종한 통킹만Gulf of Tonkin사건을 보라. 2003년 이라크전쟁은 사담 후세인에게 대량살상무기가 있다는 고의적인 가짜정보로 정당화되었다!

1992년부터 나는 최소 10명 이상의 믿을 수 있는 내부자들에게 대형 위장술책에 대한 경고를 받았다. 9·11은 경미한 사고로 여겨질 만한 공격들이었다. 처음엔 나조차도 누가 들어도 믿지 않을 미친 소리라며 무시했다. 여러분도 틀림없이 그랬을 것이다. 그러던 중 디스클로저 프로젝트의 증인 가운데 한 명인 캐럴 로신 박사가 나서서 같은 경고를 했는데, 정보의 원천이 다름 아닌 베르너 폰 브라운이었다. 제2차 세계대전이 끝나고 나치 독일에서 데려온 항공우주 기술자이자 V-2 로켓을 발명한 인물 말이다.

캐럴 로신의 증언

캐럴 로신Carol Rosin은 베르너 폰 브라운 박사의 말년에 대변인 역할을 맡았다. 여성으로는 최초로 항공우주회사 페어차일드인더스트리Fairchild Industries의 공동관리자를 지냈으며 워싱턴에 우주안보협력연구소Institute for Security and Cooperation in Outer Space를 설립했다. 우주무기에 대해 의회에서 여러 차례 증언하기도 했다.

저는 우주미사일방어 전문가입니다. 많은 기업과 조직, 정부부처 그리고 정보기관을 자문했습니다. 티알더블유가 MX미사일―우리에게 필요하지 않았던 무기체계였지만―을 만들 때도 자문해주었고요.

1974년부터 1977년까지 페어차일드인더스트리의 공동관리자로 있을 때 베르너 폰 브라운 박사를 만났습니다. 당시에 그는 암으로 죽어가고 있었습니다. 그분을 처음 만난 날, 박사는 옆구리에 튜브를 꽂은 채 책상을 탁탁 두드리며 말했습니다. "자네는 페어차일드에서 우주로 무기가 나가지 못하게 지키는 일을 할 걸세." 이 말을 하던 그분의 눈빛은 강렬했습니다.

박사는 몹시 아파서 말을 할 힘이 없다며 제게 대변인 역할을 부탁했고, 그분이 돌아가신 1977년까지 4년 동안 그 일을 맡았습니다.

가장 흥미로웠던 점은, 박사가 말한 무서운 전략전술이 결정권자들과 대중을 조종하는 데 사용되고 있다는 것이었습니다. 이 전략전술을 사용하는 사람들이야말로 진짜 적이라는 점도 그랬고요.

러시아인을 적으로 간주하던 1974년경, 그들이 '킬러위성[1]'을 가지고 있으며 우리를 붙잡아 지배하러 온다는 말이 있었습니다. 당시 러시아에 갔던 저는 킬러위성이라는 건 존재하지 않으며 그것이 거짓말이었다는 걸 알게 되었습니다. 사실 러시아의 지도자와 국민들

---

1   적국의 군사위성을 파괴하는 공격위성. 1960년대부터 개발이 시작되었고, 1970년대 후반에는 강력한 에너지빔을 발사하는 위성이 개발되기 시작했다.

은 평화를 원했어요. 미국은 물론 세계인과 협력하기를 바랐습니다.

폰 브라운 박사는 다음 번 적으로 테러리스트들이 지목될 거라고 했습니다. 지금은 "우려국가"라고 부르는 제3세계의 "미치광이" 국가들에 뒤이어서 말이죠.

1977년에 저는 페어차일드인더스트리의 '워룸War Room'이라는 회의실에서 열린 어떤 모임에 참석했습니다. 그곳에 모인 사람들은 산업계나 군대 및 정보기관 또는 둘 다를 자문하던 인사들이었습니다. 이른바 '회전문 게임'을 하는 이들로, 산업체에 있다가 회전문을 돌고 돌아 정부로 들어갔습니다. 그 반대이기도 했고요.

회의실 벽에는 적으로 지목한 여러 인물들이 적혀있었습니다. 사담 후세인이나 카다피 같은, 당시에는 잘 알려지지 않은 이름이었습니다. 이들이 바로 우리가 우주무기를 만들어 맞설 다음 번 적이었습니다. 그 자리에 있던 사람들은 미래에 벌어질 걸프전쟁에 우주무기 예산 250억 달러를 쏟아 붓기로 했습니다. 워싱턴의 결정권자들과 대중에게 그 다음 단계의 무기를 팔 수 있도록 말입니다. 그러니까 '걸프전쟁'은 낡은 무기들을 거기에 쏟아버리고 완전히 새로운 무기체계를 만들기 위해 그들이 기획한 전쟁이었다는 겁니다.

회의 도중에 제가 일어나 말했습니다. "죄송합니다만, 왜 우리가 우주무기를 만들어 잠재적인 적들에 맞서야 한다고 하는 거죠? 사실 그들은 적이 아니라는 걸 알면서요?" 아무도 대답하지 않더군요. 그들은 들은 척도 않고 회의를 진행했습니다. 그걸로 저는 끝났습니다. 제 자리에서 사임해야 했고 더는 그 회사에서 일하지 못했습니다.

1990년에 저는 거실에 앉아 우주무기 연구개발프로그램에 승인된 돈을 들여다보다가 그 액수가 약 250억 달러라는 걸 알아챘습니다. '워룸'에서 봤던 바로 그 숫자였죠. 그래서 남편에게 말했습니다. "이제 CNN을 보면서 전쟁이 일어나나 봐야겠어요."

남편은 드디어 제가 정신이 이상해졌다고 했습니다. 친구들도 그랬고요. "너 이번에는 정말 너무 나간 것 같아. 페르시아만에서 무슨 전쟁이 난다고 그래. 아무도 그런 이야기는 안 해." 저는 말했어요. "전쟁이 일어날 거라고. 난 앉아서 지켜볼 거야."

전쟁은 정확히 계획대로 일어났습니다. 그리고 걸프전쟁 중에 미국이 러시아제 스커드미사일들을 아주 성공적으로 격추했다는 내용이 알려졌습니다. 미국은 이 성공을 바탕으로 새로운 예산을 합리화하고 있었습니다. 그게 다 더 많은 무기를 만들기 위해 더 많은 돈을 승인받으려는 새빨간 거짓말이었다는 걸 나중에야 알았습니다.

폰 브라운 박사가 말한 그 다음 적은 소행성입니다. 처음에 그 말을 하면서는 자신도 우스운지 어이없어 했지요. 소행성 다음에는 외계인이나 외계의 위협이 등장할 거라고 하더군요. 그것이 마지막 위협수단이 될 거라고요.

박사를 알고 지낸 4년 동안 그분은 누누이 말했습니다. "기억해두게, 캐럴. 마지막 카드는 외계인이야. 외계인에 대항해 우주무기를 만들어야 하게 될 걸세. 그러나 그건 다 거짓말이네." 그는 매우 두려워하며 상세한 내용까지는 말하지 않았습니다. 행여 그가 말했다 해도 제가 과연 받아들일 수 있었을까 싶어요. 그분은 알아야 할 필요가 있었기에 그런 내용들을 알고 있었습니다. 그분이 내부자였다는 건 확실합니다. 저는 나중에야 알았지만요.

마지막으로, 폰 브라운 박사는 가속화되는 시도가 진행되고 있다고 말했습니다. 아마겟돈이 일어나야 하고 그래서 우리가 이 전쟁에 뛰어들어야 한다고 믿는 사람들이 실제로 있다고 말입니다.

스티븐 M. 그리어의 해설

리처드 도티는 위장술책사건에 관해 이야기하면서 무척 불편해했지만, 그것이 사실임을 확인해주었다. 그리고 그 유명한 '캐시-랜드럼Cash-Landrum 복제비행선사건'에 대해서도 증언해주었다.

1980년 12월 29일 밤 9시 무렵, 베티 캐시(51세)와 비키 랜드럼(57세), 콜비 랜드럼(7세, 비키의 손자)은 텍사스주 데이턴의 집으로 가는 길에 울창한 숲 사이로 난 외진 2차선 도로를 달리고 있었다. 이들은 나무 위로 빛나는 밝은 빛을 보고 처음에는 비행기가 휴스턴 국제공항에 접근하는 줄 알았다고 했다. 더 가까워지고서야 그것이 나무 끝에 떠 있는 커다란 물체에서 나오는 빛이라는 걸 깨달았다. 캐시와 랜드럼은 무슨 일인지 살펴보려고 차에서 내렸다. 그러나 랜드럼은 겁에 질린 콜비를 달래려 이내 차로 돌아갔고 캐시는 밖에 남아 있었다.

이후 이 목격자들은 그 물체가 급수탑만한 거대한 크기에, 위와 아래가 납작한 다이아몬드형이었다고 진술했다. 작고 푸른 빛들이 그 가운데를 두르고 있었다. 바닥에서는 이따금 불꽃이 뿜어져 아래쪽으로 타오르면서 커다란 원뿔 같은 모양을 만들어냈다. 불길이 사그라지면 도로 쪽으로 조금씩 내려오다가 불길이 붙으면 다시 위로 떠올랐다. 이 물체가 내뿜는 열기는 자동차 차체를 만지기 힘들 만큼 강했다고 했다. 캐시는 다시 차에 탈 때 손을 데지 않으려고 코트를 이용했다. 비키가 운전석 앞쪽의 계기판을 만지자 말랑해진 플라스틱이 눌려 자국이 생겼다. 몇 주 후, 조사자들은 또렷하게 남은 이 손자국을 보았고 목격자들의 진술을 뒷받침하는 증거로 삼았다.

물체가 나무 위로 상승하자, 23대의 쌍발식 CH-47 치누크 군용 헬리콥터가 그것을 둘러쌌다. 이후 세 명의 목격자 모두 방사선증과 관련된 증상을 겪었고 특히 캐시는 오랫동안 병원에 입원했다. 결국 캐시와 랜드럼은 버그스트롬 공군기지Bergstrom Air Force Base의 법무감실에 민원을 넣었다. 그러나 연방지방법원 판사는 그 헬리콥터들이 미국 정부와 연관이 있다는 사실을 원고가 입증하지 않았다며 청구를 기각했다. 한편 군 관계자들도 미군은 커다란 다이아몬드형 항공기를 보유하고 있지 않다고 증언했다.

⸺

리처드 도티[2]의 증언

캐시-랜드럼 사건은 우리가 역설계로 만든 외계비행체가 개입된 사례입니다. 저는 이 사건에 연루된 네 명의 공군조종사를 만났고 부정할 수 없는 사실이라는 걸 압니다.

역설계로 만든 이 복제비행선은 크기가 아주 큰 편에 속했습니다. 원반형이 아닌 타원형에 더 가까웠고요. 그 안에는 네 명의 승무원이 있었는데, 조종사 두 명과 장치를 다루는 시스템 장교 그리고 항법사

---

2   미국 공군특수수사대 특수요원. 상세 이력은 43쪽 참조.

였죠. 이들은 비행에 나서기 전 9개월 동안 훈련을 받았고 네바다 지역을 비행하며 4~5개월 더 훈련을 더 받았습니다. 거기까지는 잘 되었습니다. 문제는, 인간이 그걸 타고 비행하도록 조작할 수 없었다는 점입니다. 그래서 외계의 영점에너지 추진시스템 대신에 우리가 사용하는 핵추진시스템을 넣었습니다.

이 복제비행선은 네바다에서 정상적으로 이륙해 완벽하게 날았습니다. 텍사스의 어느 공군기지로 가고 있었는데 아마 빅스프링스에 있는 웹 공군기지Webb Air Force Base였을 겁니다. 조종사는 제게 높은 고도에서 날고 있었다고 했습니다. 속도가 떨어지기 전까지는 별문제가 없었다고요. 순식간에 아수라장이 된 건 그때였습니다. 시스템이 오작동했고 어떤 필터가 작동하지 않았습니다. 추진엔진은 잘 돌아가고 있었지만 추진력이 떨어지는 듯했고요. 모든 게 엉망이었습니다. 조종사들이 동력을 차단하자 많은 기능이 오작동하면서 추락할 지경에 이르렀고 그들은 구조헬리콥터를 불렀습니다.

비행체는 목격자들에게 방사선을 뿜어냈습니다. 조종사들은 마침내 비행체를 재작동시켜 어딘가에 착륙한 뒤 다시 네바다로 돌아갔고요. 조종사들은 누구도 방사선 문제로 시달리지 않았습니다. 끔찍하게 고통받은 사람들은 땅에 있던 불쌍한 민간인들이었습니다.

사실이 아닌데 외계인이 한 것처럼 보이게 한 가짜 '징후와 경보' 그리고 거짓 UFO 사건들……. 맞아요, 특수수사대가 그런 일을 했습니다. 포트벨보아에 있는 7602항공정보비행단의 특수집단도 그랬고요. 거기에는 어떤 해부학적 결함을 가진 '사람들'이 있었습니다. 그들을 '외계인'이라고 믿도록 속이기 위해 꾸며낸 결함이었죠. 그 프로그램은 아직도 높은 등급의 기밀이라 자세한 내용은 말할 수 없습니다. 하지만 지금도 그런 일을 하고 있다는 것을 믿어 의심치 않습니다.

1986년인가 1987년인가, 워싱턴주 터코마에서 아주 비밀스런 작전이 있었습니다. 시애틀의 위드비아일랜드 해군항공기지Whidbey Island Naval Air station로 기억하는데, 그곳에 일자리를 구하러 갔던 민간인들이 보면 안 될 것을 보고 말았지요. 그들은 기지를 뛰쳐나와 겁에 질린 채 집에 틀어박혔습니다. 그들은 꾸며낸 외계인 사건을 본 것이었습니다.

우리가 이런 사람들을 모집하는 과정에서 했던 여러 일들은 그야말로 민감한 주제입니다. 꾸며진 외계인 사건…… 이건 민감해요. 아주 민감하죠. 계획된 위장술책…… 그건 매우 비밀스럽지요. 극도로 은밀합니다. 더 이상은 말하면 안 될 것 같네요.

⸰⸰⸰

스티븐 M. 그리어의 해설

인류가 외계인에게 공격당하는 것처럼 보이는 위장술책사건은 분명 터무니없는 소리로 들린다. 하지만 다음의 내용을 생각해보라.

이런 비밀특수인가 프로젝트를 운영하는 군산업계는, 전문가가 아니면 진짜인지 구분할 수 없는 복제비행선 제작에 자금을 댔다. 인간이 만든 이 UFO들은 에드워드 공군기지, 넬리스 공군기지, 생화학병기시험소, 호주의 파인갭 시설 등 우리의 세금으로 유지되는 많은 극비 지하기지에 보관되어 있다.

이런 비밀특수인가 프로젝트를 운영하는 군산업계는 진짜 외계 존재와 똑같아 보이는 프로그램된 생명체들도 만들어냈다. 이 "생물들"의 신경복합체에는 집적회로가 들어있는데, 이러한 주입물은 이지앤지 같은 기업들이 만든 것이다. [위장술책사건에 사용될 수 있는 주입물 정보는 143쪽, 윌리엄 존 파웰렉의 증언을 참고하기 바란다.] 이 인조 "외계인"들은 현재 뉴멕시코주 둘세와 호주 파인갭 시설 등의 지하기지에 보관되어 있다. 다시 말하지만, 납세자들의 돈으로 유지되는 시설들이다. [더 많은 위장술책사건과 국가안보경계상태의 진실에 대해서는 www.youtube.com/SDisclosure를 찾아보기 바란다.]

날조된 '인디펜던스 데이Independence Day'가 벌어진다니? 정신이 온전한 자라면 왜 거짓 외계인 침공을 일으켜 이 행성 역사상 최대의 전쟁을 벌이려 할까? 수백만 아니 수십억 인구를 무엇 때문에 죽이려들까?

첫째, 이 사람들은 제정신이 아니다. 그들은 소시오패스다. 둘째, 전쟁이란 지극히 수익성 좋은 사업이다. 특히 이런 종류의 무시무시한 습격을 통해 대중을 통제할 수 있다. 셋째, 그들 가운데 종교적 광신자들이 그리스도 재림이라는 매혹을 원하기 때문이다.

우주무기는 이미 준비되어 있다. 그것도 1960년대부터 가동한 우주프로그램과 병행된 비밀의 일환으로 말이다. 복제비행선들은 만들어졌고 출동준비를 마쳤다. 속임수를 위한 우주홀로그램기술도 시험을 마쳤고 발사만 기다리고 있다. 그리고 이제 주류 매체는 왕의 오른팔이 되어 지시를 받아 적는 앞잡이가 되었다. 집단적 공포가 하늘을 찌를 듯한 시기가 오면 과연 어느 주류 언론이 나서서 사실은 **우리가** 바로 그 "사악한 외계인"이라고 알릴 수 있단 말인가.

이런 일이 일어나기 전에 어떻게 막을 수 있을까?

우리가 밝혀내면 된다. **바로 지금.** 외계인을 주인공으로 한 위장술책사건의 제1막이 열리기 전에 그리고 인간이 만든 UFO들이 전자기무기로 대도시들을 파괴하기 전에, 비밀집단의 이러한 의도를 대중에게 경고해야 한다.

만일 외계로부터의 위협이 정말로 있다면, 인간이 핵무기를 폭발시키고 유인선을 타고 우주로 나가기 시작하던 그때 벌써 알았을 것이다. 통제를 벗어난 불법적인 비밀집단이 우주적으로 저지르는 어리석고 무모한 행동에 비춰볼 때, 우리가 아직 지구의 신선한 공기를 마시고 있다는 사실은 이 방문자들의 인내 깊고 평화로운 의도를 보여주는 산 증거이지 않은가. 위협이 되는 쪽은 전적으로 우리 인간이다. 이 위협을 다루어 억제하고 현재의 전쟁과 파괴와 비밀조작을 밝혀내어 항구적 평화의 시대로 전환하는 것 또한 우리 자신이다.

지상의 전쟁을 대체할 우주에서의 전쟁은, 진화가 아니라 우주적 광기이다. 두려움으로 하나가 되는 세상은 무지로 분열된 세상보다 나을 게 없다. 지금이 바로 두려움과 무지에서 벗어나 깨지지 않을 우주평화의 시대로 가는 위대한 도약의 순간이다. 이것이 우리의 운명이다. 우리가 선택하는 순간, 그것은 우리의 미래가 될 것이다.

돈 필립스[3]의 증언

외계에서 온 이들이 적대적일까요? 글쎄요. 그렇다면 그들은 이미 오래전에 우리를 무기로 파괴했거나 어떤 피해라도 입혔겠지요.

---

3 미국 공군 조종사·록히드 스컹크웍스 및 CIA 계약업체 기술자. 상세 이력은 71쪽 참조.

A.H.[4]의 증언

제가 만났던 모든 정보제공자들의 이야기를 종합해본 결과, 저의 마지막 결론은 이것입니다. 정부가 UFO와 외계존재들에 대한 정보를 공개하길 두려워하는 이유가 바로 종교 때문이라고요. 이것은 아마도 우리 자신을 바라보는 관점을 무너뜨릴 것입니다.

예컨대, 화성 표면에 있는 얼굴 형상에 관해 우리가 애써 수집한 정보는 엄청난 파급력을 가질 것입니다. 저는 그 얼굴이 실제라는 것을 압니다. NASA 제트추진연구소의 최고위직에는 제가 언급하지 않은 또 다른 정보제공자가 있습니다. 그분이 아직 현직에 있어 많은 내용을 언급할 수는 없습니다만, 그는 NASA에서도 그것이 얼굴이라는 사실을 알고 있다고 했습니다.

영상분야에 있는 사람들 또한 그것이 빛으로 생긴 착시나 폭풍 등으로 만들어진 것이 아니라 진짜라는 사실을 압니다. 우리가 아닌 다른 누군가가 새겨놓은 것으로, 기원전 45,000년경에 지구에 왔던 어느 외계종족이 만든 것이라는 사실 말입니다. 이 외계종족은 지구에 문명을 세우고, 화성과 지구를 왕래하며 우리에게 정보를 주고, 그들이 창조한 종족인 우리를 발전시켰습니다.

저는 NASA와 여러 정부 특히 미국이 이 정보를 공개하길 꺼려하는 중대한 이유가 바로 여기 있다고 생각합니다. 하나를 공개하면 또 다른 것으로 이어져 마침내 어느 외계종족이 우리를 창조했다는 결

---

4   미국 보잉항공사 기술자. 상세 이력은 49쪽 참조.

론에 이르게 될 테니까요. 인류에게는 그야말로 충격적인 이야기지요. 이것이 많은 조사 끝에 내린 저의 최종적인 결론입니다. 화성에 있던 외계존재가 지구에 와서 우리의 문명을 세웠고, 우리가 그들의 창조물과 행성을 날려버리지 않도록 회색 외계종족을 창조해 지켜보게 했다는 것을 저는 확신합니다.

로버트 제이콥스[5]의 증언

이런 활동에 있어 제가 가장 중요하게 생각하는 것은 아주 단순합니다. 인류사 최대의 사건은 우주에 다른 지적인 존재들이 살고 있다는 것, 그리하여 우리가 혼자가 아님을 발견하는 것입니다. 이것은 거대하고도 엄청난 일생일대의 발견입니다. 이에 대해 이야기하는 것은 흥미진진한 일이지요. 또한 우리 인류의 성장을 위해서도 중요한 일입니다. 결국 우리는 우리가 만물의 영장이 아닐 수도 있다는 것을, 우리보다 더 크고 더 흥미로운 존재가 저 밖에 있을 수도 있다는 것을 깨달아야 합니다.

클리포드 스톤[6]의 증언

---

5   미국 공군 중위·대학 교수. 상세 이력은 215쪽 참조.
6   미국 육군 수거부대 하사. 상세 이력은 34쪽 참조.

저는 기원을 알 수 없는, 그러나 분명 지구에서 만들어지지 않은 비행체들이 있던 곳에 제가 있었다는 것을 진술합니다. 그곳에서 저는 이 행성에서 태어나지 않은 존재들의 살아있거나 죽은 몸을 보았습니다. 또한 사람들을 세뇌하기 위한 훈련소가 존재했습니다. 그러나 저는 결코 그 훈련소에 가지 않았습니다. 언제나 거부했습니다. 저는 1989년 12월 1일에 제대 명령을 받았지만, 그들이 다시 생각하는 편이 좋을 거라며 제대 명령을 철회했습니다. 그들은 법을 어기며 이미 승인이 난 저의 퇴역을 보류했고 두 달 동안 저를 억류해두었습니다. 그들의 목적은 제가 계속 남도록 하는 것이었습니다.

우리는 다른 나라에서 온 외국인^{aliens}이 아니라 다른 태양계에서 온 외계인^{aliens}과 접촉했습니다. 이 존재들과 그들의 말마따나 "상호접촉"했지요. 저는 그 일원으로 그곳에 있었고, 그 일을 했습니다. 그래서 우리가 하는 어떤 일들은 정말 정말 정말 정말로 끔찍하다는 것을 압니다. 그 외계인들은 우리에게 적의가 없습니다. 이 경우에 있어서는 우리가 적이지요. 저는 합당한 근거들을 토대로 우리가 바로 그 적이라는 생각을 자주 합니다.

우리는 다른 나라가 어떤 행동을 취할 것인지에 대해 걱정합니다. 그러나 저는 제가 시간과 싸우고 있다는 결론을 내렸습니다. 우리가 우주를 군사화하는 길로 가고 있다고 경고할 시간이 많지 않다는 것을요. 우주를 군사화한다면 완전히 새로운 차원의 기술이 우리 앞에 열릴 것입니다. 우리는 신기술을 얻게 될 것이고 그로부터 우리를 우주여행으로 이끌 또 다른 신기술을 발전시킬 것입니다. 그 직접적인 결과가 바로 우리가 그들에게 위협이 된다는 사실입니다. 우리가 영적으로도 그만큼 성장하지 않는 한 말이지요.

마지막 사건, 날조된 우주전쟁

우리가 영적으로 성장하지 않으면, 결국 외계존재들이 스스로 나서는 상황을 불러올 것입니다. 우리가 우주에 위협이 되는 존재로 나가지 못하도록 반드시 자신들을 드러낼 것이고, 어느 강대국도 그들을 막을 수 없을 것입니다. 아무것도 모르는 인류에게 그런 일이 벌어진다면 아주 심각한 문제들을 초래할 것입니다.

저는 정보기관들이 처음에는 좋은 의도로 UFO에 관한 정보를 묻어두었다고 믿습니다. 그들은 "이 우주에 우리가 혼자가 아니라는 사실을, 우리 행성을 찾아오는 이들에게 지성이 있다는 사실을 사람들이 알게 된다면 어떤 결과를 가져올까?"라는 아주 진지하고도 심각한 질문들을 던졌다고 믿습니다. 그러나 각국 정보기관의 입장에서는 그런 기술들을 먼저 확보해 군사적으로 응용하고 싶은 게 자연스런 수순이겠지요. 따라서 그런 지식을 가능한 한 최고등급의 기밀로 묶어서 특수인가 프로그램처럼 극소수의 사람들에게만 허용하도록 비밀로 지키고 싶을 겁니다. 그러나 아무리 좋은 의도였다 한들, 이제는 그것이 사람들을 해치고 있다고 저는 믿습니다.

단지 UFO를 봤다는 이유로 그들을 정신 나간 사람으로 만들어버릴 권리는 그 어느 정부에게도 없습니다. 특정인의 심리상태를 엄청난 무게의 우울감에 빠뜨려, 아주 아주 많은 경우 결국 자살이나 자기 파괴적 행동으로 이어지게 만들 권리 말입니다. 이런 일이 벌어지는 것을 마주한 우리에게는 우리의 생각과 입장을 재고해야 할 의무가 있습니다. 우리는 비밀의 장벽을 무너뜨려 진실을 밝히는 책임을 다해야 합니다. 그 진실을 어떻게 밝힐지 또한 우리의 책임입니다. 무엇보다 우리는 진실해야 합니다.

이 문제는 단지 미국에만 국한되지 않습니다. 온 세상이 알아야 할 진실입니다. 이 진실이란 곧 우리는 혼자가 아니라는 것, 다른 태양계 다른 행성에서 온 존재가 여기 있다는 것입니다.

우리는 얼마나 많은 추락사고가 일어났고 얼마나 많은 사체를 수거했는지 알 수 없습니다. 외계존재들이 먼저 회수해가는 바람에 고작 잔해나 주워온 경우는 또 얼마나 많은지도 알지 못합니다. 하지만 그런 일은 실제로 있었습니다. 외계존재들에게 문제가 생기면, 마치 우리가 구조신호를 보내듯 그들도 구조신호를 보냅니다. 많은 사람들이 생각지도 못한 일이며 한 번도 품은 적 없는 의문이지요.

지금 우리의 문제는, 그들을 단지 놀랍고 의아한 이야깃거리로만 본다는 점입니다. 우리는 그들을 마치 동물인형과 같은 이도저도 아닌 무형체로 생각합니다. 하지만 그들은 우리처럼 살아 숨 쉬고, 생각하고, 사랑하고, 언젠가는 죽는 생명체입니다. 그들에게도 가족이 있고 문화가 있으며 좋고 싫은 것이 있습니다. 사실이 그러하다는 걸 사람들이 이해하도록 돕는 일이 아주 중요합니다.

저는 외계존재에게 인간의 요소를 되돌려주고 싶습니다. 인간의 요소라 함은, 그들도 진정한 사람이라는 뜻입니다. 그들을 '존재' 혹은 '생명체'라 부를 수도 있습니다. 그리고 가끔 이런 자문이 들 겁니다. 어느 쪽이 더 진정한 사람일까? 그들인가 우리인가? 우리는 외계존재들이 신적 지각을 지니고 있음을 알게 될 것입니다. 하지만 그들이 우리와 같다는 사실이야말로 정말로 분명히 해야 하는 문제입니다. 우리는 차이점이 아니라 유사점을 찾아야 합니다. 그로부터 더 잘 이해해야 합니다. 왜냐하면 그리 멀지 않은 미래에, 마침내 우리는 새로운 문들을 활짝 열어줄 최후의 조우를 하게 될 테니까요. 이것은 무서운 이야기가 아닙니다. 진실에 이르는 길로 나아가는 방법입니다.

마지막 사건, 날조된 우주전쟁

5부

행동을 위한
초대

우리에게는 이미 우주를 여행할 수단이 있지만
이러한 기술들은 검은 프로젝트에 묶여 있습니다.
인류를 위해 이것을 꺼내 쓰려면 신의 손길이 필요할 것입니다.
더는 국가안보에 위협이 되지 않도록 모든 비밀을 끝내고,
이 기술들을 민간부문에서 이용하게 할 때가 되었습니다.

벤 리치 (Ben Rich, 1925-1995)
전 록히드 스컹크웍스 책임자
1993년 3월 23일, UCLA 공과대학 졸업식 연설에서

7가지 실천 제안

비밀 공개운동과 프리에너지운동이 이어지도록 여러분과 친구들이 참여할 수 있는 행동이 많이 있다.

1. www.SiriusDisclosure.com에 등록한다. 중요 행사 소식과 관련 정보를 이메일로 받아볼 수 있다. www.SiriusDisclosure.com에서 기부에 동참한다. 모두가 10달러씩만 기부해도 지구를 살릴 프리에너지를 세상에 돌려줄 연구소 설립기금으로 충분하다.

2. 이 책을 다른 사람들과 공유한다. 그리고 동명의 다큐멘터리 영화 〈Unacknowledged〉를 꼭 보기 바란다. 저자와 여러 증인이 서로 무관해 보이는 점들을 연결해 그 실체를 보여줄 것이다. 가정이나 지역 시설 등에서 영화 상영회를 개최해도 좋다.

3. 의회나 국회 또는 정부 대표자나 고위관료 가운데 직접 닿는 사람이 있다면 이 주제에 대해 알려준다. 그들에게 이 책과 영화 DVD

를 보내는 것만으로도 커다란 반응을 이끌 수 있다.

4. 여러분이나 지인이 군대, 정보기관, 정부 계약업체에 있으면서 UFO와 외계존재, 프리에너지, 반중력 추진 등을 다루는 계획 및 활동에 대해 알고 있다면 또는 그에 관한 정부문건 및 자료를 가지고 있다면, 대중에게 공개되도록 전적으로 우리를 믿고 witnesses@SiriusDisclosure.com으로 연락해주기 바란다. 비밀특수인가 프로젝트는 헌법이 규정하는 감독을 벗어나 불법적으로 관리되고 있으므로 여러분은 기소될 수 없다. [333쪽의 'UNOD'를 참고하기 바란다.]

5. 여러분이나 지인이 운용 가능한 프리에너지시스템을 가지고 있으며 공개할 용의가 있다면 즉시 energy@SiriusDisclosure.com으로 연락해주기 바란다. www.SiriusDisclosure.com에서 'Energy'-'Device Criteria'의 내용을 확인해보기 바란다.

6. 여러분의 지역에서 네트워크를 만들고 팀을 이루어 진실을 밝힐 의사가 있는 정부의 내부고발자들을 더 많이 찾아낸다.

7. CE-5 팀에 동참한다. www.ETContactNetwork.com에 있는 네트워킹 앱에서 가까운 곳에 있는 팀을 찾아 연락하자. 그들과 동참하거나 새로 팀을 꾸릴 수도 있다. CE-5 훈련프로그램이 모두 탑재된 앱을 구입하기를 권한다. 자세한 내용은 www.SiriusDisclosure.com/apps에 있다. 이 작업은 수백만의 사람들이 외계문명을 지구로 평화롭게 맞이해, 그들과 접촉하고 기록하여 세상에 보여주는 일이다.

눈송이가 쌓이고 쌓여 눈사태가 되는 법. 교육과 끈기가 해답이다. 모두가 행동가가 되어 불법적인 비밀유지를 끝내고자 한다면, 비밀 공개는 당장 오늘이라도 이루어질 것이다. 여러분의 도움과 지원에 감사드린다.

텅 빈 공간이라고 하는 것은

실은 전혀 비어있지 않다.

그것은 에너지로 가득하다.

그러므로 허공이 아니라

폭포 아래의 물보라에 더 가깝다.

할 푸소프 (Hal Puthoff, 1936-)

미국 전기공학 박사·이론 및 실험 물리학자

새로운 지구문명을 위하여

개념

지난 100년이 넘는 세월 동안 전자기시스템 분야에서 이루어진 진척은, 영점에너지장과 양자진공[1]을 통해 에너지를 생산하는 오버유니티(인위적인 입력보다 더 많은 출력을 내는)를 가능하게 했다. 그러나 이는 합법과 불법을 가리지 않는 수많은 방법으로 억압당했다. 오늘에 이르기까지 그 어떤 발명가나 기업, 연구진이나 대학도 그런 장애물을 극복할 수 없었다. [www.SiriusDisclosure.com에서 오리온 프로젝트Orion Project와 외계존재의 증거, 에너지 억압에 관한 내용을 참고하기 바란다.]

---

1   양자론에서 설명하는 개념으로, 공간이 아무것도 없는 텅 빈 상태가 아니라 끊임없이 요동치는 초고밀도 가상 에너지장으로 가득 찬 진공이라고 말한다. 이 진공상태를 양자진공이라고 한다. '영점장'과 비슷한 의미이다.

세계 어느 정부와 대기업도 이러한 기술의 공개로 단호히 나아가지 못했기에, 이를 위한 새로운 민간컨소시엄이 필요하다. 국방고등연구계획국에서 인터넷이 처음 개발된 것과 흡사하게 이 컨소시엄에서는 기초 신에너지기술을 개발할 것이다. 수많은 방식으로 응용되어 청정하고 무한하고 안전하며 본질적으로 무료인 에너지를 제공하게 할 기술 말이다. 이런 의미에서, 정부와 기업의 대규모 프로그램들이 실패한 바로 그곳으로 우리는 발을 내딛고 있다. 필요는 급박하고 시간은 부족하다.

이렇게 조달된 기금은 좋은 일을 위해 쓰일 수 있다. 이 기술로 특허를 내고 상품을 만들어 판매해 현금화할 수 있도록 응용하는 방법은 수없이 많을 테니 말이다. 하지만 인터넷이 그러했듯 이 바탕기술은 오픈소스여야 한다. 실시간으로 대대적인 공개를 통해 자유롭게 사용되어야 한다.

우리는 크게 생각할 필요가 있다. 지구에는 72억 명이 살고 있고, 어림잡아 10억 대의 자동차가 있으며, 10억 개 이상의 가정과 사업장이 있다. 모두들 에너지가 필요하다. 기술창업의 노력을 지배하는 비밀유지와 특허독점이라는 제로섬게임은 잘못된 접근법이며, 영점에너지에 대한 그런 노력은 이미 보기 좋게 실패했다. 우리는 같은 실수를 되풀이해서는 안 된다.

이런 이유로 창의적인 접근법이 필요하다. 우리는 다음과 같이 서로 맞물린 전략을 포함한 근본적으로 새로운 연구개발 프로젝트를 제안한다.

• 다중심형 연구개발 프로젝트 : 인터넷으로 연결되어 실시간으로 결과, 전자기주파수, 재료, 문제해결 등을 공유한다.

- 오픈소스 : 지적재산권이나 특허를 추구하지 않고 자유롭게 공유하면서 연구조직으로부터 피드백을 받을 수 있다. 감춰두는 일은 있을 수 없다. 모든 개발과정, 체계, 획기적 성과가 실시간으로 대중과 다른 연구자들에게 공유될 것이다.

- 실시간 중계 : 이 과정에 대중이 관심을 기울이고 결과와 성과, 실패를 공유하도록 모든 연구소가 24시간 실시간 중계된다. 성과를 억누르려는 시도는 실시간 중계와 오픈소스로 무력화될 것이다.

- 홍보와 교육 : 대대적인 홍보와 다중매체를 통한 교육으로 대중의 의식을 끌어올리며, 신에너지 패러다임을 빠르게 받아들이고 적응하게 한다. 여기에는 뉴스보도, 다큐멘터리, 소셜미디어 네트워킹이 포함된다. 급진적인 신기술에는 과학자나 정책통만이 아닌 대중을 위한 혁신적인 매체와 교육이 마땅히 뒤따라야 한다.

목표

우리의 주된 목표는 한 가정이나 사업장 또는 자동차를 충당할, 수 킬로와트 대의 탄탄한 오버유니티 장치를 만들어내는 것이다. 이 이상적인 시스템은 비용효율이 좋고 쉽게 구할 수 있는 부품을 사용한 정지형(움직이는 부분이 없는)이 될 것이다. 방사성 또는 유해성이 있거나 잠재적으로 위험한 물질은 사용되지 않는다.

이 프로젝트의 제1단계에서는 전자기중력시스템이나 중력조절 시스템을 추구하지 않을 것이다. 현 상황에서 이것들은 군사안보와 국가안보에 위협이 될 가능성이 크기 때문이다. 오늘날 세계의 지정학적 현실로 볼 때, 본질적으로 모든 전자기중력시스템은 위험한 미사일추진시스템이나 요격시스템에 쉽게 사용될 수 있다. 확인된 전자기주파수와 전압, 핵심소재와 운용계획을 포함하는 기초과학연구는 독자적 검증과 재현성再現性을 위해 대중과 과학계는 물론 매체에 개방적으로 공유될 것이다.

우리의 목표는 현재 지구에서 사용되는 석유, 가스, 석탄, 원자력, 풍력, 수력, 지열과 태양광 에너지를 모두 효과적으로 대체할, 완전작동하는 탄탄한 원형기술을 2년 안에 구현하는 것이다. 기존의 화석연료와 내연기관 따위를 전환할 과도기술도 개발될 것이다. 스탠리 마이어의 물연료전지water fuel cell[2]가 그 사례다.

기금

기금은 벤처캐피털 및 엔젤캐피털 투자자들의 연합 또는 하나의 원천으로부터 마련할 수 있다. 1억에서 2억 달러 범위의 초기예산이면 기술, 전략, 홍보 부문에서의 성공이 보장될 것이다.

더 적은 예산으로도 성공할 수 있겠지만 이러한 노력을 뒷받침할 기금이 적을수록 위험성은 더 커진다. 자금이 부족하면 여러 부문에서 실패를 불러올 수 있다. 에너지와 거시경제에서 특수한 이해관계를 가진 모든 사람들이 이 프로젝트를 깨뜨리려 달려들 것이므로, 우리는 이에 대비해야 한다.

운영

프로젝트를 이끌 위원회가 결성되어야 한다. 나아가 각각의 연구소에 자격을 갖춘 믿을만한 연구 관리 책임자가 있어야 한다. 궁극적

---

2 물을 연료로 하는 영구운동기관. 마이어는 이 장치를 자동차에 장착해 많은 주행실험을 했다. 280쪽 참고.

으로는 이 프로젝트의 전략적 안전성과 성공을 보장하도록 총괄책임자가 필요하다. 인력채용은 최대의 과제로 부각될 것인데, 이는 첫 연구소 건립 이전부터 전문적이고 대대적인 홍보와 함께 기금이 공개적으로 발표되어야 하는 이유이기도 하다.

또한 창의적 아이디어를 추구할 자유가 충분히 보장되어야 한다. 전략적으로는 앞에 소개한 중요 기치, 즉 자료와 결과의 다중심적인 공유, 완전한 투명성, 대중을 포함한 실시간 중계, 대대적 홍보와 대중교육 등을 고수할 합법적인 감독이 필요하다.

오픈소스와 실시간 중계라는 접근방식을 바꾸거나 뒤엎으려는 시도는 거의 틀림없이 실패할 것이다. 특허분할과 영업비밀을 이용해 지적재산을 이른바 비밀기술로 만드는 과거의 노력들, 그것을 '신중하고 은밀하게' 하려는 노력들은 모두 실패했다. 또한 자금은 충분했지만 잘못된 노력을 기울임으로써 치명적인 전략적 실수를 저지른 최근의 사례들도 많다. 은밀한 프로젝트와 그 기업주들의 손에 비밀유지와 어둠이 있다면, 우리 손에는 투명성과 비밀 공개라는 빛이 있어야 한다.

이 정책들은 정관과 운영방침, 공식문서 등에 고이 담겨 영구적으로 이어져야 한다. 누군가 연구와 그 성과를 비밀로 묻으려고 시도한다면, 주요 자금원이거나 핵심 과학자 또는 연구자라 할지라도 누구든 면직해야 한다.

운이 따른다면 우리가 신에너지기술을 개발하고 상품화해 세상에 널리 사용되기까지 앞으로 20년의 세월이 걸릴 것이다. 2036년이면 모든 교통과 에너지생산, 에너지사용이 이 원천으로부터 이루어져야 한다. 완전가동되는 영점에너지시스템이 당장 오늘 공개된다고 해도 시간이 없다. 육중한 기반시설 및 자동차엔진 등을 대체하는 데 걸리는 준비기간은 아주 길다. 그리고 매우 자본집약적이다. 수명이 긴 산업중장비의 재고자산회전율은 15~30년이다. 사실상 우리에게는 이미 시간이 없다.

다행히 지구는 살아 숨 쉬며 스스로 치유하는 생명체이므로 인류가 학대를 멈추기만 하면 경이롭게도 회복해 나갈 것이다. 지난 150여 년의 산업화과정에서 우리 행성에 입힌 상처는 아주 빠르게 아물 수 있다. 이 신에너지기술들은 특히 화학폐기물과 방사성폐기물을 정화하는 데 활용할 수 있다. 에너지비용이 사실상 0으로 떨어지면 자원재활용률은 100퍼센트에 근접할 것이다.

우리 행성과 인류를 위한 이 원대한 목표 아래 함께 모인다면, 자연과 조화롭게 살아가며 수천 년간 지속가능할 새로운 지구문명을 우리가 살아있는 동안 마주하게 될지도 모른다.

우주를 통틀어
존재하는 마음은
단 하나다.

에르빈 슈뢰딩거 (Erwin Schrödinger, 1887-1961)
오스트리아 물리학자
양자론 창시자 중 한 사람이자 1933년 노벨물리학상 수상자
1958년 저서 『정신과 물질Mind and Matter』에서

우리에겐 희망이 있다

어느 날 이른 아침, 잠에서 깨기 전에 아주 생생한 꿈을 꾸었다. 강렬하고도 부드럽게 말하는 한 생각이 되풀이해서 내 마음에 떠올랐다.

"우리 희망을 품고 살아요."

이 생각이 거듭되면서 많은 장면들이 생생하게 나타났다. 먼저 나는 아프리카의 어느 황량한 시골에 있었다. 틀림없이 생계수단이 결핍된 빈곤한 곳이었다. 이 암울하고 꺼림칙한 광경 속에서, 열 살이나 되었을까, 한 아이가 죽어가는 어린 동생을 품에 안은 채 굶주림에 이리저리 배회하고 있었다. 그리고 그 목소리가 들려왔다.

"우리 희망을 품고 살아요."

나는 이 목소리 하나가 아이의 영혼에 울리는 희망의 불꽃이 되어 아이를 살아가도록 다독이는 모습을 보며 눈물을 흘렸다. 고통의 한 가운데서 온갖 역경에 맞서 희망이라는 원동력만이 아이를 살아가게 했다. 다음으로 나는 내 어린 시절을 보았다. 때때로 절망과 외로움 속에서 어떻게 살아남을지, 어떻게 나아갈지도 모르던 시절이었다. 그리고 이 생각은 되풀이되었다.

"우리 희망을 품고 살아요."

이것이야말로 내가 가진 모든 것이었음을 나는 보았다. 내 영혼의 갈라진 틈 어딘가에 있는 희망의 불꽃. 그것이 나를 나아가게 했다. 지금까지도 말이다. 그것은 희망이었다. 다음으로 내가 본 것은 지금의 이 엄청난 변화와 도전과 역경의 시간을 살아가는 지구의 모든 이들이었다. 이 하나의 생각이 다시 되풀이되었다.

"우리 희망을 품고 살아요."

나는 이것이 모두가 붙들어야 할 없어서는 안 될 자질임을 보았다. 희망. 이것은 인류의 서약을 완수하도록 우리를 함께 이끌어나갈 것이다. 우리가 희망만으로 살아갈 수는 없을지라도, 우리는 분명 희망 없이는 살 수가 없다. 다가오는 시도와 변화와 지구생명의 탈바꿈이라는 나날을 헤쳐 나가며 이 목소리를 귀담아 결코 잊어서는 안 된다.

"우리 희망을 품고 살아요."

부록

부록1

증인 목록

- 고든 쿠퍼 Gordon Cooper – NASA 우주비행사·미국 최초의 우주비행사 중 한 명
- 그레이엄 베튠 Graham Bethune – 미국 해군 중령 조종사·극비기밀 취급자
- 닉 포프 Nick Pope – 영국 국방부 관료·언론인
- 대니얼 쉬한 Daniel Sheehan – 미국 변호사
- 댄 모리스 Dan Morris – 미국 공군 중사·국가정찰국 정보원·중대 극비기밀 취급자
- 도너 헤어 Donna Hare – NASA의 계약업체 필코포드 직원
- 돈 필립스 Don Phillips – 미국 공군 조종사·록히드 스컹크웍스 및 CIA 계약업체 기술자
- 드와인 아네슨 Dwynne Arneson – 미국 공군 중령·극비기밀 취급자
- 래리 워렌 Larry Warren – 영국 벤트워터스 공군기지 보안부사관
- 로버트 샐러스 Robert Salas – 미국 공군 대위
- 로버트 우드 Robert Wood – 미국 맥도널더글러스사 항공우주 기술자·물리학 박사
- 로버트 제이콥스 Robert Jacobs – 미국 공군 중위·대학 교수
- 로스 디드릭슨 Ross Dedrickson – 미국 공군 대령
- 리처드 도티 Richard Doty – 미국 공군특수수사대 특수요원
- 마이클 슈랫 Michael Schratt – 군사항공우주 역사학자
- 마이클 스미스 Michael Smith – 미국 공군 레이더 관제사
- 멀 쉐인 맥도우 Merle Shane McDow – 미국 해군 대서양사령부·극비기밀 취급자
- 에드거 미첼 Edgar Mitchell – NASA 우주비행사·아폴로 14호 승무원
- 윌리엄 존 파웰렉 William John Pawelec – 미국 공군 컴퓨팅 및 프로그래밍 전문가
- 조지 파일러 George A. Filer – 미국 공군 소령·정보장교
- 존 메이너드 John Maynard – 미국 국방정보국 군사정보 분석관
- 존 웨이건트 John Weygandt – 미국 해병대 일병
- 존 캘러한 John Callahan – 미국 연방항공국 사고조사부 부장
- 찰스 브라운 Charles Brown – 미국 공군 중령·그루지 프로젝트 관계자
- 칼 울프 Karl Wolfe – 미국 랭글리 공군기지 전술공군사령부·극비기밀 취급자
- 캐럴 로신 Carol Rosin – 페어차일드인더스트리 공동관리자·베르너 폰 브라운 박사 대변인
- 클리포드 스톤 Clifford Stone – 미국 육군 수거부대 하사
- 필립 코르소 시니어 Philip Corso, Sr. – 미국 육군정보국 대령
- 필립 코르소 주니어 Philip Corso, Jr. – 필립 코르소 시니어 대령의 아들
- 힐 노튼 경 Lord Hill-Norton – 영국 국방부 장관·영국 왕립해군 제독
- A.H. 익명 – 미국 보잉항공사 기술자
- B박사 익명 – 극비 프로젝트에서 일한 과학자이자 기술자
- W.H. 익명 – 미국 공군 하사

고든 쿠퍼
Gordon Cooper

그레이엄 베툰
Graham Bethune

닉 포프
Nick Pope

대니얼 쉬한
Daniel Sheehan

댄 모리스
Dan Morris

도너 헤어
Donna Hare

돈 필립스
Don Phillips

드와인 아네슨
Dwynne Arneson

래리 워렌
Larry Warren

로버트 샐러스
Robert Salas

로버트 우드
Robert Wood

로버트 제이콥스
Robert Jacobs

로스 디드릭슨
Ross Dedrickson

리처드 도티
Richard Doty

마이클 슈랫
Michael Schratt

마이클 스미스
Michael Smith

멀 쉐인 맥도우
Merle Shane McDow

에드거 미첼
Edgar Mitchell

윌리엄 존 파웰렉
William John Pawelec

조지 파일러
George A. Filer

존 메이너드
John Maynard

존 웨이건트
John Weygandt

존 캘러한
John Callahan

찰스 브라운
Charles Brown

칼 울프
Karl Wolfe

캐럴 로신
Carol Rosin

클리포드 스톤
Clifford Stone

필립 코르소 시니어
Philip Corso, Sr.

필립 코르소 주니어
Philip Corso, Jr.

힐 노튼 경
Lord Hill-Norton

부록2
관련 시설 및 조직

에드워드 공군기지와 관련 시설

주요 정부시설

- NASA 테이블마운틴 관측소 Table Mountain Observatory, NASA
- 노튼 공군기지 Norton Air Force Base
- 블랙잭 통제소 Blackjack Control
- 에드워드 공군기지 Edwards Air Force Base
- 조지 공군기지 George Air Force Base
- 차이나레이크 China Lakes
- 헤이스타크뷰트 Haystack Buttee

항공우주 관련 시설

- 노스롭그루먼 앤트힐 Northrop Grumman Anthill
- 록히드마틴 헬렌데일플랜트 Lockheed Martin Helendale Plant
- 맥도널더글러스 라노플랜트 McDonnell Douglas Corp Llano Plant
- 필립스연구소 노스에드워즈 Phillips Labs North Edwards

넬리스Nellis 복합시설

- 51구역 Area51 / S4
- 그룸레이크 Groom Lake
- 파후트메사 Pahute Mesa 및 19구역 Area19

뉴멕시코주 시설

- 국방부 핵무기국 Defense Nuclear Agency
- 로스앨러모스국립연구소 Los Alamos National Laboratories
- 만자노마운틴 Manzano Mountain 무기저장시설 및 지하복합시설
- 샌디아국립연구소 Sandia National Laboratories:SNL
- 커트랜드 공군기지 Kirtland Air Force Base
- 코요테캐니언 시험장 Coyote Canyon Test Site
- 필립스연구소 Phillips Labs
- 화이트샌즈 복합시설 White Sands Complex

애리조나주 시설

- 포트후아추카 Fort Huachuca 지하보관시설(외계우주선과 부검한 외계생명체 보관)과 그 인근의 국가안보국 및 육군정보국 복합시설

기타

- 레드스톤 아스널 Redstone Arsenal : 앨라배마주, 지하복합시설
- 로렌스리버모어국립연구소 Lawrence Livermore National Laboratory : 캘리포니아주
- 샤이엔산 콜로라도 심우주네트워크 Cheyenne Mt. Colorado Deep Space Network : UFO 추적을 위한 전용 콘솔
- 생화학병기시험소 Dugway Proving Grounds : 유타주 프로보 외곽, 기밀 공역空域
- 유타주 지하복합시설 Utah Underground Complex : 솔트레이크시티 남서쪽, 항공기로만 접근 가능
- 호주 파인갭 Pine Gap 지하시설 : 미국과 호주의 비밀시설

현재 또는 과거에 관여한 미국 정부기관

이들의 활동은 초극비 비밀특수인가 프로젝트로 분획되어 있음. 곧, 어느 누구에게도 심지어 지휘체계의 상부에 있는 이들에게도 알려지지 않는다는 뜻임.

- 공군특수수사대 Air Force Office of Specila Investigations : AFOSI
- 국가안보국 National Security Agency : NSA
- 국가정찰국 National Reconnaissance Office : NRO
- 국방고등연구계획국 Defense Advanced Research Projects Agency : DARPA
- 국방정보국 Defense Intelligence Agency : DIA
- 군정보국 Millitary Intelligence Divisions : MID (육군, 공군, 해군)
- 연방수사국 Federal Bureau of Investigation : FBI
- 우주사령부 United States Space Command : USSC
- 중앙정보국 Central Intelligence Agency : CIA
- 항공우주국 National Aeronautics Space Administration : NASA

관여한 것으로 확신되는 민간기업

- 과학응용국제법인 Science Applications International, Inc.:SAIC
- 노스롭그루먼 Northrop Grumman Aerospace
- 레이시온 Raytheon
- 로크웰인터내셔널 Rockwell International
- 록히드마틴 Lockheed Martin 덴버의 연구센터를 포함한 다양한 시설
- 맥도널더글러스 McDonnell Douglas Corp
- 미트리 MITRE Corp.
- 벡텔 Bechtel Corp.
- 보잉우주항공 Boeing Aerospace
- 부즈앨런앤해밀턴 Booz-Allen and Hamilton, Inc.
- 비디엠 BDM
- 빌리지슈퍼컴퓨팅 Village Supercomputing
- 웨큰헛 Wackenhut Corp.
- 이시스템스 E-Systems
- 이지앤지 EG&G
- 티알더블유 TRW
- 필립스연구소 Phillips Labs

문서 자료

UNCLASSIFIED

**FLEET LOGISTIC AIR WING, ATLANTIC/CONTINENTAL
AIR TRANSPORT SQUADRON ONE
U. S. NAVAL AIR STATION
PATUXENT RIVER, MARYLAND**

UNCLASSIFIED   10 February 1951

MEMORANDUM REPORT to Commanding Officer, Air Transport Squadron ONE

Subj: Report of Unusual Sighting on Flight 125/9 February 1951

1. I, Graham E. BETHUNE, was Co-Pilot on Flight 125 from Keflavik, Iceland to Naval Air Station Argentia on the 10th of February 1951. At 0055Z I sighted and observed the following object:

SIGHTED

While flying in the left seat at 10,000 feet on a true course of (4 TO 5 MILES) 230 degrees at a position of 49-50 North 50-03 West, I observed a glow of light below the horizon about 1,000 to 1,500 feet above the water. Its bearing was about 2 O'Clock. There was no overcast, there was a thin transparent group of scuds at about 2,000 feet altitude. After examing the object for (40 to 50 seconds) I called it to the attention of Lieutenant KINGDON in the right hand seat. It was under the thin scuds at roughly 30 to 40 miles away. I asked "What is it, a ship lighted up or a city, I know it can't be a city because we are over 250 miles out". We both observed its course and motion for about 4 or 5 minutes before calling it to the attention of the other crew members. Its first glow was a dull yellow. We were on an intercepting course. Suddenly its angle of attack changed, its altitude and size increased as though its speed was in excess of 1,000 miles per hour. It closed in so fast that the first feeling was we would collide in mid air. At this time its angle changed and the color changed. It then was definately circular and redish orange on its primiter. It reversed its course and tripled its speed until it was last seen disappearing over the horizon. Because of our altitude and misleading distance over water it is almost impossible to estimate its size, distance and speed. A rough estimate would be at least 300 feet in diameter, over 1,000 miles per hour in speed and approached within 5 miles of the aircraft.

(500 FEET)

/s/Graham E. BETHUNE
LT, U. S. Naval Reserve.

ENCLOSURE (4)

UNCLASSIFIED   DOWNGRADED AT 3 YEAR INTERVAL
DECLASSIFIED AFTER 12 YEARS.
DOD DIR 5200.10

2. 1950년 캐나다 교통부 W. B. 스미스 문서 (1-3p)

85쪽, 스티븐 M. 그리어 설명 참조

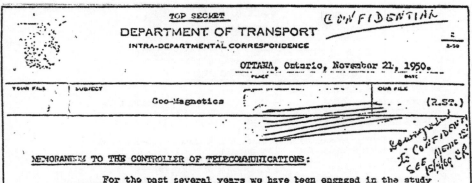

DEPARTMENT OF TRANSPORT
INTRA-DEPARTMENTAL CORRESPONDENCE

OTTAWA, Ontario, November 21, 1950.
PLACE   DATE

YOUR FILE	SUBJECT		OUR FILE
	Geo-Magnetics		(R.57.)

MEMORANDUM TO THE CONTROLLER OF TELECOMMUNICATIONS:

For the past several years we have been engaged in the study of various aspects of radio wave propagation. The vagaries of this phenomenon have led us into the fields of aurora, cosmic radiation, atmospheric radio-activity and geo-magnetism. In the case of geo-magnetics our investigations have contributed little to our knowledge of radio wave propagation as yet, but nevertheless have indicated several avenues of investigation which may well be explored with profit. For example, we are on the track of a means whereby the potential energy of the earth's magnetic field may be abstracted and used.

On the basis of theoretical considerations a small and very crude experimental unit was constructed approximately a year ago and tested in our Standards Laboratory. The tests were essentially successful in that sufficient energy was abstracted from the earth's field to operate a volt-meter, approximately 50 millivolts. Although this unit was far from being self-sustaining, it nevertheless demonstrated the soundness of the basic principles in a qualitative manner and provided useful data for the design of a better unit.

The design has now been completed for a unit which should be self-sustaining and in addition provide a small surplus of power. Such a unit, in addition to functioning as a 'pilot power plant' should be large enough to permit the study of the various reaction forces which are expected to develop.

We believe that we are on the track of something which may well prove to be the introduction to a new technology. The existence of a different technology is borne out by the investigations which are being carried on at the present time in relation to flying saucers.

While in Washington attending the NARB Conference, two books

the other "The Flying Saucers are Real" by Donald Keyhoe. Both books dealt
mostly with the sightings of unidentified objects and both books claim that
flying objects were of extra-terrestrial origin and might well be space ships
from another planet. Scully claimed that the preliminary studies of
one saucer which fell into the hands of the United States Government
indicated that they operated on some hitherto unknown magnetic
principles. It appeared to me that our own work in geo-magnetics
might well be the linkage between our technology and the technology
by which the saucers are designed and operated. If it is assumed that
our geo-magnetic investigations are in the right direction, the theory
of operation of the saucers becomes quite straightforward, with all
observed features explained qualitatively and quantitatively.

I made discreet enquiries through the Canadian Embassy
staff in Washington who were able to obtain for me the following
information:

a. The matter is the most highly classified subject in the United
   States Government, rating higher even than the H-bomb.

b. Flying saucers exist.

c. Their modus operandi is unknown but concentrated effort is being
   made by a small group headed by Doctor Vannevar Bush.

d. The entire matter is considered by the United States authorities
   to be of tremendous significance.

I was further informed that the United States authorities are investigating
along quite a number of lines which might possibly be related to the saucers
such as mental phenomena and I gather that they are not doing too well since
they indicated that if Canada is doing anything at all in geo-magnetics they
would welcome a discussion with suitably accredited Canadians.

While I am not yet in a position to say that we have solved
even the first problems in geo-magnetic energy release, I feel that the
correlation between our basic theory and the available information on
saucers checks too closely to be mere coincidence. It is my honest opinion
that we are on the right track and are fairly close to at least some of the
answers.

Mr. Wright, Defence Research Board liaison officer at the
Canadian Embassy in Washington, was extremely anxious for me to get in touch
with Doctor Solandt, Chairman of the Defence Research Board, to discuss with
him future investigations along the line of geo-magnetic energy release.
I do not feel that we have as yet sufficient data to place before Defence
Research Board which would enable a program to be initiated within that
organization, but I do feel that further research is necessary and I would
prefer to see it done within the frame work of our own organization with,
of course, full co-operation and exchange of information with other
interested bodies.

I discussed this matter fully with Doctor Solandt, Chairman of
Defence Research Board, on November 20th and placed before him as much
information as I have been able to gather to date. Doctor Solandt agreed
that work on geo-magnetic energy should go forward as rapidly as possible

...and offered full co-operation of his Board in providing laboratory facilities, acquisition of necessary items of equipment, and specialized personnel for incidental work in the project. I indicated to Doctor Solandt that we would prefer to keep the project within the Department of Transport for the time being until we have obtained sufficient information to permit a complete assessment of the value of the work.

It is therefore recommended that a PROJECT be set up within the frame work of this Section to study this problem and that the work be carried on a part time basis until such time as sufficient tangible results can be seen to warrant more definitive action. Cost of the program in its initial stages are expected to be less than a few hundred dollars and can be carried by our Radio Standards Lab appropriation.

Attached hereto is a draft of terms of reference for such a project which, if authorized, will enable us to proceed with this research work within our own organization.

(W.B. Smith)
Senior Radio Engineer

WBS/cc

C. P. Edwards
2/12/50

COMPLAINT FORM

Hq 1 VOS

ADMINISTRATIVE DATA

TITLE: KIRTLAND AFB, NM, 8 Aug - 3 Sep 80, Alleged Sigthings of Unidentified Aerial Lights in Restricted Test Range.

DATE: 2 - 9 Sept 80   TIME: 1200

PLACE: AFOSI Det 1700, Kirtland AFB, NM

HOW RECEIVED: X IN PERSON   TELEPHONICALLY   IN WRITING

SOURCE AND EVALUATION: MAJOR ERNEST E. EDWARDS

RESIDENCE OR BUSINESS ADDRESS: Commander, 1608 SPS, Manzano Kirtland AFB, NM

PHONE: 4-7516

CR 44 APPLIES

SUMMARY OF INFORMATION

REMARKS

1. On 2 Sept 80, SOURCE related on 8 Aug 80, three Security Policemen assigned to 1608 SPS, KAFB, NM, on duty inside the Manzano Weapons Storage Area sighted an unidentified light in the air that traveled from North to South over the Coyote Canyon area of the Department of Defense Restricted Test Range on KAFB, NM. The Security Policemen identified as: SSGT STEPHEN FERENZ, Area Supervisor, AIC MARTIN W. RIST and AMN ANTHONY D. FRAZIER, were later interviewed separately by SOURCE and all three related the same statement: At approximately 2350hrs., while on duty in Charlie Sector, East Side of Manzano, the three observed a very bright light in the sky approximately 3 miles North-North East of their position. The light traveled with great speed and stopped suddenly in the sky over Coyote Canyon. The three first thought the object was a helicopter, however, after observing the strange aerial maneuvers (stop and go), they felt a helicopter couldn't have performed such skills. The light landed in the Coyote Canyon area. Sometime later, three witnessed the light take off and leave proceeding straight up at a hight speed and disappear.

2. Central Security Control (CSC) inside Manzano, contacted Sandia Security, who conducts frequent building checks on two alarmed structures in the area. They advised that a patrol was already in the area and would investigate.

3. On 11 Aug 80, RUSS CURTIS, Sandia Security, advised that on 9 Aug 80, a Sandia Security Guard, (who wishes his name not be divulged for fear of harassment), related the following: At approximately 0020hrs., he was driving East on the Coyote Canyon access road on a routine building check of an alarmed structure. As he approached the structure he observed a bright light near the ground behind the structure. He also observed an object he first thought was a helicopter. But after driving closer, he observed a round disk shaped object. He attempted to radio for a back up patrol but his radio would not work. As he approached the object on foot armed with a shotgun, the object took off in a vertical direction at a high rate of speed. The guard was a former helicopter mechanic in the U.S. Army and stated the object he observed was not a helicopter.

4. SOURCE advised on 22 Aug 80, three other security policemen observed the same

DATE FORWARDED HQ AFOSI: Hq 1 VOS   10 Aug 80

AFOSI FORM 44 ATTACHED: ☐ YES ☐ NO

DATE: 3 Sept 80   TYPED OR PRINTED NAME OF SPECIAL AGENT: RICHARD C. DOTY, SA

SIGNATURE: Richard C. Doty

DISTRICT FILE NO.: 80178 93-0/29

DCII RESULTS: NEGATIVE   POSITIVE (See Attached)

AFOSI FORM 1   PREVIOUS EDITION WILL BE USED.

aerial phenomena described by the first three. Again the object landed in Coyote Canyon. They did not see the object take off.

5. Coyote Canyon is part of a large restricted test range used by the Air Force Weapons Laboratory, Sandia Laboratories, Defense Nuclear Agency and the Department of Energy. The range was formerly patrolled by Sandia Security, however, they only conduct building checks there now.

6. On 10 Aug 80, a New Mexico State Patrolman sighted an aerial object land in the Manzano's between Belen and Albuquerque, NM. The Patrolman reported the sighting to the Kirtland AFB Command Post, who later referred the patrolman to the AFOSI Dist 17. AFOSI Dist 17 advised the patrolman to make a report through his own agency. On 11 Aug 80, the Kirtland Public Information office advised the patrolman the USAF no longer investigates such sightings unless they occur on an USAF base.

7. WRITER contacted all the agencies who utilized the test range and it was learned no aerial tests are conducted in the Coyote Canyon area. Only ground tests are conducted.

8. On 8 Sept 80, WRITER learned from Sandia Security that another Security Guard observed a object land near an alarmed structure sometime during the first week of August, but did not report it until just recently for fear of harassment.

9. The two alarmed structures located within the area contains HQ CR 44 material.

**U.S. Department
of Transportation**

**Federal Aviation
Administration**

Memorandum

Anchorage ARTCC
5400 Davis Hwy.
Anchorage, Alaska

Subject: **INFORMATION:** Transcription concerning the
incident involving Japan Airlines Flight 1628 Date: January 9, 198
on November 18, 1986 at approximately 0218 UTC.

From: Quentin J. Gates
Air Traffic Manager,
ANC ARTCC

Reply to
Attn. of:

To:

This transcription covers the time period from November 18, 1986, 0214 UTC t
November 18, 1986, 0259 UTC.

Agencies Making Transmissions   **Abbreviations**

Japan Airlines Flight 1628   JL1628

Anchorage ARTCC Combined Sector R/D15   R/D15

Anchorage ARTCC Sector D15   D15

Anchorage ARTCC Sector R15   R15

Regional Operations Command Center   ROCC

United Airlines Flight 69   UA69

TOTEM71   TOTEM

Fairbanks Approach Control   APCH

I hereby certify that the following is a true transcription of the recorde
conversations pertaining to the subject incident:

Anthony M. Wylie
Quality Assurance Specialist
Anchorage ARTCC

U.S. Department of Transportation
Federal Aviation Administration

Memorandum

Subject:	INFORMATION: Unidentified Traffic Sighting by Japan Airlines
Date:	DEC 1 8 1986

From:	Air Traffic Manager, Anchorage ARTCC, ZAN-1	**Reply to Attn. of:**

To: Manager, Air Traffic Division, AAL-500
ATTN: Evaluation Specialist, AAL-514

The attached chronology summarizes the communications and actions of Japan Airlines Flight 1628 on November 18, 1986.

Radar data recorded by Anchorage Center does not confirm the presence of the traffic reported by Flight 1628. No further information has been received from civil or military sources since the date of the sightings.

Major Johnson of the Elmendorf Regional Operations Command Center (ROCC) is checking their records and the operations personnel for further details. He will forward any additional information to Anchorage Center as soon as possible.

Should you have any questions or need additional information, contact Tony Wylie, Quality Assurance Specialist, 269-1162.

Original signed by

Quentin J. Gates

Attachment

DRAFT

Unidentified Traffic Sighting
by Japan Airlines Flight 1628
November 18, 1986
ANC ARTCC   DRAFT

The following is a chronological summary of the alleged aircraft
sightings by Japan Airlines Flight 1628, on November 18, 1986:

All times listed are approximate UTC unless otherwise specified.

0219 — The pilot of JL1628 requested traffic information from the ZAN Sector
15 controller. When the controller advised there was no traffic in
the vicinity, JL1628 responded that they had same direction traffic,
approximately 1 mile in front, and it appeared to be at their
altitude. When queried about any identifiable markings, the pilot
responded that they could only see white and yellow strobes.

0225 — JL1628 informed ZAN that the traffic was now visible on their radar,
in their 11 o'clock position at 8 miles.

0226 — ZAN contacted the Military Regional Operations Control Center, (ROCC),
and asked if they were receiving any radar returns near the position
of JL1628. The ROCC advised that they were receiving a primary radar
return in JL1628's 10 o'clock position at 8 miles.

0227 — The ROCC contacted ZAN to advise they were no longer receiving any
radar returns in the vicinity of JL1628.

0231 — JL1628 advised that the "plane" was "quite big", at which time the ZAN
controller approved any course deviations needed to avoid the traffic.

0232 — JL1628 requested and received a descent from FL350 to FL310. When
asked if the traffic was descending also, the pilot stated it was
descending "in formation".

0235 — JL1628 requested and received a heading change to two one zero. The
aircraft was now in the vicinity of Fairbanks and ZAN contacted
Fairbanks Approach Control asking if they had any radar returns near
JL1628's position. The Fairbanks Controller advised they did not.

0236 — JL1628 was issued a 360 degree turn and asked to inform ZAN if the
traffic stayed with them.

0238 — The ROCC called ZAN advising they had confirmed a "flight of two" in
JL1628's position. They advised they had some "other equipment
watching this", and one was a primary target only.

0239 — JL1628 told ZAN they no longer had the traffic in sight.

0242 — The ROCC advised it looked as though the traffic had dropped back and
to the right of JL1628, however, they were no longer tracking it.

0244 — JL1628 advised the traffic was now at 9 o'clock

0245 — ZAN issued a 10 degree turn to a northbound United Airlines flight,
after pilot concurrence, in an attempt to confirm the traffic.

0248 — JL1628 told ZAN the traffic was now at 7 o'clock, 8 miles.

0250 — The northbound United Flight advised they had the Japan Airlines
flight in sight, against a light background, and could not see any
other traffic.

0253 — JL1628 advised they no longer had contact with the traffic.

A subsequent review of ANC ARTCC's radar tracking data failed to confirm any
targets in close proximity to JL1628.

PERSONNEL STATEMENT

FEDERAL AVIATION ADMINISTRATION

Anchorage Air Route Traffic Control Center

The following is a report concerning the incident to aircraft JL1628 on
November 18, 1986 at 0230 UTC.

My name is Carl E. Henley (HC) I am employed as an Air Traffic Control
Specialist by the Federal Aviation Administration at the Anchorage Air Route
Traffic Control Center, Anchorage, Alaska.

During the period of 2030 UTC, November 17, 1986, to 0430 UTC, November 18,
1986 I was on duty in the Anchorage ARTCC. I was working the D15 position
from 0156 UTC, November 18, 1986 to 0230 UTC, November 18, 1986.

At approximately 0225Z while monitoring JL1628 on Sector 15 radar, the
aircraft requested traffic information. I advised no traffic in his
vicinity. The aircraft advised he had traffic 12 o'clock same altitude. I
asked JL1628 if he would like higher/lower altitude and the pilot replied,
negative. I checked with ROCC to see if they had military traffic in the area
and to see if they had primary targets in the area. ROCC did have primary
target in the same position JL1628 reported. Several times I had single
primary returns where JL1628 reported traffic. JL1628 later requested a turn
to heading 210°, I approved JL1628 to make deviations as necessary for
traffic. The traffic stayed with JL1628 through turns and decent in the
vicinity of FAI I requested JL1628 to make a right 360° turn to see if he
could identify the aircraft, he lost contact momentarily, at which time I
observed a primary target in the 6 o'clock position 5 miles. I then vectored
UA69 northbound to FAI from ANC with his approval to see if he could identify
the aircraft, he had contact with the JL1628 flight but reported no other
traffic, by this time Jl1628 had lost contact with the traffic. Also a
military C-130 southbound to EDF from EIL advised he had plenty of fuel and
would take a look, I vectored him toward the flight and climbed him to FL240,
he also had no contact.

Note: I requested JL1628 to identify the type or markings of the aircraft.
He could not identify but reported white and yellow strobes. I requested the
JL1628 to say flight conditions, he reported clear and no clouds.

Carl E. Henley

November 19, 1986

DRAFT

우주 비밀 파일

PERSONNEL STATEMENT

FEDERAL AVIATION ADMINISTRATION
Anchorage Air Route Traffic Control Center

January 9, 1987

The following is a report concerning the incident involving aircraft JL1628
north of Fairbanks, Alaska on November 18, 1986 at 0218 UTC.

My name is Samuel J. Rich (SR). I am employed as an Air Traffic Control
Specialist by the Federal Aviation Administration at the Anchorage Air Route
Traffic Control Center, Anchorage, Alaska.

During the period of 0035 UTC, November 18, 1986, to 0835 UTC, November 18,
1986, I was on duty in the Anchorage ARTCC. I was working the D15 position
from 0230 UTC, November 18, 1986, to 0530 UTC, November 18, 1986.

I returned from my break at approximately 0218 UTC to relieve Mr. Henley on
the sector R/D15 position. In the process of relieving Mr. Henley I heard the
pilot of JL1628 ask if we had any traffic near his position. I continued to
monitor the position as Mr. Henley was too busy to give me a relief briefing.
I monitored the situation for approximately twelve minutes at which time I
assumed the D15 position and Mr. Henley moved to the R15 position. During the
twelve minute period I heard the JL1628 pilot report the color of the lights
were white and yellow. After the radar scale was reduced to approximately
twenty miles I observed a radar return in the poition the pilot had reported
traffic.

After assuming the D15 position I called the ROCC at approximately 0230 UTC to
ask if they had any military traffic operating near JL1628. The ROCC said
they had no military traffic in the area. I then asked them if they could see
any traffic near JL1628. ROCC advised that they had traffic near JL1628 in
the same position we did.

I asked ROCC if they had any aircraft to scramble on JL1628, they said they
would call back. I received no further communication regarding the request
for a scramble.

DRAFT

Samuel J. Rich
Air Traffic Control Specialist
Anchorage ARTCC

PERSONNEL STATEMENT

FEDERAL AVIATION ADMINISTRATION
Anchorage Air Route Traffic Control Center

January 9, 1986

The following is a report concerning the incident to Japan Airlines Flight
1628 (JL1628) North of Fairbanks, Alaska on November 18, 1986 at 0218 UTC.

My name is John L. Aarnink (AA). I am employed as an Air Traffic Control
Specialist by the Federal Aviation Administration at the Anchorage Air Route
Traffic Control Center (ARTCC), Anchorage, Alaska. During the period of 2230
UTC, November 17, 1986 to 0630 November 18, 1986 I was on duty in the
Anchorage ARTCC. I was working the C15 position from approximately 0218 UTC,
November 18, 1986 to 0250 UTC, November 18, 1986.

I was on my way to take a break when I noticed the unusual activity at the
Sector 15 positions. I plugged into the C15 position and assisted them by
answering telephone lines, making and taking handoffs and coordinating as
necessary. As to the specific incident, I monitored the aircrafts
transmissions and observed data on the radar that coinsided with information
that the pilot of JL1628 reported. I coordinated with the ROCC on the BRAVO
and CHARLIE lines. They confirmed they also saw data in the same location.
At approximately abeam CAWIN intersection, I no longer saw the data and the
pilot advised he no longer saw the traffic. I called the ROCC and they
advised they had lost the target. I then unplugged from the position and
went on a break.

John L. Aarnink
Air Traffic Control Specialist
Anchorage ARTCC

DRAFT

404
우주 비밀 파일

SOUTH AFRICAN AIR FORCE

CLASSIFIED TOP SECRET - DO NOT DIVULGE

DEPARTMENT OF SPECIAL INVESTIGATIONS AND RESEARCH (DSIR)

DEPARTMENT OF AIR FORCE INTELLIGENCE (DAFI)

SOUTH AFRICAN
AIR FORCE

DATE:	7 May 1989
SUBJECT:	Unidentified Flying Object
CODE NAME:	▬▬▬▬▬
FILE NUMBER:	▬▬▬▬
DESTINATION:	▬▬▬▬ - Pretoria
DESIGNATED CHANNEL:	RED/TOP SECRET
RESTRICTED ACCESS:	Illuminated Nine
PRIORITY CODE:	▬
SPECTRUM LOT:	BLUE

- DEFENCE COMPUTER PASS CODE - PROCEED WITH CAUTION

CONTENTS: Case History
Craft Specifications
Humanoid Specifications
Conclusion

During the first week in July I received correspondence from Mr.X which stated that a UFO had crashed in the Kalahari Desert and had been recovered by a team of South African Military personnel to a secret Air Force base. He also informed me that two live alien entities had been found in the craft. The information also stated that a group of American Military personnel had arrived and had taken over the investigation. He stated that he would forward a copy of the Official South African Top Secret document to me but would send it later in a letter which would not contain any details of the sender in case the letter was intercepted.(Slide 2)

A week later I received the document which consisted of five pages and was headed with the South African Air Force crest. Every page of the document was marked Top Secret. (Slide 3)

The story told by the document was as follows:

(Slide 4, 5, 6, 7, 8.
At 1.45pm. on the 7th. May, 1989 a Naval Frigate of the South African navy was at sea when it contacted Naval Headquarters to report an unidentified flying object on their radar scope, heading towards the South African continent in a North Westerly direction at a calculated speed of-5746 nautical miles per hour. This message was acknowledged and confirmed that the object was also being tracked by airborn radar and military ground radar installations.

The object entered South African air space at 1.52pm. and at this time radio contact was attempted but to no avail. As a result two Mirage jet fighters were scrambled on an intercept course.

At 1.59pm, Squadron leader ------- the pilot of one of the Mirage fighters stated over the intercom that they had radar and visual confirmation of the craft. The order was given to arm and fire the Thor 2 experimental laser canon. This was done.
(Thor 2 is a Top Secret experimental beam weapon)

The Squadron Leader reported several blinding flashes eminating from the object which had started wavering and it started to decrease speed and altitude at the rate of 3000 feet per minute. It eventually crashed at a 25 degree angle into the dessert in Botswana

A recovery team was dispatched to the crash site where it was found that the UFO was embedded in the side of a large crater in the sand. The sand in the vicinity of the object was fused together due to the intense heat. One telescopic leg protruded from the side of the craft as if caused by the impact.

Large recovery helecopters were flown to the site and the first one reaching the scene overflew the object at a height of 500 feet and immediately stalled and crashed. Five crew members were killed. It was found that vehicles approaching the object also developed engine trouble due to an intense electro magnetic field coming from the object.

Eventually a paint like compound was received at the site and painted on the object which appeared to neutralise the magnetic field.

The object was eventually conveyed to an Air Force Base and was taken to the sixth level underground. At this time it was totally intact. Whilst this was going on the American Team from Wright Patterson AFB arrived.

Whilst the recovery team and scientists were mulling over the object their attention was suddenly attracted to a noise from the side of the craft. They noticed that an opening had appeared in the side. It was a doorway but had only opened to a small gap. Attempts were made to open the door but without success so hydraulic pressure gear was used to force the door open.

As soon as the door opened two small alien entities staggered out and were immediately arrested by security personnel present. A makeshift medical holding area was set up. One of the entities appeared to be seriously injured but doctors withdrew when one of them was attacked by one of the aliens. The attacked doctor received severe deep scratches to the face and chest from the claws of the alien. (Slide 8) Arrangements were made for the UFO and the aliens to be transported to Wright Patterson AFB, Dayton Ohio, USA.

The cargo was flown out in two Galaxy C2 Aircraft on the 23rd. June 1989 accompanied by the American Air Force personnel.

As a result of this information a person who will remain unnamed telephoned the South African AFB where the Mirage Fighters had been scrambled. This man was a Private Investigator in America for many years and therefore well versed in speaking American. He asked to be connected to Squadron Leader .... the conversation went as follows:

Is that Squadron Leader ....

REPLY   Yes.

QUESTION.   This is General Brunel speaking from Wright Patterson. I have the document in front of me code named ....

REPLY.   Yes.

QUESTION.   I am confused, this document does not say how many times you fired at the object.

REPLY.   Who did you say you were sir.

QUESTION.   General Brunel, surely Squadron Leader it's a straight forward question, how many times did you fire at the darn thing.

REPLY.   I fired once sir, could you hang on so that I can go to a safe phone.

QUESTION.   That won't be necessary Squadron Leader, you have told me that I wanted to know goodbye.

In the meantime military personnel were contacted in America to try to find out what was happening at Wright Pattterson AFB.

REPLY.   Can't get any information about arrival of UFO but established that Wright Patterson was put on Red Alert on 23rd. June, 1989. (This is the day the UFO was proported to be shipped to Wright Patterson.)

On July 31st. this year our informant arrived in this country and by prior arrangement took up temporary residence with Dr. Henry. He informed us that he was on route to Wright Patterson AFB on a military mission and would depart on the 6th.August. He contacted the South African Embassy from Dr Henry's home to let them know where he was staying in case they needed to contact him. He later made a sworn statement to us confirming his story. (Slide 9)

He had photographs taken with us (Slide 10. 11. 12.)

We were informed that various hiroglyphics were found inside the craft and stated that the military had been able to decipher them. (Slide 13) Dr. Will talk about this.

He also did a drawing of the interior of the craft and the general layout

↓DIA

He also showed us and permitted us to photograph two NASA passes which were for his use at Wright Patterson AFB

At this time we made contact with a second intelligence officer in South Africa who spoke to Dr. Henry personally. This officer told us that he had seen and had access to a series of black and white photographs of the captured aliens and their craft and a 50 page telex message from Wright Patterson AFB relating to the recovery of the UFO. He stressed how dangerous it would be to get the papers but stated that he would forward a set of the black and white photographs and a copy of the telex as soon as he was able.

One of the named American personnel who was present at the retrieval was later spoken to at Wright Patterson AFB by Dr Henry at the OSI department. (Henry Will speak about this)

우주 비밀 파일

COMMUNICATIONS SECTION

TELETYPE

FBI WASHINGTON DC   12-5-50   4-47 PM   GAR

SAC, KNOXVILLE   URGENT

DETECTION OF UNIDENTIFIED OBJCXXX OBJECTS OVER OAK RIDGE AREA, PROTECTION
OF VITAL INSTALLATIONS. REURTEL DECEMBER FOUR LAST REGARDING POSSIBLE
RADAR JAMMING AT OAK RIDGE. ARRANGEMENTS SHOULD BE MADE TO OBTAIN
ALL FACTS CONCERNING POSSIBLE RADAR JAMMING BY IONIZATION OF PARTICLES
IN ATOXXX ATMOSBHERE. CONDUCT APPROPRIATE INVESTIGATION TO DETERMINE
WHETHER INCIDENT OCCURRING NORTHEAST OF OLIVER SPRINGS, TENNESSEE,
COULD HAVE HAD ANY CONNECTION WITH ALLEGED RADAR JAMMING. SUTEL
IMPORTANT DEVELOPMENTS.

                    HOOVER

                                        162-83874-1
END   4950-DEC 20

CORRECT LAST WORD FIRST LINE PLS

PROTECTION

OK D FBI KX OLO

* 1950년 4월 27일, 시험비행 중인 MX 776A 미사일을 따라오는 물체.

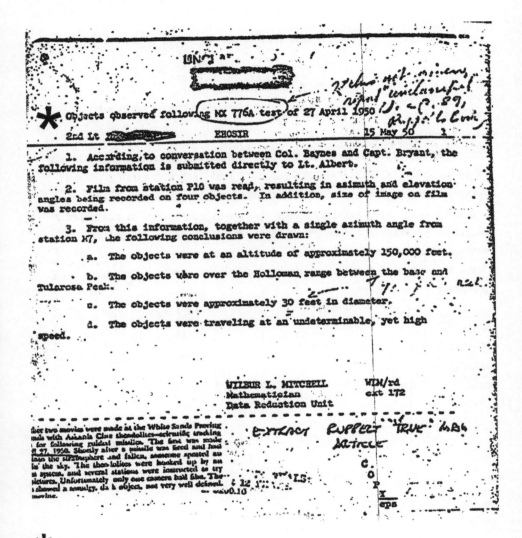

Objects observed following MX 776A test of 27 April 1950.

2nd Lt ████████   EHOSIR   15 May 50   1

1. According to conversation between Col. Baynes and Capt. Bryant, the following information is submitted directly to Lt. Albert.

2. Film from station P10 was read, resulting in asimuth and elevation angles being recorded on four objects. In addition, size of image on film was recorded.

3. From this information, together with a single azimuth angle from station K7, the following conclusions were drawn:

a. The objects were at an altitude of approximately 150,000 feet.

b. The objects were over the Holloman range between the base and Tularosa Peak.

c. The objects were approximately 30 feet in diameter.

d. The objects were traveling at an undeterminable, yet high speed.

WILBUR L. MITCHELL   WLM/rd
Mathematician   ext 172
Data Reduction Unit

Objects observed following MX 776A test of 27 April 1950.

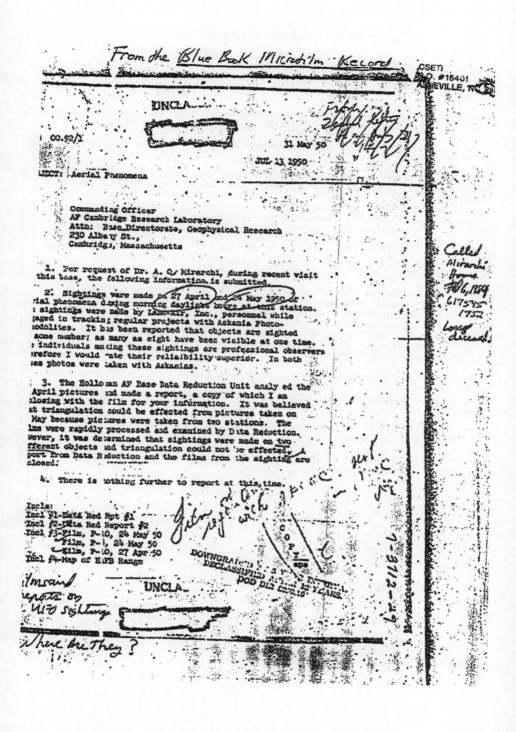

From the Blue Book Microfilm Record

UNCLA

00.92/2

31 May 50

JUL 13 1950

SUBJT: Aerial Phenomena

Commanding Officer
AF Cambridge Research Laboratory
Attn: Base Directorate, Geophysical Research
230 Albany St.,
Cambridge, Massachusetts

1. Per request of Dr. A. O. Mirarchi, during recent visit this base, the following information is submitted.

2. Sightings were made on 27 April and 24 May 1950 of aerial phenomena during morning daylight hours at this station. The sightings were made by Land-Air, Inc., personnel while engaged in tracking regular projects with Askania Photo-theodolites. It has been reported that objects are sighted some number; as many as eight have been visible at one time. The individuals making these sightings are professional observers therefore I would rate their reliability superior. In both cases photos were taken with Askanias.

3. The Holloman AF Base Data Reduction Unit analyzed the April pictures and made a report, a copy of which I am enclosing with the film for your information. It was believed that triangulation could be effected from pictures taken on May because pictures were taken from two stations. The films were rapidly processed and examined by Data Reduction. However, it was determined that sightings were made on two different objects and triangulation could not be effected. A report from Data Reduction and the films from the sighting are enclosed.

4. There is nothing further to report at this time.

Incls:
Incl #1-Data Red Rpt #1
Incl #2-Data Red Report #2
Incl #3-Film, P-10, 24 May 50
     Film, P-1, 24 May 50
     Film, P-10, 27 Apr 50
Incl #4-Map of HAFB Range

DOWNGR...
DECLASSIFIED ...
DOD DIR ...

COPY

UNCLA

Called Mirarchi from 716,1784 617575 1752 long deceased

It said reports on UFO sightings

Where are they?

UFO Sighting - Malmstrom Air Force Base

b. 24th NORAD Region Senior Director's Log (Malmstrom AFB, Montana).

7 Nov 75 (1035Z) - Received a call from the 341st Strategic Air Command Post (SAC CP), saying that the following missile locations reported seeing a large red to orange to yellow object: M-1, L-3, LIMA and L-6. The general object location would be 10 miles south of Moore, Montana, and 20 miles east of Buffalo, Montana. Commander and Deputy for Operations (DO) informed.

7 Nov 75 (1203Z) - SAC advised that the LCF at Harlowton, Montana, observed an object which emitted a light which illuminated the site driveway.

7 Nov 75 (1319Z) - SAC advised K-1 says very bright object to their east is now southeast of them and they are looking at it with 10x50 binoculars. Object seems to have lights (several) on it, but no distinct pattern. The orange/gold object overhead also has small lights on it. SAC also advises female civilian reports having seen an object bearing south from her position six miles west of Lewistown.

7 Nov 75 (1327Z) - L-1 reports that the object to their northeast seems to be issuing a black object from it, tubular in shape. In all this time, surveillance has not been able to detect any sort of track except for known traffic.

7 Nov 75 (1355Z) - K-1 and L-1 report that as the sun rises, so do the objects they have visual.

7 Nov 75 (1429Z) - From SAC CP: As the sun rose, the UFOs disappeared. Commander and DO notified.

8 Nov 75 (0635Z) - A security camper team at K-4 reported UFO with white lights, one red light 50 yards behind white light. Personnel at K-1 seeing same object.

8 Nov 75 (0645Z) - Height personnel picked up objects 10-13,000 feet, Track J330, EKLB 0648, 18 knots, 9,500 feet. Objects as many as seven, as few as two A/C.

8 Nov 75 (0753Z) - J330 unknown 0753. Stationary/seven knots/ 12,000. One (varies seven objects). None, no possibility, EKLB 3746, two F-106, GTF, SCR 0754. NCOC notified.

8 Nov 75 (0820Z) - Lost radar contact, fighters broken off at 0825, looking in area of J331 (another height finder contact).

8 Nov 75 (0905Z) - From SAC CP: L-sites had fighters and objects; fighters did not get down to objects.

8 Nov 75 (0915Z) - From SAC CP: From four different points: Observed objects and fighters; when fighters arrived in the area, the lights went out; when fighters departed, the lights came back on; to NCOC.

8 Nov 75 (0953Z) - From SAC CP: L-5 reported object increased in speed - high velocity, raised in altitude and now cannot tell the object from stars. To NCOC.

8 Nov 75 (1105Z) - From SAC CP: E-1 reported a bright white light (site is approximately 60 nautical miles north of Lewistown) NCOC notified.

9 Nov 75 (0305Z) - SAC CP called and advised SAC crews at Sites L-1, L-6 and M-1 observing UFO. Object yellowish bright round light 20 miles north of Harlowton, 2 to 4,000 feet.

9 Nov 75 (0320Z) - SAC CP reports UFO 20 miles southeast of Lewistown, orange white disc object. 24th NORAD Region surveillance checking area. Surveillance unable to get height check.

9 Nov 75 (0320Z) - FAA Watch Supervisor reported he had five air carriers vicinity of UFO. United Flight 157 reported seeing meteor, "arc welder's blue" in color. SAC CP advised, sites still report seeing object stationary.

9 Nov 75 (0348Z) - SAC CP confirms L-1, sees object, a mobile security team has been directed to get closer and report.

9 Nov 75 (0629Z) - SAC CP advises UFO sighting reported around 0305Z. Cancelled the flight security team from Site L-1, checked area and all secure, no more sightings.

TERRENCE C. JAMES, Colonel, USAF   Cy to: HQ USAF/DAD
Director of Administration   HQ USAF/JACL

10 Nov 75 (0125Z) - Received a call from SAC CP. Report UFO sighting from site N-1 around Harlowton area. Surveillance checking area with height finder.

10 Nov 75 (0153Z) - Surveillance report unable to locate track that would correlate with UFO sighted by K-1.

10 Nov 75 (1125Z) - UFO sighting reported by Minot Air Force Station, a bright star-like object in the west, moving east, about the size of a car. First seen approximately 1015Z. Approximately 1120Z, the object passed over the radar station, 1,000 feet to 2,000 feet high, no noise heard. Three people from the site or local area saw the object. NCOC notified.

12 Nov 75 (0230Z) - UFO reported from K01. They say the object is over Big Snowy mtn with a red light on it at high altitude. Attempting to get radar on it from Opheim. Opheim searching from 120° to 140°.

12 Nov 75 (0248Z) - Second UFO in same area reported. Appeared to be sending a beam of light to the ground intermittently. At 0250Z object disappeared.

12 Nov 75 (0251Z) - Reported that both objects have disappeared. Never had any joy (contact) on radar.

13 Nov 75 (0951Z) - SAC CP with UFO report. P-SAT team enroute from R-3 to R-4 saw a white lite, moving from east to west. In sight approx 1 minute. No determination of height, moving towards Brady. No contact on radar.

19 Nov 75 (1327Z) - SAC command post report UFO observed by FSC & a cook, observed object travelling NE between M-8 and M-1 at a fast rate of speed. Object bright white light seen 45 to 50 sec following terrain 200 ft off ground. The light was two to three times brighter than landing lights on a jet.
---------- LAST ENTRY PERTAINING TO THESE INCIDENTS -----

INFORMATION

UNCLASSIFIED   PRIORITY

1009

FTD-

25 ... 7 13 21z   24. Mar 67
Belt, Montana

3 ETR   056

PTTU JAW RUWTFHA6257 0841255-UUUU--RUEDFIA.

ZNR UUUUU ZFH-1 RUWTFHA

DE RUCS6B 165 0841225

ZNR UUUUU

P 251224Z MAR 67

FM 341SMW MALMSTROM

TO RUWRNLR/ADC ENT

RUWMBOA/28 AD MALMSTROM

RUEDFIA/FTD WRIGHT PATTERSON

RUEDHQA/CSAF WASHINGTON

RUEDHQA/OSAF WASHINGTON

BT

UNCLAS ZIPPO 2414 MAR 67/SUBJ: PRELIMINARY UFO REPORT.

FTD FOR TDETR. CSAF FOR AFRDC. OSAF FOR SAF-OI.

BETWEEN THE HOURS 2100 AND 0400 MST NUMEROUS REPORTS
WERE RECEIVED BY MALMSTROM AFB AGENCIES OF UFO SIGHTINGS
IN THE GREAT FALLS, MONTANA AREA.
REPORTS OF A UFO LANDING NEAR BELT, MONTANA WERE RECEIVED
FROM SEVERAL SOURCES INCLUDING DEPUTIES OF CASCADE COUNTY
SHERIFF'S OFFICE. INVESTIGATION IS BEING CONDUCTED BY
LT COL LEWIS CHASE PHONE: DUTY EXT 2215, HOME 452-1135

UNCLASSIFIED   PRIORITY

* 맘스트롬 공군기지 에코편대의 미사일 10기가 10초 만에 모두 전략경계태세를 상실함. 이 사건은 1967년 3월 16일 오전 5시 45분에 발생함. 이날 모든 미사일이 전략경계태세로 돌아감.

THIS DOCUMENT RETAINS IT ORIGINAL
CLASSIFICATION. THE ONLY PORTION
OF THIS DOCUMENT CONSIDERED
DELASSIFIED PAGES:

DECLASSIFIED
EO 11652

2 OCT

S E C R E T

SUBJECT: LOSS OF STRATEGIC ALERT, ECHO FLIGHT, MALSTROM AFB. (U)

ALL TEN MISSILES IN ECHO FLIGHT AT MALMSTROM LOST STRAT ALERT WITHIN
TEN SECONDS OF EACH OTHER. THIS INCIDENT OCCURRED AT 0845L ON
16 MARCH 67. AS OF THIS DATE, ALL MISSILES HAVE BEEN RETURNED TO STRAT

PAGE 2 RUCSAAAG196 S E C R E T

PAGE 3 RUCSAAAG196 S E C R E T

ALL TEN MISSILES IN ECHO FLIGHT AT MALSTROM'S LOST STRAT ALERT WITHIN
TEN SECONDS OF EACH OTHER. THIS INCIDENT OCCURRED AT 05:45L ON
16 MARCH 1967. AS OF THIS DATE, ALL MISSILES HAVE BEEN RETURNED TO STRAT.

416
우주 비밀 파일

NY SSSSS
P 17225 Z MAR 67
FM SAC
TO RUWMKBA/OOAMA WRJ. AFB UTAH
INFO RUWRKBA/15AF
RUWNBOA/341SMW MALMSTROM AFB MONT
RUWMKAA/AFPRO BOEING CO SEATTLE WASH
RUWJABA/BSD NORTON AFB CALIF
BT
S E C R E T DTG 62798 MAR 67.
ACTION: OOAMA (OONCI/OONE-COL DAVENPORT), INFO: 15AF
(DH4C), 341SMW (DOO), BOEING AFPRO (D.J. DOWNEY, MINUTEMAN
ENGINEERING BSD (LSS, BSQR)
SUBJECT: LOSS OF STRATEGIC ALERT, ECHO FLIGHT, MALSTROM
AFB. (U)
REF: MY SECRET MESSAGE DM7B 62751, 17 MAR 67, SAME SUBJECT.
ALL TEN MISSILES IN ECHO FLIGHT AT MALMSTROM LOST STRAT ALERT WITHIN
TEN SECONDS OF EACH OTHER. THIS INCIDENT OCCURRED AT 0845L ON
16 MARCH 67. AS OF THIS DATE, ALL MISSILES HAVE BEEN RETURNED TO STRAT

DECLASSIFIED
IAW EO 12958 by EORT
Date: 16 JAN 1996   Reviewer: ___

PAGE 2 RUCSAAA0196 S E C R E T
ALERT WITH NO APPARENT DIFFICULTY. INVESTIGATION AS TO THE CAUSE OF THE
INCIDENT IS BEING CONDUCTED BY MALMSTROM TEAT. TWO FITTS HAVE
BEEN RUN THROUGH TWO MISSILES THUS FAR. NO CONCLUSIONS HAVE BEEN
DRAWN. THERE ARE INDICATIONS THAT BOTH COMPUTERS IN BOTH G&C'S
WERE UPSET MOMENTARILY. CAUSE OF THE UPSET IS NOT KNOWN AT THIS
TIME. ALL OTHER SIGNIFICANT INFORMATION AT THIS TIME IS CONTAINED IN
ABOVE REFERENCED MESSAGE.
FOR OOAMA. THE FACT THAT NO APPARENT REASON FOR THE LOSS OF TEN
MISSILES CAN BE READILY IDENTIFIED IS CAUSE FOR GRAVE CONCERN TO THIS   *
HEADQUARTERS. WE MUST HAVE AN IN-DEPTH ANALYSIS TO DETERMINE CAUSE
AND CORRECTIVE ACTION AND WE MUST KNOW AS QUICKLY AS POSSIBLE WHAT
THE IMPACT IS TO THE FLEET, IF ANY. REQUEST YOUR RESPONSE BE IN KEEP-
ING WITH THE URGENCY OF THE PROBLEM. WE IN TURN WILL PROVIDE OUR
FULL COOPERATION AND SUPPORT.
FOR OOAMA AND 15AF WE HAVE CONCURRED IN A BOEING REQUEST TO SEND
TWO ENGINEERS, MR. R.E RIGERT AND MR. W. W. DUTTON TO MALMSTROM
TO COLLECT FIRST HAND KNOWLEDGE OF THE PROBLEM FOR POSSIBLE ASSISTANCE
IN LATER ANALYSIS. REQUEST COOPERATION OF ALL CONCERNED TO PROVIDE
THEM ACCESS TO AVAILABLE INFORMATION, I.E., CREW COMMANDERS LOG
ENTRIES, MAINTENANCE FORMS, INTERROGATION OF KNOWLEDGEABLE PEOPLE, ETC.

GROUP-4
DOWNGRADED AT 3 YEAR INTERVALS:
DECLASSIFIED AFTER 12 YEARS
PAGE 3 RUCSAAA0196 S E C R E T
SECURITY CLEARANCES AND DATE AND TIME OF ARRIVAL WILL BE SENT FROM
THE AFPRO BY SEPARATE MESSAGE.
FOR 15AF. OOAMA HAS INDICATED BY TELECON THAT THEY ARE SENDING
ADDITIONAL ENGINEERING SUPPORT. REQUEST YOUR COOPERATION TO INSURE
MAXIMUM RESULTS ARE OBTAINED FROM THIS EFFORT. GP74. BCASMC-67-437
BT

* **THE FACT THAT NO APPARENT REASON FOR THE LOSS OF TEN
MISSILES CAN BE READILY IDENTIFIED IS CAUSE OF GREAT CONCERN TO THIS
HEADQUARTERS**

DEPARTMENT OF DEFENSE

JOINT CHIEFS OF STAFF

MESSAGE CENTER

001083

12843

PAGE 2
12. (U) USDAO, TEHRAN, IRAN
13. (U) FRANK B. MCKENZIE, COL, USAF, DATT
14. (U) NA
15. ███████ THIS REPORT FORWARDS INFORMATION CONCERNING THE
SIGHTING OF AN UFO IN IRAN ON 19 SEPTEMBER 1976.

A. AT ABOUT 1230 AM ON 19 SEP 76 THE IMPERIDAL IRANIAN
AIR FORCE (IIAF) COMMAND POST RECEIVED FOUR TELEPHONE CALLS
FROM CITIZENS LIVING IN THE SHEMIRAN AREA OF TEHRAN SAYING
THAT THEY HAD SEEN STRANGE OBJECTS IN THE SKY. SOME REPORTED
A KIND OF BIRD-LIKE OBJECT WHILE OTHERS REPORTED A HELICOPTER
WITH A LIGHT ON. THERE WERE NO HELICOPTERS AIRBORNE AT THAT
TIME. THE COMMAND POST CALLED BG YOUSEFI, ASSISTANT DEPUTY
COMMANDER OF OPERATIONS. AFTER HE TOLD THE CITIZEN IT WAS ONLY
STARS AND HAD TALKED TO MEHRABAD TOWER HE DECIDED TO LOOK FOR
HIMSELF. HE NOTICED AN OBJECT IN THE SKY SIMILAR TO A STAR
BIGGER AND BRIGHTER. HE DECIDED TO SCRAMBLE AN F-4 FROM
SHAHROKHI AFB TO INVESTIGATE.

B. AT 0130 HRS ON THE 19TH THE F-4 TOOK OFF AND PROCEEDED
TO A POINT ABOUT 40 NM NORTH OF TEHRAN. DUE TO ITS BRILLIANCE
THE OBJECT WAS EASILY VISIBLE FROM 70 MILES AWAY.
AS THE F-4 APPROACHED A RANGE OF 25 NM HE LOST ALL INSTRUMENTATION
AND COMMUNICATIONS (UHF AND INTERCOM). HE BROKE OFF THE
INTERCEPT AND HEADED BACK TO SHAHROKHI. WHEN THE F-4 TURNED
AWAY FROM THE OBJECT AND APPARENTLY WAS NO LONGER A THREAT
TO IT THE AIRCRAFT REGAINED ALL INSTRUMENTATION AND COM-
MUNICATIONS. AT 0140 HRS A SECOND F-4 WAS LAUNCHED. THE
BACKSEATER ACQUIRED A RADAR LOCK ON AT 27 NM, 12 O'CLOCK
HIGH POSITION WITH THE VC (RATE OF CLOSURE) AT 150 NMPH.
AS THE RANGE DECREASED TO 25 NM THE OBJECT MOVED AWAY AT A
SPEED THAT WAS VISIBLE ON THE RADAR SCOPE AND STAYED AT 25NM.

C. THE SIZE OF THE RADAR RETURN WAS COMPARABLE TO THAT OF
A 707 TANKER. THE VISUAL SIZE OF THE OBJECT WAS DIFFICULT
TO DISCERN BECAUSE OF ITS INTENSE BRILLIANCE. THE
LIGHT THAT IT GAVE OFF WAS THAT OF FLASHING STROBE LIGHTS
ARRANGED IN A RECTANGULAR PATTERN AND ALTERNATING BLUE, GREEN,
RED AND ORANGE IN COLOR. THE SEQUENCE OF THE LIGHTS WAS SO
FAST THAT ALL THE COLORS COULD BE SEEN AT ONCE. THE OBJECT
AND THE PURSUING F-4 CONTINUED ON A COURSE TO THE SOUTH OF
TEHRAN WHEN ANOTHER BRIGHTLY LIGHTED OBJECT, ESTIMATED TO BE
ONE HALF TO ONE THIRD THE APPARENT SIZE OF THE MOON, CAME
OUT OF THE ORIGINAL OBJECT. THIS SECOND OBJECT HEADED STRAIGHT
TOWARD THE F-4 AT A VERY FAST RATE OF SPEED. THE PILOT
ATTEMPTED TO FIRE AN AIM-9 MISSILE AT THE OBJECT BUT AT THAT

PAGE 2

80110101

PAGE 3   12843

INSTANT HIS WEAPONS CONTROL PANEL WENT OFF AND HE LOST ALL
COMMUNICATIONS (UHF AND INTERPHONE). AT THIS POINT THE PILOT
INITIATED A TURN AND NEGATIVE G DIVE TO GET AWAY, AS HE
TURNED THE OBJEAZ FELL IN TRAIL AT WHAT APPEARED TO BE ABOUT
3-4 NM. AS HE CONTINUED IN HIS TURN AWAY FROM THE PRIMARY
OBJECT THE SECOND OBJECT WENT TO THE INSIDE OF HIS TURN THEN
RETURNED TO THE PRIMARY OBJECT FOR A PERFECT REJOIN.
   D. SHORTLY AFTER THE SECOND OBJECT JOINED UP WITH THE
PRIMARY OBJECT ANOTHER OBJECT APPEARED TO COME OUT OF THE
OTHER SIDE OF THE PRIMARY OBJECT GOING STRAIGHT DOWN, AT A
GREAT RATE OF SPEED. THE F-4 CREW HAD REGAINED COMMUNICATIONS
AND THE WEAPONS CONTROL PANEL AND WATCHED THE OBJECT APPROACH
THE GROUND ANTICIPATING A LARGE EXPLOSION. THIS OBJECT APPEARED
TO COME TO REST GENTLY ON THE EARTH AND CAST A VERY BRIGHT
LIGHT OVER AN AREA OF ABOUT 2-3 KILOMETERS.
THE CREW DESCENDED FROM THEIR ALTITUDE OF 25M TO 15M AND
CONTINUED TO OBSERVE AND MARK THE OBJECT'S POSITION. THEY
HAD SOME DIFFICULTY IN ADJUSTING THEIR NIGHT VISIBILITY FOR
LANDING SO AFTER ORBITING MEHRABAD A FEW TIMES THEY WENT OUT
FOR A STRAIGHT IN LANDING. THERE WAS A LOT OF INTERFERENCE
ON THE UHF AND EACH TIME THEY PASSED THROUGH A MAG. BEARING
OF 150 DEGREE FROM EHRABAD THEY LOST THEIR COMMUNICATIONS (UHF
AND INTERPHONE) AND THE INS FLUCTUATED FROM 30 DEGREES - 50 DEGREES.
THE ONE CIVIL AIRLINER THAT WAS APPROACHING MEHRABAD DURING THIS
SAME TIME EXPERIENCED COMMUNICATIONS FAILURE IN THE SAME
VICINITY (XILO ZULU) BUT DID NOT REPORT SEEING ANYTHING.
WHILE THE F-4 WAS ON A LONG FINAL APPROACH THE CREW NOTICED
ANOTHER CYLINDER SHAPED OBJECT (ABOUT THE SIZE OF A T-BIRD
AT 10M) WITH BRIGHT STEADY LIGHTS ON EACH END AND A FLASHER
IN THE MIDDLE. WHEN QUERIED THE TOWER STATED THERE WAS NO
OTHER KNOWN TRAFFIC IN THE AREA. DURING THE TIME THAT THE
OBJECT PASSED OVER THE F-4 THE TOWER DID NOT HAVE A VISUAL
ON IT BUT PICKED IT UP AFTER THE PILOT TOLD THEM TO LOOK
BETWEEN THE MOUNTAINS AND THE REFINERY.
   E. DURING DAYLIGHT THE F-4 CREW WAS TAKEN OUT TO THE
AREA IN A HELICOPTER WHERE THE OBJECT APPARENTLY HAD LANDED.
NOTHING WAS NOTICED AT THE SPOT WHERE THEY THOUGHT THE OBJECT
LANDED (A DRY LAKE BED) BUT AS THEY CIRCLED OFF TO THE
WEST OF THE AREA THEY PICKED UP A VERY NOTICEABLE BEEPER
SIGNAL. AT THE POINT WHERE THE RETURN WAS THE LOUDEST WAS
A SMALL HOUSE WITH A GARDEN. THEY LANDED AND ASKED THE PEOPLE
WITHIN IF THEY HAD NOTICED ANYTHING STRANGE LAST NIGHT. THE
PEOPLE TALKED ABOUT A LOUD NOISE AND A VERY BRIGHT LIGHT
LIKE LIGHTENING. THE AIRCRAFT AND AREA WHERE THE OBJECT IS
BELIEVED TO HAVE LANDED ARE BEING CHECKED FOR POSSIBLE RADIATION.
RD COMMENTS: ACTUAL INFORMATION CONTAINED IN THIS REPORT
WAS OBTAINED FROM SOURCE IN CONVERSATION WITH A SUB-SOURCE, AND
IIAF PILOT OF ONE OF THE F-4S. MORE INFORMATION WILL BE
FORWARDED WHEN IT BECOMES AVAILABLE.
   BT
N9575
ANNOTES
JEP 117

000900

UNCLASSIFIED

56.
PRIORITY

OCT 1   MSG654   PAGE   01 267   0B13

> **15. (U) THIS REPORT FORWARDS INFORMATION CONCERNING THE SIGHTING OF AN UFO IN IRAN ON 19 SEPTEMBER 1976.**

NY CCCCC
P 230830Z SEP 76
FM JCS
INFO RUSHC/SECSTATE WASH DC
RUFAIIF/C I A
RUFOTAH/NSA WASH DC
RUFADWW/WHITE HOUSE WASH DC
RUFFHOA/CSAF WASH DC
RUFNAAA/CNO WASH DC
RUFADHD/CSA WASH DC
P 230630Z SEP 76
FM USDAO TEHRAN
TO RUFKJCS/DIA WASHDC
INFO RUFKJCS/SECDEF DEPSECDEF WASHDC
RUFRRAA/COMIDEASTFOR
RUDOECA/CINCUSAFE LINDSEY AS GE/INCF
RHFRAAB/CINCUSAFE RAMSTEIN AB GE/INOCN
RUSNAAA/FUDAC VAIHINGEN GER
RUSNAAA/USCINCEUR VAIHINGEN GER/ECJ-2
AT
C O N F I D E N T I A L 1235 SEP76
THIS IS IR 6 846 0139 76
1. (U) IRAN
2. REPORTED UFO SIGHTING (U)
3. (U) NA
4. (U) 19 & 20 SEP 76
5. (U) TEHRAN, IRAN: 20 SEP 76
6. (U) F-6
7. (U) 6 846 0008 (NOTE RO COMMENTS)
8. (U) 6 846 0139 76
9. (U) 22SEP 76
10. (U) NA
11. (U) "INITIATE" IPSP PT-1440
12. (U) USDAO, TEHRAN, IRAN
13. (U) FRANK B. MCKENZIE, COL, USAF, DATT
14. (U) NA

> **15. (U) THIS REPORT FORWARDS INFORMATION CONCERNING THE SIGHTING OF AN UFO IN IRAN ON 19 SEPTEMBER 1976.**
> A. AT ABOUT 1230 AM ON 19 SEP 76 THE ████████████ RECEIVED FOUR TELEPHONE CALLS FROM CITIZENS LIVING IN THE SHEMIRAN AREA OF TEHRAN SAYING

PRIORITY

UNCLASSIFIED

HAT THEY HAD SEEN STRANGE OBJECTS IN THE SKY. SOME REPORTED
KIND OF BIRD-LIKE OBJECT WHILE OTHERS REPORTED A HELICOPTER
WITH A LIGHT ON. THERE WERE NO HELICOPTERS AIRBORNE AT THAT
TIME. ████████████████████ AFTER HE TOLD THE CITIZEN IT WAS ONLY
STARS AND HAD TALKED TO MEHRABAD TOWER HE DECIDED TO LOOK FOR
HIMSELF. HE NOTICED AN OBJECT IN THE SKY SIMILAR TO A STAR
BIGGER AND BRIGHTER. HE DECIDED TO SCRAMBLE AN F-4 FROM
SHAHROKHI AFB TO INVESTIGATE.
    B. AT 0130 HRS ON THE 19TH THE F-4 TOOK OFF AND PROCEEDED
TO A POINT ABOUT 40 NM NORTH OF TEHRAN. DUE TO ITS BRILLIANCE
THE OBJECT WAS EASILY VISIBLE FROM 70 MILES AWAY.
AS THE F-4 APPROACHED A RANGE OF 25 NM HE LOST ALL INSTRUMENTATION
AND COMMUNICATIONS (UHF AND INTERCOM). HE BROKE OFF THE
INTERCEPT AND HEADED BACK TO SHAHROKHI. WHEN THE F-4 TURNED
AWAY FROM THE OBJECT AND APPARENTLY WAS NO LONGER A THREAT
TO IT THE AIRCRAFT REGAINED ALL INSTRUMENTATION AND COM-
MUNICATIONS. AT 0140 HRS A SECOND F-4 WAS LAUNCHED. THE
BACKSEATER ACQUIRED A RADAR LOCK ON AT 27 NM. 12 O'CLOCK
HIGH POSITION WITH THE VC (RATE OF CLOSURE) AT 150 NMPH.
AS THE RANGE DECREASED TO 25 NM THE OBJECT MOVED AWAY AT A
SPEED THAT WAS VISIBLE ON THE RADAR SCOPE AND STAYED AT 25NM
    C. THE SIZE OF THE RADAR RETURN WAS COMPARABLE TO THAT OF
A 707 TANKER. THE VISUAL SIZE OF THE OBJECT WAS DIFFICULT
TO DISCERN BECAUSE OF ITS INTENSE BRILLIANCE. THE
LIGHT THAT IT GAVE OFF WAS THAT OF FLASHING STROBE LIGHTS
ARRANGED IN A RECTANGULAR PATTERN AND ALTERNATING BLUE-GREEN,
RED AND ORANGE IN COLOR. THE SEQUENCE OF THE LIGHTS WAS SO
FAST THAT ALL THE COLORS COULD BE SEEN AT ONCE. THE OBJECT
AND THE PURSUING F-4 CONTINUED ON A COURSE TO THE SOUTH OF
TEHRAN WHEN ANOTHER BRIGHTLY LIGHTED OBJECT. ESTIMATED TO BE
ONE HALF TO ONE THIRD THE APPARENT SIZE OF THE MOON. CAME
OUT OF THE ORIGINAL OBJECT. THIS SECOND OBJECT HEADED STRAIGHT
TOWARD THE F-4 AT A VERY FAST RATE OF SPEED. THE PILOT
ATTEMPTED TO FIRE AN AIM-9 MISSILE AT THE OBJECT BUT AT THAT
INSTANT HIS WEAPONS CONTROL PANEL WENT OFF AND HE LOST ALL
COMMUNICATIONS (UHF AND INTERPHONE). AT THIS POINT THE PILOT
INITIATED A TURN AND NEGATIVE G DIVE TO GET AWAY. AS HE
TURNED THE OBJEAZ FELL IN TRAIL AT WHAT APPEARED TO BE ABOUT
3-4 NM. AS HE CONTINUED IN HIS TURN AWAY FROM THE PRIMARY
OBJECT THE SECOND OBJECT WENT TO THE INSIDE OF HIS TURN THEN
RETURNED TO THE PRIMARY OBJECT FOR A PERFECT REJOIN.
    D. SHORTLY AFTER THE SECOND OBJECT JOINED UP WITH THE
PRIMARY OBJECT ANOTHER OBJECT APPEARED TO COME OUT OF THE

58
PRIORITY

DCT 1   NS6654   PAGE 03 267 0813

OTHER SIDE OF THE PRIMARY OBJECT GOING STRAIGHT DOWN AT A
GREAT RATE OF SPEED. THE F-4 CREW HAD REGAINED COMMUNICATIONS
AND THE WEAPONS CONTROL PANEL AND WATCHED THE OBJECT APPROACH
THE GROUND ANTICIPATING A LARGE EXPLOSION. THIS OBJECT APPEARED
TO COME TO REST GENTLY ON THE EARTH AND CAST A VERY BRIGHT
LIGHT OVER AN AREA OF ABOUT 2-3 KILOMETERS.
THE CREW DESCENDED FROM THEIR ALTITUDE OF 26M TO 15M AND
CONTINUED TO OBSERVE AND MARK THE OBJECT'S POSITION. THEY
HAD SOME DIFFICULTY IN ADJUSTING THEIR NIGHT VISIBILITY FOR
LANDING SO AFTER ORBITING MEHRABAD A FEW TIMES THEY WENT OUT
FOR A STRAIGHT IN LANDING. THERE WAS A LOT OF INTERFERENCE
ON THE UHF AND EACH TIME THEY PASSED THROUGH A MAG. BEARING
OF 150 DEGREE FROM EHRABAD THEY LOST THEIR COMMUNICATIONS (UHF
AND INTERPHONE) AND THE INS FLUCTUATED FROM 30 DEGREES - 50 DEGREES
THE ONE CIVIL AIRLINER THAT WAS APPROACHING MEHRABAD DURING THIS
SAME TIME EXPERIENCED COMMUNICATIONS FAILURE IN THE SAME
VICINITY (KILO ZULU) BUT DID NOT REPORT SEEING ANYTHING.
WHILE THE F-4 WAS ON A LONG FINAL APPROACH THE CREW NOTICED
ANOTHER CYLINDER SHAPED OBJECT (ABOUT THE SIZE OF A T-BIRD
AT 10M) WITH BRIGHT STEADY LIGHTS ON EACH END AND A FLASHER
IN THE MIDDLE. WHEN QUERIED THE TOWER STATED THERE WAS NO
OTHER KNOWN TRAFFIC IN THE AREA. DURING THE TIME THAT THE
OBJECT PASSED OVER THE F-4 THE TOWER DID NOT HAVE A VISUAL
ON IT BUT PICKED IT UP AFTER THE PILOT TOLD THEM TO LOOK
BETWEEN THE MOUNTAINS AND THE REFINERY.
   E. DURING DAYLIGHT THE F-4 CREW WAS TAKEN OUT TO THE
AREA IN A HELICOPTER WHERE THE OBJECT APPARENTLY HAD LANDED.
NOTHING WAS NOTICED AT THE SPOT WHERE THEY THOUGHT THE OBJECT
LANDED (A DRY LAKE BED) BUT AS THEY CIRCLED OFF TO THE
WEST OF THE AREA THEY PICKED UP A VERY NOTICEABLE BEEPER
SIGNAL. AT THE POINT WHERE THE RETURN WAS THE LOUDEST WAS
A SMALL HOUSE WITH A GARDEN. THEY LANDED AND ASKED THE PEOPLE
WITHIN IF THEY HAD NOTICED ANYTHING STRANGE LAST NIGHT. THE
PEOPLE TALKED ABOUT A LOUD NOISE AND A VERY BRIGHT LIGHT
LIKE LIGHTENING. THE AIRCRAFT AND AREA WHERE THE OBJECT IS
BELIEVED TO HAVE LANDED ARE BEING CHECKED FOR POSSIBLE RADIATION

MORE INFORMATION WILL BE
FORWARDED WHEN IT BECOMES AVAILABLE.

RT
59717
PTCCZYUW RUFKJCS9712 2670810 0130-CCCC   2670814

PRIORITY

DEPARTMENT OF THE AIR FORCE
HEADQUARTERS 81ST COMBAT SUPPORT GROUP (USAF)
APO NEW YORK 09755

001055

CD

13 Jan 81

SUBJECT: Unexplained Lights

TO: RAF/CC

1. Early in the morning of 27 Dec 80 (approximately 0300L), two USAF security police patrolmen saw unusual lights outside the back gate at RAF Woodbridge. Thinking an aircraft might have crashed or been forced down, they called for permission to go outside the gate to investigate. The on-duty flight chief responded and allowed three patrolmen to proceed on foot. The individuals reported seeing a strange glowing object in the forest. The object was described as being metalic in appearance and triangular in shape, approximately two to three meters across the base and approximately two meters high. It illuminated the entire forest with a white light. The object itself had a pulsing red light on top and a bank(s) of blue lights underneath. The object was hovering or on legs. As the patrolmen approached the object, it maneuvered through the trees and disappeared. At this time the animals on a nearby farm went into a frenzy. The object was briefly sighted approximately an hour later near the back gate.

2. The next day, three depressions 1 1/2" deep and 7" in diameter were found where the object had been sighted on the ground. The following night (29 Dec 80) the area was checked for radiation. Beta/gamma readings of 0.1 milliroentgens were recorded with peak readings in the three depressions and near the center of the triangle formed by the depressions. A nearby tree had moderate (.05-.07) readings on the side of the tree toward the depressions.

3. Later in the night a red sun-like light was seen through the trees. It moved about and pulsed. At one point it appeared to throw off glowing particles and then broke into five separate white objects and then disappeared. Immediately thereafter, three star-like objects were noticed in the sky, two objects to the north and one to the south, all of which were about 10° off the horizon. The objects moved rapidly in sharp angular movements and displayed red, green and blue lights. The objects to the north appeared to be elliptical through an 8-12 power lens. They then turned to full circles. The objects to the north remained in the sky for an hour or more. The object to the south was visible for two or three hours and beamed down a stream of light from time to time. Numerous individuals, including the undersigned, witnessed the activities in paragraphs 2 and 3.

CHARLES I. HALT, Lt Col, USAF
Deputy Base Commander

Document #5

"아무리 부정한들, UFO 연구는 우리를 21세기 과학으로 이끌고 있다."
— 앨런 하이넥 J. Allen Hynek 물리학 교수·천문학자

지구를 대상으로 벌인 우리의 실험은 이제 자기파괴라는 상황까지 치닫고 있다. 핵전쟁의 위협, 화학적·생물학적 환경파괴, 세계적 기후변화, 지상과 우주공간에서의 군비확산, 기업의 탐욕, 미국 정부의 총체적인 정실인사情實人事와 부실경영, 비대한 군사예산과 침공행위, 문화적 타락, 두려움과 무지의 확산, 생명을 살리는 기술의 억압, 빈부격차……. 아직 우리가 살아 있다는 것이 놀라울 정도다. 그것도 가까스로.

우리에게 희망이 있을까? 나는 우리가 찾아나서야 한다고 생각한다. 그렇다면 과연 어디서 해답을 찾을 것인가? 검색창에 "스티븐 그리어"를 쳐보라.

내가 스티븐 그리어를 처음 만난 것은 20여 년 전 노스캐롤라이나주 아덴에 있는 유니티교회에서 강의를 하던 날이었다. 그 당시 나는

프린스턴대학교와 과학응용국제법인에서 주류 우주과학자로 쌓아온 경력을 뒤로하고, 서구과학이 요구하고 제약하던 것들로부터 막 자유로워지던 참이었다. 게다가 동료 과학자들 대다수가 외면하던 UFO와 외계존재 현상을 집중적으로 연구하고 있었다. 이제야말로 우리의 초월현실에 대해 자유롭게 탐구하고 표현하게 되었다는 느낌이었다.

스티븐도 마찬가지였다. 젊고 뛰어난 응급실 의사인 그는 UFO와 외계존재를 경험한 인물이었다. 나와 스티븐은 처음 만난 자리에서 밤이 깊은 줄 모르고 이야기꽃을 피웠다. 우리 사이에는 서로가 새로운 사실을 이해하기 시작했다는 연대감이 싹트고 있었다. 실제로 지구를 찾는 외계존재들이 있을 뿐 아니라, 인간이 초래한 지구적 위기를 극복하도록 그들의 도움을 받을 수 있다는 사실이었다.

이후로 스티븐은 이 신비스러운 일들을 풀어나가는 놀라운 통솔력을 보여주었다. 그는 UFO 현상만이 아니라 이를 은폐해온 미국 정부와 기업의 어두운 곳을 구석구석 파헤쳐갔다. 그 결과, 스티븐은 지구적 변화의 선봉에 선 두려움 없고 박력 넘치는 전사로서의 면모를 거듭거듭 드러내 보였다.

먼저 그는 〈외계지적생명체연구센터〉를 세우고 인류와 외계문명을 잇는 '외교사절단'이라는 개념을 도입했다. 공상과학소설에나 나올법한 이야기가 아니다. 스티븐이 이끄는 일행은 UFO가 자주 출몰하는 세계 곳곳에서 밤샘 워크숍을 갖는다. 이들은 빛과 소리 그리고 시각화 기법을 활용해 비행체를 유도하는데, 스티븐은 이 방식에 '제5종 근접조우'를 줄여 'CE-5'라는 이름을 붙였다. 이 행사는 관심 있는 사람들을 대상으로 꾸준히 열리고 있다.

다음으로 그는 '디스클로저 프로젝트'라는 이름으로, UFO와 외계존재의 비밀을 알고 있는 100여 명 이상의 증인을 찾았다. 그들의 목격담과 증언을 비디오 및 DVD로 기록하는 힘겨운 작업에 착수했고 마침내 2001년 5월 워싱턴에서 대규모 기자회견을 열었다. 이러한 노력으로 정부와 언론매체가 감춰온 길고도 추악한 비밀의 역사와 함께, 마이크로전자기술이며 반중력 추진장치, 영점에너지 또는 프리에너지 등 다른 행성의 방문자들에게서 얻은 기술들의 비밀이 드러나고 있다.

대대적인 은폐공작은 1947년 7월 뉴멕시코주 로즈웰 인근에서 일어난 UFO 추락사건 이후 60여 년 동안 이어져왔다. 이 사건은 미국 공군의 주장처럼 "풍선" 때문에 일어난 일이 단연코 아니었다. 그런 헛소리는 몽매한 자들이나 권력자들 그리고 이들에게 조종당하는 사람들에게나 통한다.

스티븐의 선구적인 폭로작업은, 예컨대 저 악명 높은 네바다주 그룸레이크 등지에서 이루어지는 '초극비' 연구와 같은 은폐공작에 대한 이해는 물론 필연적으로 외계존재와 접촉했다는 증언들에 대한 깊이와 신빙성으로 이어졌다.

스티븐 그리어는 스스로를 "미합중국"이라 자처하는 세력들과 대비되는 고결한 소명을 지닌 영적 전사이다. 반면 그 세력들은 숱하게 명백한 이유로 법의 심판을 받아야 할 범죄자들이다. 미 제국의 몰락을 지켜보는 우리에게 말이다. 스티븐은 UFO와 외계존재, 은폐공작에 대한 명백한 증거를 누구보다도 많이 내놓았다. 그것을 받아들이는 일은 이제 우리의 몫이다.

1945년 미국이 히로시마와 나가사키를 끔찍한 폐허로 만들며 원자력시대의 문을 연 이후, 비로소 현대의 UFO 목격담과 접촉보고가 나오고 외계기술을 얻었다는 사실을 숙고해봐야 한다. 로즈웰에는 장거리 원자탄 폭격기들이 배치되어 있었고, 로스앨러모스에서 폭탄이 만들어졌으며, 앨라마고도에서 첫 번째 핵실험이 있었고, 화이트 샌즈에서 미래의 핵탄두를 탑재하고 날아갈 미사일 실험이 있었다. 이 모두가 군산복합체의 연결축인 뉴멕시코주에 있다.

1947년 로즈웰에서 UFO 추락사건이 일어난 것은 과연 우연의 일치일까 의심스럽다. 그 사건 이후로 여러 군사기지와 핵무기기지에 줄곧 외계존재가 출몰한 것을 보면, 원자력기술의 위험성 때문에 어느 연민 어린 외계종족이 뛰어든 것은 아닌지 의문이 남는다. 어쩌면 그들은 무책임한 인간들이 저지르는 참상을 막고자 우리를 돕고 있는지도 모르겠다.

작은 도움이라도 아쉬운 이 판국에, 우리 지구인들은 어찌하여 이 현상을 있는 그대로 받아들이지 않는 것일까? 어찌하여 문화적 편견일랑 내려놓고 그 경이로움에 놀라워하지 않는 것일까? 우리는 할 수 있는 한 지식을 넓히고 정치적 행동을 취해야만 필요한 변화를 이룰 수 있다. 스티븐 그리어가 잘하고 있는 일이 바로 그것이다.

UFO 현상은 우리를 찾는 이 신비로운 방문자들보다 여러모로 우리 자신에 대한 것들을 더 많이 말해준다. 이들이 우리 앞에 들고 서 있는 거울은 실로 마주하기가 두렵다. 하지만 스티븐 그리어의 말을 귀담아들으면 희망적이기도 하다. 스티븐은 혁신적인 신에너지기술을 가진 발명가들을 지원하고 있다. 값싸고 청정하고 집중화되지 않은 에너지, 그리하여 석유와 석탄과 원자력의 시대를 끝내고 인간이 초래한 환경오염과 기후변화를 종식시킬 에너지를 세상에 공급할 기술이다.

내가 스티븐 그리어를 처음 만난 그 저녁, 채드 오쉬어 목사가 이런 말이 새겨진 자동차 스티커 하나를 건넸다. "진리가 그대를 자유롭게 하리라. 그러나 먼저 그대를 열 받게 하리니." 우리가 이 암울한 상황을 모른 체하지 않고 분통을 터뜨리며 해결책을 찾아 나선다면, 우리 문명은 다시 한번 기회를 얻을 것이다.

이 용기 있는 일은 심약한 사람들의 몫이 아니다. 최첨단 영역의 많은 과학자들이 위협받거나 살해당했고, 아니면 숱한 허위정보와 인신공격으로 억압받았다. 스티븐 그리어는 이 모든 걸 견뎌냈다. 우리 인류를 위해.

2005년
브라이언 오리어리*

---

* Brian O'Leary(1940-2011) 아폴로 우주비행사. 과학자. 저술가. 캘리포니아대학교에서 천문학 박사 학위를 취득한 그는, 1961년부터 1972년까지 진행된 아폴로 계획Project Apollo 기간 동안 NASA 우주비행단의 유일한 행성과학자이자 우주비행사였다. 1967년 화성탐사 임무에 참여했지만 이 프로그램은 1년 뒤 취소되었다. NASA에서 사임한 후에는 코넬, 프린스턴 등의 대학교에서 천문학 및 물리학 교수로 재직했다. 과학응용국제법인SAIC에서도 근무했으나 1987년 군사우주 응용분야에 대한 연구를 거부하며 사직했다. 말년까지 외계존재, 의식과 과학의 관계, 프리에너지 등에 대한 다양한 저술을 남겼다. 이 글은 원서 3쪽에 실려 있다.

옮긴이의 글

인류사 최대의 미스터리이자 은폐된 진실. 그리고 이 비밀을 감춰온 역사상 최악의 스캔들. 모두 UFO와 외계존재 문제를 가리키는 말이다. 그들이 정말로 존재하며 이곳 지구에 와있는 걸까? 만일 그렇다면 이 문제가 왜 그토록 중대한 비밀이 되었을까?

많은 사람이 "미확인비행물체"를 뜻하는 UFO를 지구밖에서 온 지적생명체, 즉 외계 '사람'(외계인)이 타는 비행 수단으로 여긴다. 그런 UFO와 외계존재가 실제로 있다고 믿어왔던 내가 이 주제에 각별한 관심을 기울이게 된 계기가 있다.

2007년의 어느 봄에 있었던 일이다. 시골에서 손수 소박한 집을 짓던 나와 아내는 일을 마치고 돌아갈 채비를 하고 있었다. 차에 연장을 싣고 돌아서던 아내가 북쪽 하늘을 바라보며 놀란 표정으로 말을 잊은 채 그쪽을 가리키고 있었다. 그 손끝을 따라간 내 눈엔 이미 아무엇도 보이지 않았다. 아무런 소리 또한 듣지 못했다. 아내는 UFO를 보았던 것이다. 그림을 그려가며 설명하던 아내의 말에 따르면, 야구방망이처럼 앞이 뭉툭하고 기다란 은백색 비행체가 집 건너 바로 앞 능선에서 북쪽으로 거의 45도 각도로 날아오르는데, 머리 쪽에서 커다란 은빛 불꽃을 뚝뚝 떨어뜨린 뒤 사라졌다고 한다. 그 거리에서 본 물체의 크기는 공항에서 보는 여객기만큼이나 컸다고 한다. 이 일이 있기 며칠 전 아내는 생시와 같은 꿈을 꾸었다. 인간의 모습을 한 존재와 함께 나란히 걷는데, 그에게서 "당신은 외계에서 왔습니다"라는 말을 들었다고 했다.

범상치 않은 꿈을 꾸고서 며칠 만에 UFO를 목격한 아내는 그 연결고리를 찾아 관련 정보를 검색해가다가 미국 의사이자 명상가, UFO 연구자인 스티븐 그리어의 초기 영상에 심취하기 시작했다. 이에 대해 아내와 많은 대화를 나누면서 그분의 저서가 있는지 알아보다가 찾아낸 책이 바로 『은폐된 진실, 금지된 지식』(원제: Hidden Truth Forbidden Knowledge)이다. 2013년에는 이 책을 원작으로 한 다큐멘터리 영화 〈시리우스Sirius〉가 나오기도 했다.

책을 읽고서 적잖이 충격을 받았던 기억이 난다. UFO와 외계존재가 실재한다는 사실을 넘어 그것이 비밀로 감춰져 있다는 진실, 그리고 누가 왜 그렇게 하는지에 관한 이야기가 무척 설득력 있게 다가왔다. 더군다나 인류문명의 현주소, 우주 평화, 왕관의 보석처럼 빛날 지구의 미래를 제시하는 저자의 비전에 매료되지 않을 수 없었다. 그래서 나는 결심했다. 책을 번역해 국내 독자들에게도 이 충격적인 내용을 알려야겠다고. 이것이 나의 소명이라는 생각까지 들 정도였다.

그렇게 어렵사리 책이 나온 뒤로 여러 독자가 연락을 해왔다. 나를 만나러 서울에서 지방까지 찾아온 분도 있었고, 어느 교포 분은 책을 읽고 눈물을 흘렸다며 이런 책을 번역해줘서 고맙다는 말을 남겼다. 반면에 내가 이해하기 힘들었던, 종교적인 색채를 띤 사람들의 연락도 끊이지 않았다. 이런 경험을 하면서 들었던 생각은 이 주제에 대해 드러나지 않게 관심을 가진 사람이 의외로 많다는 것이었다.

왠지 이유는 말하기 어렵지만 "UFO"라는 이야기를 꺼내는 순간 아무리 친한 지인이라 해도 얼굴이 굳어지거나 야릇한 미소를 보게 되는 경우를 많이 겪는다. 그래서 꽤 많은 사람이 이 주제에 관심이 있지만, 이 단어를 아무 데서나 함부로 꺼내지 않는다는 사실을 알게 되었다. 그런데도 "UFO 따위를 믿는" 아직은 소수자의 한 사람인 나는 우리 사회에 진지한 질문을 던지고 싶다. 우리가 그렇게 반응하게 된 연유가 무엇일까? 정말로 저 끝을 알지 못하는 우주에 인간이라는 종족만이 살아가고 있을까? 과연 우리는 혼자일까?

이런 질문에 무게 있는 답을 내보여준 사람이 바로 스티븐 그리어다. UFO와 외계존재에 대한 진실과 비밀을 밝히는데 반평생을 보낸 분이다. 스티븐 그리어의 저서를 처음으로 접했을 때 나도 다른 많은 사람들처럼 의심이 들기도 했다. 당연한 일일 것이다. 하지만 내게는 어떤 생소하면서 충격적인 정보를 전하는 사람의 진실성을 판단하는 기준이 하나 있다. 바로 그 사람이 지닌 '의식의 수준' 혹은 '의식의 깊이'다. 어떤 사람의 의식 수준을 함부로 판단할 수 있겠냐마는, 방법은 의외로 단순하다. 이성을 통해 머리로 판단하는 게 아니라 가슴이 먼저 느끼기 때문이다. 그래서 나는 그리어의 책을 번역하겠다는 결정을 내렸다. 물론 거짓으로 평화와 사랑, 영성을 입에 담는 위선자들도 있을 것이다. 하지만 가슴이 느끼는 것은 이성보다 정확하다고 나는 믿는다.

스티븐 그리어의 저서가 두 번째로 국내에 나오게 되어 무척 반갑다. 그동안 저자의 후속작을 기다려오던 차에 마침내 2017년, 이 책의 원제인 〈Unacknowledged〉라는 제목으로 다큐멘터리 영화와 책이 동시에 발표되었다. 자서전 형식인 첫 번째 책 『은폐된 진실, 금지된 지식』은 저자가 걸어온 영적 여정과 UFO에 관련된 삶의 사건이 흥미롭게 묘사된 책이다. 그러나 한편으로 책의 성격상 증인들의 극비 증언을 더 깊이 있게 다루지 못했다는 점과 더 확실한 증거를 보여주지 않았다는 점이 몹시 아쉬웠다.

이와 달리 이 책 『우주 비밀 파일』은 오랜 갈증을 달래주는 참으로 적절한 후속작이라 평가하고 싶다. 증인들의 증언을 중심으로 책을 엮은 독특한 구성도 인상적이지만, 여러 주제에 걸쳐 그동안 접하지 못한 증언들의 내용도 충격을 준다. 더군다나 이 책에 실은 증언들은 저자가 입수한 증언의 1%도 안 되는 분량이라고 하니, 과연 저 토끼 굴 속 깊은 곳에서 무슨 일이 벌어지고 있는지 짐작하기조차 어렵다.

지난 4월, 스티븐 그리어의 세 번째 다큐멘터리 영화 〈제5종 근접조우Close Encounters of the Fifth Kind〉가 발표되었다. 이 영화에는 제5종 근접조우를 통해 나타난 UFO를 찍은 흥미로운 영상이 다수 담겨있다. 하필 코로나19 사태와 겹쳐 큰 이목을 끌지 못했지만, 이 영화가 경고하는 것은 실로 중요하다. 지금 미국의 국방부와 정보기관들이 UFO가 실재한다는 사실을 언론에 흘리면서, 이것이 국가안보에 위협이 된다며 대중의 뇌리에 각인시키는 심리전 전술을 시작했다는 사실이다. 결국 그들이 바라는 것은 국가안보가 위협받는 "위기상황"을 확대하고 지속시키면서 우주 공간에 아주 위험하고 강력한 무기를 배치하고자 하는 것이라고 한다. 이는 분명히 인류의 평화를 위협하는 행위이자 앞으로 있을지도 모를 외계문명과의 평화로운 접촉을 저해할 군사적 도발 행위이다. 인류사 최대의 미스터리인 UFO와 외계존재에 대한 진실을 알리는 이 책의 출간이 몹시도 반갑지만, 한편으로 묵직한 무거움을 함께 느끼는 이유가 여기에 있다. 지금 우리에게는 "외계인 침공"이라는 주제가 너무도 친숙하지 않은가?

그릇되고 위험하기조차 한 비밀유지를 무너뜨리는 것은 다시, 깨어있는 시민들만이 할 수 있는 일이다. UFO라는 주제 자체가 금기시되고 비웃음당하는 분위기 속에서 앞으로 얼마나 많은 시간이 걸릴지 헤아릴 수 없지만, 지금의 상황을 보면 이 주제가 예상과 달리 아주 빠르게 급물살을 탈 가능성이 커 보인다. 우리에게는 비밀을 알 권리가 있고 그것을 공개하도록 요구할 힘이 있다. 이 책을 통해 다시 한번 우리 사회에 UFO 물결이 일어나기를 기대한다.

이 책의 번역을 마친 어느 날 밤, 꿈에서 아름다운 빛으로 반짝이며 하늘을 떠다니는 수많은 UFO를 보았다. 아주 선명하고도 황홀한 꿈이었다. 그 꿈을 다시 한번 꾸고 싶다.

2020년 6월
박병오*

---

* 대학과 대학원에서 조경학·생태학을 공부하고 미국 <자연의학대학교University of Natural Medicine>에서 박사학위를 받았다. 연구기관에서 일하다 시골에 깃들어 자연스러운 삶의 방식을 모색해왔다. 도시농업 전문가 겸 자연의학, 신과학, 영성 분야의 번역을 하고 있다. 역서로는 『은폐된 진실, 금지된 지식』(2012), 『소스필드』(2013), 『영혼의 지문』(2016), 『두려움 치유』(2016), 『좋은 의사는 소염제를 처방하지 않는다』(2018) 등이 있다.

편집자의 글

우주는 무한한 신비에 감싸여 있다.

우주는 소수의 비밀에 감춰져 있다.

이 두 문장 사이에 놓인 엄청난 간극을 메우며 광막한 여정을 걸어온 이가 있다. 바로 스티븐 그리어 박사다. 스티븐 그리어는 UFO와 외계존재, 진보한 우주기술, 행성간 문명의 평화적 조우에 관한 세계 최고 권위자 중 한 명이다. 그는 미국 대통령들에게조차 감춰졌던 '근본 비밀'을 전 세계 고위급 인사들에게 직접 브리핑해온 한편, 숱한 비난과 위험을 무릅쓰고 대중에게 진실을 공개해왔다.

2001년 그가 워싱턴의 내셔널프레스클럽에서 주최한 기자회견은 현재까지 10억 명이 시청한 전례 없는 사건이었다. 또한 소수의 음모론으로나 다뤄졌던 이 주제에 관해 정부와 군부 내의 핵심 인물이 한자리에 모여 증언한 사상 최초의 현장이었다. UFO와 외계존재 문제를 주류 무대로 들어올려 강타하기까지, 스티븐 그리어는 30년을 바쳤다.

이 책 『우주 비밀 파일』은 스티븐 그리어가 집대성해온 '진실의 증언록'이다. 미국의 초극비 프로젝트 관련자부터 우주과학자, 아폴로 비행사, 영국 국방부 장관 등 33인의 생생한 증언과 CIA, FBI, NRO 등의 1급기밀자료가 망라되어 있다. 나아가 존 F. 케네디, 아이젠하워, 카터,

트루먼 전 미국 대통령과 고르바초프 전 소련 대통령, 미국 상원의원, FBI·CIA 국장 등 25편의 역사적 발언은 책의 무게와 신뢰를 더한다.

스티븐 그리어가 전한 이야기 가운데 특히 놀라운 내용은 무한에너지인 '프리에너지'다. 인류문명과 우리 삶을 전혀 다른 차원으로 도약시켰을 이 기술은 권력과 이익을 위협받을 비밀정부와 그 세력에 의해 사장되었고, 우리는 '잃어버린 한 세기'를 살았다. 그러나 스티븐 그리어의 말처럼 "모든 것을 해결할 기술이 이미 우리 손에 있다."

여러 조사에 따르면 미국, 영국, 독일 국민의 절반 이상이 UFO와 외계존재가 실재한다고 믿는다. 반면 한국 사회에서는 여전히 '공상과학'이나 '음모이론'으로 치부되는 현실이다. 소수의 세력이 정보를 은폐하고 심리를 조작하며 우리의 의식과 마음을 가려온 결과다. 그러나 백 년의 어둠도 등불 하나로 밝혀지듯, 이 한 권의 책이 한 세기 동안 덧씌워진 편견을 깨고 진실을 비추는 별빛이 되어주리라 믿는다.

잉태의 깊은 침묵 속에서 오랫동안 지구문명을 넘어 우주문명을 탐구해온 박노해 시인의 권유로 이 책을 펴내게 되었다. "인간은 세계를 이해하는 만큼 자신을 이해할 수 있다"는 박노해 시인의 말처럼, 이 책을 통해 머지않아 도래할 우주시대를 향해 마주 걸어가기를 바라는 마음이다. 우주적 상상력을 품은 우리의 위대한 탐험은 이제 시작이다.

2020년 6월

김예슬*

＊ 고려대학교에 재학 중이던 2010년, "오늘 나는 대학을 그만둔다, 아니 거부한다"라는 제목의 대자보를 붙이고 자퇴를 선언해 큰 파장을 일으켰다. 박노해 시인이 설립한 비영리단체 〈나눔문화〉 사무처장으로 활동하고 있다. 『우주 비밀 파일』 및 다수의 책을 편집하고 만들었으며, 저서로 『김예슬 선언』(2010), 『촛불혁명』(2017)이 있다.

찾아보기

스티븐 M. 그리어

Steven M. Greer

UFO와 외계존재에 관한 세계적인 연구자이다. 1955년 미국 노스캐롤라이나에서 태어났다. 칼드웰메모리얼 병원의 응급의료장을 지냈으며 최고 권위의 의학협회 〈알파오메가알파〉의 회원이다. 1990년 〈외계지적생명체연구센터CSETI〉와 1993년 〈디스클로저 프로젝트Disclosure Project〉를 창설했다. 수백 명에 달하는 정부, 군대, 기업 등의 내부자들의 증언 및 기밀파일을 확보해 UFO와 외계존재, 첨단기술 등에 관한 비밀정보를 대중에 공개해왔다. 또한 '그림자정부'에 의해 비밀로부터 차단당한 미국의 대통령, 의회 의원, CIA 국장 등 최고위층 인사들에게 직접 브리핑해왔다. 2001년 5월, 미국 내셔널프레스클럽에서 20여 명의 증언자가 참석한 기자회견을 주최했다. 충격적 증언과 구체적 증거가 공개된 이 기자회견 생중계는 당시 인터넷 역사상 최다 시청기록을 세웠으며, 미국 CNN, 영국 BBC, 러시아 Pravda 등 전 세계적인 보도를 통해 약 10억 명이 이 역사적인 기자회견을 시청했다. 현재는 〈Sirius Disclosure〉라는 단체를 이끌며 인류가 외계문명과 평화롭게 조우하는 길을 모색하는 한편, "지속가능한 풍요로운 세상"을 실현시킬 '영점에너지'에 대한 연구를 이어가고 있다. 저서로는 『Extraterrestrial Contact: The Evidence and Implications』(1999), 『Disclosure: Military and Government Witnesses Reveal the Greatest Secrets in Modern History』(2001), 『Hidden Truth: Forbidden Knowledge』(2006, 한국어판 『은폐된 진실, 금지된 지식』), 『Contact: Countdown to Transformation』(2009), 『Unacknowledged: An Exposé of the World's Greatest Secret』(2017)가 있다. 제작한 다큐멘터리로는 〈Sirius〉(2013), 〈Unacknowledged〉(2017), 〈Close Encounters of the Fifth Kind〉(2020)가 있으며, 구독자 34만 명의 유튜브 채널 〈Dr. Steven Greer〉가 있다.

우주 비밀 파일

UFO와 외계존재에 관한 33인의 극비 증언

3판 2쇄 발행 2021년 6월 15일
초판 1쇄 발행 2020년 6월 24일

지은이 스티븐 M. 그리어
옮긴이 박병오
편집자 김예슬
디자이너 정계수
아트디렉터 홍동원
제작 윤지혜 홍보 이상훈 자료조사 신소현
인쇄 천광인쇄사 제본 광성문화사 가공 이지앤비

발행인 임소희
발행처 느린걸음
출판등록 2002년 3월 15일 제300-2009-109호
주소 서울시 종로구 사직로8길 34, 330호
전화 02-733-3773 팩스 02-734-1976
이메일 slow-walk@slow-walk.com
블로그 blog.naver.com/slow_foot
SNS instagram.com/slow_walk_book

ISBN 978-89-91418-28-8 03900